U0647943

"中国村庄发展：浙江样本研究"丛书

主编 陈野

耕 海 牧 渔

舟山蚂蚁岛村发展研究

MARINE LIVELIHOOD
ON
FISHING
DEVELOPMENT STUDY
OF
ANT ISLAND VILLAGE,
ZHOUSHAN

徐伟兵　戴五宏　唐洪森◎著

ZHEJIANG UNIVERSITY PRESS

浙江大学出版社

图书在版编目（CIP）数据

耕海牧渔：舟山蚂蚁岛村发展研究 / 徐伟兵，戴五
宏，唐洪森著. — 杭州：浙江大学出版社，2021.11
（"中国村庄发展：浙江样本研究"丛书 / 陈野主编）
ISBN 978-7-308-21290-8

Ⅰ. ①耕⋯ Ⅱ. ①徐⋯ ②戴⋯ ③唐⋯ Ⅲ. ①渔民－
乡村－社会发展史－研究－舟山 Ⅳ. ①F326.475.53

中国版本图书馆CIP数据核字(2021)第077104号

耕海牧渔：舟山蚂蚁岛村发展研究

徐伟兵　戴五宏　唐洪森 著

丛书策划	陈丽霞　宋旭华　赵　静	
丛书统筹	赵　静　王荣鑫	
责任编辑	赵　静	
责任校对	胡　畔	
装帧设计	林智广告	
出版发行	浙江大学出版社	
	（杭州市天目山路148号　　邮政编码　310007）	
	（网址：http://www.zjupress.com）	
排　　版	杭州林智广告有限公司	
印　　刷	浙江省邮电印刷股份有限公司	
开　　本	710mm×1000mm　1/16	
印　　张	21.75	
插　　页	4	
字　　数	378千	
版 印 次	2021年11月第1版　2021年11月第1次印刷	
书　　号	ISBN 978-7-308-21290-8	
定　　价	90.00元	

版权所有　翻印必究　　印装差错　负责调换

浙江大学出版社市场营营中心联系方式：0571-88925591；http://zjdxcbs.tmall.com

浙江省文化研究工程指导委员会

主　任　袁家军

副主任　黄建发　　朱国贤　　彭佳学　　陈奕君
　　　　　　刘小涛　　成岳冲　　任少波

成　员　胡庆国　　朱卫江　　蔡晓春　　来颖杰
　　　　　　盛世豪　　徐明华　　孟　刚　　陈根芳
　　　　　　尹学群　　吴伟斌　　褚子育　　张伟斌
　　　　　　俞世裕　　郭华巍　　鲍洪俊　　高世名
　　　　　　蔡袁强　　蒋国俊　　张　兵　　马卫光
　　　　　　陈　龙　　汤飞帆　　俞东来　　李跃旗
　　　　　　胡海峰

"中国村庄发展：浙江样本研究"项目组研究人员名单

"中国村庄发展：浙江样本研究"丛书

丛 书 主 编 陈　野

首 席 专 家 闻海燕　顾益康

"耕海牧渔：舟山蚂蚁岛村发展研究"课题组简介

课题组组长 徐伟兵

课题组成员 徐伟兵　戴五宏　唐洪森　吴晓露　王　平

蚂蚁岛全图（管委会提供）

沧海桑田（管委会提供）

蚂蚁岛妇女修筑"三八"海塘
（管委会提供）

在织网的渔家姑娘（管委会提供）

全国第一个人民公社旧址（管委会提供）

红色轮渡（管委会提供）

蚂蚁大道（管委会提供）

游客服务中心（管委会提供）

客运站（王晓波摄）

环岛一隅（管委会提供）

蚂蚁岛创业纪念室（管委会提供）

创业广场（管委会提供）

蚂蚁岛虾皮（管委会提供）

虾皮之乡（管委会提供）

夜幕下的避风塘（管委会提供）

和美海岛（管委会提供）

浙江文化研究工程成果文库总序

（签名）

有人将文化比作一条来自老祖宗而又流向未来的河，这是说文化的传统，通过纵向传承和横向传递，生生不息地影响和引领着人们的生存与发展；有人说文化是人类的思想、智慧、信仰、情感和生活的载体、方式和方法，这是将文化作为人们代代相传的生活方式的整体。我们说，文化为群体生活提供规范、方式与环境，文化通过传承为社会进步发挥基础作用，文化会促进或制约经济乃至整个社会的发展。文化的力量，已经深深熔铸在民族的生命力、创造力和凝聚力之中。

在人类文化演化的进程中，各种文化都在其内部生成众多的元素、层次与类型，由此决定了文化的多样性与复杂性。

中国文化的博大精深，来源于其内部生成的多姿多彩；中国文化的历久弥新，取决于其变迁过程中各种元素、层次、类型在内容和结构上通过碰撞、解构、融合而产生的革故鼎新的强大动力。

中国土地广袤、疆域辽阔，不同区域间因自然环境、经济环境、社会环境等诸多方面的差异，建构了不同的区域文化。区域文化如同百川归海，共同汇聚成中国文化的大传统，这种大传统如同春风化雨，渗透于各种区域文化之中。在这个过程中，区域文化如同清溪山泉潺潺不息，在中国文化的共同价值取向下，以自己的独特个性支撑着、引领着本地经济社会的发展。

从区域文化入手，对一地文化的历史与现状展开全面、系统、扎实、有序的研究，一方面可以藉此梳理和弘扬当地的历史传统和文化资源，繁荣和丰富当代的先进文化建设活动，规划和指导未来的文化发展蓝图，增强文化软实力，为全面建设小康社会、加快推进社会主义现代化提供思想保证、精神动力、智力支持和舆论力量；另一方面，这也是深入了解中国文化、研究中国文化、发展中国文化、创新中国文化的重要途径之一。如今，区域文化研究日益受到各地重视，成为我国文化研究走向深入的一个重要标志。我们今天实施浙江文化研究工程，其目的和意义也在于此。

千百年来，浙江人民积淀和传承了一个底蕴深厚的文化传统。这种文化传统的独特性，正在于它令人惊叹的富于创造力的智慧和力量。

浙江文化中富于创造力的基因，早早地出现在其历史的源头。在浙江新石器时代最为著名的跨湖桥、河姆渡、马家浜和良渚的考古文化中，浙江先民们都以不同凡响的作为，在中华民族的文明之源留下了创造和进步的印记。

浙江人民在与时俱进的历史轨迹上一路走来，秉承富于创造力的文化传统，这深深地融汇在一代代浙江人民的血液中，体现在浙江人民的行为上，也在浙江历史上众多杰出人物身上得到充分展示。从大禹的因势利导、敬业治水，到勾践的卧薪尝胆、励精图治；从钱氏的保境安民、纳土归宋，到胡则的为官一任、造福一方；从岳飞、于谦的精忠报国、清白一生，到方孝孺、张苍水的刚正不阿、以身殉国；从沈括的博学多识、精研深究，到竺可桢的科学救国、求是一生；无论是陈亮、叶适的经世致用，还是黄宗羲的工商皆本；无论是王充、王阳明的批判、自觉，还是龚自珍、蔡元培的开明、开放，等等，都展示了浙江深厚的文化底蕴，凝聚了浙江人民求真务实的创造精神。

代代相传的文化创造的作为和精神，从观念、态度、行为方式和价值取向上，孕育、形成和发展了渊源有自的浙江地域文化传统和与时俱进的浙江文化精神，她滋育着浙江的生命力、催生着浙江的凝聚力、激发着浙江的创造力、培植着浙江的竞争力，激励着浙江人民永不自满、永不停息，在各个不同的历史时期不断地超越自我、创业奋进。

悠久深厚、意韵丰富的浙江文化传统，是历史赐予我们的宝贵财富，也是我们开拓未来的丰富资源和不竭动力。党的十六大以来推进浙江新发展的实践，使我们越来越深刻地认识到，与国家实施改革开放大政方针相伴随的浙江经济社会持续快速健康发展的深层原因，就在于浙江深厚的文化底蕴和文化传统与当今时代精神的有机结合，就在于发展先进生产力与发展先进文化的有机结合。今后一个时期浙江能否在全面建设小康社会、加快社会主义现代化建设进程中继续走在前列，很大程度上取决于我们对文化力量的深刻认识、对发展先进文化的高度自觉和对加快建设文化大省的工作力度。我们应该看到，文化的力量最终可以转化为物质的力量，文化的软实力最终可以转化为经济的硬实力。文化要素是综合竞争力的核心要素，文化资源是经济社会发展的重要资源，文化素质是领导者和劳动者的首要素质。因此，研究浙江文化的历史与现状，增强文化软实力，为浙江的现代化建设服务，是浙江人民的共同事业，也是浙江各级党委、政府的重要使命和责任。

2005 年 7 月召开的中共浙江省委十一届八次全会，作出《关于加快建设文化大省的决定》，提出要从增强先进文化凝聚力、解放和发展生产力、增强社会公共服务能力入手，大力实施文明素质工程、文化精品工程、文化研究工程、文化保护工程、文化产业促进工程、文化阵地工程、文化传播工程、文化人才工程等"八项工程"，实施科教兴国和人才强国战略，加快建设教育、科技、卫生、体育等"四个强省"。作为文化建设"八项工程"之一的文化研究工程，其任务就是系统研究浙江文化的历史成就和当代发展，深入挖掘浙江文化底蕴、研究浙江现象、总结浙江经验、指导浙江未来的发展。

浙江文化研究工程将重点研究"今、古、人、文"四个方面，即围绕浙江当代发展问题研究、浙江历史文化专题研究、浙江名人研究、浙江历史文献整理四大板块，开展系统研究，出版系列丛书。在研究内容上，深入挖掘浙江文化底蕴，系统梳理和分析浙江历史文化的内部结构、变化规律和地域特色，坚持和发展浙江精神；研究浙江文化与其他地域文化的异同，厘清浙江文化在中国文化中的地位和相互影响的关系；围绕浙江生动的当代实践，深入解读浙江现象，总结浙江经验，指导浙江发展。在研究力量上，通过课题组织、出版资助、重点研究基地建设、加强省内外大院名校合作、整合各地各部门力量等途径，形成上下联动、学界互动的整体合力。在成果运用上，注重研究成果的学术价值和应用价值，充分发挥其认识世界、传承文明、创新理论、咨政育人、服务社会的重要作用。

　　我们希望通过实施浙江文化研究工程，努力用浙江历史教育浙江人民、用浙江文化熏陶浙江人民、用浙江精神鼓舞浙江人民、用浙江经验引领浙江人民，进一步激发浙江人民的无穷智慧和伟大创造能力，推动浙江实现又快又好发展。

　　今天，我们踏着来自历史的河流，受着一方百姓的期许，理应负起使命，至诚奉献，让我们的文化绵延不绝，让我们的创造生生不息。

2006 年 5 月 30 日于杭州

浙江文化研究工程成果文库序言

袁家军

浙江是中华文明的发祥地之一，历史悠久、人文荟萃，素称"文物之邦""人文渊薮"，从河姆渡的陶灶炊烟到良渚的文明星火，从吴越争霸的千古传奇到宋韵文化的风雅气度，从革命红船的扬帆起航到新中国成立初期的筚路蓝缕，从改革开放的敢为人先到新时代的变革创新，都留下了弥足珍贵的历史文化财富。纵览浙江发展的历史，文化是软实力、也是硬实力，是支撑力、也是变革力，为浙江干在实处、走在前列、勇立潮头提供了独特的精神激励和智力支持。

2003 年，习近平同志在浙江工作时作出"八八战略"重大决策部署，明确提出要进一步发挥浙江的人文优势，积极推进科教兴省、人才强省，加快建设文化大省。2005 年 7 月，习近平同志主持召开省委十一届八次全会，亲自擘画加快建设文化大省的宏伟蓝图。在习近平同志的亲自谋划、亲自布局下，浙江形成了文化建设"3+8+4"的总体框架思路，即全面把握增强先进文化的凝聚力、解放和发展文化生产力、提高社会公共服务力等"三个着力点"，启动实施文明素质工程、文化精品工程、文化研究工程、文化保护工程、文化产业促进工程、文化阵地工程、文化传播工程、文化人才工程等"八项工程"，加快建设教育、科技、卫生、体育等"四个强省"，构建起浙江文化建设的"四梁八柱"。这些年来，我们按照习近平同志当年作出的战略部署，坚持一张蓝图绘到底、一任接着一任干，不断推进以文铸魂、以文育德、以文图强、以文传道、以文兴业、以文惠民、以文塑韵，走出了一条具有中国特色、时代特征、浙江特点的文化发展之路。

文化研究工程是浙江文化建设最具标志性的成果之一。随着第一期和第二期文化研究工程的成功实施，产生了一批重点研究项目和重大研究成果，培育了一批具有浙江特色和全国影响的优势学科，打造了一批高水平的学术团队和在全国有影响力的学术名师、学科骨干。2015 年结束的第一批浙江文化研究工程共立研究项目 811 项，出

2

版学术著作千余部。2017 年 3 月启动的第二期浙江文化研究工程，已开展了 52 个系列研究，立重大课题 65 项、重点课题 284 项，出版学术著作 1000 多部。特别是形成了《宋画全集》等中国历代绘画大系、《共和国命运的抉择与思考——毛泽东在浙江的 785 个日日夜夜》等领袖与浙江研究系列、《红船逐浪：浙江"站起来"的革命历程与精神传承》等"浙 100 年"研究系列、《浙江通史》《南宋史研究丛书》等浙江历史专题史研究系列、《良渚文化研究丛书》等浙江史前文化研究系列、《儒学正脉——王守仁传》等浙江历史名人研究系列、《吕祖谦全集》等浙江文献集成系列。可以说，浙江文化研究工程，赓续了浙江悠久深厚的文化血脉，挖掘了浙江深层次的文化基因，提升了浙江的文化软实力，彰显了浙江在海内外的学术影响力，为浙江当代发展提供了坚实的理论支撑和智力支持，为坚定文化自信提供了浙江素材。

当前，浙江已经踏上了实现第二个百年奋斗目标的新征程，正在奋力打造"重要窗口"，争创社会主义现代化先行省，高质量发展建设共同富裕示范区。文化工作在浙江高质量发展建设共同富裕示范区中具有决定性作用，是关键变量；展现共同富裕美好社会的图景，文化是最富魅力、最吸引人、最具辨识度的标识。我们要发挥文化铸魂塑形赋能功能，为高质量发展建设共同富裕示范区注入强大文化力量，特别是要坚持把深化文化研究工程作为打造新时代文化高地的重要抓手，努力使其成为研究阐释习近平新时代中国特色社会主义思想的重要阵地、传承创新浙江优秀传统文化革命文化社会主义先进文化的重要平台、构建中国特色哲学社会科学的重要载体、推广展示浙江文化独特魅力的重要窗口。

新时代浙江文化研究工程将延续"今、古、人、文"主题，重点突出当代发展研究、历史文化研究、"新时代浙学"建构，努力把浙江的历史与未来贯通起来，使浙学品牌更加彰显、浙江文化形象更加鲜明、中国特色哲学社会科学的浙江元素更加丰富。新时代浙江文化研究工程将坚守"红色根脉"，更加注重深入挖掘浙江红色资源，持续深化"习近平新时代中国特色社会主义思想在浙江的探索与实践"课题研究，努力让浙江成为践行创新理论的标杆之地、传播中华文明的思想之窗；擦亮以宋韵文化为代表的浙江历史文化金名片，从思想、制度、经济、社会、百姓生活、文学艺术、建筑、宗教等方面全方位立体化系统性研究阐述宋韵文化，努力让千年宋韵更好地在新时代"流动"起来、"传承"下去；科学解读浙江历史文化的丰富内涵和时代价值，更加注重学术成果的创造性转化，探索拓展浙学成果推广与普及的机制、形式、载体、平台，努力让浙学成果成为有世界影响的东方思想标识；充分动员省内外高水平专家学者参与工程研究，坚持以项目引育高端社科人才，努力打造一支走在全国前列的哲学社会科学领军人才队伍；系统推进文化研究数智创新，努力提升社科研究的科学化水平，提供更多高质量文化成果供给。

伟大的时代，需要伟大作品、伟大精神、伟大力量。期待新时代浙江文化研究工程有更多的优秀成果问世，以浙江文化之窗更好地展现中华文化的生命力、影响力、凝聚力、创造力，为忠实践行"八八战略"、奋力打造"重要窗口"，争创社会主义现代化先行省，高质量发展建设共同富裕示范区，提供强大思想保证、舆论支持、精神动力和文化条件。

丛书序言

PREFACE

中国乡村曲折艰难的现代化进程，步履艰难而又波澜壮阔。其意蕴之丰沛，与中国生活、中国社会和中国文化深切相连。回溯中国乡村自1840年中国社会开启现代转型以来走过的兴衰起伏之命运轨迹，可谓千回百转、曲折萦纡。数辈乡民身居不同时代，应对多重挑战，以吃苦耐劳、隐忍柔韧、顽强进取的品格精神，维系了村庄命脉和厚重历史。

一

当代乡村发展，承历史之重，开乡村现代化之时代新局。改革开放以来，浙江乡村变化巨大，以其走在前列的先行先试，开乡村发展的时代新局，呈现了发展中国家走向现代化的轨迹，为中国乡村的现代化发展提供了分析参照的样本。有鉴于此，本套丛书以"中国村庄发展：浙江样本研究"为主题，着力于从以下方面开展研究，并取得相应成果。

改革开放40多年，特别是自2003年习近平同志在浙江工作后，作为习近平新时代中国特色社会主义思想的重要萌发地，浙江乡村发展迈入新阶段，呈现城乡融合、"五位一体"全面发展的新态势。习近平同志以以人为本、执政为民的治理理念和统揽全局的思维方式，对浙江乡村发展全面布局，实施"千村示范，万村整治"等重点工程，从推动产业新发展、建设新社区、培育新农民、树立新风尚、构建新体制等维度全面推进乡村发展。习近平同志有关乡村发展的理性思考、创造性实践和历史性成果，是我们选择浙江村庄作为中国村庄发展样本加以研究的重要遵循和行动指南。

村庄是最基层的社会单位之一，是最为鲜活丰沛的日常生活之地，是中华历史文化传统的重要根基，是我国全面建成小康社会、开启全面建设社会主义现代化国家新征程的重要建设领域。然而，由古至今，村庄也是最缺乏历史记载和文献档案系统、最难听到它本真的话语呼声、最难触摸到它脉动的心灵、最难见到它在历史进程中完整形影的场所。本丛书旨在以长时段的历史研究视野，观察、记录和研析作为基层生活共同体的中国村庄，在面对社会转型期的急剧巨变时，如何通过调整、舍弃、更新、吸纳共同体内在结构和要素的策略，重建与生活、与生产、与社会、与时代均相契合的新型乡村社会生活的规则和秩序，以此维系村庄生存，推动村庄发展，提升村庄品质。同时，亦拟以翔实细致的个案性剖析，探求乡村传统建构的实际场景和内在机制。故此，在各专著框架中，特设"史地篇"，追寻村庄过往在其当下时段中的历史投射，记述村庄的整体性历史进程，定位其当今发展在乡村文明进程中的历史坐标，为观察、研究村庄建立长程的历史背景；特设"访谈篇"，以大量的村民口述访谈和全面系统的乡村档案收集整理，为一直以来缺乏史料积淀的村庄建立由文献、田野调查和口述访谈为架构的资料系统，记下了村民传承、维系、建设、发展村庄的种种心声；尤其重视以经济、政治、治理、文化、生态等各篇组合的整体性研究，通过深度驻村调研、深层次介入村庄内部生产生活环境，为不同类型村庄在当代社会变革时期所做的探索与发展，建立起完整的事实记录和分析样本，在浩瀚苍茫的历史时空中留下了我们这个时代的乡村社会发展印记，见证了乡村传统建构中的众多真实过程。

乡村研究是社会学、历史学、政治学、文化学等学科的重要领域，村庄个案研究、专题研究、历史断代研究、现实问题研究等成果丰硕。本套丛书以 11 个村庄为研究对象，以各个村的纵向历史发展特别是改革开放 40 多年来的乡村发展基本轨迹为历史纵轴，以独具浙江特色的村庄经济、政治、文化、社会、治理、生态等为记述研究主体，从不同角度记述浙江乡村发展轨迹，并从中提炼具有普遍意义的发展路径、特征和价值，为相关学科深化乡村研究提供了丰富个案和鲜明的地方资源。

乡村发展在我国改革开放史中具有众多首创之功和重要的历史地位，目前乡村振兴背景下来自各级党委、各级政府、社会各界和广大村民等的积极作为，是当代中国历史进程的重要组成部分。本套丛书各部专著所述浙江村庄历史和改革开放 40 多年来的乡村建设历程、发展成就和价值意义，以来自乡村一线这种最为社会基层的真实场景、鲜活实践和全方位的研究阐释，极大地丰富了浙江以至中国当代发展研究的内涵，为党史、新中国史、改革开放史、社会主义发展史的研究，输送了来自乡村大地的源头活水，增强了研究的内在活力。

本套丛书积极探索学术研究对接当下社会需求的内在理路，将来自改革前沿的现实问题研究与学术研究紧密结合，在全面系统记述乡村历史、开展理论研究的同时，直面乡村建设发展中的困境、不足和问题，走进当代社会实践，走向乡村基层，走进乡民群体，在与政府、乡村和农民的互动中开展现实问题专题研究，发挥学术研究参与现实社会建设的作用和价值，以理性分析、务实举措从村庄发展现实问题中提炼可供下一步乡村振兴所需的理论资源和对策建议，撰写多个智库报告，得到省委省政府领导多项肯定性批示，实现了学术研究中问题意识、现实关切和人文关怀的有机关联，提升了人文社科研究在基层社会的知晓度和影响力。

二

自项目正式实施以来，项目组科研人员深入全省相关市县宣传、文化、旅游、建设、农办等政府部门和百余个村庄开展深入调研。从东部海岛到西部田园，从浙南山区到浙北平原，课题组成员顶着烈日酷暑、冒着风雨严寒，克服诸多困难，走进田间地头，结交农民朋友，深入农户开展深度访谈，全方位多视角实地考察村庄发展实况。5年来深入乡村的实践探索和项目研究，让我们收获良多，也给我们带来很多启示。

在本套丛书研究和撰写过程中，乡镇村干部群众一致认为本研究在梳理村庄历史、增强集体认同、提升文化自信、提供发展资源、理清发展思路等方面，与乡镇和村的建设需求十分契合，对项目研究给予极大肯定，表现出极高的参与和配合热情，尤其热切地表达了对专业性强、学术水平高的人文社科研究的衷心期待。蕴含于乡村大地的家园故土寻根意愿、强烈的文化自觉意识、丰富的创业创新业绩、高昂进取的精神面貌和积极态度，以及存在于一些村庄的老龄化、空心化、业态陈旧、过度开发、贫富差距、文化生活单调等发展中的问题和不足，均让我们深切感受到村庄发展的巨大需求空间，看到了乡村社会发展对专家学者的热切期盼。广阔的乡村大地，正是开展人文社科研究、获取厚重科研成果的丰富沃土。

习近平总书记指出："人民的需要和呼唤，是科技进步和创新的时代声音。"社会科学工作者只有走出书斋，积极探索学术研究对接当下社会需求的内在理路，深入开展脚踏实地的基层调研，将哲学社科理论研究与社会实践紧密结合，将来自改革前沿的现实问题与学术研究紧密结合，准确了解社情民意、把握时代脉搏，实现学术研究中问题意识、现实关切和人文关怀的有机关联，才能克服从书本到书本、从理论到理论的研究局限，强化基础理论研究厚重感，提升应用对策研究针对性，取得适应现实所需、彰显学术价值、具有中国气派的哲学社会科学研究成果。

以重大系列项目构建综合性学术团队，开展集聚多学科、多梯队联合共事的集体攻关项目，既整合了原先相对分散的科研力量，也在团队的协同共进、交流互鉴、相互砥砺中营建起浓厚的学术氛围、深厚的同事情谊，为年轻科研人员的成长提供了优质平台，达到了既出成果又出人才的双赢效果。

5年来的学术劳作和辛勤付出，让我们收获满满，既有研究专著的丰硕成果，也是一次整合院内乡村研究相关科研力量、以团队合作形式开展重大主题研究的实战历练，为我院培育乡村研究平台、打造乡村研究品牌、历练乡村研究队伍、承担乡村研究重大课题，做出了有益尝试，取得了扎实成效。创新不易，守成更难，开拓尤需勇气、毅力和实力。衷心祝愿项目组和各位科研人员以本套丛书出版为新起点，勉力精进，深耕勤研，取得更多丰硕成果。

浙江省社会科学院副院长、研究员
"中国村庄发展：浙江样本研究"项目负责人、丛书主编　陈　野
2020 年 12 月 6 日

丛书绪论

I N T R O D U C T I O N

中国是一个历史悠久的农业大国，农业是关系到国计民生的基础产业，农民是占人口最多的社会群体，农村是最广阔的地域空间。"三农"问题在我们党和国家发展中占有重中之重的地位。村庄作为中国最古老的社区，既是农民的集居地，也是农业赖以发展的基础，亦是农耕文明、农耕文化、地域文化生存发展之地。从一定意义上来说，村庄发展就是"三农"发展的缩影，村庄发展演变也反映着社会的变革趋势，特别是城乡关系的发展变化趋势。

村庄是乡村经济社会发展最基础、最基本的单元，村庄发展也是整个中国经济社会发展演变的一个风向标。无论是城市发展还是农村发展、工业发展还是农业发展都会在村庄的发展上表现出来，所以研究中国村庄发展实际上是解剖中国经济社会变革的"麻雀"，"麻雀虽小、五脏俱全"，我们通过对改革开放40多年来村庄发展的一些样本的解剖，可以揭示中国改革开放40多年来政治、经济、社会、生态和文化等方面的发展轨迹与发展规律，起到"窥一斑、见全貌"的作用。

一、改革开放40多年来浙江村庄发展的基本经验

浙江是5000年中华文明实证地、中国革命红船起航地、改革开放先行地和习近平新时代中国特色社会主义思想的重要萌发地。浙江作为中国东部沿海发达的代表省之一，市场化、工业化、城镇化进程走在全国的前列，同时浙江也是地域差异性十分明显的省份，"七山一水二分田"的基本省情和兼有山海之利的特点，使得浙江村庄发展的多样性特色十分明显。由浙江省第二期文化研究工程重大系列项目"中国村庄发展：浙江样本研究"形成的这套丛书，选取的11个村庄研究样本，既来自11个地（市），也兼顾了发达地区明星村与欠发达地区的后发村、平原村与山区村、城郊区村

与纯农区村、少数民族村与海岛渔村等不同类型的地域村庄。这11个不同村庄在浙江既有一定的代表性，也隐含了发展的普遍性与多样性相统一的规律性。特别是改革开放的伟大变革是从农村开始的，改革开放的先行者和主力军也是农民。"春江水暖鸭先知"，从一定意义上来说，浙江村庄也是浙江变革最早、最快的地方，因此这11个样本村庄的研究就有了多方面的意义与价值。

丛书的11个不同类型的浙江村庄个案，每个研究基本上都由史地、经济、社会、治理、生活、生态、文化、访谈、文献等篇组成，从而分析每个村庄发展基础，记述发展历史，总结发展经验，解释发展动因，揭示发展本质，提炼样本价值。浙江这11个样本村庄地域位置各异，资源禀赋不一，发展水平参差不齐，但通过对这11个个案村改革开放40多年来的发展历程、发展实绩、发展经验、发展动因等的整体分析，我们大致上可以揭示浙江农村40多年改革开放的基本经验，也可以从中寻找到浙江40多年改革开放与发展之所以能够走在全国前列的内在原因。正如时任浙江省委书记习近平同志总结的，浙江发展快是因为农村发展快，浙江富是因为农民率先富，浙江活是因为农村搞得活。从这11个个案样本村的发展总体情况来分析，浙江村庄40多年改革开放中值得全国村庄借鉴的发展经验主要有以下五点：

一是坚持走以"人民大众创造财富、人民政府创造环境"为运行机制的大众市场经济的创新发展之路。改革开放以来浙江把家庭联产承包制改革对农民生产力的解放运用到了极致，通过千百万农民率先闯市场，鼓励农民以市场为导向调整优化农业结构，鼓励农民务工经商，大力发展乡镇经济、家庭工业和个私经济，率先在全省快速推进市场化、工业化和城镇化的进程，促进农民分工分业分化，让千百万农民成为自主创业创富的市场经营主体，形成了"百万能人创业创富、千万农民就业致富"的新格局。以乡镇企业、个私经济为主体的民营经济不仅带动了农民快速致富，也成为推动浙江工业化、市场化最强大的力量。花园村、上园村、邵家丘村、缪家村等村庄的发展都实证了这一以农民大众为创业创新主体力量的创新发展之路。农民大众和民营企业成为全省市场经济绝对的主体力量，市场化、工业化、城镇化中的浙江农民的创造力得到了前所未有的爆发。同时，浙江各级政府按照时任省委书记习近平的"以人为本谋'三农'"的要求，为农民自由全面发展创造环境，大力改善基础设施、公共服务和人居环境，推进"最多跑一次"改革，形成了"人民大众创业致富、人民政府管理服务""人民大众创造财富、人民政府创造环境"的大众市场经济的创新发展模式。这一发展路子非常全面地体现了以人民为中心的发展思想，做到了发展为了人民、发展依靠人民、发展成果为人民共享，浙江这一大众市场经济的运行机制使浙江"三农"发展表现了极大的创造力。

二是坚持走"城乡融合发展、一二三产业融合发展"的城乡一体化的协调发展之路。城乡关系在"三农"问题解决上起着极为重要的作用。改革开放以来，浙江逐步改革了城乡二元分割体制，允许农民到城镇务工经商，走出了一条农民城镇农民建的城镇化之路，县城和小城镇成为农民首选的安居乐业之地。特别是从新世纪以来，时任浙江省委书记习近平亲自制定《浙江省统筹城乡发展　推进城乡一体化纲要》，实施了新型城镇化与建设新农村双轮驱动的新战略，实施千村示范、万村整治的工程，大力推动城市基础设施向农村延伸、城市公共服务向农村覆盖、城市现代文明向农村辐射，快速缩小了城乡在基础设施、公共服务和现代文明方面的差距。经过十几年坚持不懈的建设，我们这11个个案村庄无一例外地都变成了生态宜居的美丽乡村，农村人居环境得到了根本性改善。在这一背景下，城市出现了逆城市化和新一轮"上山下乡"的热潮，追求绿色生态的城市消费者热衷于到美丽乡村来休闲度假、养生养老，城市有识之士和城市资本技术也开始出现了"上山下乡"，到美丽乡村发展民宿等美丽经济和现代农业。传统农业也出现了加速向现代农业转变的新趋势。家家粮棉油、户户小而全的小农经营大幅减少，适度规模经营的家庭农场、合作社、龙头企业成为新型农业经营主体。大学毕业生、研究生、留学归来的高层次农二代和来自城市的农创客给浙江农业注入了新的生机和活力。同时，农业出现了功能多样化以及与第二、第三产业相融合的新趋势，休闲观光农业、文创农业、体验农业、智慧农业、设施农业等新型农业业态快速增多，现代农业呈现出与第二、第三产业深度融合的全产业链发展的新趋势。农业绿色化、标准化、品质化、品牌化让浙江农业呈现出前所未有的发展新态势。

三是坚持走"绿水青山就是金山银山"理念为引领的生态生活优先的绿色发展之路。浙江人多地少，人均资源稀缺，在改革开放初期，为了解决产品短缺、工业品供应匮乏问题，被迫走了一条以牺牲生态环境为代价的粗放型、数量型经济发展之路。在世纪之交，生产发展与生态保护的矛盾更加突出。2003年，时任浙江省委书记习近平高瞻远瞩地提出了建设生态省和绿色浙江的新战略。在全省实施"千村示范、万村整治"工程，2005年习近平在安吉余村首次提出了"绿水青山就是金山银山"理念，强调优美的生态环境就是最普惠的民生福祉。在农村经济发展上，把为农民创造优美生活环境、优良生态环境放到首要位置。本丛书11个样本村无一例外地都开展了农村人居环境和生态环境整治，将原来污染严重的垃圾村建设成为生态宜居的美丽乡村。像余村、棠棣村、清漾村、沙滩村等都成为美丽乡村精品村和文化旅游名村，美丽乡村成为农民引以为豪的美好生活的幸福家园，也成为城市人越来越向往的休闲度假、养生养老的生态乐园。越来越多的城市消费者、投资者兴起"上山下乡"的新热潮。乡村旅游、农家乐、民宿、体验农业等"美丽"经济和"乡愁"产业成为"两山"转化的有效载体，这些绿色产业成为浙江农民创业就业、创业致富的新亮点。

四是坚持走"对外开放、对内开放"相互联动的特色块状经济的开放发展之路。通过对改革开放前后的经济发展路子的比较，使浙江干部群众意识到全方位开放经济和市场经济是发挥资源小省、市场大省优势的必然选择。浙江抓住中国的对外开放新机遇，大力发挥劳动力人才和工贸优势，大力发展市场在外、原料基地在外的"两头在外"的集聚化、特色化生产加工、贸易基地，形成了柯桥轻纺、海宁皮革、义乌小商品、永康小五金、桐乡羊毛衫、东阳红木家具、大唐袜业等特色块状经济。本书的11个样本村在这一开放发展大潮中形成的一村一品、一村一业的特色专业村的发展模式，则是浙江这种开放型块状经济的基础和重要生力军。这种"两头在外、无中生有"的块状产业是县域经济、农村经济的强大支撑和竞争力所在，都是浙江农民创业就业的主阵地，也是浙江民营经济具有强大竞争力的重要因素。在浙江这些以县城和小城镇为依托的特色块状经济集聚发展的地方，浙江农民只要有劳动能力就可以找到工作岗位，只要有资本就可创业办实业。目前这种对外对内双向开放和市场原料两头在外的块状经济正向产业集群的方向转型，并通过智能化改造促进传统制造业向先进制造业转型。通过这种双向开放的特色块状经济的发展，以农民和民营经济为主体的县域经济也得到了不断提升，成为浙江"三农"发展极为亮丽的风景线。

五是坚持走家庭经营、合作经营互促共进，鼓励先富帮扶后富、双管齐下的共创共富的共享发展之路。在40多年改革发展中，浙江农村逐步形成了符合社会主义市场经济发展要求的经营体制。确立了农户家庭经营在农业生产中的主体和基础地位，强调这适合农业自然再生产和经济再生产相结合的产业特点，也适合社会主义市场经济运行机制，但我们家庭经营规模太小、数量太多，参与市场竞争能力非常有限。因此，在发挥家庭经营在农业生产中的基础作用的同时，充分发挥合作经营在农民走向市场中的服务作用。为了适应现代农业发展的要求，浙江在农业经营体制上不断地推陈出新，一方面我们按照承包农地"三权分置"的原则，促进土地经营权向专业大户、家庭农场和龙头企业集中。另一方面，通过发展专业合作社，特别是大力发展生产合作、供销合作、信用合作三位一体的农合联组织，为农业家庭经营提供全方位的合作服务。与此同时，村经济合作社作为集体土地所有者代表和社区集体经济组织，承担起发展壮大集体经济为社员服务的职能。在农业创业创富和收入分配方面，我们致力于打破分配上的平均主义和"大锅饭"，允许和鼓励一部分人和一部分地区，通过勤劳致富和创业开拓市场先富起来，同时引导和鼓励先富带后富，先富帮后富。本丛书中处于欠发达地区的缙云北山村、海岛地区的蚂蚁岛村和龙峰民族村等，也都先后走上了先富带后富、大家一起富的共富之路。浙江40多年改革开放中的"三农"发展实践证明，共同富裕不等于平均富裕，不能通过计划经济搞纯而又纯的公有制、过度集中的单一公有制经济来实现，而是要通过发展社会主义市场经济，充分发挥市场机制的基础作用和政府的积极有为作用，让千百万农民成为独立的家庭经营的市场主体，在此基础上，政府通过发展合作经营和扶贫攻坚，帮扶欠发达地区和低收入群体增强发展能力。只有让一部分地区、一部分人群先富起来，才能形成先富带后富、大家共同富裕的共同发展的新格局。

二、浙江村庄发展的个性特色和影响因素

以本套丛书所述 11 个村庄为代表的浙江村庄发展经验弥足珍贵，有许多值得全国村庄借鉴的地方。而通过对这 11 个村庄历史地理、资源禀赋、社会文化、人文环境、政府服务等多方面的深入挖掘和综合思考，揭示这 11 个村庄之所以发展快、发展好、发展有个性特色的深层次的原因及其规律性，则更是我们这套丛书出版所要达到的一个重大预期目标。全面分析浙江这些村庄的历史文化、地理区位、资源禀赋、产业特点、人文因素、发展环境、政府服务等多方面因素，浙江村庄发展与下列五大因素密切相关：地域位置与资源禀赋、文化传承与人文素养、乡村能人与乡村干部、改革政策与民众认知、地方领导与地方治理。这五大因素影响并决定着村庄发展方向、发展特点和发展水平。

首先是地域位置与资源禀赋。中国人常说"一方水土养一方人"，浙江就是受这方面因素影响特别大的地方，尤其是农业生产为基础的村庄发展以及民风民俗影响更是特别直接。浙江地处中国东部沿海长三角地区，气候是亚热带季风气候，四季分明，雨热同季，气候多变同时又有人多地少、山多田少、人均农业资源不足等特点。这些地域特点与资源禀赋总体上使得浙江农民和村庄发展形成了自身的群体特征。农业生产一年四季都可进行，农民既勤劳又节俭，家庭手工业发达。同时相邻地区的差异性也比较大，如杭嘉湖、宁绍平原这种江南水乡地区的村庄与村民同浙西南山区、浙中山区盆地的村庄产业及民俗民风的差异性也比较大，但总体上浙江村民勤奋节俭、农商兼营、心灵手巧的特点十分明显。

其次是文化传承与人文素养因素，这也是对村庄发展影响久远的因素。浙江是

中华民族 5000 年农耕文明实证地、中国农业文明重要发祥地,有将近万年的上山文化、八千年跨湖桥文化、七千年河姆渡文化、六千年马家浜文化和五千年良渚文化,这种农耕文化对浙江村庄和农民影响极其深远。农耕文化影响下形成的天人合一、道法自然的农事理念,巧用资源、精耕细作的农作制度,勤劳勤俭、勤学勤勉的农家品质,村落集居、族人互助的农村价值及耕读传家、回馈乡里的乡贤精神都使得浙江村庄发展带有明显的农耕文化、民俗文化影响的深深的烙印。

第三是当地乡村能人与乡村干部因素的作用非常巨大。我们从 11 个样本村的 40 年改革发展的历程与成效来看,乡村能人和乡村干部的行为、思维的影响是决定性的。尤其那些在改革开放中率先富起来的村庄,诸如样本村中金华的花园村、温州的上园村、宁波的邵家丘村、绍兴的棠棣村、丽水的北山村等,都是由乡村能人和乡村干部带头闯市场、带头经商办厂兴实业而带领村民群众走上共创共富之路的。可以说在所有发展因素中,这种能人因素的作用是极其明显的,尤其是村庄的干部,应该既有创业创富闯市场的能力,又有带领村民走共同富裕道路的奉献精神,这显得尤为重要。

第四是政策导向与民众认知的因素。这在村庄改革开放 40 多年发展中的影响力也特别的明显。浙江这种具有悠久的农商兼营、工农商皆本的地俗文化和人多地少的地方,在计划经济和以粮为纲的左的年代,浙江人的手工业和家庭工业、小商品生产都被当作资本主义尾巴砍光了,农民生活十分贫穷。在 1978 年改革开放和普遍实行包产到户的新的改革政策环境下,浙江农民发展商品生产、乡镇企业、个私经济的积极性得到全面激发。从实践来看,农民群众对改革政策的认同度越高、响应越热烈的地方,村庄的经济社会发展就越快,农民们致富的速度也越快,政策效应也越明显。当然,这也与当地党委政府的工作力度密切相关,政策宣传和贯彻落实越到位的地方,农民群众认知度越高,政策效果也越明显。

第五是地方领导和地方治理的因素,这也是村庄发展十分重要的因素。地方领导思想是否开放、思路是否开阔、对"三农"工作是否重视、对农民群众感情是否深厚、工作作风是否求真务实，这些都关系到能否为当地村庄发展创造良好的环境条件。如改革开放初期，温州地方领导、金华东阳义乌地方领导、宁波余姚地方领导的思想比较开放、开明，作风求真务实，就为这些地方村庄改革发展创造了比较宽松的发展环境。在乡村地方治理上，浙江农村都比较好地实行了村民委员会自治的地方治理，并且很多地方都把村民自治与德治、法治紧密结合起来，形成了村民自治、德治、法治"三治合一"的地方治理模式，为村民自我治理、自我发展创造了良好的治理机制。

总之，浙江村庄在 40 年改革开放中发展的经验弥足珍贵，值得各地借鉴，发展的内在机制、规律也反映了中国改革开放以来"三农"发展的规律性。本丛书记述的浙江 11 个样本村庄的发展各具特色，但也有许多共性的经验、规律可循，期望读者们能从这一丛书的村庄发展案例中发现一些对今后中国村庄有借鉴意义的东西，希望大家将这一丛书看作研究浙江 40 年改革开放村庄发展和"三农"发展的一个重要窗口。

"中国村庄发展：浙江样本研究"项目首席专家　顾益康

2020 年 10 月

目 录

CONTENTS

C O N T E N T S

导　语　一个海岛渔村的七十年变迁

相较于城市，乡村不仅是绝大多数人生活的地方，也是中国社会变迁的缩影，是古老中国的文化纵深处。"三农"是中共中央长期重视的一项工作，党的十九大提出实施乡村振兴战略，更将农业农村的发展和农民奔赴小康上升到更为重要的位置。因此，对中国乡村的社会文化变迁进行记录，研究阐释村庄发展的现实条件、动因机制及其发展经验和价值意义，不仅是学术研究的基础工作，也是乡村建设的重要事业。

一、蚂蚁岛村的发展历程

蚂蚁岛位于舟山群岛东南部，距大陆最近 11 千米，是舟山本岛、朱家尖岛、登步岛、桃花岛、虾峙岛、六横岛等形成的岛链中之悬水小岛。蚂蚁岛有人定居史约三百年，最早居民系来自周边宁波镇海的渔民。岛上居民姓氏多而散，从 1953 年的 503 户、2281 人，发展至 2019 年的 1190 户、在籍人口 3734 人。渔民从逐步聚居在岛上 11 个岙口，到 1950 年后主要集中在后岙、红船岙、长沙塘、穿山岙、兰田岙、仙人洞岙、大兴岙等 7 个岙口，直至 2007 年扬帆集团东海岸船厂入驻后，兰田岙、仙人洞岙、大兴岙被船厂征用，居民安置于长沙塘附近，与后岙、长沙塘、穿山岙 3 个岙口的居民聚居在岛屿的东侧。蚂蚁岛的陆地面积也从有史记载的约 2 平方千米，在历次围海后拓展至近 3 平方千米。

1950 年 5 月 17 日，蚂蚁岛解放。历经 1951 年的土地改革、1953 年的渔区民主改革，其行政建制不断调整变化，先后隶属于定海县、普陀县、舟山县，至 2019 年，蚂蚁岛成为舟山市普陀区沈家门街道的社区村。1950 年 10 月，建定海县桃花区蚂蚁乡，设置第 1、第 2、第 3、第 4 村。1952 年 2 月 14 日，正式成立蚂蚁乡人民政府。1953 年 4 月，普陀县成立后，属普陀县桃花区管辖，同年 6 月组建乡党支部。1956 年，并入登步乡，成立登步乡蚂蚁渔业社，辖第 1、第 2、第 3、第 4 中队。1957 年，从登步乡划出，复建蚂蚁乡，乡人民政府改称乡人民委员会。1958 年 7 月 26 日，成立全国渔区第一个人民公社——蚂蚁人民公社，辖长沙塘、大兴岙、后岙、兰田岙、穿山岙 5 个行政村，同时组建公社党委，改隶舟山县管辖。公社组织机构由管理委员会、监察委员会组成，下设远洋捕捞、近洋养殖、农业、工交、供销、信用、计划管理、内务劳动、武装治安保卫、文卫福利、科学研究、办公室等 12 个部门。1962 年 4 月改隶普陀县管辖，系县直属公社。1968 年 4 月，成立蚂蚁岛公社革命委员会。1971 年 6 月 12 日，再次成立公社革命委员会和党的核心小组。同年 9 月，恢复公社党委。1981 年 4 月，蚂蚁岛组建公社管理委员会，取消公社革命委员会。1983 年 2 月，蚂蚁岛公社由原来的一级核算改为 5 个大队独立经济核算，同时建立蚂蚁岛乡人民政府。

1983 年 9 月，蚂蚁岛实行政社分设，乡党委、乡政府、公社三套班子并存，并结束了人民公社建制。1992 年 3 月，试行"撤区扩镇并乡"工作，仍保留乡建制。2001 年 4 月，大兴岙、兰田岙、穿山岙 3 个村撤并成立新纪村。2005 年 6 月，设立蚂蚁岛社区，辖长沙塘、后岙、新纪 3 个行政村。2008 年 6 月，3 个行政村合并为蚂蚁岛村。2013 年 8 月，正式撤销蚂蚁乡人民政府，其行政归并沈家门街道办事处，并成立蚂蚁岛管理处，设 1 个行政村、5 个经济合作社。[①] 2017 年 2 月 14 日，成立蚂蚁岛管理委员会，正式形成一岛一社区（村）5 个经济合作社的建制。2019 年 7 月，重组为一岛一村一经济合作社。

蚂蚁岛解放以来的行政建制变化，是伴随舟山地区的行政建制变化而变化的。其最为人瞩目的是蚂蚁人民公社的成立，这被公认为全国渔区建立的第一个人民公社，开启了蚂蚁岛辉煌的历史，引起党中央和地方政府的极大关注，成为全国渔区的"典型"。事实上，早在 1958 年 8 月《中共中央关于在农村建立人民公社问题的决议》正式发出之前的 1954 年 6 月，蚂蚁岛即建立了全乡渔业社、农业社、手工业社、信用社、供销社"五社合一"，一岛一社，政社合一的人民公社体制。直至 1983 年人民公社解体，近三十年的公社体制，不仅极大改变了蚂蚁岛社会的面貌，改善了渔民的生活，也为蚂蚁岛的后续发展奠定了基础，并留下了宝贵的精神遗产。

蚂蚁人民公社体制的建立，并非是被动地接受，而是渔业生产及其经营组织

---

① 《中国海岛志》编纂委员会：《中国海岛志》（浙江卷第二册　舟山群岛南部），海洋出版社，2014 年，第 604 页。

的内在变化与外在制度输入之间的互嵌结果，从而造就了人民公社时期辉煌的集体创业发展史。蚂蚁岛在 1951 年 2 月成立渔民协会后，紧接着陈森林、刘岳明、刘中德三人自发在长沙塘成立第一个渔业生产互助组，1953 年 3 月成立远洋渔民互助组。1953 年 7 月，以刘岳明互助组为基础成立了舟山渔区第一个渔业生产初级合作社"长沙塘渔业生产合作社"，并于当年 9 月，其他 3 个行政村陆续成立 3 个小型渔业生产合作社。不久，岛上兴办了供销、信用、手工业、农业等 4 个合作社，蚂蚁岛很快实现了合作化，从互助组到初级合作社、中级合作社。1954 年春，4 个小型渔业、农业合作社合并成一个大渔业社，1954 年秋，渔业、农业、供销、信用等 4 社合并为大社，1955 年春各自分开。1956 年 3 月成立蚂蚁高级渔业生产合作社。此间发展最快的是渔业社，1957 年户均收入 1000 元，农业社收入户均仅为 300 元。1958 年 4 月 1 日，渔业、农业、供销、信用、手工业等合作社再次合并，办起具有人民公社性质的大社。至 1958 年 9 月 26 日正式成立蚂蚁人民公社，是全县最早成立的人民公社。蚂蚁岛土地面积狭小，以渔业为主要生计方式，在社会相对封闭的情况下，形成新的群体意识，有效地整合了人力、物力，迅速改变了海岛社会生产关系，并促进了社会生产力的极大发展。在勤俭办社的方针指导和吃苦耐劳的精神感召下，逐渐发展远洋生产，并兴办工厂，实现多种经营，集体经济不断积累壮大，社会事业持续进步，这是蚂蚁岛发生的第一次巨大经济变迁。

改革开放以来，中国社会发生了大的转型。1981 年 5 月，社员张明章、李财富、刘元安等人合伙开设棒冰营业所及开办小五金仪表螺丝厂，蚂蚁岛个私企业由此开始。同年 11 月，蚂蚁岛开始发展对虾养殖。1983 年 2 月，蚂蚁岛将公社一级核算改为大队核算，结束了三十余年公社一级核算的体制。1984 年 3 月，筹建 300 吨水产冷库，后来成为蚂蚁岛渔业公司，乡镇企业由此起步。此后"大包干"制度随之推行，到 1994 年春，全乡渔业生产全部实行股份合作制。2007 年扬帆集团东海岸船厂入驻。2008 年 6 月，长沙塘、兰田岙、穿山岙、后岙、大兴岙分别成立经济合作社。直至 2019 年 7 月，5 个股份经济合作社合并及进行资产融合，设立蚂蚁岛村股份经济合作社。从产业转型而言，蚂蚁岛总体上形成了以渔业为主的三产共存、转型发展的特点。和大多数渔农村一样，集体经济逐步为私营经济和个体经济取代而式微，渔民整体生活水平逐步提高的同时，家际的经济收入差距也同时产生。这是蚂蚁岛经济发展的第二次变迁。

二、蚂蚁岛村的发展特点

上述蚂蚁岛村的发展历程所显现的社会文化变迁，是渔农村发展的历史缩影。一方面体现出改革开放前后不同背景下的变迁轨迹，一方面又显示出其自身的发展特点。

简单回顾历史，中共中央于 1953 年基本完成全国土地改革后公布了过渡时期总路线，即实现社会主义工业化和农业、手工业、资本主义工商业的社会主义改造。农业的社会主义改造又称为农业合作化运动，通过互助组、初级社、高级社三个阶段，将农民个体经济逐步转变为社会主义集体经济。至 1956 年，全国完成了"三大"改造，初步建立起社会主义的基本制度。渔业属于大农业范畴，虽然因为在国民经济中的地位不同，各地渔业合作化的过程和形式差别较大，但总体上都处于渔业合作化运动的背景之中。1954 年年底，浙江省渔业互助组发展到 2248 个，渔民 37978 人，占出海渔民的 45.4%，入组渔船 6892 艘，此时蚂蚁岛的刘岳明互助组即为全国的代表组之一。[①] 1958 年，中共中央发出了在农村建立人民公社的正式决议。这年，蚂蚁岛率先正式建立全国渔区第一个人民公社。1962 年，党的八届十中全会通过《农村人民公社工作修正草案》，对农村人民公社的性质、组织和规模等做了具体说明。1982 年 12 月通过的《中华人民共和国宪法》提出"省、直辖市的人民政府决定乡、民族乡、镇的建置和区域划分"。至 1983 年 10 月，《中共中央、国务院关于实行政社分开建立乡政府的通知》宣布实行政社分开，重建乡（镇）人民政府，人民公社正式解体。蚂蚁岛也在 1983 年宣布政社分开。

与政治体制改革相伴随的是，改革开放以来，海洋经济也随着政策调整引起了产业结构的变迁。1979 年，国家大幅度提高水产品计划收购的价格，允许计划外议价，开始了水产品价格的双轨制。1985 年，中共中央、国务院发出《关于放宽政策、加速发展水产品的指示》，水产品价格全面开放，由国家统购统销改为市场调节。对于渔业资源较好、捕捞技术率先改进的渔村渔业发展来说，这是实现经济腾飞、收入增长、资金积累的关键时期。20 世纪 80 年代，国家还确定了"以养殖为主"的渔业发展方针，鼓励水产养殖业的发展。此后随着海洋捕捞业的快速发展所引起的海洋资源衰退，农业部在 1999 年首次提出海洋捕捞计划产量"零

---

① 毕定邦、周惠民：《浙江省水产志》，中华书局，1999 年，第 424 页。

增长"目标，捕捞作业的比例逐渐下降，同时随着三大国际渔业协定的相继签署生效，渔民被迫从传统作业渔场转向远洋捕捞，这对捕捞业的船网工具、技术水平和规模发展提出了更高的挑战。除了远洋捕捞、水产养殖、水产品加工之外，改革开放后的船舶制造业、海洋运输业、滨海旅游业也逐步在国家鼓励下得以发展。总之，海洋产业结构中的一、二、三产经历了明显的变化。新中国成立前后的捕捞业占据主要比重，20世纪80年代后，水产养殖业比重迅速提升，90年代后，二产中的水产品加工业和船舶制造业迅速崛起，到2000年后，三产中的海洋交通运输业和滨海旅游业快速发展。蚂蚁岛的经济发展，表现出了海洋三次产业的演变。早期以捕捞业为重，兼顾农业种植；80年代顺应政策号召，将"三八"海塘围垦的种植土地改成水产养殖；其间成立了服务于渔业生产的船舶修理厂等，在2007年引进了大型船舶制造厂；最近几年则发展休闲渔业和红色旅游业。但总体上，就蚂蚁岛经济社会而言，最重要的仍然是早期捕捞业的发展，它不仅为渔村同期的社会建设提供了资金，也为后期虾皮捕捞与加工提供了丰富的经验和社会资源，虽然虾皮捕捞和加工后期都已逐步转变为蚂蚁岛私人企业和个体户的致富之路。

从渔村的经济组织管理和经济制度变迁而言，其第二次大变迁同样起步于改革开放以后。党的十一届三中全会之后，中国农村拉开了改革的序幕，1979年的全国水产工作会议上提出了渔业生产中曾经实行过的"三定两奖"生产责任制管理办法，此后又实施了"几定奖赔""比例分成"和"大包干"等生产责任制，有的将船网工具承包给渔户，有的实行"折价下放"，将船网工具直接折价给承包渔户。1983年，全国推行"以船核算"，至1986年全国沿海82%的渔民渔船实行"以船核算"，集体渔业普遍被个体承包替代。20世纪80年代末、90年代初，"以船核算"逐渐转变为"合伙经营"，出现股份经营、雇工经营等形式。[1]与全国大部分渔村一样，蚂蚁岛概莫能外，公社按各村队人口比例将船网工具分到各村队，转为"大包干"。此后各村队又将船网承包给本村渔民，直至1994年，个体户经营普遍替代了渔业的集体经营模式。客观上，这种经营模式是对资源、技术、资金、生产工具和劳动力等要素的重新优化配置，但渔业生产有其不同特性，分散经营对于集体经济的发展而言，未必是最佳选择。

---

① 王萍：《渔村社区合作经济组织的变迁研究——以山东荣成市为例》，博士学位论文，中国海洋大学，2011年。

因此，在历史进程中，蚂蚁岛的社会变迁无法脱离时代背景，也显示出其独特的一面。最显著者，莫过于人民公社时期渔业的组织生产。人民公社结合渔民劳动能力、专业水平进行组织生产，将固定提留部分用于更新船网工具，改进生产工具，在渔业机帆化和捕捞业的规模化上曾一度领先；通过民主协商的方式制定分配奖励措施，调动广大渔民的积极性，兼顾公平与效率，是对共同致富的生动实践；因此孕育的蚂蚁岛精神，并非空洞的口号，而是蚂蚁岛人发自内心的一种图强力量，这种力量首先表现为渔业生产中对团体协作的强调，蚂蚁岛至今最为重要的虾皮捕捞加工业，仍然体现出这种协作精神的优势。换言之，蚂蚁岛精神是人民公社时期留给蚂蚁岛人最为重要的精神遗产。因此，与其说是历史造就了蚂蚁人民公社的辉煌，不如说是蚂蚁岛人抓住了历史的机遇，奠定了蚂蚁岛社会后续发展的基础。

总之，蚂蚁岛村的发展，深刻体现出渔业生产的特性，符合渔村自身的发展逻辑。在早期的社会主义建设中，契合了历史的运行轨迹，调动和组织广大渔民艰苦奋斗，勇往直前地建设蚂蚁岛新家园。改革开放后，在大转型的时代背景下，虽未能孵化出较大的村社企业，集体经济式微，但总体上符合海洋经济的产业升级特点，渔民家庭的收入整体保持增长。

三、蚂蚁岛村的样本价值

浙江兼具平原、盆地、山地、丘陵、岛屿等地理环境。浙江海岸线和大陆海岸线分居中国首位和第五位，沿海岛屿 3000 余个，是中国岛屿最多的省份。舟山是浙江唯一的海岛市，共有 4696 个岛礁，其中岛屿 1390 个，住人岛 103 个。人口资源发展主要集中在一本岛（舟山岛，包括朱家尖岛）、两县城（岱山县城所在地岱山岛和嵊泗县城所在地泗礁岛）、三大岛（金塘、六横、衢山三个乡镇大岛）。发展至今，形成了港口、渔业、旅游、油气、滩涂五大主要资源和产业特色。其海洋生物种类繁多、渔业资源丰富，有著名的舟山渔场和中国最早四大中心渔港之一的沈家门渔港。渔业生产由传统捕捞发展到捕捞、养殖、加工一体化，内外贸全面发展的产业经营模式。在漫长的历史进程中，渔民及逐步形成的渔村，分布在浙江的沿海地区和岛屿之中。

首先，将蚂蚁岛纳入村庄研究之中，其中一个原因正是基于村庄类型研究完整之所需，换言之，渔村的变迁发展具备中国乡村研究类型的样本价值。具体而言，蚂蚁岛村的样本价值主要体现在其经济形态、社会发展、精神理念等几个方面，最为重要的当属人民公社时期的渔村发展及其宝贵的精神遗产结晶。

不同于土地农耕，捕捞渔业具有季节波动性大、风险性大、生产投入大、协作性强等特点，其经营发展离不开人员的协作和船网等工具的技术改进。根据相关史料记载，在明洪武十九年（1386年）"海禁"政策推行之前，舟山渔业生产即已形成"合伙生产"和"硬节制"的渔船经营方式，即人、船、网各作1节（股），所捕水产品（实物或货币）按节（股）数平均分配，这是最早形成的渔业经营方式，且存续年代非常长久。同时表明了渔民阶层的出现、以家庭为单位或渔民合伙的生产、船网工具的技术进步、作业方法的演变和作业范围的扩大，即由涂滩、沿岸、浅海向近洋、外海、远洋的逐步发展；渔船由小型到中型、大型的混合使用；经营分配从家庭为单位发展到自愿合伙、按劳力分配。清康熙年间（1684年），"海禁"政策废除，朝廷颁布"展海令"，并准许内陆居民携渔船和家眷到海岛落户定居，且乾隆、嘉庆年间木帆大对渔船，木帆大捕渔船先后陆续传入，近洋渔业新历史由此开创。"长元制"（雇佣制）渔船经营方式成为主要经营形式，即私人占有船网等生产资料和经营成本，雇工出海生产，扣除生产费用成本及支付给雇工的薪金外，剩余盈利归"长元"（船主、船东老板）所有。渔船及船员的技术等级、所占份额逐步专业细化。新中国成立后的20世纪50年代，直至21世纪初期，海洋渔船经营方式主要分为四个时期。第一个时期是新中国成立初期，以木帆渔船为主，大多数渔船仍沿袭"合伙制""硬节制"，但实行平等平均、按生产纯收入全面实行按节（股）分配的原则，入伙者职务地位平等，享受的节数比原来大幅提高，体现了渔工权利平等的新特点。第二个时期是由木帆渔船向机帆渔船发展过程中，渔船实行"互助合作"经营，以渔船为单位建立临时互助组，并逐步转为常年互助组。互助组均实行"入组志愿，退组自由"原则，后又转升为"初级渔业生产合作社"。第三个时期是20世纪60年代后期至70年代，全面实现渔船机帆化，特别是党的十一届三中全会之后，打破"三定二奖赔"单一形式，推行多种形式的联产承包责任制。第四个时期是20世纪80年代末至90年代初，进行了前所未有的重大变革，渔船由"集体所有，大包干上交承包经营"改为"股份合作制"和"个体私营制"。集体统一经营的旧模式转变为多元化、开放性的渔业经营体制模式。①

受自然地理环境和气候所限，解放前后的蚂蚁岛也只是在有限的耕地上种植番薯和大麦，而捕捞渔业则是蚂蚁岛人传统的生计方式，持续至今。其渔业经营方式转变与上述渔船经营方式的转变大体一致，因此，人民公社时期的蚂蚁岛在捕捞渔业和经营方式上具有相当的样本价值。

其次，蚂蚁岛在人民公社时期之所以成为海洋渔区的一面旗帜，较为重要的原因是，其结合自身条件，从传统的社会资源中汲取养分，尤其是发挥了船老大的"能人"作用，并调动了广大渔民的积极性，孕育出蚂蚁岛精神。在某种意义上，社会文化的变迁即是制度的历史变迁。在其他学科的视角下，制度的起源和演化有两种理论学派，一是自发演化理论学派，一是理性设计理论学派。因此，在有的学者看来，一种制度的长期维持需要四种因素：充分的资源或创造性收入、相应的法律法规、特有的意识形态和领导者魅力。判断一个制度好坏的标准应该是在不突破成本约束条件下能否有效实现制度目标，也就是制度与环境的相容性。这包含五个方面：一是不同利益集团协调利益的相容性；二是制度激励的相容性；三是制度相对稳定的相容性；四是空间地域的相容性；五是制度信息与行为信息的相容性。而人民公社制度在蚂蚁岛的"本土化"，就是正式制度与非正式制度的匹配过程，并实现了制度与环境相容性的创新。其中较为重要的是船老大所发挥的巨大作用，以及集体精神意志作为软制度的凝聚力作用。船老大无疑是渔民社会的技术权威和精神领袖，既具备海洋捕鱼的高超本领，又要熟练掌握航海的基本技能。其基本职责包括观察天气、预测风力，观察潮水、不误潮时，掌握鱼汛、赶赴渔场、召集船员、整齐力量等，而现代船老大更是集安全、生产、销售、经营、管理和分配为一体。蚂蚁岛最早建立互助组和合作社，事实上离不开船老大的权威与号召，这对于后期集体意识形态的形成具有非常重要的基础作用，是社会文化资源的有效整合与提炼。因此，关于制度契合、能人作用和精神价值，蚂蚁岛也具有独特的样本价值。

总之，浙江多元的地理环境所孕育的农耕文化与海洋文化，以及形成的精神文明，不仅是浙江文化的重要组成部分，也蕴含着浙江精神的重要元素。蚂蚁岛的社会文化变迁，尤其是人民公社时期的发展，对我们思考人民公社时期的制度

---

① 舟山市普陀区政协教文卫体与文史委员会：《普陀渔船史话》（普陀文史资料第三辑），中国文史出版社，2009年，第242—266页。

遗产价值，丰富我们对集体化时代中国乡村的认知都具有其样本价值。

四、蚂蚁岛村的社会学研究意义

正如上文所述，蚂蚁岛作为乡村社会的样本研究，更多指向的是"类型"意义上的。费孝通先生在晚年曾以"类型"和"模式"的概念，区别于"典型"概念。他认为"一切事物都是在一定条件下存在的，如果条件相同就会发生相同的事物。相同条件形成的相同事物就是一个类型。同一个类型里的个别事物并不是完全一致的，类型不是个别的众多重复，因为条件不可能完全一致的"，"通过类型比较法是有可能从个别逐步接近整体的"，[①] 也就是通过"逐渐接近"的研究手段达到对社区从局部到全面的了解。个体的渔村固然不是中国渔村的典型，但在社会结构和文化形态上，不失为许多中国渔村的共同"类型"或"模型"。在本研究中，我们更强调将一切可见和不可见的内外制度视为文化。在以社区为整体的前提下，展开对政治、经济、社会等制度的全貌观察，以及在国家、社会和个人的横向维度上，综合考察渔村的变迁。这种研究取向并非挖掘蚂蚁岛村"成功"的经验，而是尽可能客观地描述这一变迁过程，即相关的政治体制、经济政策、主流意识形态，与渔村社区自身的社会资本、文化传统，以及社区精英的权威等共同引发和推动渔村社区的变迁。

从文化类型的价值而言，虽然渔村属于农村的一种类型，但对渔村的认识理应得到与农村同样的关注，诚如王崧兴所感受的："所谓中国士大夫社会的传统，是建立在广大庶民的生活之基础上。而所指的庶民不外是农民。'以农立国'的思想，以及所谓汉人之传统价值道德观，可以说都是农耕社会的反映。在此农耕社会的大传统之笼罩下，一些不是以农耕为主要生产方式的社会，他们的实际生活更是鲜有人注意。"[②] 因此，渔业文化事实上有其独特的一面，诸如渔船网具的演变发展、渔船的分工经营、渔民的流动分化和生活变迁，以及形成的风俗习惯等等，都需要做历时的梳理和共时的比较研究。

从社区发展而言，"人民公社"不仅是中国农村无法绕开的历史，更是蚂蚁岛重要的标签。张乐天曾以外部冲击—村落传统互动的分析模式，对浙北农村人民公社时期的生产生活等进行细致分析，试图回答浙北村落如何从传统走向现代化。

---

① 费孝通：《人的研究在中国》，天津人民出版社，1993年，第6—7页。
② 王崧兴：《龟山岛——汉人渔村社会之研究》，《"中央研究院"民族学研究所专刊之十三》，1967年，第1—2页。

受此启发，本研究同样是以发展的眼光来看待渔村的变迁，并试图将蚂蚁岛重置于历史的场景之中，梳理其 70 年来的社会文化变迁脉络和发展逻辑，增进"众出于一，异中见同"的认识，思考人民公社体制何以在蚂蚁岛率先建立，以及这样的体制为此后的蚂蚁岛发展留下了什么样的遗产价值。

总之，蚂蚁岛解放后，在内外力的互相作用下，走上合作化的道路，集体事业蓬勃发展，是人民公社时期当之无愧的渔区典范。刘少奇主席曾远眺蚂蚁岛，那是"合作社"思想的主流时代。蚂蚁岛孕育出的集体精神，则是宝贵的时代遗产。习近平总书记曾 14 次到舟山考察，绘制舟山的发展蓝图，并在视察蚂蚁岛时赞扬了"艰苦创业、敢啃骨头、勇争一流"的蚂蚁岛精神。2013 年，国务院印发《关于促进海洋渔业持续发展的若干意见》，指向的是渔业生产、渔民生活、渔区资源生态的"三生"协调，建设现代渔业的问题，与此同时，全球化继续影响着互为联通的海洋世界。蚂蚁岛的社会文化变迁提醒我们，要尊重事物发展的规律和渔民的智慧力量，从历史传统中汲取营养，因地制宜，紧扣时代脉搏，奋发图强。

如果说早期的蚂蚁岛"典型"对应的是"原型"，那么课题组当下的"样本"对应的就是"类型"。也就是说，"典型"和"样本"，都是在一种"类型"所具备的共性条件下，思考蚂蚁岛人未来的生存与发展问题。对蚂蚁岛村的研究自 2018 年 6 月正式立项后，以蚂蚁岛集体化时期的生产生活为重点，课题组主要通过查阅相关历史文献、档案材料，梳理其中的变迁逻辑。在此基础上，展开田野调查，通过入户访谈和召集座谈会等，尽可能地扩大线索，搜集一手材料。本书共分为八篇，第一篇主要交代蚂蚁岛的地理环境和 1978 年以前的经济、社会、文化等历史情况。第二篇主要梳理和分析蚂蚁岛 70 年来的经济发展变迁，即 20 世纪 50 年代开始直至 80 年代的集体化时期、80 年代以来的渔业捕捞和加工、2000 年以来的船舶制造业和旅游业的兴起。第三篇主要陈述蚂蚁岛的社会变迁，蚂蚁岛在集体化时期形成的集体主义精神，对于蚂蚁岛村的建设有着重要的意义。第四篇主要描述了蚂蚁岛的文化传承，蚂蚁岛有人定居的历史约 300 年，居民来自周边渔民的迁入，因此并没有形成复杂的宗族大姓，其海洋文化的特征也主要体现在渔业作业上。第五篇主要关注蚂蚁岛人的婚姻家庭和日常生活，既进行社会学意义上的分析，也展开文化内涵上的解读。第六篇以蚂蚁岛整体为个案，将其置于"类型"之中进行比较，并总结阐释其发展经验和价值意义，并主要就人民公社时期的蚂蚁岛社会构建及精神价值展开专题讨论。第七篇主要由蚂蚁岛人讲述自己的生活阅历和生命感悟，以"主位"视角，丰富我们对蚂蚁岛社会和蚂蚁岛人的理解。第八篇则收集整理了蚂蚁岛村重要时间节点上的一些文件公告、媒体宣传和制度建设等文献材料。

史

地

篇

悬水小岛

中国村庄发展

SHIDI PIAN
XUANSHUI XIAODAO

耕 海 牧 渔

蚂蚁岛是位于舟山本岛南部的悬水小岛，有人居住的历史近 300 年。舟山渔场丰富的渔业资源和沈家门渔港的区位交通，是蚂蚁岛村发展的外部条件。其发展历程不仅是一部渔民的移民定居史，也是海洋生计环境下，继承和创新传统渔船经营制度，在新中国成立后从渔民互助组发展到合作社，直至政社合一的渔业人民公社之集体创业史。作为蚂蚁岛社会文化变迁的重要一环，本篇就蚂蚁岛的地理环境、自然资源，以及改革开放前的社会整合、经济生活等方面做一阐述。

第一章 地理环境与资源物产

　　舟山群岛是浙东天台山脉向海延伸的余脉。在1万至8000年前，由于海平面上升淹没山体，最终形成这一大片岛群，洋洋洒洒如珍珠般镶嵌于杭州湾与长江口融汇的碧波万顷之东海中。舟山拥有1390个岛屿，有人居住岛屿103个。蚂蚁岛距离舟山本岛较近，交通方便，区位优越。该岛周边海洋自然资源丰富，鱼虾众多，是渔业的重要基地和蚂蚁岛人耕海牧渔的重要场所，这成为地狭吞多的蚂蚁岛人视渔业生计为经济生活的基本特征。对其自然环境，《中国海岛志》多有记载。

第一节 地理区位

　　蚂蚁岛位于舟山群岛东南部，地处北纬29°51′53″～29°52′42″，东经122°15′02″～122°16′24″，距大陆最近11千米，东距登步岛0.7千米，南邻桃花岛1.7千米，北距世界著名渔港沈家门8.5千米，西隔崎头洋，为宁波北仑区。它是由舟山本岛、朱家尖岛、登步岛、桃花岛、虾峙岛、六横岛形成的岛链中的一悬水小岛。蚂蚁岛周围还有西边的点灯山屿、东边的小鼠山屿和西南边的小蚂蚁岛，均为无人居住的岛礁，连同东边的里小山、外小山共6座岛礁。

　　蚂蚁岛北临马峙门，西北连崎头洋，东南临清滋门，附近海域是舟山群岛南北向航道和东西向航道的交汇处，是进出沈家门港的重要门户。清滋门航道区介于桃花岛、蚂蚁岛、登步岛诸岛之间，水深14.2米至40米，宽1.67千米，潮流NW（2至3节）至SE（4至5节）。该航道区规划可以通航等级为10万吨至15万吨级轮船，便于从虾峙门水道的溜网重岛经崎头洋、峇山联检锚地进入清滋门水道，可到达沈家门港区的桃花岛、登步岛和蚂蚁岛等深水岸线。岛上最高点为大平岗，海拔 157.3 米。蚂蚁岛也是历史上宁波至日本、朝鲜半岛航线的必经之地，所以 20 世纪 50 年代，在点灯山屿和小鼠山屿建有灯桩，为过往船只明示地标。尤其是点灯山灯桩，为白色圆柱形混凝土桩身，灯高 25.3 米，灯质联闪白光（2）6 秒，射程达到 10.5 海里。

第二节　自然环境

据记载，1924 年时，蚂蚁岛面积约 2.15 平方千米，其后数次围垦展塘。蚂蚁岛海岸线曲折，湾岬相间，岙口众多，海湾多呈马蹄状。蚂蚁岛人在这样的自然环境中从事生产，不得不面临可能带来的自然风险。

一、海岛地质地貌

蚂蚁岛系海平面升降淹没山地而成。其大地构造与浙东陆地相同，大多由中生代火山岩构成，还有片麻岩、大理岩等古老的变质岩和新生代的玄武岩。第四纪以来，伴随着海平面的多次升降，又沉积了海相沙砾层，堆积了淤泥滩。岛内广布深厚中生代火山岩，间杂酸性、中性岩株，局部分布有花岗岩等侵入体。海岸以淤泥质为主，基岩次之，沙质、砾质占少数，适于近洋张网捕虾作业。

岛上岩石为晚侏罗世潜流纹岩。丘陵顶面普遍比较平缓，斜坡坡度 $20° \sim 28°$，以复合型坡、微凸型坡为主，多陡崖和独立石。基岩整体性好，岩石的力学强度高，极限抗压强度为 180MPa 左右，软化系数为 $0.6 \sim 1.0$，工程地质条件良好。在岛的东部有一批范围较大的海水冲积平地，西北部的大兴岙村附近有一小片海水冲积平地，大兴岙村和后岙村有一小范围的洪积扇。丘陵坡麓附近平地的首见桩基持力层为基岩，洪积扇地基土承载力标准值为 $250 \sim 600$MPa，工程地质条件较好。

蚂蚁岛全域内属海岛丘陵地带，地形呈不规则梯形，中北部多为山岭。东南部、西北部，有一部分海水冲积平原和人工围海而成的平地，相对高程在 1.3 米至 3 米之间，低于海岸地带。在海岛北部和南部沿岸及岬角前缘，肉眼可见海蚀崖、柱、槽等组合，崖高一般为 10 至 30 米。海岛西部沿岸地带，则有砾石堆及砾合滩的组合。

蚂蚁岛的潮间带面积为 674526 平方米，由岸滩和泥滩组成，除了海岛北部系岸滩，其余大部分为泥滩。在大兴岙村、兰田岙村一带，分布着水深小于 5 米的水下浅滩。潮间带水的化学耗氧量为 2.06 mg/L，油类为 0.065 mg/L，pH 为 8.08，油类超 1 类标准，超标率为 25%。潮间带底质中铜、铅、锌均超标，超标率为 100%；油类，硫化物、有机质等因子未超标。

二、地质灾害

除大风、海雾和干旱等气候灾害外，按一般规律，因地质原因而发生的灾害多集中在每年 4—6 月的梅雨汛期和 7—9 月的台风汛期。时值梅雨汛期，若单日降雨量为 50 毫米以上，或连续大雨三天以上，或过程降雨量大于 100 毫米，易引起山体滑坡、崩塌等地质灾害。每临台风汛期，在台风降雨开始时至台风过后，或降雨停止后 48 小时内时段，则易发生山体滑坡、崩塌等地质灾害。

易遭受地质灾害威胁的情况主要有：居民依山削坡建房，造成屋后削坡不稳定的陡壁岩体；交通道路沿线切坡规模大、坡度陡、边坡岩石破碎的区域；受到海浪侵蚀的岩体和不稳定的岸线地段，以及围填速度快、地面沉降不均匀的企业厂房区域。

三、植被与土壤

蚂蚁岛天然植被面积广，物种众多，包括针叶林、阔叶林、竹林、灌丛、草丛、滨海盐生植被、滨海沙生植被和沼生与水生植被等 8 大类约 600 种，植被资源较为丰富。在岛北部大部分为灌木林，岛南部则以乔木、灌木、草丛类型为主，林相结构较合理。主要树种有香樟、高山柏、红杉、湿地松、木麻黄、油桐、秃杉、女贞、枫香、麻栎、红楠、日本扁柏、杨梅、文旦、黄檀等，树种比较丰富。国家保护植物有普陀樟、舟山新木姜子等。滨海和海岛特有植物约 20 种，分布亦较广泛。

该岛上土壤系滨海盐土、红壤、粗骨土 3 个土类，下属滨海盐土、潮滩盐土、饱和红壤、中性粗骨土 4 个亚类，面积分别为 24.78 公顷（1 公顷 = 10000 平方米）、67.45 公顷、33.95 公顷和 96.57 公顷。岛上主要土壤中性粗骨土表层的盐基饱和度为 98.1%，pH 值为 6.4，有机质含量为 31.3g/kg，全氮为 1.9g/kg，全磷为 0.17g/kg，速效磷为 3mg/kg，速效钾为 134 mg/kg。岛上红壤及粗骨土中的重金属、DDT（双对氯苯基二氯乙烷）和六六六含量均未超标，表层土壤中铜、铅、锌、镉、汞和油类的含量分别为 196.6 mg/kg、32.1 mg/kg、82.8 mg/kg、0.05 mg/kg、0.027 mg/kg 和 62 mg/kg。[①]

第三节　资源物产

蚂蚁岛陆地面积很小，耕地面积也少，但四周环海，水文环境适宜，饵料生物丰富，成为各种水生生物繁殖生长的优良海域，因而海洋资源十分丰富，是渔民主要的生计所在。

一、土地

蚂蚁岛陆地面积方圆不过 2.5 平方千米，含山地、林地、农田、滩涂等。1951 年 6 月开始的蚂蚁岛土地改革，共计没收地主土地 419.29 亩（1 亩＝666.67 平方米），征收土地 43.82 亩（还有一说为没收和征收土地 533.91 亩），有 301 户、1283 名无地或者少地的渔、农民，无偿分到了土地及 32 间房屋。农民每人分田 1.5 亩，其他成分的每人 0.48 亩。1953 年上半年统计，全乡共有"棉田、番薯地 910 亩"，人均半亩多地。[②]显然，海岛能够供人们开垦种植农田的土地面积极其有限，或者说农田耕作并非是蚂蚁岛人的传统生计，日常生计仍以向大海索取食物为主。

二、水资源

全岛多年平均淡水资源总量 153 万立方米，人均水资源占有量 370 立方米。岛上有河道 3 条，总长度 1.21 千米，水面面积 8000 平方千米，深度 2.5 米，蓄水量 1.5 万立方米。有山塘水库 3 座，即长沙塘水库、大沙呑水库、颜家坑水库，水域面积近 2.6 万平方米，正常蓄水量 11.55 万立方米。间歇性溪流 1.5 千米，蓄水量 0.6 万立方米。水质一般，化学耗氧量、溶解氧均超标，汞、铜、铅、锌、镉等重金属含量较低，油类无检出。坑道、井水水质多属 Ⅱ 类水，适用于集中式

---

① 《中国海岛志》编纂委员会：《中国海岛志》（浙江卷第二册　舟山群岛南部），海洋出版社，2014 年，第 601 页。

② 中共舟山地委蚂蚁乡工作队：《蚂蚁乡渔业生产合作社初步总结》（1953 年 7 月 20 日），舟山市档案馆藏。

生活饮用水。1973 年 8 月开始，历时 3 年，蚂蚁岛开挖坑道水井（岩井）7 个，均建在半山腰，长 20 米、高 4 米、宽 5 米。其中长沙塘 2 个，大兴岙、兰田岙、后岙、原林场和医院后各 1 个。

蚂蚁岛平均降水量为 900 毫米，平均径流深为 445 毫米，年平均水资源总量为 98.9 万立方米，其中地下水资源量为 24.4 万立方米，可用量为 8.7 万立方米。按偏枯年（P ＝ 75%）测算，年地表水资源总量为 72.2 万立方米，枯水年（P ＝ 90%）为 55.4 万立方米，特枯年（P ＝ 95%）为 47.1 万立方米。蚂蚁岛近岸水域的水质良好。大气中的 SO_2、NOx、TSP 三项指标均符合国家大气环境质量一级标准。

三、海洋资源

近代以来，整体而言，浙江北面的舟山群岛，居中的南田岛，居南的玉环岛、黄大岙山、洞头山等，均为优良渔场。就渔港言，甬江口的宁波、舟山群岛的长涂港、三门湾外的石浦、瓯江口的温州皆为较好的渔港。

舟山渔场位于杭州湾以东，长江口东南的浙江东北部。因地理、水文、生物等自然条件优越，舟山渔场及其附近海域成为适宜多种鱼类繁殖、生长、索饵、越冬的生活栖息地。其共有鱼类 365 种，其中暖水性鱼类占 49.3%，暖温性鱼类占 47.5%，冷温性鱼类占 3.2%；虾类 60 种；蟹类 11 种；海栖哺乳动物 20 余种；贝类 134 种；海藻类 154 种。其中，以大黄鱼、小黄鱼、带鱼和墨鱼（乌贼）4 大经济鱼类为主要渔产。主要捕捞对象有以下几类。

鱼类：大黄鱼、小黄鱼、带鱼、鲻鱼（鲞鱼）、银鲳（鲳扁鱼）、海鳗（鳗鱼）、蓝点马鲛（马鲛鱼）、黄姑鱼（黄婆鸡）、白姑鱼、褐毛鲹鱼（毛常）、棘头梅童（大头梅童）、石斑鱼、鲐鱼（青鲇）、蓝圆鲹（黄鲇）、舌鳎鱼、绿鳍马面鲀（马面鱼）、虫纹东方鲀、红鳍东方豚（河豚）、鲻鱼、鲕鱼、黄鲫、鲚鱼、鳀鱼（烂船钉）、沙丁鱼、龙头鱼（虾潺）、白斑星鲨、双髻鱼、扁鲨、犁头鳐、弹涂鱼等。

甲壳类：三疣梭子蟹、哈氏仿对虾（滑皮虾）、鹰爪虾（厚壳虾）、葛氏长臂虾（红虾）、中华管鞭虾（大脚黄蜂）、中国毛虾（糯米饭虾、小白虾）、日本对虾（竹节虾）、细螯虾（麦杆虾）、鲜明鼓虾（强盗虾）等。

头足类：曼氏无针乌贼（墨鱼）、中国枪乌贼（踞贡）、太平洋褶柔鱼（鱿鱼）等。

腔肠类：海蜇。

爬行类：海龟、棱皮龟。

哺乳类：海豚（拜港猪）。

舟山渔场自开发以来，一直为沿海渔民共同捕捞场所。新中国成立以来，浙江、江苏、福建省及上海市前往舟山渔场捕捞的渔船不断增加，辽宁、河北、山东、天津等省、市的一部分渔船亦一度前往舟山渔场捕捞。渔场的中心基地位于嵊山。渔民按各作业海域，将舟山渔场划分为大戢渔场、嵊山渔场、浪岗渔场、黄泽渔场、岱衢渔场、中街山渔场、洋鞍渔场和金塘渔场。

蚂蚁岛人解放前后主要在岛屿周边从事近洋张网作业，此后随着机帆化的实现，也逐渐将作业范围扩大到上述渔场。捕捞对象主要是海蜇、大黄鱼、小黄鱼、带鱼和墨鱼。20 世纪 70 年代左右，春季主要有小黄鱼汛，夏季有大黄鱼和乌贼汛，秋季有海蜇汛，冬季有带鱼汛。随着大批机帆船常年投入生产，鱼汛季节已无明显界限。此后，小黄鱼、大黄鱼、乌贼、海蜇已难以形成鱼汛，带鱼汛亦出现旺汛不旺，饭虾、鲐鲹鱼等逐渐成为蚂蚁岛人最为主要的捕捞对象。

第二章　村庄历史

　　自 1949 年 7 月，中共定海县委、定海县人民政府在宁波庄桥成立，到 1953 年 6 月 10 日，经政务院批准，析定海县为定海、普陀、岱山 3 县，由江苏省松江专区划入嵊泗县，设立舟山专区，至 1976 年 3 月，舟山专区改称舟山地区，并在 1987 年 1 月，撤销舟山地区，建立舟山市，辖定海、普陀 2 区和岱山、嵊泗 2 县。舟山岛（包括朱家尖岛）、岱山岛（岱山县城）、泗礁岛（嵊泗县城）等是舟山主要发展的岛屿。蚂蚁岛村建制历史并不久远，解放后，历经土地改革和渔区民主改革，先后隶属于定海县、普陀县、舟山县。蚂蚁岛为外界所知，当属 1958 年诞生的渔区人民公社，该人民公社成为集体化时代为人称道的典范，其间也涌现出了许多名人乡贤。

第一节　村庄分布

　　蚂蚁岛东西走向，略为长方形，长 2 千米，西部宽 1.4 千米，东部宽 1.1 千米，状如蚂蚁，故得其名。据明朝《两浙海防类考续编》载，该岛为大马蚁山。《全浙兵制》则载为马蚁。清朝康熙年间编纂的《定海县志·山川》和光绪年间编纂的《定海厅志·山川》，均载为马蚁山："离县八十里，渔民网捕之处。"民国时期的《定海县志·册一》，载为大蚂蚁山。《浙江省普陀县地名志》载："岛形似蚂蚁，故名。"鸦片战争期间，英国殖民者称之为"雪牢之岛"。明洪武十九年（1386 年）实施"海禁"政策，直至清康熙二十三年（1684 年）解除"海禁"，颁布"展海令"，内陆居民才被允许携渔船和家眷到海岛落户定居。因此，蚂蚁岛的有人定居史也大致发端于清康熙之后。

据当地传说，大约在 300 年前，有镇海周姓渔民，在蚂蚁岛附近海上捕鱼时遇到风浪，被迫在大兴岙避风。风浪过后，他发现此地是个风景不错的小岛，却不见人烟。第二天风向潮水仍不利行船，随带裹腹的食物殆尽，他便用旧渔网做成一顶张网，抛向岙口的海中，一会儿拖网捞上来满满的各种鱼虾。潮水退时海滩上还搁浅着很多鲜活的海产品。周姓渔民发现有这样一个好渔场和山头，此后随即经常来此捕鱼，次次满载而归；后来索性将家眷也带至蚂蚁岛，在靠近岛屿南面的岙口选择了一块空地，用树木和茅草搭起一间小屋定居下来。因其采用张网捕鱼，此地便称为"捕岙"，又传岙口迈步即可下海张网，亦称"步岙"，后称为"蒲岙"，这便是蚂蚁岛最早出现定居者的传说。

其后受周姓渔民的影响，又有一些渔民陆续上岛，搭建草屋，张网捕鱼。人口逐渐增多后，便寻找其他岙口居住。例如蒲岙左侧的岙口地方更大，被称为大岙（后改称为"大兴岙"）；颜姓渔民居住在大兴岙附近，因有一条沙滩，故名"颜沙岙"；翻过山头的岙口则被称为"后岙"；后岙北面有个很小的沙滩，人们称其为"小沙岙"；小沙岙的左边又有一个岙门，前面的沙滩更大，被称为"大沙岙"；后岙往南为一片泥滩，搁浅着红船，居民拦筑海塘，称其为"红船岙"；红船岙右侧在靠近海口处有一条天然的沙塘，居住者称此地为"长沙塘"；从长沙塘海边的山嘴穿越一个山洞发现的岙口，被称为"穿山岙"；再绕过一个山嘴的岙口，有常年积水的烂田，故被称为"烂田岙"（后被称为"兰田岙"）；从烂田岙翻过山岭，岭脚有个大山洞，有一天，一艘被台风击碎的大船漂流到此，船中有一尊泥塑的菩萨娘娘随船漂到洞口，菩萨泥身殆尽，木芯犹存，居民将其拾起并建盖娘娘庙供奉，此岙被称为"仙人洞岙"。如此，自西向东，由南到北，蒲岙、大兴岙、颜沙岙、后岙、小沙岙、大沙岙、红船岙、长沙塘、穿山岙、烂田岙、仙人洞岙 11 个自然渔村慢慢形成。当地民谣归纳为：蚂蚁山、蚂蚁山、蚂蚁大小六块山，前有岙、后有岙、弯弯曲曲十一岙，姓周渔民来此岛，他给后人献了宝。

这些位于自然岙口的村落在 1950 年蚂蚁岛解放后，有居住者的只剩颜沙岙、后岙、红船岙、长沙塘、穿山岙、兰田岙、仙人洞岙等 7 个岙。20 世纪 70 年代，在蚂蚁岛妇女的巨大投入下，后岙与长沙塘之间修筑了长度 1300 多米、宽 12 米、高 5 米的海塘，围海造田三四百亩，蚂蚁岛的陆地面积也随之扩大。

第二节　建制沿革

蚂蚁岛村因周边渔民移居、聚居在自然岙口而成村落，其建制历史较为简单。直至 1983 年中共中央国务院下达通知宣布实行政社分开，重建乡（镇）人民政府，蚂蚁岛从 1950 年以来的行政区划大致经历了三次较大的变化，最重要的是 1958 年成立的全国渔区第一个人民公社——蚂蚁人民公社，形成长沙塘、大兴岙、后岙、兰田岙、穿山岙 5 个行政村。从 1958 年人民公社成立到 1984 年人民公社正式解体，人民公社制度是中国农村最为重要的制度创设，对于蚂蚁岛尤为如此。1983 年前的建制情况具体如下：

清时属定海县（定海直隶厅）安期乡。清宣统元年（1909 年），属协和自治区。宣统二年（1910 年），改隶登步乡。1934 年，始建定海县第五区蚂蚁乡。1936 年 6 月，撤销蚂蚁乡，再次并入登步乡，设置第 9、第 10、第 11、第 12 保。1950 年 5 月蚂蚁岛解放，10 月建定海县桃花区蚂蚁乡，设置第 1、第 2、第 3、第 4 村。1952 年 2 月 14 日，正式成立蚂蚁乡人民政府。1953 年 4 月，普陀县成立后，蚂蚁乡属普陀县桃花区管辖，当年 6 月组建乡党支部。1956 年，并入登步乡，成立登步乡蚂蚁渔业社，辖第 1、第 2、第 3、第 4 中队。1957 年，从登步乡划出，复建蚂蚁乡，乡人民政府改称乡人民委员会。1958 年 9 月，成立全国渔区第一个人民公社——蚂蚁人民公社，辖长沙塘、大兴岙、后岙、兰田岙、穿山岙等 5 个行政村，同时组建公社党委，改隶舟山县管辖。1961 年 10 月，改称蚂蚁人民公社。1962 年 4 月，改隶普陀县管辖，系县直属公社。1968 年 4 月，成立蚂蚁岛公社革命委员会。1971 年 6 月 12 日，再次成立公社革命委员会和党的核心小组。同年 9 月，恢复公社党委。

第三节　名人乡贤

蚂蚁岛居民多为清代康熙年间以来，从宁波、镇海、鄞县、宁海、温州等地迁来，主要姓氏有李、丁、周、林、刘、柴、朱、陈等，最初居民来自于宁波地区，语言亦系宁波方言。因此，多姓移民聚居的蚂蚁岛社会，既无强大的宗族组织，也因海岛渔业的生产特性，反而客观上为蚂蚁岛的集体发展提供了可能。尤其在人民公社前后，涌现出一批领军人物，他们绝大多数是渔业生产的代表人物和发展集体经济的带头人，成为蚂蚁岛集体创业的开拓者，彰显出蚂蚁岛时代精神特色。在此仅择 20 世纪五六十年代比较突出的重要人物，简介如下：

陈阿毛（1929—2013）：中共党员、蚂蚁岛第一任公社党委书记。20 世纪 50 年代曾任沈家门镇渔业大队大队长、中共普陀县委组织部副部长。1958 年 9 月，带领工作组到蚂蚁岛调查渔业生产情况，旋即担任公社党委第一任书记。1958 年 11 月初，在定海海军礼堂，陈阿毛受到时任中共中央副主席、全国人大常务委员会委员长刘少奇的亲切接见，向他汇报了蚂蚁岛的生产情况。在蚂蚁岛公社成立后的四年中，陈阿毛带领群众同心协力建设家园，公社取得了快速发展，1962 年调至桃花岛工作。

李阿旺（1928—2001）：蚂蚁乡第一任乡长、第一任乡党支部书记和党总支书记、渔业合作社社长，"文革"前长期担任蚂蚁人民公社副书记、书记。新中国成立之初，组织群众解困，及时发放救济粮和生产贷款。合作化时期，他努力推动互助组向合作社渐进发展，积极改变单一落后的张网生产状况，推进渔船机帆化，提升远洋捕捞能力，进行基础建设，兴办工厂，壮大集体经济。他对蚂蚁岛集体事业发展贡献巨大。

陆渭川（1912—1968）：中共党员、蚂蚁岛早期创业领导人和带头人、蚂蚁岛大兴峇人、贫苦渔工、"土改"时期的模范、乡渔民协会主任。1953 年入党，8 月组织县第一个渔业合作社，1958 年担任第一任人民公社社长。1958 年 11 月，受到视察舟山的中共中央副主席、全国人大常务委员会委员长刘少奇的接见。1959 年 9 月，出席全国劳动模范座谈会暨国庆十周年观礼，并做《蚂蚁公社光辉的五年》汇报。1963 年，出席华东农业先进代表会议。他将毕生的精力倾注于蚂蚁岛的自力更生、艰苦创业之中。

盛再棠（1933—2007）：中共党员、蚂蚁乡林场场长，一辈子种树护林，将"癞头山"改造成了森林岛，也是绿色海岛的标杆性人物。1958 年 11 月 22 日，被评为全国社会主义青年积极分子，受到党和国家领导人的接见并合影。1967 年任蚂蚁公社林业队长。他带领队员先后在荒山上种黑松、杂木 1200 亩，杉木 400 亩，毛竹 30 亩，油桐 60 亩及大量其他树种，并参与美国红杉试种，日本花木柏、青皮竹引种，黑荆生长可行性试验等多项科学实验，由此使该岛成为全国绿化先进单位。1983 年 3 月，获浙江省绿化委员会全民义务植树劳动模范。1986 年 12 月，中央绿化委员会授予他"全国绿化劳动模范"称号。1987年，被浙江省绿化委员会评为"绿化先进工作者"。1990年，全国绿化委员会授予他"全国绿化奖章"。

徐明表（1928—1978）：中共党员，20世纪50年代后期担任机帆船老大。1958年12月，赴北京出席全国农业社会主义建设先进单位代表会议，为蚂蚁岛领取了国务院颁发的"全国农业社会主义建设先进单位"奖状。60年代中期担任远洋机帆船队指挥老大。他带领全社渔船上嵊山、下大陈、战吕泗，是70年代中期蚂蚁岛渔业生产一线的先锋和标兵，为壮大和巩固蚂蚁岛公社集体经济做出了突出贡献。

刘岳明（1918—1979）：中共党员、蚂蚁岛早期创业代表人物。1952年2月，与九村（长沙塘）陈森林、刘忠德三人组织了蚂蚁岛第一个互助组，对全岛互助组的组织起到了示范作用。1953年3—4月，以渔民代表身份，参加中国人民各界代表第二次赴朝鲜慰问团，慰问中国人民志愿军。曾先后担任渔民互助组组长、蚂蚁岛长沙塘村书记、蚂蚁岛乡人民政府乡长、蚂蚁人民公社副社长等职，为蚂蚁岛的进步发展贡献了全部精力。

李根纪（1919—1997）：中共党员、贫苦渔民、远洋机帆船队带头船老大。1956年春，蚂蚁岛第一对机帆船试捕，喜获丰收，为以后发展机帆船打下了良好基础。先后担任渔业高级社社长、蚂蚁人民公社副社长、乡船厂厂长等职。1990年，浙江省水产局授予他"在渔区乡村劳动三十年以上，为浙江省水产事业做出显著贡献"的荣誉证书。他为蚂蚁岛的经济发展和全省水产事业做出了杰出贡献。

王福祥（1936—2003）：中共党员，1959年即为舟山渔场200余对机帆船最年轻的船老大。1959年10月，当选为浙江省第三次团代会代表。1972年开展蚂蚁岛第一组灯光围网作业，捕捞青鲇鱼、黄鲇鱼并打响了蚂蚁岛灯围生产"第一炮"。1976—1983年担任远洋捕捞指挥老大，1983年后担任兰田岙大队长等职，多次被县、地党委和政府授予"劳动模范""先进工作者"和"优秀党员"称号。

刘亚珠（1933—2015），中共党员，1954年入党，先后担任村妇女主任、副乡长、公社妇女主任，荣获浙江省"三八红旗手"称号。充分发挥蚂蚁岛妇女"半边天"作用，发动妇女搓草绳、积资金、自力更生、艰苦创业，支援渔业生产。1958年11月，刘亚珠赴京出席"全国妇女建设社会主义积极分子代表大会"，并做《托共产党的福，全岛变成黄金岛》的发言。1959年，同"妇女号"机帆船轮机手郭亚珠一起参加"浙江省青年妇女建设社会主义积极分子大会"。1962年当选为浙江省妇女会代表。她与夏正棠是蚂蚁岛上第一对自由恋爱结婚的夫妇。

夏金棠（1930—1990）：中共党员、蚂蚁岛长沙塘人、贫苦渔工。20世纪50年代至80年代，先后担任互助组组长，长沙塘大队、后岙大队、远洋大队党支部书记，蚂蚁人民公社社长、公社副主任等职务，以及远洋带头船老大，为蚂蚁岛自力更生实现远洋机械化立下汗马功劳。无论是远洋捕捞作业，还是群众思想政治工作，均受到群众一致赞誉。所在的单位捕捞产量、产值始终保持领先地位，曾多次被评为地、县"劳动模范""先进生产工作者"和"优秀党员"。

陈森林（1913—1966）：蚂蚁岛第一个互助组发起人、蚂蚁岛长沙塘人、渔工。1952年2月20日，他与同村的刘岳明、刘忠德成立了近洋张网互助组，以其全部身家入组，任组长兼会计，这是舟山群岛第一个渔业生产互助组，为蚂蚁岛18个渔业生产互助组的成立起到了良好的带头示范作用。1953年7月，成立长沙塘渔业生产合作社，为1954年3月政社合一的蚂蚁岛渔业生产合作社成立创造了条件，他是蚂蚁岛走合作化道路的开拓者和自力更生、艰苦创业精神的引领者。

第三章　生产生活

　　蚂蚁岛自有历史记载以来，限于土地资源贫乏，农业仅为山地番薯种植。直至20世纪70年代，筑塘围滩的土地也只是增种大麦，渔民所食主粮以国家返销粮为主。海洋捕捞为蚂蚁岛人传统的生计方式，捕捞所获除即时运往岛外，大部分海产品经过晒干、盐腌后销往大陆，换取生活用品维持生计。蚂蚁岛人以近洋张网捕捞鱼虾、海蜇为主，生产简单。20世纪50年代中期渔业合作后，在近洋打桩张网的基础上逐步发展远洋捕捞。直至改革开放前，渔业合作化时期是蚂蚁岛最为辉煌的阶段，社会建设如火如荼。随着生产水平的不断提高，蚂蚁岛人的物质生活从困顿逐步走向共同富裕。

第一节　船网渔具

　　不同于农耕社会中土地之于生产者的重要意义，渔民与海相伴，以海为生，其最为重要的生产是通过船网工具获取海洋生物。因此，船网渔具的改进是渔业生产力发展的一个重要条件。若以生产工具而言，1949年前，浙江海洋渔业仍以传统渔业为主，有大对船、小对船、钓船，大捕网、溜网、张网、串网之分，在舟山渔场捕捞不同的鱼虾资源。蚂蚁岛通过合作化道路，实现了近洋与远洋先后发展，从张网船（摇橹船）发展到大木帆船和机帆船，在20世纪60年代，其传统渔业领先于舟山乃至全国其他地区的渔区渔村。

一、近洋张网作业

蚂蚁岛附近海域地处甬江入海口，岛屿间潮流迂回曲折，水质肥沃、饵料丰富，盛产虾潺、海蜇、饭虾、乌贼、梅童鱼等，蚂蚁岛解放前后，蚂蚁岛人主要在岛屿周边就近打桩张网，此后逐步转移到附近的桃花港海域（近洋或内港）和桃花岛东南海域（外港），打上许多网桩（渔桩），从事张网作业。

张网渔具呈方锥形，网口网衣结附在竹仓框架装置上使网口张大，利用潮起潮落的急流冲击，迫使鱼虾类进入网内，在平潮流缓时起网收取渔获。所用渔网，在苎麻、棉纱、塑料网衣出现之前，最初使用稻草与竹篾丝包扎后，再用打绳工具打成三股大捻或二股左捻的草绳，最后制成网具。这样的网具成本高、笨重且属易耗品。用于制作的毛竹、稻草都要从岛外购买，每次捕鱼之后的渔网都要用柴火烘干，以当时全岛 80 多个烤道计算，每一烤道需要用柴约 350 斤，耗费巨大，况且柴火还需从岛外大陆购买。

张网渔具下好后，便是开洋撩鱼虾。所谓开洋，即撑船出海打鱼。所用渔船为木帆小舢板（开洋船、摇橹船）。每只开洋船配备 4 人，称之为老大、头手、中舱、后舱。待到潮水平缓时，老大、后舱摇橹，头手用竹篙子将张网囊袋翻入船中，中舱麻溜地解开袋筒绳，快速倾倒出鱼虾，然后再将袋筒绳子系上，把囊袋放入海中，继续张网，一般每天 3～4 潮，每潮可撩 40 多斤。近洋张网与季节关系密切，一般是春夏两季鱼多，秋冬较少。蚂蚁岛夏汛时最为繁忙，因为此时正处于海蜇旺发时。

打桩张网的生产方式只适用于近洋海域，捕捞对象为小鱼和小虾。新中国成立之初，蚂蚁岛 70% 多的渔民主要从事比较单一的近洋张网作业。但就是这样的渔业作业方式，也是在新中国成立前后"一穷二白"的基础上恢复起来的。

相关材料显示，1933 年，全岛最多埋设 3838 个渔桩，总产量达到 276.9 万斤[①]。抗日战争结束后至新中国成立之前，以生产年景最好的 1946 年为例，渔桩减少至 3355 个，总产量为 209.26 万斤。1949 年，绝大部分渔具遭受国民党军破坏，"如桩竹一项，即被砍坏万余根"[②]，渔桩仅剩 240 个，当年的渔产量只有 1.5 万担（1 担 = 100 斤），总产值不过 6 万元。据统计，在国民党军占据蚂蚁岛一年期间，渔船被毁 95 只；张网使用的竹竿，被用作修筑防御工事的有 33547 根，晒

[①]　蚂蚁乡：《渔业生产合作工作总结报告》（1953 年 10 月 7 日），舟山市档案馆藏。
[②]　周效儒、王中：《蚂蚁岛的张网生产与渔业合作社》（1953 年 9 月 21 日），舟山市档案馆藏。

簟 1517 张。^① 剩余破烂的张网船共 40 只，其中仅有 18 只船还能使用。

新中国成立初，在地方政府紧急发放救济粮及渔业贷款的帮助下，蚂蚁岛恢复了 250 个桩头的张网生产，最后达到 500 个桩头，1950 年年底渔获总产量达到 17136 担。1951 年夏季开始的"土改"，取消了原被"地主恶霸"把持的渔行，征收了渔业资本家的船和桩头，交给个体渔民经营，一举打下 1200 个桩头，当年总产量攀升到 25573 担，比上年度增长 149%。1952 年互助组运动高潮时，群众生产热情高涨，当年渔获总产量为 43380 担，比两年前的总产量增长 253%，不但积累了公积金，添置了公有渔具，更重要的是改善了生活。直到 1953 年年初，全岛仍无远洋作业，所有的劳力都投入于近洋捕捞，全年累计打下 10650 个桩头，产量达到 77205 担。^②

其中，近洋的海蜇、饭虾捕捞，是蚂蚁岛这个时期的主要渔获，并形成了相关的加工技艺。以饭虾为例，从每年 11 月至翌年 2 月，为饭虾的旺发期。渔民将新鲜捕捞的饭虾撒在竹簟箩上，用太阳晒干的方法进行加工生产，直到人民公社化前后一直采用此法，基本由不下海的妇女制作。妇女们把渔民张网上来的新鲜饭虾倒在一排排竹簟上，然后用竹耙将其仔细扒开，均匀薄薄地摊晒在竹簟上，一般每 2 小时用竹耙扒动一次，以防饭虾粘在簟箩上干后收起来断裂而影响质量。待晒干后，先用干净的竹扫帚将虾皮扫拢，然后再用竹筛过筛，筛掉虾皮末子，同时挑拣去小杂鱼等，最后打包、过秤，进入流通环节售卖。

二、远洋捕捞作业

远洋捕捞作业是基于多种作用发生的：一是 1953 年全国掀起的农业合作化运动的外在推动；二是蚂蚁岛人自身发扬苦干精神，共同致富的内在驱动；三是蚂蚁岛各渔业合作社之间，农业、渔业和手工业合作社之间形成的压力。

对于推动合作化运动的上级政府部门而言，发展远洋捕捞作业是渔业合作社必须迈向的目标，因此很早就表现在是否恢复或者取消张网作业的问题上，并一度引发争议，也走了一段弯路。1951 年夏，定海县水产局在沈家门召开蚂蚁乡 4 个村渔会主任会议，会上即说明张网作业的"害处"，动员渔民及早转向远洋作业，这对于具有经济实力的人来说不是问题，而对普通渔民来说则是不可想象的

① 中共舟山地委工作队：《蚂蚁乡渔民政治改革第一、二阶段工作总结》(1953 年 5 月 30 日)，舟山市档案馆藏。
② 陈阿毛：《公社无限好 五年胜千年》，《舟山日报》1959 年 10 月 25 日第 3 版。

事。当时的水产局领导主观认为张网乃是一种落后的作业方式，"既损害鱼秧，又妨碍交通，本重利轻，没有发展前途"[①]。所以，一方面，动员张网渔民转业外；另一方面，则对张网渔民采取不贷款、不造船的办法，从经济上加以限制。1952 年 8 月，宁波专署水产科派出干部到蚂蚁乡担任具体领导工作。在 4 个村渔民代表会议上提出三年内全部转向远洋作业的计划，要求转得越快越好。当即渔民代表纷纷提出质疑，认为这样做太急了，提出"渔具缺乏、技术不高、渔民不愿放弃张网、害怕风浪"等实际困难。第 11 村渔会主任陆渭川认为"小网不发展，哪能过桥到大捕"，表示三年内不可能转到远洋作业。

实际上，渔民早已意识到近洋张网作业的弊处，仅从海洋自然资源保护看，就存在着张网的网目过细，导致大量小鱼、幼鱼被一网打尽，绝对不利于繁殖保护鱼类资源，像梅子鱼当中就有很大部分是大黄鱼的幼鱼。据 1953 年蚂蚁乡统计，当年共计捕获梅子鱼 35.11 万斤，若以每斤有 2400 条小鱼计算，则有 8.42 亿多条；如果小鱼成活率在 1% 的话，那么能长大的大黄鱼以每条 1 斤计算，则可产 8.42 万多担，约占 1955 年大黄鱼汛产量 58 万担的 14%；如果以全部舟山渔场捕捞梅子鱼的总产量计算，则多致无法估算。[②] 因此，在不影响鱼类繁殖保护、不影响海上交通、不影响流动作业等情况下，可以适当发展张网作业；实在影响海上交通及流动作业的椿头，必须逐步拆除；积极改进渔具，力求保护鱼类繁殖，或者在繁殖季节实行禁渔期；张网渔民主动实施流动作业，多开辟空间。

传统的张网渔业必须逐步改革，由近洋张网向远洋捕捞转变，则是一个艰难的过程。如果一下子就放弃张网作业也不现实，毕竟渔民群众的生活首先要有所保障才行。但在水产机关干部坚持下，1952 年的渔民代表会议决定转变观念，计划由政府贷款帮助 4 个小型渔业生产合作社建造 7 艘大捕船。在定海县水产局的督促下先后贷款 3 万元给合作社，从沈家门的渔船厂购买了 3 艘大捕船，剩余 4 艘则需自筹资金。4 个小型渔业合作社刚刚诞生之际，立即转向远洋作业，贷款加自筹资金建造大捕船，无疑为家底薄的渔业社压上了沉重的经济负担，也影响了正常的张网生产。1953 年 5 月初，渔业民主改革开始，工作队对蚂蚁乡生产状况进行分析研究，认为之所以出现盲目冒进、急转远洋作业问题，主要还是因为水产局领导不从当地经济现状出发，不顾群众利益要求，遂决定采取适当发展张

---

①　周效儒、王中：《蚂蚁岛的张网生产与渔业合作社》（1953 年 9 月 21 日），舟山市档案馆藏。

②　王中：《只有在合作化的基础上才能实现张网作业的改革》（1956 年），舟山市档案馆藏。

网作业、积累资金、稳步转向远洋捕捞的策略，实际纠正急功近利偏差，这才使渔业生产形势逐渐稳定下来。

1953年蚂蚁岛成立四个渔业合作社后，蚂蚁岛人就期望发展远洋作业，更好地协调组织生产。蚂蚁岛人早已认识到近洋张网作业只是"小打小闹"，若想成就一番更大的事业，必须掌握远洋捕捞技术，形成远洋捕捞规模船队。蚂蚁岛人最终决定自力更生，不伸手向国家贷款，一定要创造出奇迹来。在"合力闯难关"的口号激励下，全岛即刻行动起来，男女老少抱着"先苦后甜"的朴素想法，个个都想尽办法为建造大捕船出力。合作社从邻近的桃花岛、朱家尖岛、沈家门等地买来大量稻草，发动妇女们日夜搓麻绳、编草绳，网捕海蜇出售，除去工钱，余多皆积攒起来。自1954年11月至1955年1月，长沙塘、穿山岙、后岙、大兴岙4个行政村的妇女硬是依靠双手，编出了12万斤草绳，价值9600元，成功购买了一艘大捕船，命名为"草绳船"[1]。紧接着全体社员变卖铜火囱和金银首饰，换回9500元，从舟山造船厂购买了第二艘大捕船，命名为"火囱船"。1954年春，蚂蚁岛成立渔业、农业、供销、信用四社合一、政社合一、一岛一社的具有人民公社性质的大渔业生产合作社。当年年底还了大部分政府贷款。7艘大捕船，进行对船作业，使得全年渔业总产量达到10.42万担，总产值64.67万元，比上年度增长73%。1954年远洋生产占总生产量的5.5%，1955年增加为10.9%。[2] 远洋生产比重在逐年增加，势头良好。生产后方重任落在了妇女的肩上，她们义不容辞地担当起后方的全部工作，包括"种地、渔获加工、补网、结网、加工草绳，直至下近洋张网"[3]。

在大捕船投入远洋生产后，蚂蚁岛渔业合作社利用有限的集体资金，在1955年9月建造了第一对机帆船，开启了机帆船捕鱼的历史。同年蚂蚁岛妇女先后建立24个勤俭持家小组，为扩大渔船机帆化捕捞规模点滴积累。1956年春，李根纪第一对机帆船试捕，旗开得胜。1956年，又添6艘大捕船。1958年6月，妇女勤俭持家小组投资三年积累的6万元，打造了"妇女号"机帆船。1959年初，蚂蚁岛青年省吃俭用，打造了"青年号"机帆船。到当年年底，增加17艘机帆船。1960年，蚂蚁岛公社成为全国渔业第一个全面实现机帆化的公社，有了27艘机

---

[1] 《蚂蚁岛》，《舟山日报》1959年9月9日第3版。

[2] 王中：《只有在合作化的基础上才能实现张网作业的改革》(1956年)，舟山市档案馆藏。

[3] 舟山县妇女联合会：《英雄的蚂蚁岛妇女》(向"三八"国际劳动妇女节五十周年献礼)，1960年3月8日(内部出版)。

帆船，总马力 1190 匹，从事远洋作业的有 10 对，为 40 ～ 45 匹马力，近洋拖驳的 7 艘，为 30 匹马力。蚂蚁岛成为全国第一个实现机帆化的乡镇。

虽然发展远洋渔业捕捞是重头戏，生产质量高，产值大，却因远洋作业投资大，到人民公社化初期其所占比重仍然大大低于近洋作业。如 1958 年远洋捕捞产量仅占总产量的 13.5%，产值占总产值的 36%。与此同时，近洋张网作业技术和形式也在改进。一方面，继续发展不妨碍繁殖保护的海蜇、虾、虾潺等鱼虾类捕捞；另一方面，逐步减少秋汛捕捞梅子鱼的渔椿数量，1954 年比上一年度同期减少了一半。1955 年本应完全停止捕捞梅子鱼，但因当年海蜇减产，便又捕了一季。1956 年则计划多打低椿，少打高椿，网张得再低些，为的是少捕梅子鱼，多张红虾。同时试验挂子网，改良网椿，以期保护鱼苗，这种朴实超前的海洋生态环保理念意识尤为可贵。

总之，20 世纪 50 年代中期到 60 年代初，蚂蚁岛人从大捕船到渔船机帆化的努力，大大拓展了远洋作业的领域，提升了渔业生产力。因为机帆化的实现，定置张网的方式也逐步发展到拖网、溜网和围网作业中，作业的区域扩大到北至吕泗洋、中到嵊山、东到中街山和洋鞍、南达大陈等渔场。此后，近洋张网与远洋作业同时发展，直至 1983 年人民公社正式解体，蚂蚁岛共有机帆船 46 艘、开洋船 55 艘（其中机动 20 艘、非机动 35 艘），从事远洋作业的有 752 人，近洋作业的有 186 人。渔船工具的改进对渔业、捕捞业的重要性不言而喻。

第二节　渔船经营

从渔村发展的角度言，除船网渔具的改进对提高生产力具有重要意义外，还涉及另一个重要的因素，即生产关系的变革。这样的变革是在外部合作化运动推进下和渔民对传统渔船经营方式的创新下合力完成的。

一、新中国成立前渔船经营方式

渔船经营方式当然是渔船出现之后才产生的渔业生产经营模式。可以想象，在此之前，由于是在滩涂海边采捕或拦截围兜，其经营方式大多为一人操作，或两人共同操网围捕。一家一户自食其力，尚未形成合作经营与分配方式。随着渔船的出现并经历长时间的演化，到清末民国时期，普陀地区海洋渔船的经营方式出现了多元化发展并形成三种主要形式。①

第一种，大捕等捕捞渔船，绝大多数采用长元制，雇用渔工生产经营。即长元（船东）投入渔船、渔网、资金，雇用渔工捕捞生产。其工薪报酬的支付方式一般分为拨份制和包薪制。前者主要指长元与船老大等技术职务较高的人合伙捕鱼，从渔获收入总额中提取百分比作为渔工报酬，即以比值确定雇工拨份份数，再依据拨份所占百分比计算薪金。按拨份计酬的渔工，要到鱼汛结束或一年年终才能结算工资，所以长元要事先支付给渔工一笔支头（生活费），在汛（年）终时按净收益拨份。盈利则归长元收入，亏损则由长元承担。这其中渔船船员的技术等级就显得非常重要。以 20 世纪 10 年代配置 14 人的大对渔船为例，长元给船老大的拨份份额比例在 6%，并付支头 70 担大米，整体上长元给渔工的拨份份额接近 50%。当然普通渔民大多被强制实行包薪制。包薪制是长元负责渔工出海期间的伙食、理发等生活费用外，实行固定工薪。以一个鱼汛或半年、一年定好工薪标准，在汛前预付 10%，每月的包薪按大米市价折算。

第二种，硬脚制，是由渔民合伙经营，自行筹备渔船、渔网、工具、资金、物资合伙生产。各个合伙人按每人技术高低、劳力强弱评定脚数（股份）。若渔船渔网也作为"开脚"（或抵付租金），一般定位 2 脚至 2 脚半。1930 年前后，一对大队渔船一般设置 15 脚半至 16 脚半。推选一人负责筹划、掌管船上渔需物资、生产资金，管理渔获产品和船上收支等。盈利按原评议确定的脚数平均分配，若渔船和渔网等系租用或购置时，在盈利中应先扣除或提存租金或投资。一个汛期或一年经营中发生亏损也按脚数平均摊负。

第三种，混合制，即长元在汛前即对雇用的不同技术的渔工混合采用拨份制、包薪制、开脚制等工薪支付的形式。

新中国成立前普陀区的渔船经营方式是经过漫长演变而来的，可谓是地方性知识的结晶。新中国成立后所进行的渔业合作化运动所采取的渔船经营方式大体以此为底色。诸如拨份制中的拨份份数，硬脚制中根据技术高低、劳力强弱进行评定脚数等做法，都与工分制度有着同样的逻辑。

① 舟山市普陀区政协教文卫体与文史委员会编：《普陀渔船史话》（普陀文史资料第三辑），中国文史出版社，2009 年，第 242—254 页。

二、新中国成立后渔船经营方式的主要变革

1950 年蚂蚁岛解放，和普陀区大多渔村一样，百废待兴，用于近洋作业的小舢板仅有 40 余条，且可资利用者为 18 条。以此为原点，随着新中国社会主义改造的推进，海洋渔船经营方式变革亦随之进行。农业社会主义改造的基本组织形式是合作社。通过互助组、初级社、高级社三个阶段，把农民个体经济逐步转变为社会主义集体经济，统一经营、按劳分配，走共同富裕的社会主义道路。从 1951 年 12 月，党中央颁发一系列决议开始，到 1956 年，新中国完成了对农业、手工业、资本主义工商业的社会主义改造，实现了把生产资料私有制转变为社会主义公有制，从此，中国进入社会主义的初级阶段。

属于大农业的渔业也经历了这样的社会改造阶段，换言之，海洋渔船经营方式的变革就处于这样的时代诉求之中，并与意识形态紧密联系在一起。直至改革开放前，蚂蚁岛的渔船经营方式变革不仅反映了渔村社会关系变革的一般特点，也表现出自身的特征。

1951 年 6 月，蚂蚁岛开始进行土地改革，并初步恢复渔农业生产。此时，以木帆渔船为主，多为张网等小型作业渔船，大多数渔船仍沿袭合伙制、开脚制经营。具体做法与解放前大体相同，但彻底废除了长元制中旧的开脚制、包薪制，按生产纯收入全面实行按脚分配的平等平均原则。

这个时期，渔船合伙经营的基本原则是"自愿结合，共享分配，平等互利，盈亏自负"，大多为一个鱼汛或几个月的临时性合伙经营。对于船网及渔具，多数事先议定"开脚"和"租赁"，若发生损坏则由所有者承担修补，若发生碰撞等严重损毁事故，则由入伙者共同负责补偿，充分体现了公平合理性。入伙的人不仅职位平等，而且享受的脚数比原先大幅提高，体现了新中国渔工权利平等的特点。渔船这种合伙经营的方式持续的时间不是很长，但对当时调动广大渔民积极性、促进渔业生产迅速恢复起到了极大作用。

（一）渔业互助组

渔业互助组以渔船为单位，实行"互助合作"经营，先后经历临时互助组（初级互助组）到常年互助组（中级互助组）的过程。

初级互助组在原渔船合伙制基础上，一般以邻居和亲属合伙并置一艘渔船成立。1952 年 2 月，蚂蚁岛"土改"结束后，陈森林、刘岳明、刘忠德三人自发在

长沙塘成立第一个渔业生产互助组，采用"定分开脚制"的合资、合力组织形式，按月发米，按汛分红，多得收益。当年秋天，蚂蚁岛陆续出现 18 个互助组。初级互助组的最大特点是按劳力及船网工具分别开脚分配，船网工具仍归私人所有，以折价入组形式，每月给千分之四的利息，工具则统一使用。渔获收入扣除船网工具租金或开脚及各种生产费用后，剩余纯收入按民主评定参加劳动劳力脚数分配。

中级互助组是由以一艘船为单位的一个互助组，转变到以 2～3 艘渔船为单位的一个互助组。1952 年 11 月下旬，在浙江省合作总社干部的指导下，蚂蚁岛原先的互助组整合成常年的 4 个大互助组、5 个小互助组，共有 322 户、414 人，单干者只剩少数 11 户。[1] 大小互助组内部还实行"渔民合伙吃饭领工资"制度[2]。值得注意的是，在县乡政府的帮助指导下，首次成立了供销合作社，计有"社员 1496 人"[3]，面向全岛供应与销售渔产品和生活用品，并且还延伸业务经营——向渔、农民贷款。中级互助组的渔船的经营方式分为两种：一种是船网工具仍属私人所有，以船网工具和劳力简单组合经营，一般为 2 艘或 2 对渔船，规模较小，在生产经营中船网工具以租赁或开脚的办法计算，剩余纯收入仍按劳力脚数分配；另一种采取船网工具折价入组，劳力基本固定，集体生产，按每个劳力出工的工日计酬，并按每艘渔船生产单位收入好坏，适当提留一点储备积累金。[4]

上述两种互助组很难进行简单的分类。但在规模组织、经营分配上有其共性，都以渔船为单位，生产资料归私人所有，采用定分开脚制；因为集体积累的创新，此时已形成了个人与集体、渔船与渔船之间的生产责任制及利益分配关系。

1953 年 2 月，陈森林互助组与陈宝安、夏金业互助组自发合并为大组，又吸收了 17 个失业的渔工和其他成分的人参加，由 3 户迅速扩大至 62 人，以及从事海产品加工的妇女 64 人，合计男女劳动力 126 人，颇具生产规模。合并之后的生产组织，拥有渔船和张网船 14 条、大捕船 1 艘、小网 841 顶，初具渔业生产合作社规模形态。[5]

① 中共舟山地委工作队：《蚂蚁乡渔民政治改革第一、二阶段工作总结》（1953 年 5 月 30 日），舟山市档案馆藏。
② 中共舟山地委工作队：《蚂蚁乡工资汇报》（1953 年 5 月 11 日），舟山市档案馆藏。
③ 周效儒、王中：《蚂蚁岛的张网生产与渔业合作社》（1953 年 9 月 21 日），舟山市档案馆藏。
④ 舟山市普陀区政协教文卫体与文史委员会编：《普陀渔船史话》（普陀文史资料第三辑），中国文史出版社，2009 年，第 256—257 页。
⑤ 中共舟山地委工作队：《蚂蚁乡刘岳明互助组改为渔业生产合作社工作总结报告》（1953 年 8 月 24 日），舟山市档案馆藏。

事实上，在互助组发展的后期已出现"劳动定额"和"定额计酬"的办法，实行简单承包制。即汛前定渔船标准产量，超产按比例奖励，完不成定产则按比例扣分。渔获收入扣除生产费用成本，支付船网租金报酬，提取产量的 5% 作为集体积累，余下部分按照汛前评定工分和年终复评工分（俗称"汛前定死分，汛终评活分"）进行分配。"固定工资加奖励"即按汛前评定工分，按月领取固定工资，到年终按超产多少实现奖励，俗称"底薪制"加"奖励"。此类渔船互助组，一般称为"高级互助组"或"三类互助组"。

（二）渔业初级社

随着渔船经营方式的创新发展，渔业互助组逐渐转为"初级渔业生产合作社"。凡转入初级社的渔船、渔网和渔具等生产工具，经民主评议，折价入社，统一使用，但所有权仍属个人私有，按生产纯收入提取 3%～5%，作为工具分红。初级社的渔船经营与互助组的最大区别是由合作社统一管理渔船承包经营，每艘渔船包产量、包工分，实行超产奖励。即汛前定计划产量、成本定额，与劳力工分挂钩，以不同档次累进奖励，完不成包产任务适当扣工分。

1953 年 7 月夏汛之际，经历了渔区反霸政治改革，蚂蚁岛长沙塘村以刘岳明互助组为基础，试办起第一个渔业生产初级合作社，当时取名为"长沙塘渔业生产合作社"，刘岳明因公信力较高而担任社长，并且建立了临时党支部，是舟山渔区第一个渔业生产合作社。10 月间，其他 3 个行政村以较大的互助组为基础，吸收周围小互助组参加，陆续成立了后呑、大兴呑、兰田呑和穿山呑等小型渔业生产合作社。

根据合作社章程，采取生产工具按市价民主评议后折价入社的方式，每月付给利息千分之四，若是现金存组则支付利息千分之六；原有各个互助组的资金及分红款一律存入组内，当作股金，无利息亦不退还；规定公积金的 68%、公益金的 2%，退组不许带走。合作社实行工资制、底薪分红制，全体社员都吃大锅饭，所有支出费用都由社里统一报销。[①] 先后实行死分活评、死分死记、按件计分等记工方法。

至此，蚂蚁乡渔业生产基本实现了合作化，共组织 341 户、1745 人入社，有劳动能力的社员 827 人，其中男社员 407 人、女社员 420 人，"占全乡渔户的 92%

---

① 周效儒、王中：《蚂蚁岛的张网生产与渔业合作社》（1953 年 9 月 21 日），舟山市档案馆藏。

左右"①。这是舟山专区第一批渔业生产初级社,进而带动为数不多的农民、手工业者、工商业者陆续加入,整体形成了合作化的大环境。社员群众生产积极性日益高涨。从 1953 年 7 月初到 12 月底,4 个渔业生产合作社齐心协力提高渔业产量,累计张网、钓鱼、远洋捕捞总量比 1952 年同期互助组时的总产量增加了27.9%,单位船只产量也有了提高。在远洋作业上,由于初学无经验,骨干配备不强,带鱼汛单位产量比 1952 年同期减少 15%。但是由于生产单位的增加,总产量达到 1952 年同期的 3 倍左右,这是一个很大的成绩,共计新增渔网 1450 顶、小船 12 只、大捕船 2 只。②

渔业合作社比互助组更快地组织劳动力进行生产,推广张网结合钓鱼的作业方式,积累资金,增添渔网、小船、大捕船等生产工具,为日后扩大再生产准备了物资条件。但在实际运作中,也存在一些潜在的问题。如"将私有工具折价入股不分红,给予千分之四的利息,使工具所有者所得到的利息低于出租的纯收入的 80%;劳力上实行工资制和底薪分红制,未做到合理评分;又规定公积金抽68%,退组不许带走,违背了自愿原则;所有互助组都吃大锅饭,造成组内很大浪费,组员生产消极"③。基于此,上级地委工作队及时干预,帮助和教育群众暂时性解散了"大锅饭",加强对生产的领导,增强群众对走互助合作道路的信心。

(三)渔业中级社

1953 年 12 月,中共中央通过《关于发展农业生产合作社的决议》,促进初级社向中级社、高级社推进,进一步对人力、物力、财力统筹管理。初级社时期的渔船经营也发生了快速变化,对于参加合作社统一承包经营的渔船,提留集体积累的比例迅速加大,用于建置船网工具,扩大再生产。

1954 年春,蚂蚁岛社会的整体发展遇到了诸如渔场不能统一利用、劳力和工具不能统一调配、大批资金难以筹集、渔船机帆化难以加速和在发展渔业的同时,无法兼顾农业水利工程的修建等问题。首先,在渔业合作化中组织起来的 4 个小型渔业生产初级社,仍以近洋打桩捕捞为主,为积极发展生产,各社都在增打桩头,而近洋桁地有限,各社难免发生相互争夺优良桁地的纠纷。其次,社与社之间劳力、工具、资金、能力等方面严重不平衡,导致生产效率存在严重差异。如在远洋作业方面,有的社有工具却没有人,有的社有人却没有工具。在近洋作业

①②③ 中共舟山地委工作队:《蚂蚁乡渔业生产合作社初步总结》(1953 年 7 月 20 日),舟山市档案馆藏。(注:此件形成时间,疑为同年 12 月)。

方面，有的小社人多工具少，渔场海区位置不甚理想，劳力多余三分之一，闲得无事可干；有的小社人少工具多，资金也多，但劳力颇感不足，又不好外借。总之，初级社之间由矛盾引起的发展障碍、建造或购买大型远洋捕捞渔船的需求，都迫切需要进一步整合各社，统筹调度使用劳力、工具、资金、技能、渔场、远洋捕捞资源、近洋作业资源等，解决困扰海岛生产发展的主要矛盾问题。

与此同时，经过5个月的初级社合作运动，也形成了一些积极的条件。一是初级社组建以来，产量比互助组时期确实有了显著提高，社员增加了收入，初步改善了生活状况，社里积累了资金，奠定了合并为大社的物质基础。二是在创办初级社的过程中，骨干群众对记工评分的生产管理制度已有了初步经验及认同感，若再合并组建大社，一样采取记工评分制，个人利益丝毫不会受到损害，还有可能获益更多，至少比现状更好。三是，培养了一批能够与群众紧密联系的骨干分子，有中共党员9人、共青团员52人、入党培养对象7人，均能发挥正面的积极作用。这是一批为数不少的政治力量，以其坚定的政治信仰，率先垂范，实际影响并且带动群众继续推进合作化运动的升级。

在舟山地委和专署的直接领导下，进驻蚂蚁乡的地委工作队结合国内合作化运动发展形势，决定帮助筹备合组大渔业社，具体分成三步实施。

第一步，进行思想教育。通过真人、真事，进行回忆对比算细账，诉个体经济及小木帆船的苦，贯彻"小社不如大社好"的理念。发动群众的同时，紧紧依靠渔工和贫苦渔民，团结一般渔民群众，划清社会主义和资本主义思想界限。一般的社员也批判了"参加合作社不自由"、想"退社单干"、"个人发财"及不爱护公共财物等思想。党支部在此基础上，从总结前段工作入手，肯定了办小社的成绩，鼓励社员提高生产积极性和热情，同时也指出存在的问题，着重说明解决这些问题的根本办法就是办大社，在群众面前展开了一幅光明的前景。社员群众在讨论中亲身体会到"小组不如大组好""大组不如合作社好""小社不如大社好"的道理，纷纷要求报名参加大合作社，划分生产组织，即使原来单干的渔民也要求入社。

第二步，健全组织管理制度。在群众思想充分觉悟的基础上，工作队强调入社要依据自愿原则，且入社还有四个条件，即：放弃剥削，不放高利贷；不雇工，不从事其他工商业投机；不贪污浪费，爱护工具；自己直接参加劳动，服从领导。工作队结合整顿了原有的小社组织，处理了若干反面典型。经此深入细致的思想发动，全乡报名入大社的除了原有小社社员外，新增加 95 人，经审查批准了 28 人，不到报名数的三分之一，可见要求之严格。这样，大社社员 370 户，男女 868 人（至 7 月已扩充至 900 多人）。报名入社结束后，紧接着选举成立理监事会，由 46 人组成，中共党员全部被选为社干部。然后根据作业性质不同划分生产组，远洋组成立捕鱼大队，近洋组以村为单位成立张网中队、钓鱼大队，以及服务于渔业生产的手工业小组、网棚分队、加工分队等，均服从大社统一领导调度。大社设置主任 1 人、副主任 2 人，大队、中队设置队长、副队长、管理员各 1 人。为加强生产管理，大社主任、大队长、检查员、管理员等人脱离直接生产，专门负责领导生产活动。同时，对小社时期部分渔具折价和劳力工分等不合理的现象，通过民主讨论重新做了适当调整。

第三步，巩固大社组织，进一步贯彻总路线教育。主要是调整劳力、物力，合理分工，安排生产，制定大社 1954 年三大生产指标，初步讨论本年度基本建设项目和大黄鱼、小黄鱼汛期的生产问题。

1954 年 3 月，蚂蚁岛 4 个小渔业社顺利合并成一个大渔业社，亦称为中级社，统一调配人力、物力、财力，统一安排进驻渔场。当年渔获产量比 1953 年增加了 2.7 万多担，收入增加 27 万多元。中级社的出现，是基于当时所面临的挑战和具备的条件，在上级指导下完成的，其中思想教育工作起到了很大的作用，建立的大渔业社管理组织和生产组织值得注意。[①]

社长、副社长领导下设立张网中队（中队长、管理员）、捕鱼大队（大队长、管理员）、钓鱼大队（大队长、管理员）、检查员、会计室（主任会计、助理会计、出纳兼统计）、农业生产合作社、供销社、搬运队。张网中队即原来的 4 个小社，现改为开洋分队、渔场分队、加工分队和手工业小组；捕鱼大队分为 4 个分队；钓鱼大队分为 3 个分队。大渔业社组织系统及脱产人数组织名单如下（共 18 人，其中渔工、贫苦渔民 12 人）。[②]

社长：李阿旺　　　　　　　　　　　　　　　（全脱产）
第一副社长：陆渭川（兼 12 村张网中队长）　（全脱产）
第二副社长：刘岳明（兼 10 村张网中队长）　（全脱产）
大社检查员：潘小甫　　　　　　　　　　　　（全脱产）
捕鱼大队大队长：李明州　　　　　　　　　　（半脱产）

①② 中共舟山地委：蚂蚁乡试办大渔业生产合作社的计划（草案），1954 年 1 月 15 日。

捕鱼大队副大队长：李根祥 （半脱产）

钓鱼大队大队长：李云祥（政治思想领导） （半脱产）

钓鱼大队副大队长：刘谒吉（生产工具领导） （半脱产）

第一张网中队中队长：陈再和 （全脱产）

第一张网中队管理员：李云善（兼加工负责） （全脱产）

第二张网中队中队长：刘岳明 （全脱产）

第二张网中队副中队长：朱再宏 （全脱产）

第二张网中队管理员：贺阿土（兼加工负责） （全脱产）

第三张网中队中队长：林阿信 （全脱产）

第三张网中队副中队长：林令朝 （不脱产）

第三张网中队管理员：林云水（兼加工负责） （全脱产）

第四张网中队中队长：贺惠根 （全脱产）

第四张网中队副中队长：李善和 （不脱产）

第四张网中队管理员：朱庆根（兼加工负责） （全脱产）

（四）渔业高级社

到 20 世纪 50 年代中后期，普陀区木帆渔船改造试验机帆渔船获得成功，并迅速推广。此时期的初、中级社也升为高级社。高级社时期渔船经营方式又有很大改进，木帆大对渔船、大捕渔船和机帆渔船，均按不同作业实行按生产年度承包经营。渔船具体经营形式为合作社"集体所有，统一经营，提留公共积累，实行按劳分配"的经营模式，即船网工具等生产资料全部归合作社所有，生产劳力作业和分配由社管委会统一调配安排。以合作社为发包方，渔船主为承包方。具体方式是采取"三包一奖赔"或"三包二奖赔"（也称"三定一奖"或"三定二奖"）方式，即包（定）产量、包（定）成本、包（定）工分，设置超产奖励或节约成本奖，完不成包（定）产指标要赔或超包（定）成本要赔。这个办法在此后的渔区执行了较长时间。

同时，渔船普遍实行"三层式"收益分配制度，即生产收入扣除生产成本后，先要保证提留公共积累，然后实行按劳分配、工具分红、超产奖励。对渔民入社的船网工具，按折价款额先抵缴股份基金，剩余部分作为工具折价款保留，按工具折价的 3%～5% 付给租金或按总收入的 8%～9.5% 比例拨份、合理开脚。具体开脚数：一般一对大对渔船为 2.5 脚，一艘大捕渔船为 2.4 脚。并按当时银行利率计息，称为工具分红。1956 年，渔民入社工具收益由工具分红统一改为工具付息，其付息标准按银行储蓄存款当年利率计算。

高级社期间"渔船归集体经营，多劳多得，少劳少得"的经营方式使渔民积极性高涨。渔船上的劳力调度安排和劳动工分评定，普遍引起重视。一般都采取"民主评议，固定工分与死分活评相结合"的办法，各档岗位职务人员之间的工分标准差距较小，力求分配权利平等，体现社会主义集体经济优越性。[①]

蚂蚁岛到大渔业社（中级社）建立后，岛上并存的渔业、农业、供销、信用、手工业等 5 个合作社，虽然总的发展目标一致，但是各自的经济利益和具体工作任务不同，相互之间难免产生矛盾，影响蚂蚁岛的整体协作。如信用社要吸纳社员储蓄存款，渔业社则要发动社员投资买机帆船；渔业社因供销社采购的物资不合乎规格而自行向外采购，供销社的物资因不能及时销售而积压直至霉烂；手工业者为渔业社、农业社做工时用料不节约，效率不高；渔业社与农业社在劳力、工具调配等方面也存在着比较突出的问题。这些现实的问题都促使蚂蚁岛酝酿规模更大的社会生产管理体制和新型组织形式，进一步推进合作社的整体发展。

1954 年秋，蚂蚁岛渔业、农业、供销、信用等 4 社合并成一大社，建立舟山第一个综合性合作社，统一经营管理。特别值得注意的是，此时蚂蚁岛实行了乡社合一制度，"一套人马、两套机构，乡长就是社长"，这在舟山地区合作化运动中是个创举，成为后来人民公社的雏形。但因为各社之间的磨合仍然不足、利益分配机制不够完善等多种原因，尤其是供销业务部门的反对，到 1955 年春又各自分开经营。在此期间，发展最快的是渔业社，无论是渔获产量还是社员收入，均创历史新高，遥遥领先于农业生产合作社的业绩。

此时，北方农村一些地方已经开始组建较大规模的合作社，名目繁多。在此政治气候影响下，根据中共浙江省委和省人民委员会、中共舟山地委和行署的指示精神，1958 年 3 月 24 日，中共普陀县委派出工作队进驻蚂蚁乡，帮助乡党支部加大力度推进并社工作。经过细致工作，1958 年 4 月 1 日，蚂蚁岛渔业、农业、供销、信用、手工业等 5 个合作社再次合并，创造性地办起了一岛一社、一乡一社、政社合一的具有人民公社性质的大社，这一以渔业为主的高级生产合作社，

---

① 舟山市普陀区政协教文卫体与文史委员会编：《普陀渔船史话》（普陀文史资料第三辑），中国文史出版社，2009 年，第 259 页。

进一步调整了生产关系，实行一级所有、一级核算。入社渔户 507 家、社员 1157
人，其中男社员 644 人、女社员 513 人，另有农业队 256 人，加工队妇女 277 人，
后方管理及手工业、副业 19 人。①

　　1954—1958 年的合作化运动，使蚂蚁岛渔业社声名鹊起。1958 年春，浙江省
人民委员会检查团蚂蚁检查组专门上岛工作 5 天，分成 4 个小组深入群众之中调
研，采取听取乡党总支汇报、召开座谈会、进行个别访谈、参加田间地头劳动等
方式方法，实际了解合作社生产、经营管理、思想政治观念等情况，最后总结出
几条主要成绩。

　　首先，组织了合作社，改变了生产关系。由此，合作社的公共积累和公有财
产明显增长，使生产发展得到了保证。算一算具体的数据即可明了：全社财产总
值为 48.73 万多元，其中公有占 81%，私有只占 19%；公积金有 42.79 万元，平
均每一个社员积累 370 多元；公益金 9398 元；股份基金 13277 元；工具资金 94776
元；现金投资 96746 元；公有资金占全社总资金的 75%。即是说，蚂蚁合作社公有
成分占据大头，私有财产只占约五分之一，这还是社员自带工具入社时的历史遗
留问题，伴随着后期人民公社化，一举解决了这个问题。

　　其次，增建了大型船网工具，渔业生产发展迅速。合作社建立后，社员主动
提出不分红或者少分红，积极投资，厉行增产节约，扩大公共积累规模。5 年来，
建造机帆船 8 艘、大捕船 17 艘、背舢板 34 条，正在改造的机帆船 4 艘，生产工
具由小船、破船变成大船、新船，由木帆船变成机帆船，由原来以张网作业为主
进而发展流动作业，产量提高若干倍。1957 年，全社总产量达到 12.88 多万担，
是 1950 年的 15 倍，比 1953 年增加 50%。远洋产量在 1953 年仅有 0.50 万担，占
总产量的 6%；1957 年则达到了 3 万担，占总产量的 23.44%。可以想见，若无大
社建立，仅凭"小打小闹"，虽说小日子过得也挺自在，但终难成大事，更别说达
到富民富岛水平了。

　　再次，在生产发展的基础上，明显改善渔民生活水平。如鲍阿根全家 6 口人，
新中国成立前只有 1 条棉被，现在购买了 8 条棉被。这种居民收入水平，即使是
城市工人平均工资水平也达不到，更何况全国一般的农村农民家庭收入。所以，
蚂蚁岛人辛辛苦苦、白天黑夜地劳作，顶狂风暴雨，置身家性命于不顾，一门心
思为集体事业壮大壮强着想，厚积薄发成蚂蚁岛精神。

① 浙江省检查团蚂蚁检查组：《蚂蚁渔业社勤俭办社的经验介绍》（1958 年），舟山市档案馆藏。

另外，岛上 98% 的学龄儿童都入学学习，青壮年男女 443 人上民办学校，扫除了 49.1% 的文盲，架设起了有线广播，创办初级中学（有学生 43 人），筹建渔业中学，切实惠及全体海岛人，乃造福子孙后代之善举，是为海岛人文化生活中的大事。

（五）人民公社

20 世纪 50 年代后期，人民公社在全国迅速形成高潮，原高级社改设生产大队，推行"以生产大队为基本核算单位"，实现公社"统一领导，队为基础，分级管理，两级核算"。但以渔船为基本承包经营方式没有变动，仍按"三包二奖，按月预支，年终结算，统一分配"的经营制度执行。

1958 年 4 月建立的蚂蚁渔业高级社，事实上已是人民公社的雏形，因为海岛所处的地理环境较为封闭，人们并未将此提升到人民公社的政治高度，但因此形成的新群体意识，对"五社合一"都有着非常清楚的认知。1958 年 9 月，继中共浙江省委在莫干山召开地委、县委书记会议之后，舟山地区各县先后召开县委会议和四级干部大会，研究部署建立人民公社问题。9 月 10 日晚，蚂蚁岛全岛居民庆祝人民公社正式成立，且以岛名命名之。中共普陀县委副书记孙在洲向到会群众转达了"毛主席对蚂蚁岛人的关怀与赞扬"。浙江省人民委员会也向蚂蚁人民公社成立表示祝贺，并对蚂蚁岛在合作化和办人民公社方面所起的模范作用表达了钦佩之情。[①] 1958 年 9 月 26 日，将原已实现政社合一、一级所有、一级核算的渔业生产合作社，正式改称为蚂蚁人民公社，蚂蚁人民公社成为海岛渔区第一个人民公社。

新成立的蚂蚁人民公社组织机构，主要是管理委员会、监察委员会，下设远洋捕捞、近洋养殖、农业、工交、供销、信用、计划管理、内务劳动、武装治安保卫、文卫福利、科学研究、办公室等 12 个部门，体现了公社"大而全"的一级政府特点。为求得平稳过渡，公社根据本地渔业生产特点，学习外地经验，提出了若干项经济政策处理意见。

1. 公积金问题

各社之前提存的公共积累均划归公社所有；社与社之间的差额，采取多者不分掉、少者不补贴的办法。这是为平稳过渡着想。虽然表面看似实行简单的贫富"一

---

① 陈政务：《蚂蚁岛正式宣布建立人民公社》，《舟山日报》1958 年 9 月 12 日第 1 版。

刀切"，原先比较富裕的渔业社吃了亏，实则不然。基于全乡总人口较少，又以渔业生产劳动为主体，从事农业劳动和手工业者一向更少，既然成立了以一岛、一乡为单位的人民公社，那么将全岛资源统筹一体使用，破除狭隘的本位思想，拆除渔、农民篱笆墙，带领人们走上共同富裕的大道，必须具备发展的格局和宽广的胸怀。日后事实证明，蚂蚁人民公社的大发展，根本源于全体蚂蚁人的齐心合力。

2. 股份基金平衡问题

已交的股份基金，渔民社员的量多，农民、手工业社员的量少。根据各种作业及其经济收入，确定各自行业人员的标准是：渔民社员每人 300 元，农民、手工业社员每人 150 元，妇女社员每人 50 元；对于家庭经济困难的社员，经过社员代表大会讨论，可以缓交、少交、免交；以后社员子弟入社时，不必再补交股份基金；死亡或者迁出者，不能抽出股份基金，仍然记在个人名下。这项规定，充分体现了公平原则，照顾到渔民、农民、手工业者的家庭生活水平特点，符合海岛经济社会实际，故此，未起任何波澜。

3. 未入社的生产资料问题

社员的加工厂房、土地、山林、手工业的生产工具等归公社所有，并取消工具报酬。这是集中了全体社员手中的生产资料，工具也不折价计入，借此一举消灭了私有制，大家有无工具、数量多少、价值大小全都一样。不能不说，这项重要的制度性安排，在根本上颠覆了千百年来人们固守的传统认知观念，人们置身于火热的"大跃进"年代，竟然义无反顾地舍去了家业，令人感动与钦佩。

4. 社员家庭副业处理问题

对于社员家庭原有的副业处置，原则上由公社统一经营，并且"合理作价收买"[①]。这与上项略有不同的是，原属个体家庭的生活补充来源不是全部"充公"，而是带有"赎买"性质的一律收归社里统一经营管理，取消一家一户自主营销方式，把社员全部心思精力聚拢到集体事业上来。

大一统的公社制，公有水平极高，内部经济结构纯粹，甫一登场，便显现其特殊的优越性。据 1958 年统计，全社共计 586 户、2849 人，其中男劳力 690 人、女劳力 62 人，渔、农业生产总量比 1957 年翻了将近两番，同时实现了"健康岛""无盲岛"。用当时的话说，蚂蚁岛变迁的事实，雄辩地证明："党的领导是各项事业胜利的保证。蚂蚁岛人民也深刻体会到：听毛主席话，跟共产党走，就是

---

① 中共普陀县委工作队：《关于试办蚂蚁人民公社初步总结》（1958 年），舟山市档案馆藏。

幸福的源泉"①。

仅这一年，蚂蚁岛人的政治思想觉悟和政治地位便有了极大的提升，社会影响力迅速扩大，并且在全国闯出了名堂。全社共有 4 人赴北京，出席全国农业社会主义建设先进单位代表会议、全国青年建设社会主义积极分子代表会议、全国妇女建设社会主义积极分子代表会议、全国水产综合利用会议；3 人出席全省农业社会主义建设先进单位代表会议、全省青年建设社会主义积极分子代表会议、全省勤俭持家积极分子会议；21 人加入中国共产党，33 人加入共青团。蚂蚁岛人自己几辈子也未能想到，旧社会里最不起眼的渔、农民，竟能有机会得到党和国家领导人的接见，那种崇高的荣誉感流传至今，蚂蚁岛人仍引以为豪。

蚂蚁人民公社成立的典型示范效应，立刻带动了全县公社化浪潮。不到半个月时间，全县 1078 个渔业、农业、盐业合作社迅速合并，组建了大规模的、工农商学兵相结合的、政社合一的 36 个人民公社，参加公社的渔、农户达到 12.8 万户，占全县总户数的 97.5%，平均每个公社有 4900 户。② 蚂蚁人民公社因其独特的地理条件，采取一岛、一乡、一社的组织形式，更好地集聚人力和物力，更好地谋划发展经济与社会管理计划，更有效地创造财富，更快地让群众发家致富。

蚂蚁岛从渔民互助组发展到合作社，直至建立人民公社，是对传统渔船经营方式的改造和创新，是实现生产关系变革的过程。人民公社的建立已经不是简单的渔业经营方式进行转变的问题，而是和全国农村一样，将一种新的体制嵌入渔村。此后受"向共产主义过渡"思想的影响，蚂蚁人民公社曾取消了股金和分红，全部改成"十包"模式，以显示公有化程度之高，但那时已经有点"大跃进"的急躁，所以几个月后就取消了这个社会福利。

第三节　渔民生活

蚂蚁岛人大多长期以渔业为生，其饮食与住宿离不开舟船。随着船网工具的改进、渔船经营方式的变革，特别是人民公社体制的嵌入，新中国成立前后的渔

---

① 范祥根：《从贫困走向富裕 从胜利走向胜利——记中共蚂蚁乡支部领导群众向社会主义前进》，《舟山日报》1959 年 1 月 5 日第 3 版。
② 《公社一年功绩辉煌》连载，《舟山日报》1959 年 9 月 8 日第 1 版。

民生活可谓天壤之别。因此，这里的渔民生活主要指的是政治生活和经济生活方面，尤其是集体化时期，渔民日常以集体生产为主，而个体生活水平的改善则建立在集体积累为重的基础之上。此外，因渔民群体的特殊性，渔船老大的生活也发生了很大变化。

一、新中国成立前的渔民生活

新中国成立之前，蚂蚁岛渔民群众长期生活贫困，社会政治地位低下，日常生活依靠生产和粗加工海产品换取所需物资。70%以上的居民从事渔业生产活动，少数人家以在山地种植番薯、杂粮、棉花等为业。受自然条件、社会环境等影响，渔民生活靠天吃饭。渔民们在海上作业时，经常受到台风的威胁，在狂风巨浪面前，他们毫无抵御办法，以致船毁人亡之事经常发生。这对于生活依靠家中男劳力的妇孺来说，无疑是灭顶之灾。所谓"三寸板里是娘房，三寸板外见阎王"，便是旧时渔民家庭的真实写照。

日军占领舟山本岛时，蚂蚁岛断绝了与大陆的来往，渔获断了销路，渔业资本家则减少张网桩头，解雇了很多渔工。失去了生活来源的渔工们，日子过得愈加艰难，困苦不堪。经常处于失业状态下的渔工有80人左右，占全岛渔业生产劳动力的四分之一。另有乞讨的18户，被迫出卖儿女的有14户。

1949年国民党军盘踞蚂蚁岛，与对面桃花岛解放军第21军第62师对峙期间，强行征用76艘渔船、28745支毛竹、890根木料、61顶渔网、7850丈绳索，砍掉1629棵树木，"渔椿仅有240个，收入已少得可怜"[①]。并且他们日夜驱使群众赶做防御工事，封锁海岸线，迫使渔民群众几乎无法张网生产，这也使渔民没有了生活来源，1949年全岛平均每户年收入仅91元。至1950年5月14日夜间，国民党军撤退，62名青壮年渔民被抓去台湾充军，占全岛渔业生产劳动力总数的20%。岛上也只剩下40余条破损张网船、1500顶烂网[②]，椿竹则全无，致使渔民无法下海捕鱼，群众生活顿时陷入极端贫困状态。50多户渔民居住的茅草房，难以抵御大风大浪的袭击，台风恶劣天气来袭之时，房舍不保，片瓦无存。

舟山群岛曾经广为流传着一句民谣："穷桃花，富六横，讨饭虾峙夹中央。"桃花、虾峙、六横这3岛均系比较大的海岛，散布于蚂蚁岛附近海域，前两岛是

---

① 周效儒、王中：《蚂蚁岛的张网生产与渔业合作社》（1953年9月21日），舟山市档案馆藏。
② 中共蚂蚁公社委员会：《关于连续4年取得丰收的初步经验总结》（1962年），舟山市档案馆藏。

半渔区、纯渔区，基本反映了新中国成立前渔区比农耕区还要穷、还要苦的事实。蚂蚁岛则是纯渔区，渔民日常生活深受渔霸、渔行主、渔业资本家们的压迫。1903年，渔霸吕明洪开办"顺兴渔行"，渔民称之为"百步王"，其三个儿子被称为"三道衙门"。吕明洪的长子吕扬华是渔行主、乡长、税务主任，二子吕扬芳是联保主任、副乡长，三子吕安邦是自卫队长，管张网、桁地，向渔民索取"水面钱粮"。渔霸与21家渔行垄断控制了全岛渔业捕捞生产、售卖的全过程，欺压得渔民辛苦一年却所剩无几。

渔霸的压榨主要体现在三个方面。一是收取"水面钱粮"。即是将岛四周张网渔场划定场址，作为自家领地，谁来张网都得交纳"水面钱粮"。当时一个渔业资本家可以租到150个桩头，而一个渔民最多只能租50个桩头，少则10个桩头。桩头的租金分季交纳，先交钱后交桩头，每个桩头每汛交银洋2角或者折米5升。二是收取"桁地费"。即在实际生产时每汛交纳的费用，春汛每桩8升米，夏汛每桩8升米，秋汛打八折算桩头，每桩5升米，冬季每汛1斗米。三是收取"搁涂费"。即在潮水落时，把张网小船推到滩头搁置需交费，每条船每年交纳2斗米。四是收取"牌照费"。这是大渔霸要的牌照费，每年不定期、不定额，随要随交。

渔行则通过"秤""价""佣金"三种敛财方式敛财。渔行主买进的渔获有4种秤："对大"，即100斤只称作50斤；"行秤"，即100斤称作70斤；"天秤"，即100斤称作80斤；"小门子秤"，即打8.8折，100斤称作88斤。渔行主卖出渔获或向渔民出借口粮时，就用"尺秤"，100斤称作120斤。渔获价格一般是一天三变（早价、中价、晚价），采取"值十还三"办法，100斤渔获换1斗米，渔行主出售渔获之后只给渔民3升米。渔民若是不卖给渔行主，自行运到沈家门出售，则立即会遭到渔行主的报复。更甚的是渔行主兑付渔获款并不及时，一两个月不定期。渔行主所要的佣金，内佣按照渔获的每元4分3厘，外佣每元1角3分。每家渔行只用一本簿子、一个算盘、一支笔经营，外岛的渔获上船去称重量，近洋的渔获在晒场称重，也不需要建鱼库。

渔业资本家剥削工人的主要办法，一是低工资。如使用童工，一般为第一季做工时，只能吃饭，无工资；第二季之后得到三五斗米不等。渔工每月得到8斗至1石2斗大米，最高的有1石5斗大米。月初定工价，月底给纸币。每月初，按照当时市场粮价将大米工资折成纸币额，却不发工资，等到月底才给纸币，利用通货膨胀时间差，币值日贬，使渔工干活一个月才能拿到低微工资。二是拖欠工资。渔业资本家经常拖欠渔工两三个月工资或者少发工资，直到货币贬值才发放。三是加重干活强度。不管狂风暴雨、寒冬深夜，都要干活，延长做工时间是经常的事。此外，渔业资本家的家里家外杂活像挑水、扫地等，也少不了渔工的身影。还有一部分比较富裕的渔民，除了自己摇橹撑船下海打鱼，还雇请少数渔工帮忙，一般不拖欠渔工工资（用大米计算），也是采取低工资、延长干活时间、加重劳动强度等办法。①

此外，岛上的土地尽管有限，但都集中在少部分人手里，仍有一部分贫穷农民以租种土地为生，地主的剥削也很严重。当时流行的是实物地租的对半分租方式，地主出租土地后收取农产品的一半，佃农同时还要替交田赋，至于种子、肥料、农具等费用仍由佃农自己负担。

二、新中国成立之初的渔民生活

新中国成立之前蚂蚁岛渔民所处的环境和生活状况之恶劣，为此后的新中国成立及集体化运动提供了前提条件。与新中国成立初期全国的形势发展一样，蚂蚁岛也经历了土地革命和渔民政治改革等一系列运动，使得偏居小岛上的半封闭社会发生了从未有过的变化。这种令人耳目一新的改变，开启了海岛人生产生活的新纪元，深刻影响了日后大半个世纪蚂蚁岛人的精神与物质世界。

（一）渔民政治改革与渔民生活

1950 年冬至 1951 年，在镇压反革命运动中，全乡均遵照了重点打击特务、土匪、恶霸、反动党团骨干分子、反动会道门头子等 5 方面打击反革命分子要求；1951 年 6 月，开始土地改革及划分初步阶级成分，计有地主 9 户，渔业资本家 14 户。在完成"土改"的基础上，取消了原被地主恶霸把持的渔行，初步恢复了渔、农业生产。1953 年 5 月 1 日至 7 月 1 日，中共舟山地委派出渔民政治改革工作组（后来扩大为渔改工作队）40 多人上岛，分成 4 个工作组，深入长沙塘、后岙、大兴岙、穿山岙等 4 个行政村开展为期 60 天的渔区民主改革和反霸斗争，进行宣传教育，摸清情况、贯彻镇反，并成立乡人民政府，贯彻代表大会决议，转入生产，开展爱国增产竞赛运动。

1953 年，全乡 4 个行政村，共计 504 户、2296 人，其中男 1129 人、女 1152 人。是时全乡人口结构，以渔业生产为主，从事渔业人口 320 户，占全乡总人口

---

① 上海水产学院：《蚂蚁岛人民公社渔业经济调查》（1965 年 10 月，内部讨论稿），舟山市档案馆藏。

的 72%，农业人口 67 户，占总人口的 10%。① "渔改"时期还复查了"土改"时的
成分，将全岛人口评定为 18 种之多，并根据阶级成分划分政策，将居民划分成 4
个阶级和阶层：（1）渔工，就是渔业雇工，依靠出卖自己劳动力的人，无生产资
料；（2）贫苦渔民，自家拥有一点生产资料，如有几顶网、烂船，依靠自己劳动
勉强维持全家生计，不剥削别人；（3）一般渔民，拥有自己的生产工具，如有船、
有网，自己参加劳动，忙时也雇请几个劳动力；（4）渔业资本家，拥有较厚的资
本，依靠剥削劳动力为生。②（见表 1-1）

表 1-1　1953 年蚂蚁岛各阶层户数人口表

序号	阶层	户数	人数
1	渔工	110	445
2	贫苦渔民	90	474
3	一般渔民	94	565
4	渔业资本家	14	100
5	雇农	8	14
6	贫农	51	183
7	中农	4	16
8	富农	4	26
9	地主	9	43
10	手工业者	26	84
11	小贩	14	54
12	小商	17	91
13	自由职业者	4	17
14	工商业者	4	16
15	小土地出租者	2	3
16	贫民	43	119
17	游民	6	26
18	高利贷者、小船主	4	20
合计		504	2296

注：渔工中含沈家门渔工 20 余人。

　　渔区土地改革和渔民政治改革，不仅改变了土地和桁地的占有情况，还对渔
民群体进行了阶层划分，不同于土地改革中以农户的土地占有和租赁情况为依据，

① 中共舟山地委工作队：《蚂蚁乡建党工作总结报告》（1953 年 7 月），舟山市档案馆藏。
② 中共舟山县委宣传部、中共蚂蚁人民公社委员会：《解放前后的蚂蚁岛——蚂蚁岛人民公社的历史》，农
业出版社，1959 年，第 137 页。

渔民阶层的划分是以渔船工具的占有多寡为主要依据的。无论如何，通过这些改革，乡村政府获得大多渔民的支持而建立了稳固的社会基础。1952 年 2 月，蚂蚁乡人民政府成立后的干部情况也从侧面反映了这个结果：乡长等干部 2 人，不脱离生产的委员 12 人，以上共计干部 14 人，其中身份为：渔工 5 人，一般渔民 6 人，贫苦渔民 2 人，贫农 1 人。全乡村委员一级的干部共计 68 人，包括正、副村长，妇女正、副主任，民兵正、副队长各 8 人，村委员 36 人，渔民协会主任 8 人。小组长以上干部，共计 101 人。劳动模范 15 人。群众组织计有：渔民协会 337 户、417 人，包括农民小组 51 人；妇女会 324 户、353 人；民兵队男 180 人、女 63 人；老年会 148 人；手工业工会 19 户、23 人。主要政治力量系团支部，团员 15 人。1953 年"渔改"时，全乡委员以上干部 68 人，委员以下干部 99 人，合计 167 人。渔会增至 861 人；民兵队 210 人，取消女民兵；取消老年会；妇女会改成妇女代表制。同时涌现出一批积极分子，根据条件培养入党对象。第一类积极分子有 9 人，采取分批介绍入党办法，发展了 3 名中共党员；第二类积极分子有 32 人，作为今后教育培养对象。除了在运动中实施国防、阶级、民主 3 种教育之外，还进行党员标准八项条件教育，受到教育的都是入党对象、青年团员。[①]

（二）渔民经济生活的提高

与此同时，党和政府及时发放救济粮和生产贷款，帮助蚂蚁岛人开展生产自救，并掀起了互助热潮。至 1952 年，已打下 3352 个渔桩，渔民生活得以改善。参加互助组的渔民均能吃上大米，"家属能吃大米与番薯干各半的已上升到 90% 的户口，全吃大米的有 5%，只能吃番薯干的已减少到 5%"[②]。

1953 年上半年，由于地方政府大力扶持渔民生产，帮助渔业合作社贷款购买大捕船，极力提升渔产量，渔民群众生产顺利恢复，生活稳定发展。新的生产工具的使用，无疑大大增加了总产量，而远洋捕捞事业的开辟，更是让渔业生产合作社大放光彩。5 月间，全乡群众生活有了很大改善，尤其是渔民生活好于其他阶层。9 月以后成立的 4 个渔业生产合作社，当年底社员收入即显著增加，仅供销合作社售卖的布匹、胶鞋、毛线等商品，营业额大有增加，可看出群众生活水平在逐渐上升。1953 年年底，社员个人收入也增加了 25%。过去渔工、贫苦渔民没有积蓄，组织合作社后，投资的股金就有 39474 元，一般渔民也达 33978 元。

[①]　中共舟山地委工作队：《蚂蚁乡建党工作总结报告》（1953 年 7 月），舟山市档案馆藏。

[②]　周效儒、王中：《蚂蚁岛的张网生产与渔业合作社》（1953 年 9 月 21 日），舟山市档案馆藏。

由于收入的增加，生活也随之改善：全乡吃大米的人已由往年的 10%，增加至 48%；吃大米、番薯干各半的，由 3% 增至 47%；只吃番薯干的由 60% 减至 5%。

1957 年，每户平均收入 1038 元；每个劳动力平均收入 600 元，比 1950 年增加 4 倍，比 1953 年平均收入增加 60%；90% 以上的渔民都能吃上大米饭，每户平均有毛线衣 3 件，51 户社员新建了瓦房 95 间；全岛 1000 多间房屋有 90% 进行了修理。社员存款达 4 万多元，单个存款最多的有 1000 多元。1958 年"公社化"的当年底，每个劳力年平均收入 671.80 元，比上年度实际增长 6.6%；每户平均收入 799 元，比上年度实际增长 7%。①

综合比较 1958 年前后生产分配收入情况可知：1958 年渔产量比 1957 年翻了 1.5 番，渔业、农业、工业总产值增加 34%，公共积累增加 45%；社员家庭增加收入的达到 94%；社员分配收入达 443000 元，比上年度 420000 元的分配收入增加了 5.5%；每户社员平均收入 756 元；"个别户虽在实行工资和供给制以后收入减少，但通过奖励和发放年费，也得到基本补足"②。这份统计数据是在 1958 年之后的翌年初做出的，与前面数据相比较多少有点出入。

人民公社化的最大好处，那便是让普通群众能够拥有看得见、摸得着、用得上的东西，即真实存在的物质利益，全体社员共享建设发展的成果，便是"真金白银"。

值得一提的是，人民公社成立不久，宣布于 10 月 1 日起实行工资制和供给制相结合的"十包加津贴"的分配办法，获得全体社员一致赞同，超前体现了社会主义按劳分配与共产主义按需分配的新分配制度的萌芽。此举，也让社员群众的"我为人人，人人为我"及"大公无私"的先进思想和道德品质得以发扬，典型的就是劳动不计时间、不计定额、不讲条件、相互协作现象层出不穷。甚至有青年人在农历十二月的寒冷时节跳入刺骨冰凉的海水里抢修机帆船推进器。在当时特定环境里，蚂蚁人民公社凭借这"十包"，被称之为全地区"第一个向共产主义社会过渡"的公社。

其中，以吃饭、穿衣、婚丧嫁娶诸事项为例，如公共食堂运作，自 7 月起，全岛兴办 7 个食堂，全社 586 户计 2800 多人都在食堂用餐，最大的食堂可供

---

① 中共舟山县委：《批转蚂蚁公社党委关于克勤克俭实现渔业机械化的报告》(1959 年 8 月 29 日)，《舟山日报》1959 年 9 月 1 日第 1 版。
② 中共蚂蚁人民公社党委：《1958 年全面大跃进总结》(1959 年 2 月 1 日)，舟山市档案馆藏。

1100多人用餐。公社按照供给标准凭粮票把食物发给每个人，自愿到食堂吃饭的就自己交粮票，不愿在食堂用餐的可以凭粮票向食堂称米回家烧饭。为方便社员服务于生产活动，各个食堂采取集中烧饭再分散打饭的办法，按开洋、农业、网棚、学校、幼儿园等各种不同的生产作业，在生产地区附近分设餐厅，避免拥挤排队，节省走路时间。"特别对开洋渔民，根据潮汛，三更半夜都可以吃饭。"为照顾老人，专门给老人设一个食堂，"有细粮好菜都优先给老年食堂"①。公社4个食堂做饭保证社员吃饱，发菜票，天天备有十来种菜供人们选择，肉、鱼、蔬菜、汤都有，吃菜多的人可以使用津贴补贴，从1分钱一碗菜到1角钱一碗菜不等。发绒线衣等衣服时也由每人挑选，事先根据个人喜好，统一登记颜色、尺寸，再向百货公司购买。每一对新人结婚，由公社准备两桌菜，外加老酒，并送红花、对联、纪念品和拍照片等。老人病故，社长和家属一同送葬，社里出船安置在小蚂蚁岛。

岛上原有3个敬老院，"公社化"时合并一处。根据公社规定，凡是成分好的老人，男的65岁以上，女的60岁以上，失去劳动力的老弱残疾者，只要自愿申请，经过公社管委会批准，都可以到敬老院养老，伙食由公社供给，标准高于一般社员。每人全年发两套衣服、两双鞋和袜子。院里有夫妻间、三人间，睡的是棕绷床，生活日用品一应俱全。

蚂蚁人民公社还实行带有共产主义色彩的全民福利分配制度。继1959年上半年几次调整，蚂蚁人民公社认真贯彻中共中央八届六中、七中全会精神，下半年又改变为7项供给制度，首先是保证社员伙食供给制、生活主要福利供给制。这一新型的公社供给制，很明显是带有共产主义因素的福利分配制度。公社将全体成员的穿衣、吃饭、就医、生育、教育等所有生活开支项目都大包大揽下来，创造了史无前例的劳苦大众最新型生活模式。例如：公社实行全民医疗保障制度，社员患病就医时，医院仅仅收取3分钱的挂号费；患病期间需要休养的，经过医生证明，第一个月工资照发，之后发工资的60%；产妇享受40天产假，除了照发工资外，还发给营养品，包括50个鸡蛋、5斤猪肉、5斤白面、2斤红糖、2只鸡等；小孩出生后，公社提供衣服、帽子等物品。②就当时社会经济状况而言，这一

---

① 《蚂蚁公社的"十好食堂"》，《舟山日报》1959年10月23日年，第3版。
② 舟山县妇女联合会编：《英雄的蚂蚁岛妇女 向"三八"国际劳动妇女节50周年献礼！》（1960年3月8日）（内部出版）年，第9页。

福利分配制度体现了走向共同富裕发展之路的方向，而进一步实行全民所有制和按需分配制度，也符合"三面红旗"时代的历史基本状况。

而解析蚂蚁岛人由穷变富的奥秘，是户户有存款、家家有投资。社员家中不仅添置了新衣橱、木箱、棕绷床、蚊帐及其他日常用品，有的还购买了绸缎、呢绒、毛线衣等贵重衣物。甚至原来居住茅草房的社员，纷纷盖起了气派的新砖瓦房，达100多间，全社1000多间年久失修的房屋也陆续进行了修理。以出身贫苦渔工的夏阿根一家的变化为例，全家6口人，各个都有工作，他自己参加近洋生产，老婆在食堂工作，儿子夏正棠在远洋生产队，儿媳妇是公社妇联主任，两个女儿分别在公社医院做护士和缝纫组工作。现在不仅还清了之前所欠的全部债务，还买了3间新屋，在信用社"还有1800元的存款"[1]。实际像这样的例子很多，就连新中国成立前年年欠债的穷苦渔工夏金棠、邹雪娟、王福祥等，也各自积累了1800元。当时就有"每户三个1000元"的说法，表明了社员群众的实际生活状况。"全社公共积累平均每户超过1000元；纯收入平均每户达到1000元；投资存款累计平均每户也有1000元。"[2]这就是"三个1000元"，放眼当时全国渔农村并不多见，的确是人民群众创造历史的杰作。

虽然蚂蚁岛公社化之后的发展历史跟随着中华人民共和国的同步轨迹风雨前行，许多原有的社会福利制度项目不见了，但是人们的精神世界变得更加明朗清晰，而且被新的符合时代进步发展的幸福指数所代替。

二、工分制度与分配制度

蚂蚁岛人生活水平的提高，事实上是以大量的集体积累为优先的。集体的积累很大程度是由分配制度所决定的，而这则与集体化时期的工分制度密切相关。而渔业的工分制度不仅与农业的工分制度有共性，也有其自身的特点。

（一）工分制度

在农耕社会的合作化过程中，也曾建立了评工记分制度，其源头是传统上普遍存在的换工模式。其中最主要的有3种：一是"按活评分"，就是按每人的劳动数量和质量由互助组评给工分；二是"按时计分"，即按照农民的劳动时间计算工

---

① 《蚂蚁岛》，《舟山日报》1959年9月15日第3版。

② 刘亚珠：《托毛主席和共产党的福，穷岛变成黄金屋——在全国妇女建设社会主义积极分子代表大会上发言稿》，蚂蚁岛创业纪念馆存。

分；三是"死分活评"，"死分"就是"底分"，一旦评定，不随便变动，"活评"就是在实际评分时参照组员完成的劳动定额。因此，"底分"是全部工分制度的基石，根据一个人的综合能力，包括体力、劳动技能和劳动态度等而评定基本分，是一种通过相互参照而确立的工分序列，如男劳动力和女劳动力的最高底分，分别是10分和8分。工分制度包括评工和记分两个部分。前者确定每个人的底分，如同确定工人在国家规定的工资序列中的位置；有底分者只有参加集体劳动，才能获得工分，为此生产队要建立记分制度。[①]

渔业的评工记分源头应该来自于渔船的人力配置传统，即主要根据渔民技术岗位职务评定底分。如1955年到1958年木帆大对渔船各档人员，按技术岗位职务所评定的底分如下。

偎船：船老大14～14.5分，多人11.1～11.5分，车关多人9.8～10分，跳头多人8.6～9分，伙将8.6～9.7分，扳二桨8.6～9分，抛头锚8.6～9分，扳三桨5.5～5.7分；

网船：船老大11.5～11.9分，多人9.8～10分，跳头多人8.7～9分，备多人6.7～7.1分，出网10.5～11分，出袋9.7～10分，拔头片8～9分。

1955年到1958年木帆大捕渔船各档人员，按技术岗位职务所评定的工分如下。

船老大11～12分，大橹10～11分，备大橹8.5～10分，出网10～11分，出袋9～10分，舱橹7～8.5分，备舱橹8～9分，伙将4.5～5.5分，头桨5～6.5分，拔头片7.5～8.5分。

1978年张网渔船渔民按技术岗位职务所评定的工分如下。

下海人员：船老大12.5～13.5分，中舱10～11.5分，上头9.5～10.5分，舱将9.5～10.5分，伙将10～11分；

岸上人员：老补网12～13分，帮补网8.5～10分，小补网6～7分，晒场老司9～10分，晒场5～6分。

评定底分后，根据合作社的安排前往作业，记下工分，一个汛期一计，并在年终结算。据访谈的几位60岁左右的蚂蚁岛渔民回忆，一个工分的价值，根据生产的好坏能抵值8分到1角，因此除了每月可分到一些番薯、大米和海蜇等，

① 张乐天：《告别理想：人民公社制度研究》，上海人民出版社，2016年，第253—258页。

现金的收入是极少的。大多数村民都愿意将不多的现金积存在信用社，支持集体建设。

（二）分配制度

分配的关键说到底是处理好国家、集体与个人，以及农户之间的关系。集体化时代的农耕社会，其首要原则是"先国家，后集体"。即必须完成国家的征购任务，然后才能进行生产队的内部分配，征购任务有国家明确下达的粮食收购数量、农产品的品种和相应的数量、临时下达的任务等。其第二个原则是"留足集体"，处理好按劳和按需之间的关系。与此对照，渔业社会收益分配的首要原则是"先集体，后个人"，其次才是按劳与按需之间的关系。这是集体化时代分配制度的共性。同样，所有的分配最终是以劳动工分为依据的。渔业因其经济特性，事实上在集体化时代获得了大量的积累，但分配问题仍然是个重要的制度问题，对集体和个人都有重要的影响。大渔业合作社时按件计酬的方法很能反映一个时段的特色。

全乡性大渔业生产合作社组建后，为解决内部劳动报酬问题，遂根据张网、钓鱼等不同的作业情况及其特点，实行按件计酬的办法，以此提高社员们的劳动生产热情和效率。一般来说，主要根据社员劳力强弱、技术高低、工作难易度等情况，拟定每件工作的劳动工分，实行男女同工同酬制，体现新社会文明气象。

当时确定每件工作的工分原则是：

（1）重劳动的工分，高于轻劳动的工分。例如，海洋劳动很辛苦，那么海洋劳动的工分必然高于陆地劳动的工分；夜间海洋劳动有危险性，所以夜间海洋劳动的工分又高于日间海洋劳动的工分。

（2）技术性劳动的工分，高于非技术性劳动的工分。例如，船老大的劳动工分高于船上头手和后舱的工分，老补网的工分高于小补网的工分。

（3）多劳多得。如果一个人能做两个人的工作，就得两个人的工分。且做得多，做得好，工分就多；做得少，做得不好，工分就少。

（4）对于重要的工作，为确保质量，由社里定出规格，建立责任包干制。若有无故损坏和浪费的现象，则予以扣分。

把各类工作逐一进行排队，划分为重劳动、轻劳动、技术劳动，从中找出一个标准的劳动力，根据每天的劳动数量和劳动时间，计算出每件工作的劳动工分。

例如，一个劳动力每天能出海开两潮洋（出海捕捞两次），回洋（返回码头）以后还能敲10把稻草、挑10担渔获、打2顶网，就可以根据前述的原则，确定开洋一次4分、敲稻草每把4毫、挑鱼每担1厘、打网每顶3厘，合计10分。接着将技术性的劳动，如扎根、做桩等，也找出一个标准技术劳动力，按照前述办法计算工分。补网工作因为不便按照数量计算，则采取集中补网、按钟点时间计分的办法。每件工作应得工分的标准，均由社领导事先拟订方案，尔后交给社员大会民主讨论修正，尽量做到合理公正。正是实施按件计酬的办法，直接体现了按劳取酬的社会主义分配制度原则，效果良好。仅1954年至1955年两年内，全渔业生产合作社劳动效率、劳动力调配等内部关系被理顺，生产形势节节攀高，不仅将全社劳动效率提高了三分之一，而且内部劳力分配趋于合理，解决了统一调配劳力的矛盾。

朴实的海岛渔民群众，在地方党政组织具体指导之下，采取抱团取暖的办法，自发地组织起来，一步步奔向集体化大道，且不断地完善内部组织机构和工作运行机制，激活社员们内在的生产积极热情，逐渐创造出一个又一个奇迹。

经

济

篇

转型与探索

中国
村庄
发展

JINGJI PIAN
ZHUANXING YU TANSUO

回顾蚂蚁岛的开发史，有其清晰的发展轨迹，起自近洋张网，成自远洋捕捞，强自工业兴岛。具体而言，20世纪五六十年代的蚂蚁岛人主要依靠传统的近洋张网捕捞。七八十年代逐步实现机帆化，并采用灯光围网等作业，成为秋汛远洋捕捞的支柱。持续发展三十余年，形成了以虾皮和底层鱼捕捞、加工为主的渔业产业。最近十多年来，蚂蚁岛引进船舶制造企业，积极探索休闲渔业，主动发展以红色旅游为特色的志在富民的蚂蚁岛发展道路。

本篇以转型与探索为关键词，转型指的是改革开放以来的农村家庭联产承包责任制在渔农村的体现，探索则指的是在传统的捕捞渔业上三产融合的过程。因此，以下各章分别侧重于捕捞、加工、制造、休闲业等产业类型变化的描述，当然这样的变迁过程无法做出绝对的划分，从历史的角度看，这离不开集体化时期所积累的船网工具、培养磨炼的人才等。但总体上，其转型和探索的基本节点是在20世纪八九十年代，21世纪初，以及2010年以来。

第一章 捕捞渔业为主导

　　直到现在蚂蚁岛人最为津津乐道的话题，还是集体化岁月留下的深深烙印，无论是在新中国成立初期（1950—1952年）、合作化阶段（1953—1957年），还是在人民公社时期（1958—1983年），人们所焕发出来的冲天干劲和大无畏精神，造就了海岛人的大事业，破天荒地彻底改变了群众物质与精神面貌。从经济发展的角度而言，集体化时期的产业类型以捕捞业为主导，随着海洋资源的衰退、渔船网具的改进和外来体制的变革，其捕捞的作业范围、作业方式等也发生变化，养殖渔业也得以发展。其内核是渔船经营制度的变革所引起的整个渔业经济的转型，改革开放之后成为渔业经济转型、探索的重要节点，但集体化时期各项资源的积累为此后蚂蚁岛的发展奠定了基础，尤其是宝贵的集体精神财富，永恒留存在海岛人心中，代代相传。

第一节　渔船经营制度的变革

　　正如前文所述，船网工具之于渔业类同于土地之于农业，因此渔船经营制度的变革与渔业经济的发展有着直接的重要关联。至1983年人民公社解体前，蚂蚁岛的渔船经营制度以合作社"集体所有，统一经营，提留公共积累，实行按劳分配"为主导，即船网工具等生产资料全部归合作社所有，生产劳力作业和分配由社管委会统一调配安排。以合作社为发包方，渔船主为承包方。具体方式是"三包一奖赔"或"三包二奖赔"。在收益分配上，普遍实行"三层式"制度，即生产收入扣除生产成本后，先保证提留公共积累，然后实行按劳分配、工具分红、超产奖励。配套的工分制度是个体收入的重要依据。

（一）20世纪70年代末至80年代末

1978年党的十一届三中全会提出农村实行联产承包责任制后，蚂蚁岛在20世纪60年代后期至70年代全面实现渔船机帆化的情况下，也开始实行多种形式的联产承包责任制，打破了此前实行几十年的"三包二奖赔"制度。归纳起来，此时的渔船经营制度主要有以下六种类型[①]。

第一种是"三定二奖赔"增加为"五定四奖赔"。即在"定产量、定工分、定成本，超定产奖励、完不成定产要赔"的基础上增加了"定产值、定渔获派购量和节约成本奖励、超耗成本要赔"。当时根据船只、吨位、功率、劳力、技术等条件，定产量（定值）、定工分（劳力）、定成本的大体标准：一般一对75吨位、110.3千瓦功率的大型机帆渔船，定产量300～325吨、定成本7万～8万元，定工分30级（每级10分）；一对45～60吨位、73.5～110.3千瓦功率的中型机帆渔船，定产量250～275吨、定成本5.5万～6.5万元，定工分28～29级；一对40吨位、73.5千瓦功率以下的机帆渔船，定产量200吨，定成本4.5万～5万元，定工分27～28级。超产奖励比例为15%～30%，完不成赔产5%～15%，节约成本奖励20%～25%，超耗成本要全赔。

第二种是"三定二奖赔"加"按产预支"或"按产津贴"。即在"三定二奖赔"为基本承包制的基础上，以一个鱼汛或出海生产"一水"（或称"一风"，5～10天）的这艘（对）渔船生产产值，扣除直接生产成本后，先预支给承包人（渔船）10%～15%，到年（汛）终进行结算的制度。

第三种是"除成本按比例分成"（"超成本奖励"）。按每艘（对）渔船制定的成本定额或依实际消耗成本，该时段内渔船捕捞产值（收入）已超过成本，超产部分由发包方和承包方"四六"或"三七"开。

第四种是"超净值奖励"（"超利润奖励"）。即每艘（对）渔船或每个承包单位完成的产值（收入）已抵过所耗成本后，向发包方上交一定数额的利润（净值）。一般一艘（对）大中型机帆渔船上交净值3万～15万元，超净值部分奖励给承包渔船25%～40%，但若完不成所定产值要赔50%。

第五种是"基本工资加奖励"。大多为乡镇和村办群众渔业公司所采用，聘雇

---

① 舟山市普陀区政协教文卫体与文史委员会编：《普陀渔船史话》（普陀文史资料第三辑），中国文史出版社，2009年，第259—264页。

船员捕捞，按不同技术岗位职务、按承包协议在完成计划产量指标内，给予月平均工资 200～300 元不等，如超额完成计划产量指标，按超产部分奖励给承包渔船 5%～15%。

第六种是"定额大包干"（"大包干"）。即船只工具等属大队集体所有，发包给渔民经营。渔船承包者应按合同规定向发包方上交折旧费、大修理费、公共积累和管理费，简称上交"四费"，出海生产资金及其他费用，以及经营盈亏由承包者自负。

上述众多渔船经营形式的共同点是：船网工具等生产资料仍属集体所有，由渔船（渔民）承包经营，只是扩大了承包者（渔船渔民）生产经营收益分配的自主权，增加了所得；而且，渔船经营中的工分制度仍处于十分重要的位置，承包者（渔民）个人收益多少，与评定自己工分直接相关。如机帆渔船渔民按技术岗位职务所评定的工分如下。

网船：船老大 13.8～14.5 分，多人 11～12.4 分，头多人 10～11 分，车关多人 9.5～10.5 分，出网 10～11.5 分，出袋 10～11 分，拖下纲 10～11 分，拔头片 10～10.5 分，老轨 11～12 分，二轨 10～10.5 分，伙将 9～10 分；

偎船：船老大 12.5～13.5 分，多人 10～11 分，老轨 10～10.5 分，头多人 9～10 分，扳三桨 9～10 分，扳二桨 8.5～9.5 分，抛头锚 8.5～9.5 分，备多人 8.5～9.5 分。

张网渔船渔民按技术岗位职务所评定的工分如下。

下海人员：船老大 12.5～13.5 分，中舱 10～11.5 分，上头 9.5～10.5 分，舱将 9.5～10.5 分，伙将 10～11 分；

岸上人员：老补网 12～13 分，帮补网 8.5～10 分，小补网 6～7 分，晒场老司 9～10 分，晒场 5～6 分。

但此时推行最普遍的是"定额大包干"，又称为"大包干"或"对（船）包干"制度，渔船经营形式发生了较大变化。一是上交"四费"作为集体的提留，二是为此后经营制度的突破奠定了基础。蚂蚁岛的情况也是如此，人民公社解体后按各村人口劳力的多寡将渔船网具分配到各村；"大包干"时，集体通过提留"四费"维持各村集体的运转，承包的渔船劳力（渔民）还是以工分制度为个人收入的依据。

1983 年人民公社解体。我们渔民一开始不愿意解体，觉得还是集体好。上面政策宣传、教育，随着时间改变，我们的想法也慢慢地变化了，以后到底怎么样也不知道。1983年的时候，按人口我们长沙塘分到了三分之一的渔船网具，17只机帆船，近洋张网的小船20多只。船是一对对的，外洋对网作业捕鱼的，8对；一条近洋拖驳轮，拖近洋张网的小船。这些船分到以后，我们集体排劳力，比如谁是老大，谁是老轨等。1983年开始是"三定二奖"，定成本、定人员等，二奖是奖工资、奖成本，包括柴油什么的。后来1984年就是大包干了，就是两条渔船给你，几个人下海，一年你交给大队8万、10万，根据行情好坏，差不多就这样。船好的多交一点，不好的少一点。你们渔获卖什么地方就卖什么地方，一年交给大队多少钱就好了。大包干的时候要交"四费"，管理费、修缮费等，收来的钱用于修船、老人福利等，渔船是我们村里修的，他们的工资什么的都是船上自己负责，船主赚到的有，亏也是有的。①

1983年，蚂蚁人民公社正式解体时按劳力分配总财产，公社为此做了好几套方案，最终将渔船网具等分给5个村，蚂蚁岛公社也由原来的一级核算改为5个大队，即5个经济合作社，实行独立经济核算。蚂蚁岛集体化时代的劳力和渔业生产方面所积累的物力见表2-1和表2-2。

表2-1 1983年蚂蚁岛公社各大队劳动力汇总

(单位: 人)

队别	合计	男劳力			女劳力	
		小计	其中:		小计	其中: 退休
			退休	服役		
长沙塘	1125	525	50	6	600	172
后岙	700	343	34	2	357	111
大兴岙	414	193	23	4	221	67
兰田岙	415	199	17	2	216	56
穿山岙	436	218	20	1	218	64
总计	3090	1478	144	15	1612	470

人民公社的时候最多就是24对（48条船），40马力或者60马力的木头船。机帆化是机帆化，但都是木头船，钢制渔船是20世纪90年代才开始的。1983年分到我们后岙大概是5对半（11条船）。长沙塘人口比较多，劳力比较多，分得多一点。第二是我们后岙村，反正5个村按照劳力分的嘛②。（见表2-2）

---

① 受访人：林中苏，2018年12月17日访谈。
② 受访人：金勤义，1959年生，蚂蚁岛后岙村人，2018年7月26日访谈。

表 2-2　1983 年蚂蚁岛公社各大队远洋、近洋作业人数及全部船只分配方案一

队别	捕捞作业人数（人）			机帆船只（只）	开洋船只（只）		
	合计	远洋	近洋		合计	机动	非机动
长沙塘	309	257	52	16	16	7	9
后岙	215	168	47	10	12	4	8
大兴岙	134	108	26	6	9	2	7
兰田岙	139	105	34	7	8	3	5
穿山岙	142	114	28	7	10	4	6
合计	939	752	187	46	55	20	35

总之，这个时期整个舟山市，到 1989 年年底，全市 296 个渔业村社中，形成 15 家渔工商一体化经营的群众渔业公司，拥有固定资产总值 1.75 亿元，占当时全市群众渔业固定资产总值的 28%，其他生产要素及产量占全市总数的 72%：其中渔业劳动力 8763 人，占 10.7%；渔船吨位 3.52 万吨，占 12.4%；水产品产量 7.5 万吨，占 15.73%；水产冷藏加工设备占 21%；有渔轮 34 艘，线外生产渔船 113 对。1990 年，群众渔业公司与工商一体化经营模式发展达到高潮，全市有 29 家。大部分乡村沿用村经济合作社，实行"分散经营、集中服务"的双层经营体制模式，其中有 60 余个村形成较大的经济合作社，兴办水产冷库或船舶制造厂、机械厂等后方基础设施，为分散经营渔船提供产前、产中和产后服务。[1] 当时蚂蚁岛公社 3090 名劳力中，有 923 名直接从事近洋和远洋捕捞作业。46 艘机帆船和 55 条开洋船由 5 个村分掉，独立核算，迈出了渔船经营模式变革的第一步。

（二）20 世纪 90 年代初至 21 世纪初

20 世纪 90 年代初，渔业经营体制进行了前所未有的重大变革，渔船由此前的"集体所有，大包干上交承包经营"改为"股份合作制（股份合作经营）"和"个体私营制（个体独资经营）"，此次改革彻底冲破了半个多世纪以来集体统一经营的旧模式，使海洋捕捞作业走上了多元化的经营路子，形成了新的渔业经营体制模式。

渔船经营方式的重大变革在于，将原集体所有的渔船网具等存量资产，按实有实物民主评议估价，向全体从事生产的渔民公开有偿转让（有的公开招标拍卖），即渔船全部归股东（渔民）所有，独立自主经营。合股渔船（单位）渔民（劳动力）

---

[1]　舟山市地方志编纂委员会编：《舟山市志（1989—2005）》，商务印书馆，2016 年，第 308 页。

限定人数，自愿组合，符合条件者即可向集体买船，这使所有在渔船上生产的劳动力都平稳过渡为股东（股份）持有者。由此，形成了此时期两种最基本的渔船经营形式："股份合作经营"和"个体私人经营"。

"股份合作经营"又称"合股经营"或"合伙经营"。船网工具折价入股及以资金入股，实行股额平均，权益相等的形式。这种合股经营遵循"入股自愿，退股自由，利益共享，风险共担"的原则。20世纪90年代改革初期，主要是以合股向集体（村渔业生产合作社）购买船网工具占有股份为基础，采取自愿结合、合股购买渔船的方式，一般每艘（对）渔船自愿入股组合的人员，均成为股东，称为"全员股份制"。如这艘（对）渔船核定有10名劳动力或25名劳动力，每个渔民都是入股股东，只是推举或民选船老大担任合股经营管理小组组长。

"个体私人经营"又称"个人独资经营"，当时称为"以船核算"。20世纪90年代中后期，一方面，一部分合股经营渔船因连续几年生产经营效益不佳，难以维持再生产；另一方面，由于每年的渔船生产经营收益较好，一部分股东和大股东手中有了相当数额的资本积累；同时，在鼓励渔船合股单位向生产经营能人及有技术、资金、实力的船老大集中的政策引导下，全员股份经营制度不久即被打破，渔船经民主评议折价后，下放给船上全体渔民（船上劳动也实行自愿组合），船上生产投入和收益均归全船渔民自负自得。通过扩股、并股或重组，由原"全员股份经营"演变成以"少数股东"或"大股东"为主的"合股经营"。一些占有少量股份的小股东（渔民）纷纷退股，并且转变为给少数股东或大股东"打工"的雇工。一些有一定资本、技术且会管理的大股东、船老大和头脑灵活的"能人"，就个人投资建造船只，自任船老大或聘请船老大、老轨（轮机手）等技术职务船员，雇工经营。从此，渔船的经营方式演变成占有股份的人为股东，部分人变成无股份的"雇工"，普遍推行渔船由部分股东"合股"，雇工经营的方式。个体私人经营的渔船得到迅速增加。

到21世纪初，不论是群众渔业公司即民营渔业企业（包括民营远洋企业），还是各地渔村渔业生产合作社，所有投入海洋捕捞的大中小型机动渔船、远洋渔轮，其经营形式基本上分为"合股（合伙）经营"和"个体私人经营"，它们的上层机构即渔业公司和渔业合作社，仅属一种渔船管理服务性质的组织。

这种合伙经营和个体经营的渔船经营形式具有鲜明特点：

一是按劳计酬方式简单明了，工分功能作用渐消。对股东或雇工的劳动报酬采取多种计酬方法：一种是"固定工薪制"，即类似过去的包薪制；一种是"固定工资加联产计奖"，即既对船员（渔民）实行劳动报酬保底，又实行联产给予一定奖励；再一种是以固定工薪为基础，超产按比例给予适当工薪报酬。但不论是"合股经营"还是"个私经营"渔船，对股东自己和所有聘用雇工，包括船老大、老轨、出网等技术岗位职务人员，一律采取固定工薪制作为报酬的基本形式。相对来说，雇主与被雇者双方一目了然，简单清楚，容易接受。过去那种复杂烦琐的工分评定、按劳记工、按工分计报酬的方式逐渐消失。

二是渔船生产经营纯收益按所投股金份额分红。渔船"股份合作经营"的做法比较简单，按购置船网工具和出海生产物资需要来确定投股额度，每个参股者可以投多股，也可以只投一股，投入股本后就成为"股东"。20世纪90年代后期至21世纪初，一般一对大型机动渔船平均每投一股为10万～15万元，最多的一对渔船为12位股东，最少的只有2个股东。合股经营渔船的利润分配机制是在渔船全年或半年生产收入中，扣除生产费用成本（包括船上支付股东和雇工工薪）支出，以及缴纳各种税费（2004年前应缴营业税和渔船管理费等，2005年后渔业税免缴）后，剩余的称为纯收入（即利润），就可按每个股东所投股金额所占的比例进行股金分红。

三是渔船雇工普遍增多，多数股东和老板也下海共同劳动。渔船普遍实行"合股经营"和"个私经营"的经营体制后，聘雇渔工大幅增加，因为大多数渔船参股股东（船东）和个人老板（船主），都亲自担任船老大（船长）、多人（副老大）、出网、老轨（轮机长）等主要技术岗位职务，但船上一般性的人员就需要雇用船工（打工者）。被雇用的打工者与股东（船东）、老板（船主）处在劳动平等、权利公平、共同利益相一致的地位，这是渔船经营形式的一个特点。

四是渔船经营形式多样化，经营机制灵活性增强。推行"股份合作经营"和"个体私人经营"后，渔船的产前、产中和产后服务，包括资金筹集、劳动力配置及船上各种生产安全管理等，均由股东与老板自行筹划、自主经营，不再像过去那样由政府或村委会出面干涉，采取包办解决。同时，合股经营后，船上股东也可选择到陆地企业参股，渔船与渔船联营投股，经营的灵活性大大增强。①

总之，20世纪90年代初推行的股份合作制是舟山渔业经营体制的一项重大

① 舟山市普陀区政协教文卫体与文史委员会编：《普陀渔船史话》（普陀文史资料第三辑），中国文史出版社，2009年，第264—266页。

变革。1993 年起，舟山渔区开始全面推行股份合作制。至 1995 年年底，全市 296 个渔业村社（群众渔业公司）实行股份合作制，在全市拥有的 29.54 亿元渔业固定资产中，股份资产 26.13 亿元，占全市渔业总资产的 88.46%，平均每一个捕捞劳力拥有股金 4.3 万元，保留在村社集体的存量资产总额达到 2.18 亿元，全市有股份合作捕捞单位 8980 家，拥有渔船 9620 艘。捕捞渔船股份合作组织和分配形式主要有全员股份合作制、部分人持股股份合作制和个体独资私营三类。

（1）全员股份合作制，是全市渔业转制初期的主要形式，占股份合作渔船总数的 80%。全员股份分三种情形：一劳一股，等额投资，按股分配，年终补贴（职务补贴）；人人持股，按工分投资，按工分分配；一劳多股，股份平等，按股分配，职务补贴。（2）部分人持股股份合作制，即部分人参股、控股，股东既可投劳，也可不投劳（参干股，有雇工抵劳），约占股份合作制渔船总数的 10%，其特点是股份持有者不是该股份合作单位的全体，而只是其中一部分。持有股份的那部分人除投干股者外，一般以职务船员为主体，劳动力大多采用雇工。这种形式大多由转制初期的全员股份合作制经并股、重组后演变成，各地曾鼓励"股份向生产能手集中"的政策，其发展势头强劲。（3）个体独资私营，在船只吨位马力较小的拖虾、蟹笼及张网作业单位中较为普遍，数量约占总数的 10%。

蚂蚁岛发生的变化概莫能外，从 1984 年实行"大包干"制度后，捕捞船队开始解体，由集体经营转变为个体运作，先是实行承包制度，最后折价给个人购买。近洋张网作业区，亦划分给一家一户经营打理。渔民的积极性被极大地激发出来，尤其是"能人"的力量凸显出来。

一九九几年的时候我自己买了一条船，到嵊泗买过来的，一万两千块钱买了一条 12 马力的、木头的。我跟我老丈人两个人，老丈人没钱嘛，我出钱，我们两个人生产嘛。近洋张网，就在沈家门到蚂蚁岛这片海域。主要是捕虾皮，好一点的自己晒，老婆、丈母娘自己晒，不好的卖给养对虾的当饵料，当肥料也很好的。那年一个秋汛下来，我和我老丈人就分了一万块钱。后来就买了条 24 马力的船，也是木制的。再后来到 1994 年的时候我买了一条 120 马力的木制船。那时候去远洋捕虾啊、墨鱼啊，当时是资源丰富，杂七杂八的好多的。我们 5 个人生产，当时老丈人年龄也大了，我叫他在后方搞加工，不要在船上了。我一个老婆舅，老婆的弟弟过来了，两个人合伙买了一条 12 万 8 千元的船。我是船老大，1994 年的时候。另外三个人是本地的，就蚂蚁岛的。那时候有对讲机，渔探仪也有了。

以前 12 马力的时候，是定置张网，桩打下去。后来 120 马力就不用定置了，就是抛锚，锚抛了可以拿回来嘛，打桩打下去就拿不回来了嘛。每一个锚就是一顶网嘛，现在可以带回家，以前是不能带回家的。原先那个集体化的时候叫对网，两条船，网船 24 个人，另外一条船是 8 个人，总共是 32 个人。去远洋捕鱼是分季节的。上半年是叫海底拽，效益是不错的；下半年是捕饭虾，张网捕饭虾，两季就差不多了。120 马力干到 1997 年，我自己上岸工作了，雇了一个安徽的小工。①

从 20 世纪 80 年代"集体所有，承包经营，统一分配"的"大包干"到 20 世纪 90 年代以来的"股份合作经营""个体私人经营"，渔业生产关系发生了重大变革，与此同时，村社组织与集体收入亦发生变化。到 1994 年春，全乡渔业生产全部实行股份合作制。2014 年 12 月，5 个经济合作社进行股份制改革，并在 2019 年 7 月进行合并及资产融合，设立蚂蚁岛村股份经济合作社。总体上而言，和大多数渔村一样，集体经济逐步为私营经济和个体经济所取代而式微，渔民整体生活水平逐步提高。

刚开始以村为基础，后来包产到户，也就是对村核算，每年交给村里多少钱。好像是 1984 年、1985 年把船折价卖给社员，一对对网船分上一间、两间房子，都是折算成多少钱。你把钱交给村里面，村里作为集体提留。这个财产属于你个人的。②"大包干"之后，1995 年就卖给老百姓了。上面政策也是这样的，集体就吃点利息。交"四费"改为交"两费"：管理费、福利费。一个人 500 块。税是国家的，费是村里收的，等于作为公共支出，这是上面规定的。③

直接下海的渔民，每个劳力 500 块，后方工作的减半，交 250 块，管理人员要拿工资，大概有 10 万元可以收。七七八八（加起来）可以有 20 万元左右，集体开支 13 万元左右，那每年有 6、7 万元剩下来，一年一年积累下来，主要还是集体财产卖了以后，这批资金剩下来的。还有当时老年人满了 60 周岁，退休费每个月 30 块，要发给他们的，主要是这一笔开支。原来人民公社之前也好，这个资产也是那时候积累下来的，他们年纪大了，我们村里面每个月发点吃饭的钱嘛，每个月 30 块，慢慢增加到 70 块。那后来到 1994 年的时候，村集体也搞不下去了，那就到个人。打个比方，这一条船 2 万块钱，你能买就买，买不来我们就 4 个人拼起来，集

① 受访人：金勤义，1959 年生，蚂蚁岛后岙村人，2018 年 7 月 26 日访谈。
② 受访人：李海潮，1968 年生，蚂蚁岛穿山岙村人，2018 年 12 月 17 日访谈。
③ 受访人：林中苏，2018 年 12 月 17 日访谈。

体资产还不够，当时出来一个政策，不用集体资产的不用交"两费"。因为劳力多，集体财产还不够，要自谋出路。教育资源费、管理费等，没有享用集体资产就不用交了。人口多，不够分嘛。也是公平竞争嘛，本来一条船1万块钱，他出2万块，不划算嘛，还是到外面去买船，可以不用交费。集体资产没有了，那你就自谋出路。自谋出路的人不用交费，就是鼓励你自己出去买船，生产工具不够嘛。①

2003年统计显示，全乡拥有帆张网（17艘）、张网及其他（111艘）、单拖（23艘）、拖虾（22艘）、海底串（31艘）、海运船（14艘）等各类渔船218艘，总吨位9179吨，总马力26072匹。其中，长沙塘有船83艘，吨位3929吨，马力10889匹，居全乡之冠，仍是渔业生产主力军；后岙有船50艘，吨位1693吨，马力5424匹；大兴岙有船20艘，吨位1261吨，马力3189匹；兰田岙有船26艘，吨位515吨，马力1667匹；穿山岙有船39艘，吨位1781吨，马力4903匹。②至2005年，全乡所拥有的渔船下降至204艘，总吨位和总马力却上升。经国家实施几轮海洋捕捞渔船拆解补偿金政策，帮助渔民上岸转产转业，并陆续淘汰一些落后小马力渔船，到了2010年之后便基本稳定下来。这一年可以说是转折点，全乡剩余捕捞生产渔船124艘，其中单拖60艘、拖虾14艘、围网19艘、帆张网1艘、张网1艘、蟹笼4艘、其他25艘。③2018年，拥有各类渔船108艘，其中大型钢质渔船102艘，总吨位13074吨，总马力22154.8匹。作业方式有灯光围网、帆张网、拖虾、单拖，以及传统作业近洋定置张网、小抛网、蟹笼等。2019年，拥有各类渔船105艘，总吨位及其作业方式变化不大，全系个体或者合伙经营。

第二节　灯围之乡

与渔船经营制度变革密切相关的是船网工具的进步、作业方式的改变和作业范围的拓展。尤其是1994年下半年起，个体独资私营渔船出现，渔区掀起以渔民自筹资金为主、更新建造钢质渔船的热潮。钢质渔船投产后，增强了海洋捕捞能

① 受访人：金勤义，1959年生，蚂蚁岛后岙村人，2018年7月26日访谈。
② 蚂蚁岛乡人民政府：《全乡渔业船只、吨位、马力统计表》，2004年12月24日填报。
③ 蚂蚁岛乡人民政府：《捕捞渔船摸底表》，2010年12月24日填报。

力。拖网的渔获一般均多于同类木质渔船，改变了"一顶对网捕一条带鱼"的单
一生产方式。除发展拖虾作业（全市当时有拖虾船 3700 余艘，上升为第一大作
业）、稳妥发展帆张网船、逐步恢复灯围作业外，还发展了一批网板单拖、轻网快
拖、深水流网、笼捕、延绳钓等新作业。至 1995 年，舟山市 83% 左右渔船由渔
民自筹，更新建造钢质渔船 1200 余艘。同时广大渔民应用先进科学技术，掀起科
技兴渔热潮，1995 年全市地方渔业产量达 91.3 万吨，创历史最高，比 1994 年增
长 20.35%，渔民劳均收入提高到 1.34 万元。[①]

捕捞渔业仍占据渔业经济的主导地位，1990 年前，除受台风等极端天气影响
外，蚂蚁岛村的捕捞产量增长迅速。（见表 2-3）

表 2-3　蚂蚁岛 1985—1990 年渔业捕捞及人均收入情况表

年份	渔工农总产值（万元）	渔业总产量（吨）	渔业产值（万元）	人均产值（元）	人均收入（元）	人均存款（元）	"四费" / "二费"收入（万元）
1985	980.20	112.94	—	2153.81	928.00	328.00	—
1986	1294.80	144.81	976.00	2807.46	1058.00	513.00	—
1987	1787.32	152.55	1396.00	—	—	—	—
1988	2142.32	—	—	—	1655.00	—	—
1989	1796.61	101.47	1305.13	—	867.00	—	176.15
1990	2398.00	158.96 其中捕捞 62.85	1809.10	4995.83	1605.00	—	—

我们蚂蚁岛是舟山地区最早发展机械化的。后来到 20 世纪 70 年代末，大型
渔船出来了，但还是木制的。到 90 年代是现在用的钢制渔轮。这是渔船的发展
史。以前下半年秋汛的时候就是张网捕鱼，没有禁渔期的，按照春夏秋冬的季节
来划分的嘛，春天和冬天是近洋张网，夏天和秋天是远洋作业，去远一点的地方。
摇橹船只能是在近一点的地方，春季和冬季就在看得见的地方，就在近洋。按照
公社领导的安排，什么季节去哪里你就去哪里。现在禁渔期有三大类，休渔期是
统一的，都是 5 月 1 号开始休渔。到 8 月 1 号围网、拖虾，就可以出门了。另外
一个近洋作业张网，还有海底串，8 月 16 号可以开始作业。拖网、单拖 9 月 16
号可以作业，按照作业方式的不同分类。这个是浙江渔业部门规定的。说是全国

---

① 舟山市地方志编纂委员会编：《舟山市志（1989—2005）》，商务印书馆，2016 年，第 309 页。

都是一样的，但是实际上做不到，另外海区不一样，渔业资源情况也不一样。[①]

20 世纪 90 年代中期，随着渔业经营股份制和私营制的发展，蚂蚁岛渔民也合伙投资建造钢质渔轮，发展拖网、流网等作业，尤其是灯光围网作业成为舟山地区保留下来的为数不多的特色作业，但其发展主要分为前后两个时期。1972 年，蚂蚁乡决定南下引进第一组灯围技术，交由王福祥船老大试捕，结果获得可喜的丰收。此后推广灯围捕鱼技术，相关设施及船只逐年增加。80 年代，灯围船只已经发展到 10 组，很快便成为秋汛远洋捕捞的支柱产业。1990 年，浙江省人民政府鉴于蚂蚁岛灯围技术发展成果，将该岛 10 组灯光围捕网列入"渔业丰收计划科技项目"，蚂蚁岛灯围作业成果还荣获当年的省"丰收计划奖"。这种海洋捕捞作业方式的改变，深刻影响并带动了东海海域渔业生产新技术的应用。

我们蚂蚁岛是灯围之乡，也是虾皮之乡。20 世纪 90 年代整个浙江省只剩下蚂蚁岛 4 条船搞灯围。它是广东引进来的，到 1994 年以后基本没了，淘汰了。我们蚂蚁岛有 4 条船还坚持下去，所以我们被命名为灯围之乡。后来灯光围网又发展起来，所以说星星之火可以燎原。[②]

1995 年起，国家开启全面实施伏季休渔期制度，伴以更加严厉的海洋执法巡查制度，这也为蚂蚁岛渔业生产带来了新的机遇。全乡顺势调整作业方式方法，注重引进融入科技项目，拓展灯围作业新思路。最先从广东省引进 5 组单船围网技术，平均单产 379 吨，最高单船产值 125 万元。随后又将作业渔船扩大到 13 组，在不到 3 个月的时间内，总产量达 9000 吨，产值 1400 多万元，闯出了渔业可持续发展之路。同年 10 月，浙江省水产局授予该乡"灯围全省第一"称号。这年，蚂蚁岛渔民投入 785 万元，新造 4 艘钢质渔轮，当年又获得浙江省人民政府颁发的"渔业丰收一等奖"。

尝到了甜头的蚂蚁岛人，连年持续加大投资灯围生产作业。仅在 2008 年，即果断地增加 65 组，总产量达 1.6 万吨，总产值 4420 万元，同比增长 76.9%；平均单船产值 68 万余元，同比增长 33.3%；其中深水围网单产最高达到 350 多万元。这年的渔业产值达到了 1.15 亿元，突破了渔业产值亿元的历史性大关。经过几十年的发展，蚂蚁岛成为浙江全省著名的"灯围之乡"，其灯光围捕网生产作业及产量已经稳居全省前茅。截止到 2019 年年底，蚂蚁岛有机动渔船 108 艘，渔业经济

---

① 受访人：金勤义，蚂蚁岛后岙村人，2018 年 7 月 26 日访谈。
② 受访人：金勤义，蚂蚁岛后岙村人，2018 年 7 月 26 日访谈。

总产出 29723 万元，产量 32120 吨，渔民人均收入 30874 元，渔业从业人员 1747 人，其中捕捞 920 人，养殖 20 人，加工 156 人。

第三节　养殖渔业

除了传统海洋捕捞渔业生产之外，为适应海洋水产品市场消费的需要，舟山市把海水养殖作为渔业发展新的增长点，规模由小到大逐步走向生态精养发展之路，形成围塘、滩涂、浅海养殖三足鼎立格局，养殖产量成倍增长，品种有鱼、虾、蟹、贝、藻等 40 多种，已形成以大黄鱼、梭子蟹、对虾和贻贝为主的特色优势水产品养殖示范基地。

蚂蚁岛的海水养殖早在集体化时代即已出现，当时主要在朱家尖等地租用场地养殖海带。1981 年 11 月，蚂蚁岛开始对虾养殖，主要场地是从将"三八海塘"围垦后用以种植番薯、大麦的这片土地改成虾塘而来。2007 年，蚂蚁岛渔民首次引进的南美白对虾反季节大棚养殖获得成功，这不仅为海产品养殖增添了新品种，拓宽了渔民转产途径，还能稳步增加群众收入。受此鼓舞，至 2009 年期间，全岛围塘养殖面积共计 526.24 亩，产量 25.25 吨，产值 193.5 万元。养殖的虾类，有中国对虾、长毛对虾、日本对虾、南美对虾、白水虾等；单养鱼类，有牙鲆、鲈鱼、美国红鱼、黑雕等；单养蟹类，有人工梭子蟹、海区梭子蟹等；贝类，有蛏子、甘类、扇贝、蛤类等；养殖品种十分丰富。2010 年，海水养殖面积增加到 570 亩，产值 300 万元。

近三年，蚂蚁岛养殖品种及面积如下：2017 年，南美白对虾 100 亩，共计 1150 万尾；梭子蟹 130 亩，共计 270 万只。2018 年，日本对虾 80 亩，共计 40 万尾，2 吨；南美白对虾 100 亩，共计 500 万尾，100 吨；人工梭子蟹 80 亩，共计 24 万只，2 吨。2019 年上半年，南美白对虾 100 亩，共计 1060 万尾。

蚂蚁岛的养殖渔业起步于人民公社化时期，属于起步晚、规模小的业态，且都属于个体承包养殖，承包费用成为村集体收入的主要来源之一。不可否认，海洋水产资源的萎缩早在 90 年代就已显现，但同时，水产价格的放开和消费市场的形成，也为水产养殖提供了一定的条件，远洋捕捞和近洋养殖相结合是蚂蚁岛人逐步探索而来的。

表 2-4　蚂蚁岛 1991—1998 年渔、工、农产值及人均收入情况表

年份	社会总产值（万元）	渔工农总产值（万元）	水产品总产量（吨）	水产品产值（万元）	人均收入（元）	人均存款（元）	乡财政收入（万元）
1991	3132.93	3022.11	16370	2020.98	1817	—	90.89
1992	3057.98	2869.63	16406	1716.00	1609	1565.00	102.42
1993	4019.35	3594.80	18348	2471.80	2433	1864.50	100.17
1994	6900.00	6624.22	27000	4426.70	4979	3328.00	99.00
1995	9030.00	8520.00	32900	6060.00	5660	3800.00	105.00
1996	10163.00	9847.00	36518	7026.00	5830	3400.00	143.30
1997	11400.00	—	41088	8116.00	5980	4400.00	158.50
1998	—	11630.00	42736	8771.00	6400	—	177.00

　　如表 2-4 所示，20 世纪 90 年代的水产品总产量在迅速提升，尤其是 90 年代中后期的产量呈翻倍增长，到 90 年代末，其水产总值是 90 年代初的 4 倍之多。在渔、工、农中，渔业仍然占据主导地位，并且捕捞业占有不小的比例。同时蚂蚁岛居民的收入和生活水平也在同步改善，人均收入和存款逐年增加，分别是 90 年代初期的 6 倍和 4 倍。2008 年，渔农村居民"人均纯收入 12132 元，同比增长 25%"[①]。人均纯收入过万元，这在过去是想都不敢想的事情，即便是在全盛的"大跃进"年代也难以企及。海岛经济水平的提升，着实让人刮目相看，让人赞叹蚂蚁岛人骨子里那份执着的信念，不管外部世界怎样变化，永恒不变的是海岛人的"啃骨头"精神。

　　2010 年度蚂蚁岛村从事渔业人口及产量情况见表 2-5。

表 2-5　2010 年度蚂蚁岛村从事渔业人口及产量

总户数（户）		总人数（人）	总劳动力（人）	涉海劳力结构（人）		水产品产量（吨）	
1189		3727	1738	捕捞	养殖	捕捞	养殖
长沙塘	455	1339	720	235	5	18765	20
后岙	283	909	490	168	5	4549	17
穿山岙	182	586	224	140	—	7687	—
兰田岙	133	457	154	95	—	1769	—
大兴岙	136	436	150	98	4	4353	—

---

① 《蚂蚁岛乡第十六届人民代表大会第三次会议政府工作报告》，2009 年 2 月 21 日。

2010 年度蚂蚁岛村居民收益情况见表 2–6。

表2–6　2010 年度蚂蚁岛村居民收益汇总表

总收入（万元）	捕捞收入（万元）	养殖收入（万元）	农林牧收入（万元）	水产品加工收入（万元）	三产收入（万元）	劳务收入（万元）	其他收入（万元）
24941	13050	300	20	7961	1843	212	1555

另据统计，2016 年至 2019 年前 4 个月，蚂蚁岛水产品（含饭虾、深水围网、单拖）产量、产值分别标记如下：2016 年，产量 22328 吨，产值 1.33 亿元；2017年，产量 19193 吨，产值 1.04 亿元；2018 年，产量 32368 吨，产值 1.7 亿元；2019 年，产量 5678 吨（1—4 月），产值 4271 万元，全年产值过亿元。总体而言，渔业捕捞略有下降，实现渔业总产量 10409 吨，同比下降 6.1%；总产值 5971 万元，同比下降 6.3%。主要是前三季度的围网、单拖等生产作业受气候等因素影响，较去年有小幅下降。根据蚂蚁岛特点，每年的 10—12 月为饭虾捕捞季节，饭虾捕捞是渔业的主要作业。基于此，蚂蚁岛继续以渔民增收增效为核心，重点做好饭虾捕捞船只的生产作业及安全监管工作，2019 年饭虾产量与上年持平，渔业实现增产增收。与此同时，稳步发展单拖、围网、海底串、饭虾捕捞等优势作业，推进渔业生产转型升级。截至 2019 年年底，海洋捕捞总产出 22680 万元，海水养殖产量 120 吨，养殖面积 15 公顷，海水养殖产出 600 万元。

尽管受到海洋资源日益萎缩、海洋环境保护意识日益增强、相关法律法规相继出台、集体经济组织持续弱化等诸多主客观因素的影响，蚂蚁岛海洋经济发展却当仁不让，仍旧保持其"海味"本色，不能不令人肃然起敬。总体而言，迄今为止，传统的海洋捕捞生产作业方式，仍然是蚂蚁岛人主要的生计方式之一，并且他们立足渔业岛的现实基础，以优化渔业结构为主线，着力发展渔业特色经济，拓宽海洋产业项目，努力跟上时代发展的前进步伐。

第二章　渔业加工与船舶制造业的兴起

　　从产业角度而言，渔业加工、船舶制造、海洋运输等都属于第二产业的范畴。本章主要通过乡村企业、虾皮加工、船舶制造三个方面梳理蚂蚁岛二产的发展。除船舶制造业为蚂蚁岛从外引入落户外，虾皮加工应属于一产的延伸，与作为一产的捕捞业有着密切关联。乡村企业则主要指的是为配合渔业发展而兴办起来的如冷库、修理厂等原乡办村社企业。这些都是蚂蚁岛自身的积累与发展。

第一节　乡村企业

　　当代中国发生的改革开放大潮，其中一个最为鲜明的特征，便是个体私营经济异军突起，改变了原来公有制经济独步天下的局面，蚂蚁岛集体经济组织及其单一结构亦未能置身事外，不可逆转地发生了结构性的质与量的深刻变化。这种蜕变方式具有循序渐进的特点，表现为集体经济规模逐渐萎缩，直到最后消失在历史长河里。新的经济组织形态顺应社会潮流而生，同样表现出旺盛的势头，提高了海岛人的幸福生活质量。1983 年蚂蚁人民公社劳力分布表见表 2-7。

表 2-7　1983 年蚂蚁人民公社劳力分布表

单位	小计人数	长沙塘	后岙	大兴岙	兰田岙	穿山岙	单位	小计人数	长沙塘	后岙	大兴岙	兰田岙	穿山岙
远洋	752	257	168	108	105	114	普水	7	5	0	1	1	0
近洋	187	52	47	26	34	28	桃冷	31	13	11	1	4	2
海带	10	4	2	2	2	0	服役	15	6	2	4	2	1
紫菜	6	1	5	0	0	0	迁入	1	5	0	-2	-3	1
对虾	9	1	1	5	1	1	伤病	9	8	0	1	0	0

续表

单位	小计人数	长沙塘	后岙	大兴岙	兰田岙	穿山岙	单位	小计人数	长沙塘	后岙	大兴岙	兰田岙	穿山岙
盐场	13	3	1	3	0	6	其他	8	4	0	1	1	2
农业	5	1	4	0	0	0	医院	5	2	1	1	1	0
林业	6	3	2	0	1	0	学校	5	1	2	0	1	1
交运	17	8	9	0	0	0	广播	2	1	0	1	0	0
机电	69	26	10	8	5	20	电影	1	1	0	0	0	0
船厂	32	9	5	5	7	6	供销	2	1	1	0	0	0
网厂	2	0	0	0	0	2	公社	30	12	9	2	4	3
绳索	4	2	1	0	0	1	大队	5	1	0	1	3	0
基建	4	0	3	0	1	0							
手工	74	39	21	2	3	9							
服务	3	1	2	0	0	0	总计	1314	467	307	170	173	197

20世纪80年代正是乡镇企业异军突起、大展身手的顺风顺水时期，蚂蚁岛也不甘寂寞，为配合渔业生产的需要，乡村纷纷兴办各类工业企业。1984年3月，筹建300吨水产冷库，后来成为蚂蚁岛渔业公司，乡镇企业由此起步。以1988年12月末的工业企业统计数据为例：乡办企业尚有船厂、精铸件厂、冷冻厂、五金厂、石料厂、机械厂、元件厂等，村办企业有长沙船厂，联产企业有自控电器厂。其单月用工人数、月平均用工人数、本月产值等详细数据如表2-8[①]：

表2-8　1988年蚂蚁岛村各类工业企业情况

企业名称	月末人数（人）	月平均人数（人）	本月产值（万元）	累积产值（万元）
船厂	115	113	4.45	40.52
精铸件厂	105	105	15.08	47.08
冷冻厂	253	253	43.69	156.52
五金厂	16	14	1.64	10.62
石料厂	2	2	0.01	0.84
机械厂	3	3	0.15	1.35
元件厂	9	5	0.21	2.80
长沙船厂	15	15	0.80	13.62
自控电器厂	15	10	0.80	8.80

[①] 蚂蚁岛乡乡镇企业办公室：《蚂蚁岛乡乡镇企业总产值月报》，1988年12月28日。

由此可见，全部工业企业月平均用工 520 人，当月产值 66.83 万元。昔日红红火火的机械厂、石料厂、元件厂、五金厂，此时则已经到了难以为继的地步，而冷冻厂、船厂、精铸件厂却用工量较大。此前四五年间，还有石灰厂、"三八"盐场、预制件厂、网厂等乡办企业，这时也统统不见了踪影。

1992 年初邓小平的"南方谈话"和下半年党的十四大的召开，标志着向中国特色的社会主义市场经济转型。蚂蚁岛也趁势再度兴办起一批集体企业，的确又红火了一阵子。当年年底，乡办企业有职工 376 人，村办工业企业有职工 20 人，私营工业企业有职工 15 人，总计 411 人。[①]到 1995 年，乡办企业仅剩 5 家，即船厂、精铸件厂、元件厂、玩具厂、供水站，其中精铸件厂、供水站亏损 76 万多元，这在当时不是一笔小数目，乡村企业更是长久拖累不起而破产倒闭。当年工业总产值（按现行价格计算）计 1513 万元，全部在厂职工已降至 207 人。这种局面一直延续到 21 世纪初，集体经济日渐式微。

2007 年，对蚂蚁岛集体经济而言，也是一个重要的时间节点。主要为配合引进东海岸大型造船项目落户，第一期涉及的大兴岙、仙人洞岙 2 个行政村和第二期涉及的兰田岙 1 个村的居民搬迁问题，全部签约工作顺利完成。至于人民公社时代遗留下来的集体资产分配问题，则在普陀区集体资产处置工作组的具体指导下，采取公开、公平、公正、透明的办法，按照尊重历史、面对现实的原则，依法处理并尊重民意。为合理地解决各村集体资产分配的复杂问题，经过反复征求群众意见和建议，乡政府专门出台了《关于蚂蚁乡集体资产的处置意见》，保证东海岸造船项目基建工程的顺利推进。而大兴岙、仙人洞岙、兰田岙这 3 个传统渔村居民的整体搬迁，彻底结束了古村落几百年的历史，亦标志着蚂蚁岛集体资产基本成为过去，这是社会巨大变化的必然结果。

2010 年，蚂蚁岛上集体企业仅存 1 家，且从业人员仅有 5 人。直至今日，原有乡办、村办集体企业踪影皆无，仅仅遗留下若干旧址，令观者睹物思旧，这就是渔农村顺应改革开放时代发展的历史必然趋势。这里既有人民公社集体经济无比辉煌的时期，又有改革开放、生产力大解放的再铸辉煌时代。集体经济解体，个体家庭经济必然兴盛。1981 年 5 月，社员张明章、李财富、刘元安等人合伙开办棒冰营业所及小五金仪表螺丝厂，蚂蚁岛个私企业由此起步。2010 年间，全乡共有家庭个体户 72 户，其中长沙塘 31 户、后岙村 20 户、穿山岙 16 户、大兴岙

---

① 蚂蚁岛乡乡镇企业办公室：《乡镇企业总产值过录表》，1992 年 12 月 28 日。

2户、兰田岙3户。^①

蚂蚁岛引以为荣的集体经济组织，体量曾经十分庞大，亦曾长时期地覆盖全岛社会生产各个领域，深刻左右着渔农民的生活方式和品质水平，不仅仅是适应时代的呼唤应运而生，而且还凝聚着人们的精神信仰与理想信念。这些精神信仰与理想信念表明只要自身肯努力就有实现目标的可能。2010年，岛上经济状况和居民收入稳定增长，总收入24941万元，其中出售产品收入21631万元，人均所得14384元；企业93家，其中工业企业90家；企业从业人员1500人，其中工业企业从业人员1400人，这个数据中相当一部分即来自于虾皮加工的收入。^②截至2019年年底，蚂蚁岛有水产加工企业63家，水产冷库3个，水产加工品总量17841吨，产值6983万元。

第二节　虾皮加工

虾皮加工是岛上的传统产业。一般情况下，捕捞上船的海产品，在海上即由运输船转运，或由捕捞船直接运至码头，大多海货被立即输送至海鲜批发市场，进入全国各地的市场和餐桌。蚂蚁岛虽有海产品加工企业，但受制于传统工艺的限制，以及所捕海产品的不稳定性，岛上的加工业一直处于缓慢发展中，并逐渐形成饭虾捕捞、运输、加工、储存、销售的全产业链经济。

蚂蚁岛饭虾加工早在20世纪80年代前后即已起步，开始改传统竹簟晒干方式为烤熟虾皮工艺。其具体制作方式方法为：第一步，加工户在厂房内筑起大锅灶，放入大半锅水，再放入3%至5%的食用盐，烧开后再放一箩约100斤已拌入六七斤盐的饭虾；第二步，待第一次饭虾烧滚浮起，用瓢上下淘一淘，待第二次烧滚浮起即可出锅；第三步，用网列子或竹簟摊晒，晾干到七成之后即可包装封袋。这种加工后的饭虾称为"熟皮"，比起自然晾晒的方法，可以更长时间地确保饭虾不变质。这种饭虾制作方法，没有多少高的工艺水准，基本上靠天做活。若是赶上连续阴雨天气，什么饭虾也摊晒不成，新鲜饭虾还会霉烂变质变味，严重影响质量，必须寻找新工艺来解决这一难题。

---

① 蚂蚁岛乡人民政府：《全乡家庭工业基本情况表》，2010年8月30日。
② 蚂蚁岛乡人民政府：《普陀区蚂蚁岛基本统计情况表》，2011年2月21日。

20世纪90年代中期，随着渔业生产科技的发展，烘道加工卤虾的工艺，便解决了雨天加工虾皮难的老问题。1999年，蚂蚁乡政府专门在长沙塘村的东北角规划一块土地，动员加工户在此建厂房，且实行50年买断，落户者可免税3年的政策，旋即吸引了数十家加工户进驻。2001年，蚂蚁岛已经拥有45条烘道投入虾皮生产，虾皮加工基本实现"烘道化"。其后十多年，虾皮加工户数有增无减，行情日益看涨。结合传统加工工艺，用烘道加工虾皮，这样烘制出来的虾皮壳软，外观晶莹剔透，味道非常鲜美。其一般加工流程如下：清洗并清除小杂鱼；将其放入竹箩里沥干水分；把鲜虾撒摊在用细钢筋和塑料网衣做成的方筛上，装入用粗钢筋做成的多层笼中；放入烘道，使用燃煤烘干；烘烤约1个小时后第一层出笼，然后每隔六七分钟再出一笼，以此类推；接着用手细心拣去虾皮中的杂质；最后包装入库、发货。但是，此法最大的弊端即是引发环境污染问题，每年虾皮加工季节，要烧掉3000吨煤，这与建造小小的健康与生态环境之岛的愿景极不相符。

其实，虾皮加工需要掌控的关键条件便是温度和风速，把握得当才能生产加工出品质优良的产品来，若流速时常达不到标准，温度也就不能控制。为此在村委会和虾皮加工协会的共同努力下，蚂蚁岛人前往上海、江苏等地取经，在尝试使用煤气、电、油等几种工艺办法后，经过反复比较，再经过2017年6月初陆凯华的虾皮厂试验清洁燃油供热工艺成功，最终确定使用燃油代替煤。依据试验数据分析，"煤改电"项目生产线被安排在9月至10月，电烘道温度可上升到70℃，只需400千瓦，每小时生产成本大约290元；11月至12月天气转冷，室内温度开始下降，要使温度达标最多也只需要500千瓦，每小时生产成本大约350元，比使用生物油的每小时成本降低15%左右。在细算经济长远发展及子孙后代环保账的基础上，加工企业说干就干，当年即实现全岛虾皮加工"煤改电"项目生产线全覆盖。与此同时，为保障可靠供电，舟山市普陀区供电分局还为此建造一座630千伏安公变电房，优惠电气设备安装费。蚂蚁岛管委会还请环保部门等牵头，委托浙江舟环环境工程设计有限公司等专业环保机构，结合海岛实际情况，帮助设计污水处理方案，设置与生产相匹配的虾皮过水处理等配套设施，实行统一纳管排放工程。此举改变了虾皮加工业水平低、规模小和分散的现象，使岛上传统虾皮加工业走上整合升级新台阶。

蚂蚁岛现已成为浙江省最大的集捕捞、加工、销售为一体的"虾皮之乡"，2016年，虾皮加工实现工业产值约1亿元。2017年，全岛58家虾皮加工厂专门从事这一加工产业，带动了50多艘渔船和船队捕捞，推动了生产加工、上门采购等诸个环节的就业，解决了1000余人的就业问题。加工企业年产值亿元以上，并拥有自主生产的"生皮"和"熟皮"两个品种，主打的生虾皮在国内市场占有率达80%，产品主要销往日本、韩国及国内大中型市场，在非生产季节时库存即已告罄。

尤其难能可贵的是，蚂蚁岛人的品牌意识较强，加工户均能够自觉地维护海产品主打品牌，从而占稳国内外市场份额。进入21世纪初，众多虾皮加工户主动对接食品质量QS认证体系，夯实品牌战略意识，增加产品附加值，积极寻求虾皮产业可持续发展的突破口。近年来，往往在加工季节到来之前，蚂蚁岛生产的虾皮便被客户订购一空。

第三节　船舶制造

蚂蚁岛以海洋渔业捕捞、海产品加工为传统，并因地制宜地发展滩涂养殖业。原住民人口不多，工业企业及其产值比重很低，除海产品简单加工外，工业企业也只是为服务渔业生产而产生，不具备现代意义上的大型工业，成为长期制约海岛经济发展的主要因素。改革开放初期，即在海岛诞生了微小型船厂，以船舶修理为主营业务，用工数量有限，利润水平较低，一直也未能获得质的飞跃。进入21世纪初，随着海洋鱼类资源日渐枯竭，蚂蚁岛人大手笔引进修造船项目，强力带动人流和物流，使海岛渔村进一步转向工业化之路。

（一）外小山船厂

蚂蚁岛最早兴办的外小山船厂在蚂蚁岛东部的外小山，现为普通合伙小型企业。该厂于1979年建造，占地面积2500平方米，建筑面积1000平方米，固定资产原值100万元，职工有10人，拥有200吨级船排一座。这在改革开放之初的年代，是海岛渔村一件轰动的大事，外小山船厂主要经营修理加工乙类钢、木质船舶，与后来居上的船厂相比实在太小了，无论是厂区和员工，还是产值，几十年生产周期相对变化均不大，依然不温不火地生存在船舶修理行业的微小企业空间中，没有出现大起大落局面。

有关资料统计，外小山船厂近些年来总产值如下：2015 年，23 万元；2016 年，25 万元；2017 年，22.4 万元；2018 年，27.1 万元；2019 年 1 月至 7 月，11 万元（预计全年总产值同比不会大幅度高于 2018 年）。

该船厂规模小，年度产值少，从业人员受业务量限制，且随着用工淡季、正常季节、旺季增减。2016 年至 2019 年上半年，从业人员在淡季时为 6 人，正常季节时为 8 人，禁渔期等经营旺季时方才扩大至 12 人。

（二）普陀振达船厂

普陀振达船厂，其规模和生产能力与外小山船厂相差无几。1996 年 4 月 4 日，普陀振达船厂注册成立，初始资本 30 万元，入驻蚂蚁岛后厂址选在后岙村的里小山。该船厂占地面积 3000 平方米，建筑面积 2500 平方米，也系个人独资，固定资产原值 100 万元，职工有 6 人，拥有 300 吨级船排一座。船厂主要从事船舶修理等各项相关业务，包括木质船修造、钢质渔船修理。正因为体量小，起步比较早，瞄准小型船舶修理业务，它历经国内外船舶修造业波澜，仍然顽强生存下来，与外小山船厂一样，为蚂蚁岛建设事业做出了巨大贡献。

有关资料统计，普陀振达船厂近些年来总产值如下：2015 年，31 万元；2016 年，30 万元；2017 年，30 万元；2018 年，30 万元；2019 年 1 月至 7 月，16 万元。

普陀振达船厂与外小山船厂相类似，经营规模、年度产值和企业用工人数均不大。2016 年至 2019 年上半年从业人员淡季时有 5 人，正常季节时有 8 人，禁渔期等经营旺季时才扩招至 11 人。2018 年 5 月，普陀振达船厂从普陀区不动产登记服务中心第一次获得海域使用权不动产权证书，成为舟山市普陀区第一家拿到此证书的企业。

迄今为止，外小山船厂建厂已有 40 年历史，晚些时候建厂的普陀振达船厂也有 24 年历史了，它们均经历了船舶行业的风风雨雨，顽强地坚持了下来，是蚂蚁岛改革开放的历史缩影，实属不易。

（三）浙江东海岸船业有限公司

2007 年年初，著名船企扬帆集团股份有限公司旗下五大骨干企业之一的浙江东海岸船业有限公司落户本岛，这是最为成功的大手笔引进投资项目，使海岛明白了什么是大工业企业气吞云翔的同时，也为海岛经济社会生活注入了新的生机。仅仅从一下子涌进四五千名外来流动人口的架势看，就明白了蚂蚁岛注定会发生崭新巨变，犹如凤凰涅槃般。扬帆集团股份有限公司是集造船和船配制造产业于一体的企业集团，前身是始建于 1952 年的舟山船厂——中国华东地区重要的造船及船舶产品出口企业之一，目前出口额及自主创新能力均列全国造船行业前十强。

浙江东海岸船业有限公司（1 月 9 日在舟山市市场监督管理局普陀分局注册成立，注册资本为 50000 万元人民币），厂址选在蚂蚁岛西侧的大兴岙。该公司系内资法人独资，总投资 13 亿元，占地面积 74.8 万平方米，海岸线就有 2000 米左右。厂区配备有 3 万吨级的大型船坞，750 米 ×25 米的舾装码头，拥有国内先进的平面分段流水线、室内钢材加工生产线、二次处理生产线等相应的生产、生活设备设施。公司按照现代造船模式，布置钢材预处理、内场加工、室内平面分段流水线、曲面分段流水线、室内涂装等生产环节，配备国内最先进的室内薄板生产线，平面分段流水线由芬兰进口，同时配备 600 吨门座式吊机、300 吨门座式吊机、150 吨门座式吊机，以及等离子数控切割机、高精度门式切割机、800 吨油压机、大型三辊卷板机、4.5 米和 3.2 米预处理线等设备。东海岸项目于当年 5 月动工兴建，边生产边搞基础建设，全年投资 2.5 亿元，2008 年年底正式投入生产，完全具备 20 万吨级以下各类船舶产品的建造能力，年造船 100 万以上载重吨，主要产品为 5000 车位以上汽车运输船、化学品船、多用途散货船、集装箱船等船舶产品。其后几年正值世界金融危机，该公司仍然承接了 16 艘 5000 车位滚装船订单（其中中国台湾 4 艘，德国 12 艘），以及 92500DWT（92500 总吨）散货船 6 艘，到 2011 年 6 月完成这两个造船订单。2010 年，产值 104539 万元。

大型造船企业进驻蚂蚁岛，不但直接增加了税收，而且还吸纳了富余的海岛劳动力，促进第三产业兴旺发展。如 2008 年在基地的工作人员有 3000 多人，其中解决本地富余劳动力 200 多人，之后职工增至 5000 人左右，直接促进岛上餐饮、娱乐、购物等各项消费，海岛居民陆续兴办商店、饭店等，他们乃是最直接的受益者。

浙江东海岸船业有限公司主要经营船舶制造、修理，轻工机械、船舶配件制造，钢结构制作、安装、货物进出口等业务，受到国内外船舶企业整体外部环境下滑的影响，用工数量较全盛时期相应减少一半以上。近三年年度产值如下：2016 年，2.2303 亿元；2017 年，3.0876 亿元；2018 年，3.5464 亿元。目前来看，该船厂仍是蚂蚁岛上最大的重工业企业，对地方利税贡献颇大。

总体而言，从决心改变传统生产行业比较单一的结构，实施"工业兴岛"以来，至 2010 年蚂蚁岛共有工业企业 19 家，全系内资企业，从业员工 4255 人，总产值 12 亿多元。这些企业性质为：集体企业 1 家，股份合作企业 2 家，有限责任公司 1 家，私营企业 14 家，个人独资企业 1 家，其他 1 家。此外，还有家庭加工企业 72 家。截至 2018 年 9 月底，蚂蚁岛实现规模工业产值 2.326 亿元，同比增长 22%，完成全年目标任务 3.44 亿元的 67.62%；累计实现工业增加值 5240 万元，同比增长 15%。其中，作为全岛支柱性企业的浙江东海岸船业有限公司稳步发展，全年预计交船 4 艘，已交付 2 艘散货船，仍有 9 艘在建船舶，其中 2 艘停靠在舾装码头，5 艘船坞和船台正在建造中，2 艘在分段建造中，主要建造 7800 车位的滚装船、2339 装箱的集装箱船和 38520 吨的散货船三大类船舶，总体上工业经济稳中有升。

因为受国内外航运行业影响，船舶修造企业出口交货值低、融资困难、交船难，直接降低生产力，影响后续生产计划，加上原材料价格上涨和行业竞争日益加剧，结构调整面临压力。

近年来，蚂蚁岛管委会全力抓住海运企业、国际石油贸易两大重点招商项目。一是全力抓好海运企业的项目落地、资金到位等后续服务，注册资金 3000 余万元，主营国内沿海及长江中下游成品油船、化学品船运输及船舶买卖等业务；二是全力推进国际石油贸易项目洽谈工作，主营国际石油贸易，将上海、广州等地的石油销往斯里兰卡等国家，预计年销售额 1 亿元以上，力争加快推进企业注册及项目落地。若上述两大新项目引进运转成功，那么蚂蚁岛必定再添新的驱动力，助力海岛人幸福指数实现新高度。

无论如何变化，300 年蚂蚁岛沧海变桑田，聚焦海岛新兴产业门类，这在传统海洋资源后续乏力的残酷事实面前，是海岛人谋取可持续发展的新出路，绝非简单的产业置换。

第三章　休闲渔业与旅游业的探索

改革开放以来，特别是进入新世纪之后，蚂蚁岛人紧跟时代步伐，一方面坚持传统海岛渔村生产生活特色，另一方面抓住历史机遇，勇于开拓进取，主动发挥自然优势，积极探索休闲渔业和红色旅游等第三产业，再次吸引了无数人追逐的目光。

第一节　休闲渔业

2000年，蚂蚁岛乡中小学社会实践活动基地的建立，可视为蚂蚁岛休闲渔业的发端。此后，蚂蚁岛因其优美的环境和浓郁的渔家风情，推出"吃在渔家、住在渔家、乐在渔家"的"渔家乐"旅游。2005年，全岛直接从事"渔家乐"及休闲渔业的从业人员达150名，年接待游客4.2万人次，创产值500万元。2008年，蚂蚁岛的渔家休闲旅馆达40多家，有418个床位，是为创业高潮期，并推出"当一天渔民"的特色游活动，让游客在海上当渔民，体验海钓、张网、拉蟹笼、划桨、摇橹的乐趣，游客可以体验白天在海里当渔民、捕海鲜的趣味，傍晚可以在渔家客栈品尝渔家菜，晚上住在渔家客栈里，倾听海浪拍岸的声音。

第三产业服务业的兴起，为海岛人实现美好生活愿景增添了新的动力，而且是实实在在看得见、摸得着的致富之路。据最近三年统计，蚂蚁岛人利用自家闲置的宅院门房，自办餐饮酒店数十家，丰富海岛的经济发展内容。2017年，计有旅店16家、餐饮3家、小商店13家，年产值720万元；2018年，计有旅店16家、餐饮4家、小商店16家，年产值980万元；2019年上半年，计有旅店16家、餐饮6家、小商店20家，年产值640万元。可以说，只有几千名原生居民的蚂蚁岛，却能把现代服务业做到如此极致，海岛人骨子里那股创业较真、永不服输的精神再次体现得淋漓尽致。

　　蚂蚁岛已是国家 AA 级旅游区，休闲渔业的发展，事实上是多重合力所致。其中很重要的一方面是浙江省 2003 年启动的"千万工程"的持续推进，尤其是2016 年制订并实施《浙江省深化美丽乡村建设行动计划（2016—2020）》，突出以业为基、美乡村、育产业、富农民有机结合。以"两山"理念为指引，从建设美丽乡村向经营美丽乡村转变，深入挖掘乡村的旅游功能、休闲功能、教育功能，促进农旅融合、文旅融合。因此，蚂蚁岛的探索吻合市场经济的需求，也是因地制宜发展的结果。在此层面上，也可以理解为是蚂蚁岛人再一次将外来助力契合进自身的发展之路。

第二节　红色旅游

　　红色旅游是海岛渔村发展的探索之路。对于蚂蚁岛而言，令无数人内心敬佩的是，蚂蚁岛人充分利用该岛在 20 世纪 50 年代的辉煌创业史，向社会推出了红色旅游重头戏——参观"全国第一个人民公社"旧址及该岛"艰苦创业纪念室"，面对那一时期留下的奖状、奖章、奖牌、记载创业史的各类报道与照片，以及当时创业者所使用的渔具、草鞋、旧衣等，游客会感到是那么的真切朴实，那么的感人肺腑。而刘少奇等党和国家领导人在视察及接见该岛有关人士时的音容笑貌，又让游客无限地缅怀，仿佛就在眼前。

　　再看每天往返沈家门墩头码头与蚂蚁岛之间的航船，船身通体涂红，船头上方篆刻着"不忘初心　牢记使命"八个大字，中间为中国共产党党徽标识，船身两侧面醒目位置书写着"全国第一个人民公社蚂蚁岛"的金字，昭示全国各地群众开启红色之旅航程。这艘红船每天固定航行在沈家门墩头至蚂蚁岛的航线上，穿梭于来来往往多海渡轮船中，显得那么耀眼出众。这给想要登岛的人们以第一感官知觉——从踏上船的那一刻起，即踏上火红之路，全程参观，予人们以思想"洗涤"，学习教育效果颇深。

　　2018 年 6 月 13 日，蚂蚁岛精神红色教育基地开始运行。按照中共浙江省委组织工作会议提出的"建设一批现场教育基地"的要求，蚂蚁岛扎实推进蚂蚁岛精神红色教育基地建设，探索"企业化＋社会化"运行模式。一方面，实施企业化管理。在区委、区政府的支持下，由区文旅集团成立舟山普陀蚂蚁岛红帆文化发展有限公司，负责基地整体运营，在满足市内外企事业单位、学校、社区、部队开展活动需求的基础上，主要与市、区两级党校合作，承接各类党建培训业务。另一方面，探索社会化运行机制，通过"红帆"公司分配客源的方式，调动群众参与基地运营的积极性，引导岛内餐饮、住宿经营户加大软硬件改造力度，提升接待能力和服务水平，完善第三产业行业制度规范。截至 2018 年年底，教育基地已累计接待学习培训团队共 318 批次，8109 人次，其中市外团队 43 批次，1290 人次，占总接待人数的 15.9%，带动全岛实现旅游教育经营收入 210 余万元。蚂蚁岛红色之旅，载体丰富，除航船之外，还有人民公社遗址、创业纪念室等一批实物形态，还有现场织网、搓草绳等体验活动，以及听长者为游客讲述人民公社时期的奋斗岁月，感人肺腑。目前，岛上已有 5 家餐饮企业完成新建和改造任务，有 8 家住宿经营户完成内外环境提升工作，经营收入较去年同期有较大幅度增长。值得注意的是，蚂蚁岛人还建立旅游产品销售竞争机制，围绕虾皮等特色产品建立准入制度，择优开展市场推广活动。

蚂蚁岛人创造性地把海岛特色文化之旅与休闲渔业有机融合起来，让慕名而来的参观者在精神上得到升华的同时，还能真实地体验传统捕捞等渔村渔民生产作业及休闲生活方式，亲眼可见渔家女坐在街旁织网、补网的场面，目之所及，海岸边整齐地停泊着捕捞渔船，再思及往事，的确是有韵味无穷的感觉，令人难忘。

如果说集体化时代，是蚂蚁岛人，尤其是精英人物带领大家走合作化的道路，艰苦创业，那么改革开放后，同样是蚂蚁岛人，尤其是乡村能人，发挥自己的特长，探索新的致富之路。当然，这都离不开党的领导和好的政策。从草绳船到观光航船，背后是蚂蚁岛精神最完美的体现；从全国渔区第一个人民公社到蚂蚁岛精神红色教育基地，诠释着蚂蚁岛人在共产党的领导下，与祖国前进节奏同步，并且始终坚定地相信党，相信中国特色社会主义事业正迈入新时代伟大征程。

社

会

篇

流动与治理

中国村庄发展

SHEHUI PIAN
LIUDONG YU ZHILI

改革开放以来，蚂蚁岛发生了翻天覆地的变化：在空间形态上，海岛陆域面积得以拓展，2010 年岛屿总面积增至 3 平方千米，其中陆地面积 2.2 平方千米；潮间带面积 0.67 平方千米，以泥滩为主；海岸线长 7.82 千米，其中基岩岸线 2.82 千米，人工岸线 5 千米。在经济业态上，从以海洋捕捞为主转向包括虾皮加工、休闲渔业、船舶制造等第二、三产业并进。伴随而来的是蚂蚁岛社会流动性增强，从相对简单的海岛交流为主转向双向度的社会流动，不仅有许多蚂蚁岛青壮年人口外出学习、就业、经商，而且伴随东海岸船厂的入驻和虾皮加工业的发达，大量外来人员从事船舶制造、饭虾捕捞和虾皮加工等活动。因此，伴随蚂蚁岛社会的流动与开放，其社会建设与治理亦随之变化。本篇将以流动与治理为线索，梳理蚂蚁岛人口结构与社会治理、村庄建设、生态保护、社会保障与公共服务等方面的内容，分析和阐述蚂蚁岛社会的变迁路径与发展方向。

第一章　人口结构与社会治理

人口变化是村庄发展的重要反映。民国《定海县志·册一》载，蚂蚁岛有居民 300 户。此后因战争、疫病、天灾等原因，人口数量萎缩不前，缓慢增长。20 世纪五六十年代的蚂蚁岛居民人口总量基本保持稳中有升，户均人口达到 5 人左右，这与这一时期"光荣妈妈"的宣传和传统文化观念是密不可分的。至改革开放前，蚂蚁岛的户籍人口达到了 1000 余户、4000 余人。蚂蚁岛村常住人口的高峰期出现在 20 世纪八九十年代，其总人口数超过此前历史时期的人口总数。最近 20 年来，人口总数出现了下降趋势，且在岛户籍人口与户籍常住人口也逐步下降，这不仅与蚂蚁岛的行政建制发生变化有关，也反映出人口双向流动的加快，以及整体人口老龄化的出现和社会治理的转变。

第一节　人口构成、数量与结构

在 20 世纪五六十年代生育高峰的影响下，蚂蚁岛人口在 20 世纪 80 年代出现了较大的增长。同时，受 20 世纪 70 年代中期计划生育的影响，生育率在逐步下降，表现在户均人口上，从户均 5 人降至 3 人左右（见表 3-1）。此外，伴随集体化时代的结束和人口流动限制的放松，岛内人口向外移动，岛外人口也流动进岛。表现在在岛的户籍人口不断下降，老龄化问题出现。

表 3-1　蚂蚁岛村部分年份人口统计表

年份	户数	人数	户均人口
1953	503	2281	4.53

续表

年份	户数	人数	户均人口
1958	586	2849	4.86
1962	604	3005	4.98
1964	649	3243	5.00
1982	1200	4519	3.77
1987	1443	4766	3.30
1990	1525	4743	3.11
1996	1247	4619	3.70
2000	1203	4286	3.56
2003	1155	4070	3.52
2010	1199	3955	3.29
2016	1201	3828	3.19
2019	1190	3734	3.14

　　2007年，扬帆集团东海岸造船厂进驻蚂蚁岛之后，随着大兴岙、仙人洞岙、蒲岙、颜沙岙、兰田岙的土地被船厂征用，蚂蚁岛人主要集中居住在长沙塘、穿山岙、后岙、红船岙。以2010年为例，除扬帆集团东海岸造船厂外，岛上户籍人口3955人，1199户。其中常住人口3600人，1103户；外来人口138人。从事第一产业的有750人，第二产业的有270人，第三产业的有855人，由此可见渔业生产仍是主要的从业领域，而餐饮、服务等第三产业的发展已超过了渔农业的生产。[①] 到2016年年底，全岛在籍人口3828人，1201户。其中长沙塘有458户，1375人；兰田岙有133户，455人；穿山岙有186户，634人；后岙有290户，937人；大兴岙有134户，427人。全岛从事渔业的有2102人，且主要集中在长沙塘。截止到2019年7月，全岛在籍人口3734人，1190户。其中，长沙塘有445户，1334人；兰田岙有136户，442人；穿山岙有190户，617人；后岙有286户，927人；大兴岙有133户，414人。60岁以上的老年人有1081人，占社区总人口数的28.95%，约占总人口的三分之一，老龄化程度严重。

　　这一系列的人口变化，若对应20世纪80年代以来蚂蚁岛的行政变化，或许可以了解得更为清楚。1981年4月，蚂蚁岛组建公社管理委员会，取消公社革命委员会。1983年2月，蚂蚁岛公社由原来的一级核算改为5个大队独立经济核算，同时重建蚂蚁岛乡人民政府。1983年9月，蚂蚁岛实行政社分设，乡党委、乡政

---

① 《普陀区蚂蚁岛基本统计情况表》，2011年2月21日。

府、公社三套班子并存，并结束了人民公社建制。1992 年 3 月，试行"撤区扩镇并乡"工作，仍保留乡建制。2001 年 4 月，原大兴岙、兰田岙、穿山岙 3 个村撤并成立新纪村。2005 年 6 月，设立蚂蚁岛社区，辖长沙塘、后岙、新纪 3 个行政村。2008 年 6 月，3 个行政村再次合并为蚂蚁岛村。[①] 2013 年 8 月，根据舟山市统一调整乡镇、街道的工作部署，正式撤销蚂蚁乡人民政府，其行政归并沈家门街道办事处，成立蚂蚁岛管理处，设 1 个行政村、5 个经济合作社，即蚂蚁岛社区（村）和长沙塘经济合作社、兰田岙经济合作社、穿山岙经济合作社、后岙经济合作社、大兴岙经济合作社。2014 年 12 月，蚂蚁岛 5 个股份经济合作社宣告成立，股份经济标志着蚂蚁岛股份经济合作制改革完成。2017 年 2 月 14 日，撤销蚂蚁岛管理处，成立蚂蚁岛管理委员会，由此正式形成一岛一社区（村）五个经济合作社的建制。2019 年 7 月，长沙塘、后岙、穿山岙、兰田岙、大兴岙 5 个股份经济合作社合并及进行资产融合，设立蚂蚁岛村股份经济合作社，即一岛一村一社。

总体而言，从 1950 年蚂蚁岛解放至 20 世纪末，蚂蚁岛村人口基本保持了较为稳定的增长，进入 21 世纪以后，则因人口外迁导致村落人口呈现出相当程度的下降。1953 年全岛人口为 2281 人，到 1982 年高达 4519 人，至 1990 年进一步增长为 4743 人，但到了 2010 年却下降为 3955 人，至 2019 年全岛股份经济合作社合并完成时更是下降至 3734 人。（如图 3-1）

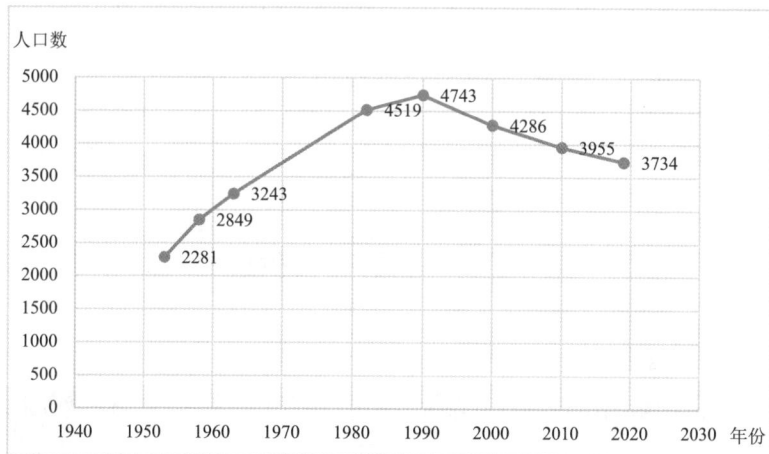

图 3-1　蚂蚁岛村人口增长散点图

① 《中国海岛志》编纂委员会：《中国海岛志》（浙江卷第二册，舟山群岛南部），海洋出版社，2014 年，第 604 页。

从上图可以看出，蚂蚁岛人口自 1953 年到 1990 年保持着较快速度的增长，而此后一直延续至今均呈现出逐步下降的趋势。蚂蚁岛人口数量变化，其原因主要有两个方面：一是计划生育政策的影响；二是 90 年代以来，随着城市化进程的加快及村民对子女教育需求的提高，蚂蚁岛青壮年人口开始逐渐从岛内向沈家门、东港等地区迁移，造成岛内人口急剧下降，同时造成人口老龄化危机日益加重，独居老人日渐增多。

蚂蚁岛村以捕捞渔业和水产品加工业为主导产业，养殖业、船舶修造业、商业、服务业并存。村现有劳动力 2239 人，其中从事渔业和水产品加工业的占劳动力人数的 47.79%，从事商业、养殖业、船舶修造业、服务业的占劳动力人数的 52.21%。蚂蚁岛村渔业产业发达，是全国有名的灯围之乡、虾皮之乡。现在，村共有大小船只 139 艘，其中钢质渔船 117 艘，有 2 家船舶修理厂、72 条虾皮加工烘道、水产养殖 250 余亩、3 家水产品加工企业、1 家铸造厂。在 2007 年引进中国扬帆集团东海岸船厂后，大量外来务工人员的流入带来巨大的消费动能，推动蚂蚁岛村第三产业得到迅猛的发展，旅馆业、餐饮业快速发展，为广大村民创造了更多的就业机会。

值得注意的是，自 2000 年以来，蚂蚁岛人口出现了双向度的社会流动，既有大量蚂蚁岛村民从岛内迁移至岛外，也有大量来自安徽、河南、江西、四川等内陆省份的农民工流动到蚂蚁岛从事务工活动。这些外来人口主要包括两类：其一是东海岸船厂雇员，主要从事造船业各项工序的操作和生产活动，务工人员一度超过万人；其二是渔业用工，男性务工人员主要在渔船上从事海洋捕捞作业，女性务工人员主要在虾皮加工企业工作。蚂蚁岛现有外来人口 2000 余人。

第二节　基层社会管理

无论是 1958 年建立的人民公社，还是 1983 年政社分立后的蚂蚁乡人民政府，行政村都是蚂蚁岛最为基本的行政单元。2013 年 8 月，蚂蚁乡人民政府正式撤销，成立蚂蚁岛管理处，设 1 个行政村和 5 个经济合作社。直至 2019 年 7 月，5 个经济合作社合并为蚂蚁岛股份经济合作社，成为一岛一村一社。理论上而言，经济合作社是经济组织，不属于基层村民自治组织，但蚂蚁岛自 1983 年人民公社解体后，即形成5个独立的经济核算单位，经济合作社与各村党支部组织的主要负责人员基本一致，事实上承担了村两委的主要功能，因此从经济合作社成立以来，包括此后的股份经济合作社实际上成为蚂蚁岛基础社会的组织与管理单位，是蚂蚁岛人参与基础公共事务管理的主要途径。

长沙塘经济合作社位于蚂蚁岛南部，与后岙相邻。2017年户数455，农业户人口1321人，非农业户47人，60岁以上老年人484人，党员94人，有王、冯、吕、朱、刘、李、邹、陈、林、郑、徐、高、郭、蒋、盛诸姓。合作社设立董事会、监督委员会。董事会包括董事长1名，委员5人；监督委员会包括监事长1名，监事会成员2人。董事会、监督委员会成员在社员代表中选举产生，共有31名社员代表。经济合作社每月收支明细均会向社员公示，其收入来源主要包括场地租赁、仓库租赁、管委会拨入资金、蚂蚁岛社区拨入资金及蚂蚁岛村拨入虾塘发包分配款；支出主要包括办公费、差旅费、管理人员工资、办公室水电费及各项公共事业支出。

穿山岙经济合作社坐落在蚂蚁岛的南面，西边紧靠东海岸船业有限公司，东邻长沙塘经济合作社，村域面积约0.3平方千米。2017年有农业户口615人，非农业人口16人，60岁以上老年人173人，党员39人，以李姓为主，另有周、邹、赵、颜等姓氏。经济合作社设立董事会、监督委员会。董事会包括董事长1名，委员4人；监督委员会包括监事长1名，监事会成员2人。董事会、监督委员会成员在社员代表中选举产生，共有21名社员代表。穿山岙经济合作社各项租金收益经股东代表大会讨论决定后分配，如2017年度确定每股股份发放金额为60元。该社在2014年12月1日经社员代表大会通过确定全社股份制股权共6336股，到2016年6月止为6326股，到2017年12月31日止为6316股，共发放租金378960元。穿山岙收入主要为西边仓库、避风塘仓库、摊位及办公楼下门面的租金收入。

大兴岙和兰田岙因东海岸造船厂入驻，先后整体搬迁至后岙村附近的安置房，这3个经济合作社的管理体制大体与长沙塘和穿山岙相类似。值得注意的是，蚂蚁岛虾塘及渔民仓库属于社区共有财产，其招标承包等由社区（村）牵头，各经济合作社书记、社长集体研究决定。

在基层党建方面，社区和下属各经济合作社成立了相应的党支部，并逐个统计和登记了辖区内党员的基本信息，积极发展预备党员，规范党组织建设，制定了党务公开制度，实行党务公开。在实际工作中，以社区党员开展渔村无职党员设岗定责工作和社区老干部设岗定责工作为载体，积极开展党员争先创优活动，为群众办实事，求实效，赢得群众认同；积极构建党风廉政建设防腐体系，遵循党委的要求，做好党风廉政建设。蚂蚁岛村各经济合作社党支部每年均会制定党支部主题党日年度计划表，活动内容十分丰富。如2016年度大兴岙经济合作社党支部安排有走访老年党员、清理小区卫生、走访外来民工、开展清明扫墓安全工作、清理小区外河道、组织抗台风工作、学习党章党规、重阳节慰问老年人、走访残障人群等带有公益性质的活动；2018年度，兰田岙经济合作社党支部组织党员开展发扬蚂蚁岛精神、抗台风工作、慈善一日捐活动、为创造文明城市卫生大清理等各类活动。

在党的基层执政方式的创新方面，2007年年底舟山普陀区以桃花镇为试点，开展"网格化管理、组团式服务"工作，并在2008年8月在舟山市全面推开，提出"网格化定位、组团式服务、组团式联系、多元化服务、信息化管理、全方位覆盖、常态化保障"概念。在乡镇（街道）、社区（村）行政区划不变的前提下，以尊重传统、便于服务和管理为原则，以家庭为基本代表，把乡镇（街道）划分成若干单元网格，一般渔农村100～150户为一单元网格；网格管理服务团队以乡镇（街道）机关干部、社区（村）干部、网格党小组组长、辖区民警为骨干，并吸收教师、医生、老干部、渔农科技人员、乡土实用人才等参与。

蚂蚁岛将当时的1128户渔民分成10个网格小组：长沙塘分为第1、2、3、4小组，穿山岙分为第5、6小组，后岙分为第7、8小组，大兴岙为第9小组，兰田岙为第10小组。通过设置和配备组长、副组长、信息员、联络员、警察、医生等，把全岛村民纳入网格进行管理，并提供服务。村民有任何事情都可以拨打自己家门口联络卡上所属网格的组长、医生等的联系电话。为进一步规范和推进网络化管理工作，蚂蚁岛建立了网络民情集散点工作制度。首先，对反映问题、困难、矛盾纠纷等民情的群众，要热情接待，问清事由，认真记录，客观真实地反映群众的意见、建议和要求。其次，对事关群众切身利益的热点、难点问题，要及时向所在网格组反映。各网格组每月至少走访集散点一次，及时了解所记录的民情。再次，民情经乡网格办明确处理意见后，及时向群众反馈，对一时无法解决的问题，及时向群众做好解释和说明。同时，配合乡、社区（村）做好政策宣传、资料发放等工作。最后，每半年召开一次集散点工作例会，加强沟通，增加了解，各集散点就各点情况，对收集到的民情展开讨论，建言献策。信访工作是为人民群众排忧解难的工作，解决群众反映的实际问题是信访工作的基本职责，也是维护社会稳定的根本性措施，以"网格化管理、组团式服务"为基础，及时收集群众的各方面诉求，坚持从源头抓起，做到及早发现、及时化解，避免发生冲突。每月及时向综治办报送社会稳定风险评估等情况，对一些苗头性、倾向性问题提前介入，防微杜渐，有针对性地提出对策和方案，妥善处置，及时化解。全力做好信访维稳工作，重点抓好预防，注意排查化解不安定因素，防止矛盾激化，充分发挥基层调解员作用，力争将不安定因素和群体性闹事苗头化解在基层，努力预防和减少"民转刑"案件。

在社会管理方面，社区组织体系健全，调整蚂蚁岛社区团委组成人员：为加强社区妇工委力量，聘用 5 个经济合作社的妇女骨干为社区妇工委副主任，调整蚂蚁岛社区婚姻家庭调解中心组成人员、蚂蚁岛社区妇女儿童维权站组成人员、蚂蚁岛社区和谐促进工作室组成人员；成立蚂蚁岛社区信访服务室及蚂蚁岛社区（村）老年活动队伍和老年体协；调整确定蚂蚁岛社区（村）各经济合作社计生协会小组负责人；为做好村级事务民主决策工作，乡党委政府调整蚂蚁岛乡村务公开领导小组，同时还成立蚂蚁岛村村务监督领导小组，通过《进一步规范村务公开和民主监督工作实施方案》的实施，做好民主决策情况登记、村务公开内容登记等方面的工作，及时向群众公开每季度财务报表，年终向村民代表或社员代表进行通报，蚂蚁岛现已被评为民主法制村。

在社会治安方面，社区依据舟山市社会治安工作要求，以维护社会和谐稳定为首要任务，化解社会各类矛盾，全面落实各项工作措施，积极营造和谐稳定的社会环境。

在专项社会治理方面，首先坚持开展治安专项排查整治工作。全面强化工地等重点场所部位的安全防范，有效处理道路交通、消防等公共安全隐患，严防发生重大恶性案件、个人极端暴力事件和治安灾害事故。完善和创新"立体"治安防控体系。重点抓好街面巡控、社区防控、卡点查控、视频监控、阵地管控、虚拟侦控"六网合一"的立体化海岛新型治安防控体系建设。进一步提升物防、技防手段，使社会面监控网络更加完善。严格根据各项工作的时间节点和工作要求，完成各类主要阵地建设和活动的常态化开展，营造出共同参与的三治氛围。组织协调相关部门，集中力量，加强重点人群服务水平和管理力度。针对性开展流动人口信息专项排查活动，加强公共娱乐场所检查整治；重点对全岛社区矫（归）正、社区戒毒（康复）人员做好日常监管工作，严格建立"一人一档"制度，坚持实施定期与不定期谈话、检测制度，根据工作对象的实际情况与困难，加强教育感化、关心扶助，建立完整的帮教小组，经常性、针对性地开展走访活动，实时掌握其活动动态，确保不脱管、不漏管、不重新犯罪。组织安全检查，落实安全防范措施，及时发现和整改安全隐患，特别注意火灾隐患的排查，最大限度地防止火灾事故和严重危害人民群众生命财产安全的群死群伤事故的发生。对重点店面、公共娱乐场所、液化气网点、销售贮藏烟花爆竹的经销点，能发现问题并实施跟踪、督促其整改，及时消除安全隐患。大力加强消防安全宣传力度，增强居民自我防范意识，降低火灾事故的发生率。其次，进一步深化特殊人群帮教管控，建立健全网格"四级分管"体系，完善对专职工作人员、社区干部、社区民警、社区医生及其家人等多位一体的服务、管理、帮教制度，以常态化定期上门走访的方式促进日常排摸监督管控。加快完善"四个平台"建设，促使各个平台高效流转运行，提高办事效率。继续坚持"一格一员一通"建设，收集实时信息，提升服务群众的效率和质量。继续加强镇、社区、企业综合治理干部的队伍建设，组织各类业务培训，着实提高综合治理干部的业务素质。

在宣传教育上，以贴近群众、贴近生活为原则，重点围绕扫黑除恶专项行动和"心防工程"建设，继续运用各类活动、讲座、宣传阵地等传统的平安宣教手段，同时充分发挥新媒体优势。此外，蚂蚁岛社区（村）还制定了便于记忆背诵的七字联句村规民约："爱国爱党爱家乡，核心价值心上记。蚂蚁精神要传承，志愿奉献有担当。乱搭乱堆不可为，环境整治勤参与。护树种花美环境，垃圾分类习惯好。敬老爱幼好传统，勤俭家风代代传。不信邪教拒传谣，赌毒不染风气正。群防群治齐行动，遵纪守法做先锋。海上互助兄弟情，邻里和谐一家亲。厚养薄葬好品德，移风易俗新风气。蚂蚁形象齐维护，村规民约共遵守。"这些内容涵盖了社会主义核心价值观、蚂蚁岛精神、环境保护、垃圾分类、尊老爱幼、社会风气、遵纪守法、渔民互助、移风易俗等诸多方面，对蚂蚁岛的社会管理起到了良好的宣导作用。

2019年，为进一步促进村集体经济发展和助推乡村振兴，根据上级政府的工作部署，蚂蚁岛社区（村）体制改革完善工作全面展开。在蚂蚁岛社区（村）党组织的领导下，5个经济合作社的董事会和监事会先后组织召开社员股东代表会议进行热烈讨论，拟采用完全融合的方式将长沙塘、后岙、穿山岙、兰田岙和大兴岙股份经济合作社合并，并进行资产融合，设立蚂蚁岛村股份经济合作社。（见表 3-2）

表 3-2　2019 年蚂蚁岛村股份经济合作社合并基本情况表

名称	户数	人口数	股东代表数
长沙塘股份经济合作社	445	1334	31
后岙股份经济合作社	286	927	21
穿山岙股份经济合作社	190	617	21
兰田岙股份经济合作社	136	442	21
大兴岙股份经济合作社	133	414	21
蚂蚁岛村股份经济合作社（合计）	1190	3734	115

合并后的蚂蚁岛村股份经济合作社总共有 1190 户人家，3734 人，股东代表 115 名。新村社对 5 个经济合作社的货币资金按照人均最低经济合作社为基数进行提取，即以每个社员股东 970.12 元的基数由原社提取至新社，获得股金总额 3622428 元，由新村社统一使用，各社剩余货币资金归原社定向使用。

在资产融合处置方面，各社清产核资工作组核准资产后，将各类资产并入新村社，由新村社统一管理统筹使用。股份经济合作社融合后，原各社所签订的资产租用经济合同继续有效，并由新村社承接。由原各股份经济合作社经营性资产产生的收入，按照上年人均最低收入的原股份经济合作社为基数提取给新村社，剩余部分优先定向用于原社除合作医疗保险补贴以外的老年人福利，不足部分则从原社定向资金中开支。

在资源融合处置方面，各社清产核资工作组核准后，资源由新村社统一经营管理。虾塘等资源产生的收入全部归属新村社，用于老年人合作医疗保险补贴及日常管理等开支。股份经济合作社融合后，原各社签订的资源使用经济合同继续有效，并由新村社承接。征收征用资源时，原属各社集体所有土地，由新村社依法按规定提留 20%，优先用于原社公益事业和基础设施建设，剩余部分归原社社员分配，失地农民养老保险等相关利益优先考虑原社。

长沙塘、后岙、穿山岙、兰田岙、大兴岙股份经济合作社合并设立蚂蚁岛村股份经济合作社后，注销长沙塘、后岙、穿山岙、兰田岙、大兴岙股份经济合作社。过渡时期，蚂蚁岛村股份经济合作社建立蚂蚁岛村社务工作领导小组，社务工作领导小组组长由蚂蚁岛村党组织书记兼任，领导小组成员由长沙塘、后岙、穿山岙、兰田岙、大兴岙股份经济合作社董事长直接过渡。新村社社务工作领导小组行使董事会职责，组长行使董事长职责。股东代表由原长沙塘、后岙、穿山岙、兰田岙、大兴岙股份经济合作社股东代表直接过渡。过渡期结束后按选举办法执行。

2019 年 7 月，蚂蚁岛 5 个股份经济合作社先后就合并和资产融合方案进行表决，由每户派代表领取户代表投票证，采取无记名投票方式表决，各社同意率均超过九成。蚂蚁岛社区（村）体制改革完善工作的顺利推进，不仅是合作社数量的"减法"和改革发展羁绊的"减法"，同时也是力量集中、资源整合的"加法"，更是党组织发挥引领渔农村发展活力的"加法"。显然，此次社区（村）管理体制改革，将有助于今后蚂蚁岛村统一规划基础设施，繁荣基层文化生活，改善人居环境，从而有效地满足群众现实需求，不断地提升群众的获得感和幸福感。

第三节　渔业管理

渔业是蚂蚁岛的支柱产业，蚂蚁岛村一直以来坚持"渔业立岛"的方针不动摇，以加快渔区产业结构调整和渔业体制创新为途径，促进渔业增效、渔民增收。因此，渔业的组织管理是蚂蚁岛社会较有特色的方面。

渔业的组织管理同时也是伴随着渔业经营组织方式的变革而产生的。到 21 世纪初，渔船经营方式在政府推动下大多已转变为"合股（合伙）经营"和"个体私人经营"，其上层机构即渔业公司和渔业合作社，转变成为渔船管理服务性质的组织。换言之，舟山渔业股份合作制推广以后，市、区（县）各级领导和各有关部门提出完善的对策与措施，比如限定资产分析率、促进股权合理流转、健全财务制度、完善合同管理等，稳定舟山渔业股份合作制，但在运作过程中出现的管理、制度等方面的问题没有完全解决。针对渔业股份合作制存在的问题，渔区各级政府出台相关政策进行完善，1998 年 11 月，浙江省政府农村工作办公室和浙江省水产局联合出台《浙江省海洋捕捞股份合作单位规范化管理暂行规定》，对股份合作单位的财务管理、合同管理、规章制度提出规范性意见，促进股份合作制完善和双层经营体制发展。在实践中，渔区加强村社服务体系建设，进行制度创新。普陀区为加强对分散经营的渔船的管理，设立渔船管理服务站。各区（县）努力培育渔业龙头企业，开展"村社＋渔船"的服务方式，发展渔业产业经营。2004年11月，浙江省人大颁布全国首部《浙江省渔民专业合作社条例》后，全市特别是岱山县和普陀区的部分地方，迅速自发地组织起各种专业的渔民专业合作社。

2009年9月，蚂蚁岛结合实际，突破原合作社属地管理的办法，按照渔船马力、作业等方式，成立蚂蚁岛渔船管理服务站，率先在全市范围内进行渔业体制创新。至2019年，蚂蚁岛辖内有下海劳动力620余人，其中外来劳动力200余人；大小船舶111艘，总吨位13058吨，总功率22293千瓦，其中，捕捞渔船88艘，大小渔运船22艘，休闲渔船1艘。虽然作业船舶和下海渔业人员在逐渐减少，但伴随外来作业人口的变化及作业范围的扩大，其渔业管理也面临新的挑战。2013年，蚂蚁岛常住人口9000余人，其中从事渔业的800人（含外来300人），渔船总数145艘。（见表3-3）

表3-3　2013年蚂蚁岛渔业人口及船舶作业情况

人口（人）	常住人口9180	外来人口	5500		直接下海人口	300（外来）
		户籍人口	3680	渔业人口 3319		500（户籍）
渔船（艘）	总计145	钢质捕捞渔船	106			
		辅助钢质渔运船	18			
		小渡船	9			
		120马力木质船	4			
		24马力近洋张网船	8			
作业方式	单拖、围网、拖虾、流刺网、流网、海底串、近洋张网（饭虾）、近洋内港张网					

一、渔业管理模式

随着渔业经济的快速发展，渔船的所有权由集体所有转变为个人所有，原有的村一级行政单位安全管理滞后，服务严重脱节，已越来越难以满足现代渔业发展的需要。为此，蚂蚁岛从巩固渔业地位、强化服务管理、推进平安渔业建设、繁荣渔业经济的高度，根据渔业管理现状和发展实际，通过将长沙塘、后岙、大兴岙、兰田岙、穿山岙5个经济合作社渔船合并，成立蚂蚁岛渔船管理服务站，配备专职安全管理员，管理全乡所辖所有渔船，理顺渔业安全管理组织体系，达到了以下四个目的：一是组织机构更加完善；二是管理力量更加强化；三是管理职责更加明确；四是保障措施更加有力。

蚂蚁岛渔船管理服务站是舟山市普陀区民政局登记、普陀区沈家门街道办事处主管，由蚂蚁岛集体资产出资筹办的从事非营利性渔船管理服务活动的社会组织。服务站的宗旨是遵守宪法、法律、法规和国家政策，遵守社会道德风尚，承担渔船后勤保障和渔船安全生产管理工作，为渔业、渔民服务。2013年9月，根据舟普政办〔2013〕144号文件精神及全区统一安排，蚂蚁岛渔船管理服务站性质变更为非营利性渔船管理服务活动的社会组织。渔船管理服务站以"管理船只、服务渔民"为目标，提供渔船的产前、产中、产后等服务工作，主要职能为三大块：后勤保障服务、安全生产管理、政策宣传指导。

（1）后勤保障服务。提供"一站式服务"，为渔民全程代办各类证书，极大方便渔民生产生活。组织年度渔船老大面对面教育，渔民职务船员培训活动和"四小证"年度渔船检验工作等。开展全岛渔业船舶编组长年度重新推选工作，保证有序生产，提高渔业产量，增加渔民收入。规范劳动力流通秩序，监督渔船单位同渔工签订渔船雇佣合同，建立全岛渔船用工数据库，适时向各渔船单位提供用工信息。积极做好其他渔业方面的工作，共同协助海洋渔业局做好年度审证、换证、收费工作。加强对渔船、渔民参加保险工作的宣传教育力度，使渔民老大提高参加保险的思想意识，确保参保率达100%，防止意外事故发生。积极配合海事、渔事部门调解处理海事、渔事纠纷工作，及时消除事故隐患，防止矛盾激化，确保社会平安稳定。建立事故应急救援体系，制订完善和落实好重大事故的应急预案，发生事故或险情时及时报告并组织救援，妥善处理各项善后工作。完善渔船安全救助信息系统建设，确保渔船防碰撞系统、渔船卫星信息服务系统、海上互联网通信设备、北斗固定船舶示位仪的配备率，落实好系统管理机构和人员。加强非客船违章搭客打击管理工作力度，对非客船违章搭客行为要严厉打击。特别是加强对春节、清明节、国庆节码头、港口安全值班制度的检查，扼杀非客船违章搭客现象的苗头，有效地改善以前非法违章搭客的陋习，确保人民群众生命财产安全。

（2）安全生产管理。建立渔业安全生产责任制度，加强渔业安全生产宣传，完成与各渔船的年度安全责任书签订，进一步增强渔船老大的安全生产意识。处理各类渔船海难事故、渔事纠纷及渔民劳资纠纷，保障渔民的各项权益。及时掌握气象及风暴信息，建立九级以上大风24小时值班制度：第一，在九级以上大风期间（含九级）要掌握本管辖区内的所有船舶动态，及时通知所有船只回港避风，确保安全;第二,预报大风期间 24 小时要有专人值班,值班人员无故不得擅自离开岗位,并详细记录本管辖区内的渔船动态、船位、船号、数量;第三,对辖区内未回港避风的船只要进行重点监控,随时与船上人员保持通信联络,及时为他们提供气象信息服务;第四,值班员在每日 16:30 时前将船只回港情况及船舶动态上报主管领导及区海洋渔业局。通过建立九级以上大风值班制度,确保蚂蚁岛渔民的生命财产安全。

(3)政策宣传指导。认真学习国家《海洋法》、地方政府出台的海洋渔业法规,以及省、市、区的最新文件精神,重点做好渔业政策的宣传教育和解释工作。邀请浙江海洋学院教授和区海洋渔业局专家在开捕前给渔船老大授课,讲授分析鱼发形势和开捕时机等专业知识,为各类渔业生产打下扎实的指导基础。认真开展渔业安全生产宣传教育,组织辖区内所有渔船船长开展"面对面"渔业安全知识培训及安全编组长老大座谈会,积极开展安全生产宣传教育活动,提高渔民老大的安全生产意识,严格落实安全生产法律法规和各项安全生产操作规程,提高渔民只有安全才能促进生产发展的思想理念。2019 年组织开展渔民老大职务船员和安全知识上岗培训 101 人次;渔船老大面对面安全教育培训 2 期,参加培训人员105 人;多次召开由管委会领导亲自主持的各种安全会议,会中研究和部署了各项安全检查及整治工作;专门组织党员、编组长老大到其他县区考察取经,学习乡镇安全工作经验。加强三修船只质量管理工作。所有生产船只必须进行一年一度的三修工作,对未按规定进行年度检验的船只,积极联系船检部门、船厂,要求船检部门和厂方加强对三修船只的质量督促管理,严格把控三修质量关。加强对辖区内高危船只和饭虾船只的专项整治。同时还积极开展了禁渔开捕前的饭虾船、拖网船的登船安全生产大检查,并召开了由主要领导参加的安全会议,确保出海生产船只的安全,不断提高渔民老大的安全防范意识,及时消除事故隐患。同时,为使渔民老大牢固树立生产必须做到安全,安全才能促进生产的思想意识,大力提倡发扬渔场风格,创建平安渔场。落实海上"网格化管理、组团式服务"组织,并利用组织平台在风暴期和渔船回港及休渔期间开展渔民老大座谈、走访等安全宣传教育活动。在各种信息平台系统(建立蚂蚁岛渔船管理服务站微信群)及时发送各种安全信息,在港口、码头等醒目位置悬挂宣传横幅标语,渔业安全生产有了明显进步。

二、渔业管理模式的完善

为进一步切实加强对渔业安全生产工作的领导，蚂蚁岛管委会成立了以分管领导为组长，渔业科、桃花渔政分站、渔船管理服务站负责人、各渔业村经济合作社负责人为成员的渔业安全生产领导小组，并与每个生产单位分别签订了渔业安全生产责任书，切实落实安全生产责任制；建立健全渔船编组生产制度、渔船安全值班瞭望制度、渔船动态点验制度、渔船安全动态报告制度、渔船管理一船一档制度及渔船安全管理等制度，及时完善渔船动态管理系统数据。蚂蚁岛辖区内所有生产的渔业船只自愿组合、合理安排选举产生的组长进行重新编组生产，共产生安全编组 14 组，编组长 14 名。安全编组组长与组内船只同进同出，形成安全生产管理网络，在渔场上编组内船只发生纠纷，由编组长负责协调，及时消除各类安全事故隐患。海洋渔业局原则上不再批准渔船执照（渔业许可证），但原已审批的渔船船体老旧，经船检部门勘验后，认为存在较大安全隐患的船只可以申请拆解、新建、替换。对辖区内所有生产船只和渔业辅助船特别是高危船只及拖虾船进行多次登船检查，开展相关渔业安全生产检查 10 余次，发现隐患，及时纠正。特别是对救生设备老化，防碰撞设备、服务信息系统配置不规范的船只要求及时进行更换调整，对存在安全事故隐患的船只进一步落实整改措施。

制定渔业船舶编组生产管理制度。第一，根据渔业捕捞渔船的吨位、作业类型，将 5～8 艘渔船进行编组，确定 1 名带队编组长，编组长船舶必须配置有效电台和卫星电话，其他渔船必须配置对讲机，便于互相通信联络，及时通报有关情况。第二，船舶实行编组后，必须服从编组长的统一指挥，生产期间做到同进同出、相互呼应，如遇船舶补给不足、故障、船员生病等紧急情况，急需提早返航的，应向带队编组长汇报，便于其掌握在编船舶动态。第三，渔场生产期间一旦出现危难事故，遇险船只应及时呼叫带队编组长，由编组长做出决定，其他船舶必须服从编组长的统一调动，不得以任何理由拒绝编组长的指令。第四，编组长船舶必须每天两次定时同岸台进行通信联络，遇九级以上大风气候，卫星电话必须 24 小时开机，如接到岸台渔船回港通知指令，必须传达到每艘在编渔船，要求其执行船舶回港指令。第五，编组生产船舶出现重特大事故或船舶遇险时，必须在第一时间迅速通过各种通信手段正确定位，把海区、船位、出事简单经过向主管部门或岸台报告，并及时同周围船舶取得联系，确保第一时间得到救助。第六，服务站同每个编组签订生产管理责任书，编组长同每艘在编船舶签订管理责任书，做到一级抓一级，层层抓落实。第七，根据责任书签订内容，每年考评一次，对成绩显著和在抢险救助中有突出贡献的编组长给予适当的物质奖励。

重组基层渔业管理服务站、成立民办非企业单位是创新渔业体制、适应市场要求、实现资源共享、提供专业服务、保障管理到位的重要举措。蚂蚁岛渔船管理服务站作为政府部门和渔船老大间的纽带，很好地起到了承上启下的作用，不仅将政府的相关海洋渔业法律、法规及政策传达解释给各位渔民，而且将渔民的困难和建议反馈给渔业部门，历年来受到各级领导的大力赞赏和广大渔民的热烈欢迎，对促进地区渔业经济发展和保障社会和谐稳定起到积极的作用。但目前因为渔船管理服务站服务规模大、人员少，运作资金短缺，在管理难度和服务质量上仍存在挑战。目前全站上下总计 4 人，需对应服务 100 余艘各类大小渔船。运作资金来源单一，主要由各渔船定期上交的服务费组成，如 2013 年收费标准见表 3-4。

表 3-4　2013 年渔船管理服务站收入（渔船服务费）标准

渔船（马力）	服务费（元 / 艘 / 年）
250 以上	1500
120 ～ 185	800
60 以下	250

渔船管理服务站 2013 年收入 200950 元，支出 302620 元，财政收支亏损 101670 元，每年资金缺口在 10 万元左右。因此，上级部门应考虑将渔船管理服务站列入财政拨款对象，或每年提取部分渔业发展资金作为运作资金，用以适时扩大规模，加强业务培训，提升服务质量。

三、目前渔业管理制度下面临的挑战

不同于农耕社会中土地的家庭联产承包责任制与规模经营的矛盾，海洋捕捞作业有其自身特点，存在诸多挑战。我国海洋伏季休渔制度从 1995 年开始施行，针对目前实行的休渔期制度，蚂蚁岛渔民认为：首先，现在准备调整的各个渔区的休渔设计，存在一个明显的问题，东海休渔时间调整为 4 月 30 日至 9 月 16 日，黄海海域为 6 月 1 日至 9 月 1 日休渔。黄海拖网渔船有一个半月时间仍然可以出海，且在黄海和东海的交界处作业，这就造成东海休渔压力太大，因为渔政管理

目前无法控制渔船跨越黄海、东海交界海域。黄海、东海交界海域，是理论上的管理线，实践起来却有相当困难。原先的政策是黄海渔民多开捕半个月，现在增加到一个半月。应主张统一休渔的起步时间，减少违规机会，然后逐一按照作业分类启动开捕时间。各个海区全体渔船同时休渔，这样既可以有效防止休渔晚、开捕早的海区渔船到其他海区违规作业，又可以有效平衡各海区渔民的心态，减少违规作业行为。

其次，注意科学调整变更休渔时段。按照原先的灯光围（敷）网休渔制度，是在每年的 4 月 30 日至 7 月 1 日休渔，现在调整至 8 月 1 日开捕，已将灯光围（敷）网压向生存的底线，不利于合理、充分地利用鲐鱼等上层渔业资源。有关专家研究指出，我国灯光围网施行 7—9 月伏季休渔，会使本国渔民退出与日本、韩国的竞争，将应有的海洋捕鱼权利拱手想让给日韩，建议不宜将灯光围网纳入休渔范围。同时，针对刺网作业的休渔时间，应考虑将现在规定的时间即 5 月 15 日—7 月 16 日向前推。因每年 4、5 月，是各种鱼类、蟹类的产卵期，往前推可以加大保护处于产卵期的鱼蟹类产卵群体，促进渔业资源繁育。总之，不应反复修改调整休渔制度，使得渔民无所适从，购买网具投资额较大，不利渔民生产，应该因地制宜，科学制定休渔时段，保护渔民生产利益。

再次，帆布张网作业对渔业资源有着严重破坏，存在"三无"船舶、无渔业许可证捕捞、"大机小标"等违法违规行为。2013 年政府出台的"一船一证一作业"政策，造成各类渔船作业方式单一的现象，长此以往将难以调动渔民的生产积极性，导致渔民经济收入减少。上级主管部门应考虑适当允许"兼作业"方式，发挥一船多用、一人多技功效，充分调动渔民的安全生产积极性。

最后，对于取缔休渔期近洋张网作业的问题，海岛小型渔船的传统作业方式即为近洋张网，"一刀切"的取缔方式会造成渔民生活难以为继的情况，同时也会减少水产养殖户的新鲜饵料，增加水产养殖成本，给水产养殖业带来较大冲击。因此需根据实际情况，设置一定的缓冲时间段，逐步解决该问题。同时考虑将渔民列入社会养老保险体系之中，提高渔民生活质量。

渔业管理制度中面临的挑战，在某种意义上也是渔民利益保障与海洋资源协调利用之间的矛盾。渔民在实践当中总结出来的经验和在生产中遭遇的困难需要得到有关部门的积极回应，进行不合理制度的调整，以促进海洋资源的合理利用和提高改善渔民的生产生活。

第二章 村庄建设

改革开放以来，蚂蚁岛人在村庄基础设施建设与环境治理方面取得了长足进步。2003年，浙江省"千村示范，万村整治"工程拉开了乡村建设的帷幕。2010年，《浙江省美丽乡村建设行动计划（2011—2015）》提出建设美丽乡村要围绕规划科学布局美、村容整治环境美、创业增收生活美、乡风文明身心美的"四美"目标要求。以此为契机，蚂蚁岛先后获得浙江省旅游特色村、舟山市普陀区环境净化工程先进村、国家级风景旅游区、省级生态乡镇、省级环境保护"六个一工程"先进集体、省东海明珠乡镇、省爱国主义教育基地、省教育强镇、省级卫生示范乡、省休闲渔业基地、市文明乡镇、市小康乡镇等荣誉称号。在渔村基础设施、生态文明等方面，生动体现了"渔业立岛、工业强岛、旅游兴岛、生态建岛"的建设思路。

第一节 基础设施建设

乡村基础设施建设是发展经济和提高村民生活质量的重要保障。改革开放以后，蚂蚁岛和浙江大多数乡村一样，从集体经济自发投入农村基础设施建设，到通过小城镇建设带动基础设施向农村延伸，以及城乡统筹引领下进行基础设施建设，直至美丽乡村建设的全面铺开。蚂蚁岛的基础设施建设取得的巨大进步，主要体现在居民日常使用的水、电建设的完善，海岛交通的改善，渔业生产基础设施的完善，人居环境的有效改善等。

（一）饮水与通电

蚂蚁岛整个陆域面积不足 3 平方千米，岛上淡水资源向来极度匮乏，一遇大旱便时常缺水。往昔蚂蚁岛村民主要依靠凿井取水，但所出之水大多略有咸味，若遇大旱则需用船从宁波等地运水供给。人民公社时期，蚂蚁岛大力发展农业生产，先后修建了数处山塘用以储备水资源，既能够为居民提供生活用水，也可用于满足农作物灌溉所需。此后蚂蚁岛积极推进荒山绿化，遍植林木，以林涵水，基本结束了蚂蚁岛移民定居以来，遇到天旱需从外岛运淡水的历史。

20 世纪 90 年代初，舟山市实施"大岛建、小岛迁"的总体发展规划，按照全面服务、转轨变型要求，全市各地因岛制宜，有计划地建设不同类型的蓄供水工程，重点解决城区、乡镇、旅游区、渔场集中地及边缘小岛饮用水困难问题。同时，开展海塘建设，增强抗风潮能力。1995 年以来，实施"舟山发展水为先"方针，开展高标准、大规模的水利建设，多渠道筹集水利建设资金，建海塘、修水库、围垦促淤、整治河道。1997 年 2 月蓄水量 5.5 万立方米的长沙塘水库扩建竣工，加上此前岩家坑等数处山塘，至此全岛饮用水蓄水量可达 12 万立方米。当时蚂蚁岛建有小水厂一座，以小水库为水源，日供水能力 1500 吨，盛水期基本可以满足村民们日常生产生活的需要。同年 9 月蚂蚁岛实现全岛用水自来水化。1998 年，全市兴起修建标准海塘的热潮。2005 年蚂蚁岛投资 300 万元建海水淡化厂，日制水能力 300 吨，进一步确保了居民饮用水正常供应。至此，舟山水利建设工程基本形成了从河塘蓄水到水库蓄水、从屋顶接水到翻水联网、从岛际供水到大陆饮水、从小块围垦到连片开发，把水利建设与改善海岛生态环境相结合的海岛水利特色，大幅提高了御洪潮、抗干旱的能力。

随着东海岸船厂项目落户蚂蚁岛，2007 年 10 月，蚂蚁岛开工建设大陆饮水工程，次年 3 月正式完工并投入运营。2012 年 9 月 18 日，蚂蚁岛居民饮用水管网改造工程完工，投入使用。2014 年，长沙塘山塘综合整治工程被列入普陀区中央财政小型农田水利重点县建设项目，该项目始建于 1997 年，集雨面积 0.1 平方千米，坝长 117 米，最大坝高 11.52 米，加固后总库容 5.67 万立方米，按 20 年一遇设计，100 年一遇校核。此后，各年度都继续做好农村改水工程，对社区自来水进行维护改进，社区居民安全饮用水普及率达到 100%，蚂蚁岛村民的生产生活用水常年供应充足，真正结束了长达 200 余年的淡水短缺史。

蚂蚁岛的电力建设，最早可追至 1959 年 9 月 25 日，蚂蚁乡人民公社建成一座 30 千瓦火力发电厂，岛上 500 多户居民装上电灯，蚂蚁岛成为舟山群岛第一个实现电灯照明的海岛渔村。1989 年 6 月登步岛到蚂蚁岛 10 千伏输电工程竣工，采用架穿过港高缆与大陆电力联网，电力实现了由舟山本岛和大陆电力联网的双向供电。1993 年 7 月，蚂蚁岛程控电话开通，8 月底闭路电视安装工程完成，在普陀区率先实现"电话乡镇"，电话装机率达 67%，广播电视入户率达 93.8%。此后，蚂蚁岛注重对渔农村电气化的管理，每月对电力设施进行维护，在 2007 年、2008 年连续两年被评为"新农村电气化村"。

（二）海岛交通

1956 年，蚂蚁岛青年代表林阿信前往北京出席全国青年社会主义建设积极分子大会，当时他先从蚂蚁岛乘船到沈家门留宿一晚，第二天才坐车到定海，之后乘船到宁波，第三天再乘汽车到绍兴，随后摆渡到杭州，再与其他的浙江省代表会合，然后从杭州乘车至上海，再从上海转乘火车到北京，前后总共用了 6 天时间。由此可见，当时蚂蚁岛与外界的交通十分困难。

新中国成立前，蚂蚁岛与外界之间的交通并无定期渡船，都是利用岛上的渔船过海。岛上民众出岛除搭乘渡船外，亦时常搭乘顺路渔船、货船。昔时搭乘此类便船，不但可以免去船资，倘若航程较远，船主甚至还在途中免费供应膳食。20 世纪 50 年代初期，蚂蚁岛公社特地划拨出一条木帆船作为渡船，一条小木帆船上，舱内挤满十多个人，由船老大使劲扳着木橹，在海面上漂泊，出岛入岛都要经受风浪颠簸，时常引发乘客呕吐不止，而且渡船靠不了岸，船岸之间隔着一片黑乎乎的泥涂，必须脱鞋跳入泥涂中，一脚深一脚浅地走向岛上。蚂蚁岛与沈家门虽相距不远，但木帆船来往要三四个小时，而且一遇五六级以上风就必须停航。1958 年春，蚂蚁岛公社将木帆渡船换成了一条 15 马力的小机帆船，至此不论顺风逆风、潮直潮横，蚂蚁岛至沈家门的往返航时缩短为一两个小时，但与桃花岛、登步岛的往来仍靠小木帆渡船。1958 年秋，全国海洋渔业生产现场会议在蚂蚁岛召开，大渡船将浙江、福建、江苏、山东、辽宁、上海、天津等沿海省市参加会议的代表送到蚂蚁岛海湾，但码头边海水太浅，航船无法靠拢，只得用小舢板一船船驳客上岸。据说 1958 年冬刘少奇同志因蚂蚁岛的交通设施不够完善而未遂上岛之愿。因此，在 20 世纪五六十年代，蚂蚁岛虽多次提升渡船动力，加强码头建设，但进出岛屿的交通仍有诸多不便。

此后，蚂蚁岛的交通取得了较大的进步。至20世纪90年代初期蚂蚁岛已有每天往返沈家门的两班渡轮，每天往返于桃花岛、登步岛，甚至不时有往返宁波大陆的多班客轮。1997年6月，蚂蚁岛往返沈家门的轮渡由木质船改为钢质船。1998年11月，蚂蚁岛300吨级渔民码头竣工并交付使用。2005年，蚂蚁岛建成混凝土石码头与浮码头衔接的500吨级客货两用码头，长达70余米，延伸至七八米的深海处，与码头配套的载客250人客轮，航速8节，遇八级风也可开航，往返蚂蚁岛与沈家门之间的航时缩短为40分钟。2012年9月8日，蚂蚁岛新交通民间码头建造完工并投入使用。2012年年底蚂蚁岛交通民间码头候船室建设完工，并于2013年1月1日正式启用，结束了岛上没有正规客运站的历史。该客运站位于蚂蚁岛穿山岙，是为满足普陀区大力推进舟山群岛新区建设的需要，在整合中南部四岛水上客运站点的基础上新建而成的，总建筑面积306平方米，拥有2座趸船码头。2013年下半年，位于蚂蚁岛新交通码头西侧的车渡码头建成，大幅提升了客、货运能力。工程新建1000总吨车渡码头1座及陆域配套设施，年承载能力为标准车4万辆、客运15万人次。现在每天往返于蚂蚁岛和沈家门之间的客运航班有四个班次，每星期一增开一个班次。此外，为解决海岛地区应急救援交通不便的问题，2017年9月，管委会联合普陀区国资公司投资50万元实施蚂蚁岛直升机停机坪建设工程。停机坪位于长沙塘避风塘东侧，占地面积1292.5平方米。停机坪结合避风塘景观节点进行精致化打造，不仅能够发挥救援功能，而且结合小城镇环境综合整治工作起到景观提升的作用。

与此同时，岛内的交通也得到了极大改善，到20世纪六七十年代，蚂蚁岛青年热衷于购置自行车作为岛内交通工具使用。进入21世纪后，蚂蚁岛改建、新建岛上道路10余条，长6000余米，道路面积近5万平方米，均为水泥混凝土路面，并安装路灯40余盏。值得一提的是，蚂蚁岛在实施生态乡建设规划后，全岛没有一辆机动摩托车和一辆机动三轮车，取而代之的是没有尾气排放的环保型电动三轮车和旅游载客车。

除了水电、交通等基本设施外，蚂蚁岛在1987年建造了综合市场，摊贩聚集此经营蔬菜、肉类等居民日常生活的各种必需品，极大地方便了居民购物。1996年因台风损坏，随后进行了修缮，2001年重新改造完成，基本能够满足蚂蚁岛村民日常购物需求。1999年9月，投资120万元、总长313米的后岙村标准海塘竣工，该塘以 20 年一遇标准设计建造，由普陀水利建筑安装工程公司承建，不仅能够有效抵御台风的威胁，而且为居民提供了一处休闲活动场所。另外，还联合普陀农村合作银行蚂蚁岛分行完善了助农取款服务点，增设了户外提款机；进一步完善了村多功能教室的相关设施，极大方便了村内的群众生活学习。

第二节　村庄环境整治

2003 年，中共浙江省委、省政府决定实施"千万工程"，开启了美丽乡村的建设之路。在 2003—2007 年的示范引领阶段，以"垃圾处理、污水治理、卫生改厕、村道硬化、村庄绿化"为重点进行乡村环境综合整治；从 2008 年起，以生活垃圾收集、生活污水治理等为重点，对所有乡村推广"全面小康建设示范村"的经验；2013 年以来，将生态文明建设贯穿到新农村建设的各个方面。2015 年以来，浙江美丽乡村建设进入深化提升阶段，开展整乡整镇环境综合整治，按照生态文明和全面建成小康社会的要求，制定《浙江省深化美丽乡村建设行动计划（2016—2020）》。

蚂蚁岛根据上级部门要求，及时制定完成具有当地特色的《舟山市普陀区蚂蚁岛乡规划》《舟山市普陀区村庄规划》《蚂蚁岛乡景观生态林工程》。在规划指导下，社区结合蚂蚁岛实际，对蚂蚁岛社区村庄布局进行了科学规划，在乡建设办的指导下，明确了社区内生活区、工业区、养殖区、殡葬区及船舶停靠区等区域定位，做到重点区域突出、规划布局有序，并与其他规划对接一致。社区加强环境整治，建立《社区环境卫生长效管理方案》，与社区主干道的经营户、个体工商户签订"门前三包"责任状。为使环境整治工作落到实处，社区联合乡城管中队，做好居民区、交通要道、休闲区的"五乱"整治工作，努力营造一个良好的美丽海岛创建环境。

蚂蚁岛注重辖区内居民住宅的管理，严格按照舟山市普陀区人民政府办公室《关于进一步规范私人建房的补充规定》的通知要求，在乡城管中队的配合下，及时处理各类违章建筑，在 2011 年共对 2 起违章建筑进行了拆除处理，并投入 7.1 万元对 5 户困难户的危房进行了改建。针对岛小人多的特点，依据美丽海岛建设和浙江省"千村示范、万村整治"的相关要求，2011 年投入 120 万元，对忠河路、创业大道、鱼市路进行了路面浇筑处理，比原计划资金投入增加 71.43%；投入 100 万元，在社区所有主要干道重新安装了路灯，比原计划资金投入增加 100%。通过本年度建设，社区村道硬化率和亮化率都达到 100%，并制定了相应的道路管理机制。2011 年社区及时组织人员，投入 18 万元，对辖区内的 50 多户农户 5000 多平方米的农居房进行了房体墙面刷白工程，比原计划资金投入增加 12.5%，使社区旧农居房的外立面得到了修缮。在此基础上，社区联合乡建设办，投入资金 8 万元，完成小蚂蚁殡葬区道路建设；投入 20 余万元，对社区居民区下水道进行整改，比原计划资金投入增加 14.29%；完成社区主要河道清理，确保农村环境的连线成片整洁，有效维护了岛上整洁的生活环境。在"十小"整治方面，社区配合乡各相关部门完成对社区食品加工小作坊、小菜场、小食杂店、小美容美发店、小餐饮店、小音像店、小药店、农村小客运、小农资店、小液化气供应点的综合治理。为确保社区环境的整洁、不受污染，社区根据蚂蚁岛乡的地形特点，分片设立污水收集系统，对污水进行处理，将蚂蚁岛社区常住户全部纳入乡镇生活污水处理规划。2011 年投入 51.3 万元进行农村改厕，并对社区内的生活污染源进行了普查，社区生活污水处理率达到 100%。蚂蚁岛乡被评为区级生态乡，社区现已达到了区级生态村的标准，与此同时，社区加大对辖区内工业污染的普查力度，并做好相关登记，确保社区生产、生活环境的洁净。

2017 年，蚂蚁岛管委会先后开展了小城镇环境综合整治工程，包括后岙海塘除险加固、岩家坑山塘综合整治、虾皮加工区环境综合整治等多个项目，极大地提升了蚂蚁岛的发展水平和生活品质。2017 年 1 月，岩家坑山塘综合整治工程完工，主要进行了塘底渗漏修复、坝体加固、坝顶绿化景观、环塘步行道打造等，并通过山塘整治将其与樟树林景点有机结合起来，既达到蓄水排涝功能，又能作为居民休闲娱乐场所，成为有特色、有需求的水利工程景点。后岙海塘位于后岙经济合作社外围海边，全长 313 米，沿塘有一个养殖进排水闸，是保护区域内居民和企业正常生活与生产的重要设施。2017 年，管委会投资 600 万元实施后岙海塘除险加固工程，将防潮水标准从 20 年一遇提升至 50 年一遇。主要实施内容为加固镇压层、提升海塘整体高度、浇筑堤顶砼路面、背坡充填灌浆及砼预制六角螺母块护坡、打造护堤步行小道等。此外，在海塘外侧增加 2300 余平方米的钢筋混凝土平台。2017 年 1 月 22 日，蚂蚁岛对三号码头的公厕旧建筑进行提升改造，将原有旧建筑的屋面进行翻新、修补，并对屋面基层进行清理、加固，保证屋面结构的安全性，以及对附属店面的门窗、店面招牌灯进行统一规划，设计统一风格，对蚂蚁岛的综合环境整治起到较好的作用。

2018年9月，统计显示，蚂蚁岛实现固定资产投资2177万元，完成全年目标任务3000万元的72.57%。2018年固定资产投资入库项目1个，为小城镇环境综合整治项目，项目总投资为3150万元。同时，全力推进小城镇环境综合整治项目的整体进度，促进投资释放，凸显拉动效应。加快蚂蚁岛海防执勤码头的项目实施，总投资1000万元，作为当年下半年集中开工的重点项目之一，并列入2019年的固定资产投资政府实施项目，解决蚂蚁岛生活垃圾压缩外运、危险化学品装运、民间物资外运等三大瓶颈问题。

第二节　生态文明建设

改革开放以来，蚂蚁岛尤为重视环境保护和生态建设，把其同经济建设和提高人民生活质量一起来抓，共同列入乡党委政府的重要议事日程。为确保自然资源合理、科学的利用，促进全村经济的可持续发展，蚂蚁岛制定《蚂蚁岛生态乡建设规划》和《蚂蚁岛乡绿化规划》，为蚂蚁岛的生态建设确定方向和目标。

（一）生态绿化

为提高生态建设的整体水平，蚂蚁岛同时完成了生态村建设实施意见，长沙塘、兰田岙生态建设实施方案等，明确了蚂蚁岛创建生态村的规划目标，确保了创建工作的顺利开展。通过建立环境保护管理体制，认真搞好规划和布局，经过努力建设，蚂蚁岛基本上形成了居民区、工业集中区、养殖区、森林保护区、水资源保护区、殡葬区等五大生态功能区域。根据上级指示因地制宜，面向未来，开拓进取，勇于创新，深入探索海岛生态建设新模式，全面建设"绿色海岛""生态海岛"。

早在1996年，蚂蚁岛就被舟山市环保局命名为全市第一个生态乡建设示范点。通过市生态岛的建设验收，成为舟山市生态（乡）镇示范点。蚂蚁岛根据人事变动情况，调整了生态建设工作领导小组成员，并成立了乡生态办，由分管环保工作的副乡长任办公室主任，各村相继成立了村生态工作领导小组，同时进一步加强了环境保护，并成立了卫生管理站和园林管理站等机构，明确了站长和专职工作人员的工作职责、工作任务，管理制度到位，各类生态建设和环保档案齐全，各项工作开展有序。1999年，蚂蚁岛将位于大兴岙岗墩脚下、香樟林路尽头的樟树林休闲区开辟为休闲公园。樟树林休闲区是蚂蚁岛生态示范区之一，内有樟树3000余株，原本树冠呈伞状的樟树一律向上伸展，形成十分独特的生长态势，并且周围植被种类丰富，林中小路蜿蜒弯曲，茂盛的树林散发的樟香沁人心脾，区内配备休闲桌椅，林中有吊床、秋千、单杠等，人们在这里有"世外桃源"的感觉，之后此处被开辟为自然风景公园，因当时开辟时正迎21世纪，所以被命名为世纪虹公园。这为岛内居民提供了一处运动、休闲、娱乐的好去处。

在几代蚂蚁岛人的努力下，昔日的赖头山，如今森林覆盖率达63%，森林总面积1732亩，树种有檀树、红棕、白棕、桉树、麻树、杉木、毛竹、油桐、沙朴树、马尾松、日本花木柏、樟树等30余种。岛上林业用地有104.5公顷，其中防护林3公顷，用叶林46.1公顷，薪炭林52.3公顷，竹林1.3公顷，四旁树木折合1.8公顷，活立木蓄积为3901立方米。数十年来，岛上专门配备护林、育树专业人员，全岛显得郁郁葱葱，生机勃勃，辖区内无滥垦、滥伐、滥采、滥挖现象，无捕杀、销售和食用珍稀野生动物现象，无愧于"绿岛"之称。

（二）生产、生活环境改善

加强工业污染源达标排放整治。浙江东海岸船业有限公司造船项目落户蚂蚁岛，推动了蚂蚁岛经济的快速发展，成为蚂蚁岛重点建设项目，但也给经济环境建设提出了更高的要求。经过几年的建设整治，东海岸工业污染源已基本达标排放。厂内生活区污水处理系统建成，日产生量1100吨，日处理能力1200吨，污水处理率达100%；设有喷漆房和冲砂房等二次处理房，分别配备有机废气处理装置一套和滤筒除尘器一套；钢板预处理线配设漆雾处理系统和粉尘处理系统；废油、废油漆等统一由实业公司运输出蚂蚁岛并委托有资质的单位处理。蚂蚁岛持续定期开展对工业企业污染治理设施的检查，确保工业经济可持续发展。

2011年，蚂蚁岛投入60万元用于卫生保洁队伍及卫生设施的建设，新配备100个垃圾箱、3辆垃圾清运车，建立一支由17名保洁员工组成的保洁队伍，通过保洁、绿化等社区队伍的相互配合，加强生活垃圾的收集和清运，社区平均每250人中就有一名保洁人员，全面做好一体化保洁工作，还制定了卫生管理考核办法，进行监督。为进一步推进生态建设，在园林站的帮助下，制定《蚂蚁岛景观生态林工程方案设计》，投入 160 万元，建设"三八"海塘防护林工程，在滨港路、忠河路两旁，创业大道，休闲广场，体育健身场等社区重要地点、地段新增绿化面积 5800 平方米，还联合乡园林队对社区绿化进行养护，确保社区公共环境绿化工程的长效性。为使社区生态建设深入人心，新购花木茶梅、茶花、含笑、杜鹃等约 1000 株，花盆 1500 只，赠送给居民进行庭院绿化，向社区居民提倡庭院绿化，真正使社区生态工程落到实处。2012 年以来，成立了由乡主管领导任组长、分管领导任副组长的"加强生态建设环境保护工作领导小组"，明确乡建设办负责抓好生态建设的具体工作，作为领导小组的日常办事机构。严格执行生态建设目标责任制，抓好生态建设每年的目标责任和年度分解任务书内容及要求，对生态建设项目加强监督和管理，实行生态建设一把手负责制和目标责任制。

针对海岛的特殊生态环境要求，蚂蚁岛先后建立了"湾（滩）长制"和"河（湖）长制"。湾（滩）长分段、分区块管理和保护海滩，湾（滩）长及护滩员职责包括：做好政策宣传工作，引导群众自觉保护海洋渔业资源和生态环境；组织开展海岸和滩涂动态巡查，落实日常监管；制止非法占用、破坏海岸和海滩，以及非法修、造、拆船舶的行为；监管入海排污口和农药清滩行为；及时排查、清理禁用渔具和"三无"渔船，并协助做好取缔工作。河（湖）长的主要职责是确保长沙塘水潭、穿山岙山塘、岩家坑山塘及忠河等小微水体河底无明显淤泥或垃圾淤积，水体无异味、颜色无异常，无非法设置排污口等，并切实履行"管、治、保"三位一体的职责，负责组织水体的管理保护工作，以使水安全得到有力保障，水生态系统实现良性循环，河湖变得水更清、岸更绿、景更美，最终实现"绿色河湖"的总目标。

在大量外来人口涌入蚂蚁岛，对森林防火、绿色生态养护、环境卫生管理带来极大挑战的情况下，蚂蚁岛加大对各经济合作社生态建设的扶持力度，并以此为契机打响名牌效应，吸引更多的游客，带动旅游业的发展，同时加大生态投入，加快生态建设步伐，全力打造"绿色海岛"品牌。投资 12 万元对花坛进行场地平整和花木、花盆的购置，使庭院绿化进一步拓展，海岛绿化工程进一步深化。完成投入 20 万元的国债造林、沿海防护林等造林工程，种植面积涉及穿山岙岗 30 亩、"三八"海塘 880 米，使绿化从山上向居民区、道路、工业园区、养殖区、码头延伸。做好长沙塘水库背坡草坪种植的绿化工程，改变了以前杂草丛生、乱石不平的局面，促进全村生态环境的建设。完成文化休闲广场至航船码头木板路维修工程，改善了港口的整体面貌。做好污染源全面普查工作，普查先对工商部门提供的企业登记名录一一上门核对，清查出符合全面普查要求的污染源共计 93家，涵盖化工、食品、电力、机械、餐饮服务等行业。在普查工作中做到不重不漏、准确完整，在普查期间，区污染源普查办公室、区环保局各科室给予督查指导，确保普查工作的顺利完成。配合全区环境提升工程，在长沙塘建造集中污水处理池一座，铺设排污管线 3000 多米，改建公厕 5 座，新建 1 座。在沿街各路段新增垃圾桶 50 多个。通过生态环境综合整治和各项措施有效落实，蚂蚁岛生态环境建设发生可喜变化，环境管理日益规范化，生活环境日益优化。

2017 年全岛共有 68 家虾皮生产企业，实际投入生产 58 家，占全区实际生产企业总数的 46%。为落实"绿水青山就是金山银山"的指示要求，蚂蚁岛管委会结合自身实际，在全体加工户的大力支持下，将虾皮加工区环境综合整治作为"一号工程"，摆在重中之重的战略地位，将其作为年度最为重要的"民生工程"来抓，投入大量人力物力，对该区域的废气、污水、固废进行综合整治，蚂蚁岛虾皮加工走上以电代煤的绿色加工之路。

（三）生态环保宣传

为加强生态环保宣传教育，提高公众对环境状况的满意率，蚂蚁岛以多种形式的宣传方式组织宣传活动，生态文明宣传普及率达 90% 以上，动员公众积极参与环境保护，提高公众生态环保意识，群众反映的各类环境问题得到有效解决，公众对环境状况的满意率逐年提高。充分利用宣传窗、横幅、广播、画报、生态小册子等加强宣传，宣传蚂蚁岛生态环境现状及发展趋势，增强群众的生态忧患意识；利用节日组织开展各种宣传活动，使节约资源、保护生态环境成为群众的自觉行为；充分发挥网格化团队的作用，通过网格小组的走访等形式加大生态环境建设宣传力度，充分调动全岛人民的参与热情。此外还专门邀请区环保局干部来村进行生态知识讲座，提高群众生态知识的普及率，提高群众生态建设的认知度。2010 年，蚂蚁岛的公众调查结果显示：蚂蚁岛群众对本村的环境状况比较满意，对创建生态村的认知度高，对本村的创建工作给予大力的支持。

第三章　社会保障与公共服务

　　社会保障的健全与公共服务的提升，是一个村庄发展的重要指标。蚂蚁岛的卫生医疗、学校教育及养老等诸多事业都取得了较大的进步，这一方面得益于国家政策的实惠，另一方面也面临一些困难，比如学校的撤并、社区老龄化程度的加深等，都给蚂蚁岛的发展带来相当大的挑战。

第一节　卫生医疗

　　蚂蚁岛人非常重视身体素质和健康水平的提升，因此卫生医疗方面受到政府的重视，尤其是医疗保障，早在人民公社时期就已持续不断地进行投入发展。

　　新中国成立以后，蚂蚁岛迅速采取各种政策措施改善医疗条件。1958年，舟山地委得知蚂蚁岛缺医缺人后，专门派年仅28岁、在舟山医院工作的程金水（毕业于临安卫校）担任蚂蚁岛卫生院第一任院长。蚂蚁岛租用老旧的12平方米砖木民房作为院址，正式成立蚂蚁公社医院。成立伊始，即组织扑灭"八害"，医治全岛361人的血吸虫病、钩虫病，并于1959年重新进行复查和根治。当时甚至规定因公负伤的村民和小孩、敬老院老人患病，都由公社负担医药费用。1961年，蚂蚁人民公社筹建瓦木结构平房7间，面积达到200平方米。1967年进一步扩建到300平方米。

　　随着人口的迅速增加，1983年由蚂蚁岛乡人民政府筹建、区卫生局拨款2万元，总投资近6万元，建造了780平方米医疗用房，形成了门诊部、住院部、宿舍相配套的院区。1984年正式改名为蚂蚁岛乡卫生院。2002年12月30日，蚂蚁岛乡被浙江省爱国运动卫生委员会评为卫生乡，长沙塘村被评为浙江省卫生村。

2005 年，随着渔农村新型社区的建立，乡卫生院更名为蚂蚁岛乡社区卫生服务中心。2009 年，蚂蚁岛筹建新卫生服务中心。2010 年 7 月 16 日，位于蚂蚁岛望海路段西端，靠近蚂蚁岛新客运中心，投资 800 万元新建的社区卫生服务中心正式完工启用。新卫生服务中心占地面积 1.7 亩，总建筑面积 1888 平方米，共三层，其中一层到二层为医疗康复部，三层为预防保健部和行政部。蚂蚁岛社区卫生服务中心现有在职员工 20 名，其中专业卫技人员 15 名；现有病床 12 张，设有全科医疗、骨伤专科、防保科、妇保科、儿保科等临床科室及检验科、放射科、B 超室、心电图室等辅助科室；拥有 500 毫安 X 光机、CR、半自动生化分析仪、尿分析仪、血球分析仪、B 超机、心电监护仪、心电图机等医疗设备。蚂蚁岛卫生服务中心作为基层医疗机构，不仅负责处理岛内居民发烧、腹泻、头疼、感冒等常见病症，而且负责给村民注射疫苗，以预防流感、脑膜炎、乙肝、白喉、破伤风、百日咳、甲肝、流行性感冒等流行性疾病。

蚂蚁岛作为基层渔村，其卫生医疗的发展离不开国家政府推出的各项政策。社区新型渔农村合作医疗制度旨在提高渔农村地区的医疗卫生水平，加快渔农村地区的医疗卫生事业建设，减轻渔农民看病就医的经济压力。作为一项惠民政策，农民在交纳少量的注册费后，因就医所产生的花费便可获得国家的相应补贴。每个拥有渔农村户口的蚂蚁岛居民均有参加新型渔农村合作医疗的资格，每个参加合作医疗的村民都将进行登记注册并获得相应的凭证。渔农民在乡镇级、县区级或县区外与县区级以上定点医疗机构接受住院治疗（不包括看门诊所产生的费用）即可获得国家补助。此政策推出后迅速受到蚂蚁岛村民的欢迎，截至 2003 年 11 月底，蚂蚁岛新型渔农村合作医疗顺利完成，村民参与率达到总人口的 70%，之后更是基本覆盖了全体村民。这项惠民政策的实施，极大地提高了村民罹患重大疾病时的就医能力，有效地缓解了蚂蚁岛渔民因病返贫、因病致贫的情况。此外，蚂蚁岛村鼓励群众参加各类保险，在 2011 年度城乡居民养老保险工作中，社区居民应保尽保，参保率达到 97%；在新农合参保中，社区群众参保率达到 95%，其中包括应保尽保的 82 名低保残疾人。社区关注低收入人群生活，"五保"对象分散供养率达 100%。

近年来，随着社会经济发展水平的提升，蚂蚁岛居民饮食结构中高脂、高蛋白食物的摄入量大幅增加，加上其他不良生活习惯，严重地侵蚀了村民的身体健康，使"三高"、心脑血管疾病的发病率显著提高。此外，由于人口老龄化程度日益加深，老年居民预期寿命延长，各种慢性病的发病率也都有所上升。为了应对老龄化带来的各种健康问题，蚂蚁岛管委会主动联合社区卫生服务中心，定期为老年居民提供免费健康体检服务，开办健康知识讲座，倡导健康生活理念。2015年10月，蚂蚁岛社区卫生服务中心与岛内居民签订"全科医生签约服务协议书"，为老年人建立和更新家庭健康档案、个人档案和专项健康档案；开展慢性病、传染病、公共卫生监测等社区预防免费服务。同时，社区卫生服务中心的全科医生团队一年四次上门为全岛820余名65岁以上的居民提供"打包式"医疗服务，极大地改善了岛内老人的健康管理服务。

与此同时，蚂蚁岛管委会积极改善蚂蚁岛人居环境、提高蚂蚁岛人生活质量、完善居住设施建设，将长沙塘原渔用堆场进行改造，建设成集篮球场、小公园、渔具堆放场、文化展示区等多项合一的综合性文化广场，同时建成门球场、全民健身场所等文体设施，成立老年器乐队、健身队等文娱团体，并定期聘请专业文体教师对各团队进行培训辅导，有效地营造出蚂蚁岛村民积极锻炼身体的良好氛围。

蚂蚁岛人持有一套独特的健康观念和疾病认知理论。村民对何为好身体的判断，受到以渔业为主要生计方式及传统中医理论的影响。不同于现代生化医学，人们认为健康不仅是消除了疾病与虚弱，而且是身心的协调与平和。对于从事繁重渔业生产的渔民而言，身体是应付海上作业的本钱，而食量的多寡决定了体力的大小，也意味着生产力的高低，因此好身体首先必须胃口好。渔民认为，壮实的肌肉、强健的体格及黝黑的皮肤均是好身体的标志。

事实上，蚂蚁岛人对"健康"的理解远非如此浅显，他们认为应当极力避免身体"上火"或"着凉"，使身体保持一种相对平衡与协调的状态。而摄取相应的食物使身体处于制衡状态，并且脱离"凉""热"两种极端状态，以此纠偏使身体保持健康。村民时常根据他们对身体状态的认知和判断选择食物，正如张光直所指出的，"一个人所吃的食物的种类与量，同他的健康密切相关……正确的食物的选择也必须以一个人在那个时间的阴—阳状态为原则……当躯体内的阴性力与阳性力不平衡的时候'麻烦'就来了，于是，可以用适量的这样或那样的食物来抵消这种阴与阳的失衡"[①]。蚂蚁岛人十分重视何种食物适合何种体质的人食用，以确保身体的健康平衡。在他们看来，健康是身体处于制衡的一种平和状态，当身体无

[①] 张光直：《中国文化中的饮食——人类学与历史学透视》，郭于华译，江苏人民出版社，2003年，第256页。

法保持平衡，而进入任何一种极端状态之时就可能引发疾病。由于过去医疗卫生水平和生活条件低下，村民笃信人的生、老、病、死都是命中注定的，而非人力所能改变，他们一般仅以寻常易得的草药进行治疗，或是寻求超自然力量神灵的庇佑，然后即听之任之，顺应天命。

蚂蚁岛村民在长期的生活中积累了不少民间医药单方，用来处理日常所见的各种病痛。如将大蒜捣烂，涂在患处，可治冻疮；用海豚油可以治火烫伤；用韭菜根拌黄糖，再将其放在瓦片上用火烘热，可以治伤筋；用桐油拌荠眼草，然后捣糊可以治疗被铁钉子刺伤的脚或手；女人的奶水可以治疗被电焊炽痛的眼睛；用老粪缸圈烧灰，可以治疗"缠身龙"（带状疱疹）；植物仙人掌去皮后捣烂，可以治"大嘴巴"；用枇杷树叶煎汤，可治疗咳嗽；在端午节前摘来的荠眼草可以治疗拉肚子；烧酒杨梅和烧酒李子可以治疗肚子痛。这些"地方"经验也成为蚂蚁岛人卫生健康方面的日常认知。

第二节　学校教育

蚂蚁岛偏居一隅，孤悬海中，往昔的读书识字，往往需几家联合起来从舟山本岛甚至宁波等地聘请教师来教，所以新中国成立前识字村民甚少。新中国成立后，蚂蚁岛经济、社会、文化各项事业蓬勃发展，蒸蒸日上。1951 年土地改革之时，蚂蚁岛办起夜校，不仅从普陀区文教局请来一名文化程度较高的教师，同时也选派一些识字的村民充任老师，鼓励不识字的男女老少都来学习。此后蚂蚁岛办起小学，开始招收岛上学生正式入学，揭开了蚂蚁岛正规教育的序幕。为快速提升村民识字率，蚂蚁岛陆续开办业余初小、高小和海上业余中学，到 20 世纪 70 年代末期基本扫除文盲，普及了小学教育。

为了促进渔民生产技术的提高，蚂蚁岛还办起了渔业中学、海上中学，向村民传授海上渔业生产技术知识。与此同时，为了打破传统上近洋张网的生产局限，大力发展远洋生产，积极培养机帆船轮机手、加油工等技术能手，蚂蚁岛公社从各生产队抽调一批优秀青年男女社员到舟山、上海学习技能，同时通过熟手带生手的方法培养大批技术人才。由于当时发展远洋生产时下海人手紧张，1958 年派出了 10 名青年妇女前往浙江水产学院参加学习培训，学成归来，以女代男，下海分到机舱间,其中包括 4 名轮机手和 6 名加油工。此外,蚂蚁岛成立了渔业红专大学,当时设有轮机、电机、水产等系,总共招收了半工半读的学员 40 余名。

蚂蚁人民公社时期,不仅男性劳力下海捕鱼,而且岛上所有妇女及老年劳力都积极参加生产劳动。为进一步解放劳动力,蚂蚁岛大力加强后勤保障服务,以解除妇女劳动力的后顾之忧。1958 年,长沙塘率先在小洋房里办起托儿所,之后又办了幼儿班,当年幼儿班规模即达到五六十人,分大中小三个班级,并从蚂蚁岛挑选了近 10 名年龄在二三十岁的年轻妇女作为幼儿班老师。当时幼儿园上课按照小学模式上课,课程以唱歌、跳舞、做游戏为主,同时也教授语文、政治等科目。1965 年 9 月,首批城镇知识青年 30 人到蚂蚁岛公社插队,他们不仅积极参与渔业生产劳动,而且也给当地带来了新文化知识。"文革"期间,蚂蚁岛曾短暂办起学制两年的"五七高中",学生半工半读,一边学习文化知识,一边参加生产劳动。

1979 年,蚂蚁岛乡中心学校建筑面积达 2000 平方米的 4 层教学大楼拔地而起。20 世纪 80 年代以来,蚂蚁岛对教育的重视更是无以复加,尊师重教蔚然成风。由于蚂蚁岛交通不便,当时乡政府每年均会给外地教师发放生活补贴,同时每年拨款千余元设立奖金,奖励教学成绩卓著的教师。1986 年初,蚂蚁岛乡经省、地两级主管部门验收,7 ~ 11 周岁儿童入学率达到 99%,巩固率为 100%,12 ~ 15 周岁儿童入学率为 99%,毕业率在 95% 以上。岛上只要有哪家子女考上中专、大学,全村渔民就都会前来祝贺。自高考制度恢复到 1987 年的短短 10 年时间,蚂蚁岛共有 30 名渔家子弟考入大中专院校,其中不乏北京大学、清华大学等名牌高校。

90 年代初,舟山市实施"大岛建、小岛迁"的总体发展规划,对蚂蚁岛这样的海岛社会经济发展产生了重大影响,并且也延伸到青少年教育领域,当然最重要的还是 70 年代以来实行的计划生育政策所导致的生源变化。

以前一般都是在这里读书的,后来实行计划生育嘛,学生就变少了,有的班级只有 20 个人,教育局就下来撤掉了,后来就不成学校了嘛,教师配备也不好配,那就裁掉。以前一般都是在这里,最多的时候有七八百人,小学和初中加在一起,那时候学生比较多,后来计划生育学生越来越少。现在又可以生两个,那会儿都是一个,像我们这把年纪有两个,有的就只有一个。就是计划生育导致学生越来越少,学校就撤了。好像上面教育质量比较好,我们这里教学质量比较差,其实我们跟桃花、登步比起来，我们学校还是比较好的，升学率也比较高，在同等的学校里面也是名列前茅的，这我们也是功不可没的，我们老师也是从外面调过来的，初中嘛，也是大学生。像我们小学呐，后来都没有民办老师了，也都是师范生，教学质量也是比较好。主要是计划生育的原因，慢慢生源没有了，老师配备也不好配了。一个班级怎么配呢，语文、数学最少两个，还有音体美，挺难配的，所以撤掉。①

一方面，随着人们经济生活水平的提高，以及计划生育导致渔民家庭少子化，蚂蚁岛家长对子女教育的重视程度提高，逐渐开始主动将子女送到岛外沈家门等地接受更加优质的教育，以获得更好的升学机会；另一方面，随着优质生源的相继流失，蚂蚁岛教育质量和升学率下降，导致其他家长也不得不将孩子送往岛外就学。此后，随着撤点并校政策的推行，2008 年，蚂蚁岛学校停止招生，学生和老师均被分流至沈家门各所学校。至此蚂蚁岛存续 50 余年的学校教育正式停止。

蚂蚁岛学校的裁撤造成的影响绝不仅仅在于教育本身，由于幼儿园、小学等最基础的教育资源均付之阙如，蚂蚁岛大量年轻女性不得不去沈家门陪读，造成许多空巢老人缺乏应有的照料，家庭养老呈现出重大危机，同时许多青壮年劳力在岛外寻求工作机会并购置房产，导致人口外流，给蚂蚁岛的发展带来前所未有的挑战。

第三节　养老事业

社会流动带来的人口结构变化，以及老龄化程度的加深，给蚂蚁岛的社会管理和良性发展带来巨大挑战。在养老事业上，蚂蚁岛的投入也取得了一定的成效。

面对日益严峻的老龄化形势，蚂蚁岛社区先后成立了"居家养老服务站"和"银龄互助"等组织，制定了《蚂蚁岛社区老年协会章程》和《蚂蚁岛社区老年协会工作制度》。按照工作制度规定，给年满 80 岁以上的会员在生日时送生日蛋糕；逢年过节对特困老年人进行慰问看望；对住院老年协会会员进行探望；对亡故会员，要派员致哀并送花圈一只。每年重阳节、春节等重要节日，各经济合作社均需向每位年满 60 周岁的老年人送慰问金 50 元，同时老年人的渔农民合作医疗费

---

① 受访人：胡吉芬，女，1960 生，原蚂蚁岛小学教师，2018 年 7 月 26 日访谈。

亦由蚂蚁岛社区管委会和各经济合作社各承担一半，如 2018 年的合作医疗费用为每人 520 元，管委会承担一半 260 元，老年人所在经济合作社承担另外一半。目前全岛老年人近千，这是集体经济不小的一笔支出。此外，蚂蚁岛社区（村）居家养老服务中心负责照料岛内孤寡老人，难以收支平衡，不足的部分需由管委会和民政部门共同承担。

蚂蚁岛社区还推进了老龄工作"3587"工程建设，即 3 个组织、5 个服务网络、8 项主要任务和 7 条规范化标准。3 个组织包括老龄工作领导小组、老龄协会领导小组和助老志愿者服务队。5 个服务网络是指养老保障网络、医疗保障网络、生活照料网络、文化教育网络和权益维护网络。8 项主要任务包括推动建立具有特色、功能齐全的老年服务体系，完善各类老年福利设施，为老年人居家养老提供全方位、多层次的社会化服务；建立健全城市社区老龄工作组织和工作队伍，为开展老龄工作提供可靠的组织保障；动员、整合为老服务资源，逐渐形成政策支持、市场补偿与社会资助相结合的社区老龄工作经费保障体制和运行体制；有计划地组织具有特色的老年娱乐和体育健身活动，努力吸引更多的老年人参加各类社区活动，丰富老年人的精神文化生活；开展老年教育活动，动员组织老年人到各类老年学校学习，做好老年人的政治思想工作，帮助老年人在思想观念和精神生活方面做到与时俱进；动员社会力量，开展多种形式的帮扶救助活动，使需要特别帮助的老人受到经常性的关爱；动员组织社区低龄健康老人，特别是各类专业人才参与社区建设，使更多的老年人在社区党建、治安、卫生、教育青少年等方面发挥作用；维护城市老年人的合法权利，运用多种形式宣传老年法制，表彰敬老典型，提供法律援助，同歧视、虐待、遗弃甚至残害老年人的行为作斗争。7 条规范化标准包括老龄工作机构健全，人员、经费基本满足工作需要，职责明确、制度完备、领导有力；社区老年服务设施健全、功能完善、管理到位、运转正常；老年文化教育活动经常化，内容丰富，老年人参与程度高；老年群众组织，为老服务机构和志愿者、义工队伍发育良好，发挥作用明显；社区老年人发挥余热渠道畅通、成效明显；老年人各种权益得到有力维护，特殊困难者有人帮助；社区成员和睦，家庭和睦，敬老助老氛围浓厚。通过组织架构的建立和相关制度的制定，蚂蚁岛老年工作取得较大成效。

文化篇

篇

记忆与传承

中国村庄发展

WENHUA PIAN
JIYI YU CHUANCHENG

作为"地方性知识"的文化，其内涵十分丰富，不仅是指文学艺术或民俗活动，而且包括社会生活的方方面面。生产技艺、礼仪祭仪及许多被称为"传统"的事物，这些不仅是普通百姓日常生活中的组成部分，而且反映出岛人的宇宙观、世界观与人生观。从某种意义上来说，文化是一种"生活方式"，是生活在特定时空背景下的社群所共享的一套意义和价值体系。蚂蚁岛不仅在生计方式方面受客观条件影响，而且在社会、文化、宗教生活等方面也迥异于以农为本的农村。

随着工业化、城市化和现代化的发展，凝结在蚂蚁岛渔村生产生活之上的文化传统和文化现象，正在面临着急剧丧失的命运，若这些文化事象未能以文字等载体予以传承，想必会随着老一辈的凋零而成为一种遥远的记忆随风而逝。文化变迁、现代化及经济发展，其趋势是不可逆转的，但显然尚未达到不可调和的地步，如何有效地衔接传统与现代的关系，使经济发展不至于摧枯拉朽地捣毁一切，从而在发展和进步的巨轮下带有些许脉脉温情。因此，本篇将对蚂蚁岛渔村社会文化生活做一描述，并主要梳理该岛的生产生活习俗、人生礼仪、岁时祭仪、民间信仰诸方面，以及就社会主义精神文明的建设与表现进行讨论分析。

第一章　生产技艺与生活习俗

　　蚂蚁岛周边海域渔业资源丰富，渔业生产为其主要生计方式。渔业生产不比陆地的农业耕作，其所遭遇的环境复杂多变，不确定性和风险要远远高于农业生产，对相关生产技艺的要求也更高。随着现代渔业生产技术的改进，许多生产生活习俗也随之被放弃而消失。以渔工号子为例，过去蚂蚁岛渔民在海上生产过程中，为了同心协力地完成某一作业活动，往往要通过口喊号子来增进团结和凝聚力，从而提高生产效率。推船号子、拔网号子、摇橹号子、打桩号子、拔篷号子等。喊号子往往由一个人起头喊口令，其余人齐声响应。如起头者喊道：一拉金来。响应者接着喊道：哎唷嗨。如前一人喊道：哎呀嗦呀。后一人续喊道：依呀嗦呀。双方你一句我一句这样连续不断地喊唱。随着渔业新科技的运用及捕捞技术的更新，渔民生产劳动的强度大为降低，过去仰赖体力付出的劳动基本为机械所代替，渔工号子也渐渐消失，成为历史。蚂蚁岛人生产、生活的习俗变迁大抵如此。

第一节　张网生产与加工技艺

蚂蚁岛人传统上以近洋张网为主，主要捕捞近洋饭虾、海蜇等生物，由此衍生出一整套从捕捞到加工的系统性生产技艺。

一、近洋张网生产技艺

定置张网生产是蚂蚁岛的传统生产技艺，村民自移居以来即以此维持生计，主要就在洋鞍渔场一带作业。虽然生产工具和技术几经改进及更新，但蚂蚁岛渔民至今仍传承着这一生产技艺。张网捕捞的对象主要为海蜇、毛虾和虾潺等小鱼虾，但在某些季节，尤其是农历三四月份，也能捕获较大的经济鱼类，如鲳鱼、马鲛鱼等。蚂蚁岛的张网渔具呈方锥形，张网的网口网衣结附在竹仓框架装置上，使网口张大，利用潮落潮涨的急流冲击，迫使鱼类进入网内，在平潮流缓时起网提取渔获物。现将近洋张网生产技艺略述如下：

1. 张网的网衣结构及其作用

最早张网的网衣是绳麻网网衣，织好以后须用猪血烤，以延长使用时间，但因麻网吸水沉重，后改进为棉纱网衣，现今则基本使用塑料网衣，不仅便宜，也相对耐用。网衣由爪网衣（网角或耳网）、身网衣、囊网衣三个部分组成。爪网衣装在竹仓框架的四角处，作用是避免与框架连接的网衣被撕裂；身网衣的作用是诱导鱼虾进入囊网；囊网衣的作用是聚集渔获物。

2. 纲索的组成及其作用

张网的纲索过去是用稻草与竹篾丝包扎而成的，然后再用打绳工具打成三股左捻，或二股左捻的绳，现也已被塑料绳所代替。纲索分根绳、叉纲（扁索）绳、挑竿绳、囊网束纲绳及囊网扎绳（袋筒扎绳）。根绳用来连接桩和网具；叉纲绳用来连接根绳与竹仓的框架；挑竿绳在提起时用来束紧束纲绳；囊网束纲绳的作用是防止渔获物从袋口倒出；囊网扎绳（袋筒扎绳）的作用是缚住袋口，防止渔获物逃出。

3. 属具的组成及其作用

属具包括转轴（独六）、挑竿。转轴由原来的木头转轴改为现在的塑料转轴，作用是连接根绳和叉纲绳（扁索绳），以防止根绳打捻；挑竿配合挑竿绳，用来提起囊网。

4. 框架的制成及作用

将四根毛竹用扎连绳缚扎而成方锥形的框架，其中两根分别叫上梁和下梁，根部为13厘米，长3.8米；与上下梁垂直交叉缚扎的两根毛竹称为柱竹，长3.6米，框架称为竹仓，其作用是附装网身，撑开网口，并增加网具浮力。

5. 固定装置制作及其作用

张网的固定装置为竹桩，竹桩根部直径为12厘米，长3.5米。在其外面包上一圈竹片，并扎上稻草绳，同时削尖毛竹下端，然后打入海底，用来固定网具。

打桩要选择鱼虾密集、潮急、底质不太硬也不太软的海底，打桩一般在小潮期、缓潮时进行。一般用两只开洋船并拢打桩，将桩夹在两船中间，用打桩工具（由斗头、春子、二达、先锋组成）打入海底。

6. 掺仓和挂网

竹仓的四角各缚扎着一根扁索绳，将这四条扁索均缚扎在根绳最上头的"独六"上，这样仓就掺好了。仓掺好之后，则将网口中爪衣上的绳子（俗称四爪）缚在竹仓的四只角上，同时将张网袋筒绳扎好，然后将网身放入海中。急流时竹仓架子与张网一起垂直下沉，这时渔获物就会随潮流进入网中。

7. 开洋撩鱼虾

一般每条开洋船配 4 人（其职务分别为老大、头手、中舱、后舱），待平潮时，老大、后舱摇橹，头手用竹篙子将张网囊袋翻入船中，解开袋筒绳，倒出鱼虾（鱼虾满袋时，后舱、头手一起帮忙），然后将袋筒绳子系上，把囊袋放入海中继续张网，一般每潮可撩 40 多网。[①]

二、海蜇捕捞及其加工技艺

蚂蚁岛近洋张海蜇生产历史非常悠久，过去海蜇汛时，全岛男女老少一起抢收海蜇，因海蜇生产是"杨梅红"，旺汛时间短，至多不过一个月时间，所以甚至学校都会放"渔忙假"让孩子帮忙抢收。每当海蜇旺发时，男子在前方张海蜇，妇女在后方加工海蜇，经过刨海蜇、打头矾、打二矾、打三矾四道工序后，加工出来的海蜇皮质量最佳，蜇皮薄而白，松脆可口，营养丰富。蚂蚁岛生产出来的三矾海蜇是舟山传统的出口水产品之一，销往香港、东南亚等地，过去曾是蚂蚁岛主要产业之一。从 20 世纪 70 年代后期开始，蚂蚁岛近洋海蜇逐渐衰退，至 80 年代后期海蜇基本消失，根本不成鱼汛。[②] 目前如果要海蜇重现，必须运用新兴渔业科技手段，采用人工育苗等方法予以培育，或可重新恢复使之形成鱼汛。

（一）海蜇捕捞技法

捕捞海蜇技术与定置张网作业基本相同，主要以草绳网为网具，过去从宁波穿山等地农村购来稻草，然后将稻草用木榔头敲打软化后搓成草绳，再将草绳结

[①] 舟山市普陀区蚂蚁岛乡人民政府：《浙江省非物质文化遗产普查舟山市普陀区蚂蚁岛乡集成卷》（未刊本），2008。

[②] "鱼汛"是指某种海洋生物在一片海域中大量集中，并适合捕捞的时段。从 20 世纪七八十年代开始，多种鱼类显示出严重的枯竭迹象，其中一个标志就是鱼汛的消失。

成绳网。绳网的规格一般长为 10.65 米，网口宽为 25 目，每目大 0.19 米，网身宽 18 目，目大 0.2 米，网目的结关为朵子结。之后是扎连、扎根、扎扁索，这些绳索都用敲软的稻草和劈细的竹篾扎成，即用竹篾心外包稻草作股。连绳直径为 3 厘米，长 12～15 米，作为码竹四只角用。根索绳单股直径为 5.5 厘米，用打绳工具打成三股左捻的绳索，根索的一头连接海底竹桩，另一头连接用木头做成的独六。扁索绳单股直径为 3.8 厘米，长 15～20 米，用打绳工具打成二股左捻的绳索，俗称索扁，索一头作连接根绳中的独六用，另一头连接竹仓中的每只角，即用在竹桩与上下梁垂直交叉缚扎处。一个竹仓架子有四只角，共需扁索绳 4 根。接下来是码竹仓（张开网口的竹架），即用连绳将四根毛竹缚扎成方锥形的架子，其中两根毛竹分别称为上梁和下梁，根部直径为 13 厘米，长 3.8 米（上下梁根部和尾部各伸出架子外 1 米左右，实际总长为 5.5 米左右），与上下梁垂直交叉缚扎的两根毛竹称为柱竹，长 3.6 米。这样草绳网方才织成。然后，渔民开始到海上打竹桩，草绳网的桩头为毛竹，其根部直径为 12 厘米，长 3.5 米，在其外面包上一圈竹片，并扎上稻草绳，同时削尖竹下端。连接桩头的是一条粗索，叫根绳，俗称"根"。打桩一般在小潮期，即缓潮时进行，通常用两只开洋船并拢打桩，将桩夹在两船中间，用打桩工具（由斗头、春子、二达、先锋组成）打入海底。接下来是掺仓、挂网，竹仓的四角各缚扎一根扁索绳，将这 4 条扁索均缚扎在根绳最上头的独六上，这样仓就掺好了。仓掺好之后，就将绳网网口中的爪衣上的绳子（俗称"四爪"）缚在竹仓的四只角上，同时将绳网袋筒绳扎好，然后将网身放入海中。急流时竹仓架子与绳网一起垂直下沉，这时海蜇就会随潮流进入网中。

之后，便可开洋撩海蜇，一般每只开洋船配 4 人，其职务分别为老大、头手、中舱、后舱，等平潮时，老大、后舱摇橹，头手用竹篙子将绳网囊袋翻入船中，解开袋筒绳，倒出海蜇（海蜇满袋时，后舱、头手一起帮忙），然后将筒绳子系上，把囊袋放入海中，继续张网，一般每潮可撩 40 多网。

（二）海蜇加工技艺

蚂蚁岛海蜇皮加工历史几乎与捕捞时间相当。加工海蜇的工具，最初是以木桶为主，从 20 世纪 60 年代中期开始逐渐用水泥池腌制海蜇。至 70 年代后期，海蜇资源逐渐衰退，到 80 年代后期则几乎消失殆尽，因此海蜇加工技艺亦随之消失。海蜇加工技艺主要分为海蜇皮加工和海蜇头加工两个部分。

1. 三矾海蜇皮加工技艺

海蜇皮加工包括四道主要工序：

（1）刨海蜇

首先将捕捞到的海蜇在船上或滩头进行分割处理，即先用刮刀把头和皮割开，称为"开膛"，然后再把蜇皮和蜇头连接的筋根肉（俗称"冬瓜皮"）割掉，接着用刨刀刨去蜇皮上面的红衣。割、刨时厚薄要均匀，避免破损，同时还要擦去蜇皮背部的白色黏液，并用海水洗净，否则会影响加工产品的品相和质量。

（2）打头矾

头矾加工是用拖桶进行操作，一般直接在泥涂里或码头边、海岸边进行。拖桶在泥涂里可拖上拖下，在海面上能浮动，使用起来比较方便灵活。打头矾的比例，一般为一担海蜇皮中放一碗明矾，不放盐，即100斤鲜海蜇皮中放0.25斤明矾。放入明矾后，再稍微加点水调匀，将矾水与海蜇皮拌匀，等1～2小时之后，再将海蜇皮撩出沥去矾水，3～4小时后可把矾水沥干，这时海蜇皮肉质变硬，加工成品率为60%，头矾海蜇皮可食用，但不能用以贮存。

（3）打二矾

二矾加工是将在外面沥干的头矾海蜇皮挑到专门安放海蜇皮桶的房屋，即俗称"桶厂"中，然后将其浸入盐卤桶内，称为调卤，卤水是海水加适量的盐和明矾制成的。蜇皮通过盐矾水调卤，浸泡一昼夜24小时，使其体内的水分充分渗出，就可将其取出放入竹箩内沥去水分，沥1个小时后，再进行调拌盐矾加工。盐和矾的调制比例是每100斤盐掺拌明矾0.25斤，海蜇皮和盐矾的比例是每100斤蜇皮加入已拌好的盐矾18～20斤。加工时，将长板摊开，然后把海蜇皮一张一张地摊在板面上，摊一张皮子放一把盐矾，然后再往上放张皮子，再放一把盐矾。这样层层叠放，叠到40厘米高为一叠，然后将其放入专用木桶中。这样一叠一叠不断放入，一直到将桶放满为止，一般一桶可装3000斤。这样经过1～2个月后，桶内的海蜇皮要重新取出沥干，重新加盐矾，方法与前面所述相同，之后重新入桶，这时入桶不用像第一次那样叠得整整齐齐，可以散放，放盐矾入桶的速度要比第一次快得多，第二次入桶腌渍7天后，就可称为二矾海蜇皮，其成品率为头矾的70%。二矾海蜇皮一般放2～4年也不会腐烂变质，保存时间相当长。

（4）打三矾

三矾海蜇皮的加工方法与二矾类似，只不过所用的盐矾要根据二矾成品的质量而定，一般每100斤蜇皮用盐矾18斤，盐矾的调制比例为每100斤盐拌明矾0.25斤，这样海蜇皮在桶内腌渍一个月后，就成为三矾海蜇皮，其加工成品率仅约为二矾海蜇皮的25%，从新鲜海蜇皮加工成三矾海蜇皮的成品率只有10%～20%。蚂蚁岛海蜇皮加工后的成品，以三矾海蜇皮质量最佳，蜇皮薄而白，松脆可口，营养价值丰富。

（三）海蜇头加工技艺

海蜇头加工主要包括如下几道工序：

1. 发洪

将海蜇头与海蜇皮分离出来之后，割下的蜇头放在用绳子织成的大网袋中，在泥涂里或沙滩边让其进行发洪。经过4～5个小时后，蜇头中的血污黏液自然排出在其表面，然后可将其用海水清洗干净。

2. 矾渍及过汤

将清洗后的蜇头倒在拖桶或船舱里进行矾渍，每100斤蜇头用明矾0.4斤左右，矾渍3～4小时后再用矾水洗干净，然后进行过汤，即用皮子打矾用过的卤水浸泡。

3. 调卤及腌渍

调卤是指将过汤约半小时后的蜇头用竹箩沥干，然后将其先挑进桶厂内，倒在桶内用二矾皮子老卤将其浸泡过夜。第二天将经过头矾和调卤后的蜇头取出，放到竹簟箩里，沥去水分后，将其依次排列在木桶里。必须做到每放一层蜇头，撒上一层盐矾，盐、矾的混合配比和用量与加工蜇皮相等。一般4箩蜇头为一层，加混合盐矾近百斤。

4. 擦矾

擦矾即加矾，这道加工工序比较重要，因矾多放蜇头容易发脆，矾少放蜇头会太韧，所以必须适量才可确保品质上乘。将腌渍半个月以后的蜇头，与盐矾一起取出，然后用竹簟箩一箩一箩地连盐矾一起重新放入桶内，这时每放4箩要另加入2斤明矾，然后将海蜇头放平，并用脚将其踏实，每放4箩都要这样操作一次，直至将桶放满为止，海蜇桶最上层要用盐封好，以利保鲜，防止变质。

三、虾皮加工技艺

饭虾，学名中国毛虾。饭虾捕捞是蚂蚁岛近洋渔业的主要传统产业，自本岛移居以来即已存在。往昔蚂蚁岛渔民一直采用将新鲜饭虾撒在竹簟箩上,用太阳晒干的方法进行加工生产。随着社会经济的发展,虾皮加工生产工艺也随之更新,已从过去的粗加工发展到现在的精加工。虾皮加工大致经历用太阳晒干、烤熟虾皮、烘道烘干、盐渍卤虾等几个阶段。

实际上我们这个虾皮是分两块,一块是捕捞,一块是加工。虾皮捕捞,我小时候记得,就蚂蚁岛在捕虾皮,而且那个时候那个船,就在我们家门口,放网我们都可以看得到,它那个网具是定置桩网,桩打下去。后来船慢慢地越来越大,船的马力也是这样,从12马力,到现在发展到250马力,或者350马力。网具也是一样,从最先毛竹,到后来虽然是定置的,但是也是流动的,到现在的雷达网,也是经过了几次的改革。至于加工这一块,之前是人民公社,好像农民一样,日出而作、日落而息,出去了大家都出去,回来了大家都回来。加工就是靠天吃饭,下雨天就是跟盐放在一起,看到晴了就晾晒出去。

真正加工就是20世纪80年代,改革开放以后,浙江苍南的到我们这边来。我们蚂蚁岛一直以来是晾晒的方式,他们来了以后就垒几个锅灶,煮一下,放盐进去。一直到90年代初,当时是青黄不接的时候,近洋资源不多了,远洋因为当时蚂蚁岛船比较少,那一段时间有点脱节,没什么原料嘛,苍南的全部撤走了,锅灶还是放在这里,他们过来的时候也是跟当地人合作的。过了几年,我们本地的船也多了,然后到外面,也就是所谓(行程)两三个小时以外,捕捞方式也改了,然后从他们最原始的用锅煮,演变成今天搞烘干,相对来说就是有点规模。但是我们也通过了好几次的改革,从最原始的烧木材,到后来烧煤炭,发展到现在烧柴油。还有加工的量,从最开始的一个小时只能加工几筐到加工十几筐,包括所有的设备一直在进步,货也不用人挑了。捕捞也是一样,一天一千斤,到现在一条船进来,量最大的时候有几万斤。[①]

一、露天晾晒

20世纪五六十年代,从事后勤加工的妇女把渔民从海上捕捞上来的新鲜饭虾倒在竹簟上,然后用竹耙将其扒开,薄薄地均匀地摊晒在竹簟上,一般每两个小时用竹耙扒动一次,这样既可使饭虾更加均匀地接受日照,又有助于防止饭虾粘在竹簟上,干后收起来断裂而影响品质。晒干以后,先用干净的竹扫帚将虾皮扫

---

① 受访人:方文武,1967年生,蚂蚁岛村人,水产公司总经理,2018年12月20日访谈。

拢，然后用竹筛过筛，筛掉虾皮末子，拣去小杂鱼，然后再过秤打包分装出售。

二、烤熟虾皮

加工户在自家厂房内筑起大锅灶，先将水放入锅内，同时放入 3% ～ 5% 的食用盐。将盐水烧开后，再放一箩大约 100 斤的饭虾，放入锅内的饭虾中已拌入 6 ～ 7 斤盐，即 6% ～ 7% 比例的盐。第一次饭虾烧滚浮起，用瓢掏一掏，等第二次烧滚浮起即可出锅，然后用网列子或竹簟摊晒至七成干后即可打包出售。前述两种加工方式均需借助太阳晾晒，所以倘遇雨天便会影响加工进度。

三、烘道烘干

随着渔业科学技术的提高，蚂蚁岛虾皮加工户逐步发展为用烘道加工虾皮，以解决雨天加工虾皮难的问题，加工户开始采用先进机器设备，结合传统加工工艺烘干饭虾。加工时，首先对新鲜饭虾进行清洗并清除小杂鱼，之后放在小竹簟里沥干，再将鲜虾撒摊在用细钢筋和塑料网衣做成的方筛上，然后将其装在用粗钢筋做成的多层笼中，随即送进烘道烘干，大约烘一个小时之后，每隔 6 ～ 7 分钟出一笼（若将烤熟的饭虾送进烘道烘，则烘半小时后，每隔 2 ～ 3 分钟出一笼），最后拣去虾皮中的杂质，即可打包出售。烘出来的虾皮壳软且薄而透明，味道鲜美。烘道加工所用燃料从最初的木材到后来改为煤炭，至 2017 年 6 月，蚂蚁岛虾皮加工走上以电代煤的绿色加工之路。

四、盐渍加工

首先将优质饭虾清洗并清除小杂鱼，然后将清洗完毕的优质饭虾以 30% 的比例加盐搅拌，待到盐均匀渗入饭虾后，再将其装入塑料桶中的塑料袋中，封盖后即可出售。

目前，蚂蚁岛的加工业主要是以虾皮加工为主。近年来，蚂蚁岛人将虾皮产销作为发展经济重点来抓，蚂蚁岛现已发展成为浙江省最大的集捕捞、加工、销售为一体的虾皮之乡，品种主要有生皮、熟皮、卤散装、小包装等系列。2000 年，岛上建立舟山市唯一一家虾皮市场，在全国虾皮市场上占据着举足轻重的地位。

我们全国沿海城市，从辽宁、山东、江苏，到浙江、福建、广东，全部都有虾皮，只不过舟山虾皮是全国的晴雨表、风向标，舟山的虾皮价格涨全国就涨，舟山的虾皮价格降全国就降。因为它是大头，虾皮主要集中在我们舟山渔场。舟山渔场虾皮产量，保守一点说，占到全国总产量的一半以上，几乎都在这个区域，可能占到百分之七十左右。①

之所以蚂蚁岛生皮品质上乘，非其他地方所能比拟，主要得益于蚂蚁岛渔民一直延续饭虾捕捞的传统作业。

虾皮加工的蚂蚁岛特色主要在哪里呢？捕捞是最早的，加工这一块不光是最密集，而且生皮加工在全国来说都是大头。主要就在于本地的捕捞船队，就我们普陀吧，普陀100多艘船，我们蚂蚁岛有80多艘，登步岛没有，桃花岛有几艘，其他的也都是供货到这边的。就虾皮加工来说，几乎都在我们舟山，而且基本上都在我们蚂蚁岛。为什么在蚂蚁岛呢？因为蚂蚁岛靠我们本地的捕捞船队。为什么说有优势呢？蚂蚁岛捕捞船队保鲜比其他船队要好。整个虾皮捕捞船队有1000多艘船，唯独我们蚂蚁岛船队是带冰出去的，其他像苍南、福建船队都是不带冰的，就是捕捞上来以后直接等运输船靠泊。我们蚂蚁岛船队是不一样的，捕捞上来以后有船运过去，没船的话先放在船舱冰起来保鲜。

这么一来，如果说其他地方要开我们这样的工厂的话，没有这样的船队去支撑是不行的。原来我们跟登步岛是平分秋色的，我们有100条生产线，登步岛也有100条，但是现在登步岛萎缩到只有几条生产线在加工。为什么它现在萎缩了呢？是因为它当地没有这样的捕捞船队，它可以从外面调过来，但外面调过来没办法保鲜，虾皮质量不高，这也就是我们蚂蚁岛生虾皮永远立于不败之地的原因之一。没有什么特殊奥妙，也没有什么特殊配方，唯独一个亮点就是船队是蚂蚁岛本岛的，然后保鲜可以说整个行业里面没有其他船队能跟我们比。他们也可以保鲜啊，为什么他们不保鲜？不是成本问题，渔民他是这样的，你靠泊10块钱就卖掉收购过去了，他为什么要这样去做呢？我们蚂蚁岛所有的船都是本地的，都是本乡本土的，工厂对渔民有这样的要求，而且大家都是熟悉的，也许我跟你是兄弟、是亲戚，低头不见抬头见。对渔民来说，这个要求也不是很高嘛，而且已经习惯了。但是对其他地方渔民来说，他不习惯这样操作，觉得太麻烦了，他情愿价格低一点卖掉算了，我们蚂蚁岛虾皮加工亮点就在保鲜这一块。生虾皮现在已经遍布整个舟山了，桃花岛有基地，登步岛有基地，现在都停掉了。为什么停掉了？特别是登步岛之前跟蚂蚁岛平分秋色，但现在萎缩了，是我们蚂蚁岛掌握了原料的主动权。任何东西肯定有很多原因，外行看热闹，内行看门道。②

① 受访人：方文武，2018年12月20日访谈。
② 受访人：方文武，2018年12月20日访谈。

显而易见，蚂蚁岛熟人社会紧密的亲戚邻里关系，使得饭虾捕捞和生皮加工有机地结合在一起，从而创造出其独一无二的高品质。

四、渔绳结技艺

当人们拿起绳结开始记事时，绳子已经成为我们密不可分的生活、生产工具。渔业生产离不开渔绳结，其使用十分广泛，不仅是一种实用工具，也同样具有审美价值。虽然现代工具的使用已十分普遍，但渔绳结所凝聚的渔民智慧仍然发挥着的使用便利，最简单的如撩班结、锚结在日常生活中多有应用，成为海洋文化的一种重要表征。以下主要罗列了蚂蚁岛人日常生活中最为常见的十余种结绳技法。[1]

1.撩班结

该结主要用于将船与码头相连，或两船相连之时。撩班结成结简单，解时方便，但所系绳结有越拉越紧的特点。因此，除用于套在码头的铁柱或者连接渔船的铁柱上，该结也会用于断绳之间的连接，充分利用绳结越拉越紧的优势。

打法：将绳子的头部在底端绕上一个圈，然后向下绕过主绳穿过刚刚所形成的圈即可。（如图4-1）

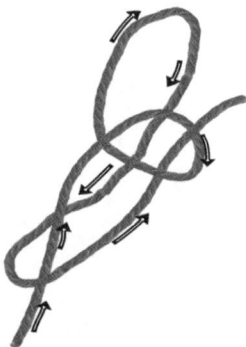

图4-1　撩班结示意图

2.牛桩结

牛桩结常用于将牛等较大体型的家畜用绳子拴在木桩或树上，故而得名，具有一拉即紧、越拉越紧和无须解结的特点。

打法：将绳的任意部分先并排地弯成两个呈剪刀状的圈，并使一个头在上，

---

① 受访人：李康林，1951年生，蚂蚁岛大兴岙人，2019年7月23日访谈。

另一个头在下；然后让两个圈叠合成同心圆，并使两个端头都压在中间，即可套在桩柱上拉紧。（如图 4-2）

图 4-2　牛桩结示意图

3. 鲁班结

鲁班结与牛桩结的打法相似，只不过会在最后的部分多绕一节。该结用于用绳子套住圆柱状的物体，也用于细绳子与粗绳子的连接，受到绳索两头的张力影响，拉扯后会更加紧凑。主要是用在吊起或拖拉圆柱物体上，能够有效地防止在横断面的滑脱。

打法：将绳子系于圆木并连续绕圆木打两个半结后，中间再多绕一圈，收紧即可。（如图 4-3）

图 4-3　鲁班结示意图

4. 扁结

扁结在日常生活中经常使用，又被称作平结。打结的方式较为简单，也较为牢固。当系得不紧时，非常容易松开；当系得过紧时，又不易解开。

打法：将两个绳结相连，相互之间穿过彼此形成的小圈即可。（如图4-4）

图4-4　扁结示意图

5."卖老婆"结

该结的形状与扁结相同，但是绳头的方向与扁结不一致，扁结的两个绳头是在两侧，而此绳头是在一侧。该绳结不易解开，也不能承受较大拉力，较为容易散开。人们取笑新手打此结的时候，打成了扁结，老板不给工资，只能靠卖掉老婆生活，因此取名"卖老婆"结。此结因为不易解开，故并不常用。

打法：将两个绳结相连，两端对接穿过，随后将两个末端再次对接穿过即可。（如图4-5）

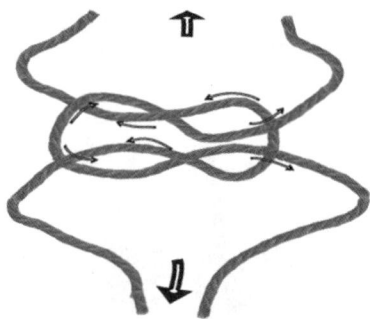

图4-5　"卖老婆"结示意图

6.跳板结

跳板结常用于在码头不方便直接登船时，以及两船间进行货物搬运时，用此结可以较好地固定跳板，防止跳板翻转。该结十分牢固，绳环不会由于受力而发生改变。

打法：先将绳子从上而下系一个单结，然后底端绳子再绕三圈后与刚刚接入端再次单结。（如图4-6）

图 4-6　跳板结示意图

7. 锚结

该结又称作渔夫结。打法简单且牢靠，遇水后会更为牢固。该结常用于船锚的连接处，也可以用于支撑帐篷。

打法：将绳子在锚上先绕两圈，然后在底端穿过刚刚系的圈，结束了以后再操作一次。（如图 4-7）

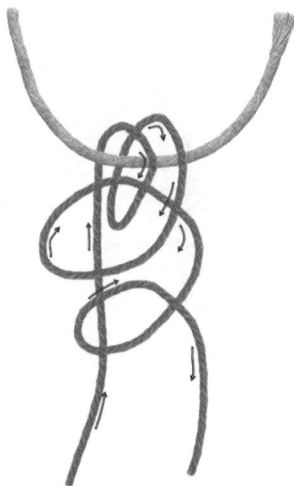

图 4-7　锚结示意图

8. 油瓶结

该结主要是绑在油瓶上和其他有瓶口或者边缘有一定层次开口的瓶子上。油瓶结打法方便简单，而且结身也非常稳定，被系物体不易跌落。

打法：以绳子一端穿过绕好的绳圈之中，形成圈口后系紧即可。

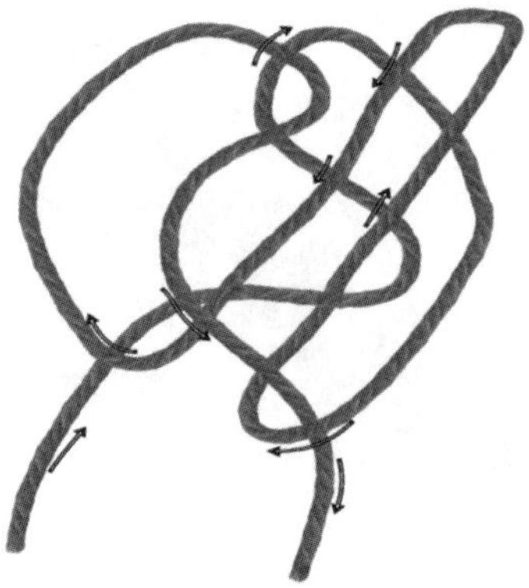

图 4-8　油瓶结示意图

9. 断绳结（和把结）

该结是一种简单连接断绳的结，但是体积较大，是劳动生产过程中遇到绳索断裂时，为不影响劳动而使用的一种应急的结绳方式。因为不太牢靠，一般在劳动结束后采用对兜的方式将绳子进行重新接连。

打法：双绳在一起，打一个单结。（如图 4-9）

图 4-9　断绳结示意图

10. 抽股结（活结）

该绳结是生活中常见的活结，因为留有绳耳，所以将绳耳抽出即可解开该绳结。一般用在系袋子口子，特别是经常打开的口子。

打法：将绳子两端交叉成圆，然后从中抽出一根便成活结。另外一种打法是短绳子一段绕过绳子后再从内部穿过。（如图 4-10）

图 4-10 抽股结示意图

11.连环结

该绳结方式，经常用于装饰。通过使用不同的颜色、尺寸、材质来进行编织，具有一定的观赏性价值。因为便于拉出变长，所以也有缩短绳子长度的作用。

打法：利用打活结的方式，连续地塞进拿出。（如图 4-11）

图 4-11 连环结示意图

第二节 造船仪式及相关禁忌

对于从事海洋捕捞作业的渔民来说，船显然是其最重要的生产资料。在蚂蚁岛人心目中，船是神圣之物，因而从造船、修船，到乘船、撑船均有许多习俗和禁忌。渔民造新船是渔业生产中的头等大事，因而在造船过程中及船造好之后，都要举行相关的祭供仪式活动，以祈求菩萨保佑出航平安顺利，渔业生产丰收。

打造新船时，造主首先必须拣好吉日方可动工，俟船造到船头底部放"龙筋"时，造主在船上要举行祭供菩萨仪式。长期以来，人们认为造船放"龙筋"就好比造房上梁，十分重要。因此，一方面要举行祭供菩萨的仪式，另一方面必须在"龙筋"上嵌银圆，银圆上须刻有双龙。

当船造好完工下水时，将钱袋从船头抛给船主，以示"出海顺风""代代有钱"。新船在出海捕鱼前，船主先要驾船到普陀山去烧香拜佛，渔民称作"烧船香"。船上主要人马包括老大、老轨、出网，不仅要到寺院里去拜佛拜观音做功德，而且要在船上供奉海神菩萨，渔民称为"船关菩萨"，祈求其保佑出海顺风，鱼汛丰收。在这些祭供仪式中，供品主要有全猪（或猪头）、全鸭、蛋、鲜鱼、馒头、糕饼和水果等，祭供烧经后由船老大割去猪鼻和一块肉抛入海中，然后众人分食祭品。

现今蚂蚁岛渔民所用渔船早已从木制帆船变成钢制渔轮，且均是委托船厂打造，但传统祭供仪式仍是必不可少。

1996年、1997年、1998年我还是有下海，后来到2000年我没有下海了。我下海的时候，船上有请一个观音菩萨，出海的时候每个晚上都要拜一拜。在海里讨生活，（祈求菩萨）保佑平安。现在也有，有些地方都要搞祭海活动。现在每一个老大基本上普陀山都是要去的，肯定要去的，回来以后还要在船上摆一张桌子，供一下，菩萨请一请，保佑今年出海生意好一点。我们这里拜菩萨比较多，信耶稣也有，很少。一般信佛、信菩萨的比较多。我们渔民跟海洋打交道，有很多说法。我们渔民开船出海，碰到初五、十三肯定是不开船的，就是开船也是跑到普陀山那边抛锚，到了晚上12点以后或第二天再走。老习惯有一句话：初五、十三，讨饭要饭也是空碗。要饭也是要不到的。海洋上靠运气，去得早不如去得巧。①

在海洋渔业生产中，安全无疑是头等大事，渔民必须谨慎行船，以极力确保平安顺利、丰产兴旺。蚂蚁岛渔民为祈求海上作业安全和生意兴旺，在渔船转汛开捕当天，俗称"开洋"，先要到龙王庙祭供，或是抬龙王像到沙滩、港湾内举行海祭仪式。村民在供桌上摆上全猪、全羊或猪羊之首，以及水果、糕饼和酒等供品，向天地祈祷，祭奉龙王。而渔家妇女、姑娘则一齐奉香诵佛经，祷告许愿，祈求龙王保佑出海渔船平安顺利、丰收发达。渔船每汛出海前，渔民事先拣个吉

---

① 受访人：金勤义，2018年7月26日访谈。

日成网，之后将刚装好的新渔网装入船舱中，然后拣个吉日开船。开船之前，先在船舱中祭供海神，渔民叫请菩萨，以祈求海神保佑出海渔船出海顺风，捕鱼顺利，鱼汛丰收。祭供前后均要鸣放鞭炮，以迎神和送神。祭品主要有肉、鸡、蛋、水果、糕饼、香、蜡烛、经等，祭供海神后，渔船即可开往捕捞洋地，撒网捕鱼。数百年来，蚂蚁岛渔民行船之时有许多禁忌，这些习俗一直延续至今。

一忌双脚悬在船外，以免水鬼拖脚；二忌七男一女同船过渡，以免"八仙"遇难，不吉利；三忌竹筷搁在碗上，以免船搁浅停产；四忌酒杯、汤勺反摆（以免翻船）；五忌在船头小便，以免生产不顺；六忌竹筷敲空碗，以免生意不好。①

当渔民结束一个鱼汛生产期返航回岸后，则须举行酬谢被渔民奉为生命保护神和丰收的赐福神的海上诸神明仪式，用祭海仪式祭祀龙王，表达对其庇佑的感谢之意，俗称"谢洋"，甚至有时还会延请戏班前来演戏，称为"谢洋戏""还愿戏"。

第三节　生活习俗

一、饮食

昔时蚂蚁岛渔民生活困顿，主要以吃粗粮为主，常年以番薯干汤度日。一旦贵客临门或轮流供养教书先生之时，则设法弄些大米放在纱布袋中，放入番薯干汤同锅煮熟。待开饭之时，将袋中米饭捞出专供客人食用，家人则食用番薯干汤，俗称"吃吊饭"。也有的人家采用另一种称作"两夹饭"的方式，即在同一锅番薯干饭内，一角放大米，待饭熟后将这些纯米饭盛给客人享用。此外，为了节约粮食，尚有"留饭娘"之俗，即将上一餐的饭留下些许冷饭，在煮下顿饭时和生米重煮，以提高出饭率。

此外，不少村民还习惯用草木烧成灰制成的灰汁水淘米煮饭，以此加快饭熟，节约柴火。亦有渔民在自家灶边放置一只灰缸，每顿烧饭积累下来的火星草灰储入缸内，并利用灰缸余热"焐粥"。即在晚上睡觉前，将米和水装入陶罐内，然后将其埋入火缸，将灶炉门口的零星柴末或燃料埋在火缸热灰中，让其慢慢焖熟，

---

① 转引自蚂蚁岛管委会工作人员盛成芬访谈资料。受访人：潘宏成，1951年生，蚂蚁岛人，2017年8月8日访谈。

待到第二天早晨即可作为早餐食用，这样不仅可以节约柴火燃料，而且因焐热的粥软糯香甜，尤受老人喜爱。现今因大多使用液化气和电饭煲，所以这种"焐粥"之俗渐渐消失。

现今蚂蚁岛村民的饮食结构与城市居民大体接近，早餐普遍食用牛奶、面包、豆浆、油条、包子，中、晚餐主食一般为米饭。膳食讲究营养健康，菜肴注重荤素搭配，尤其喜食各种鱼虾海产品，菜肴结构中荤食比例显著提高，而且烹调时注意加入各种调味品，以求色香味俱全。与此同时，有些家庭每日都会备下时令水果供家人及来访亲友食用。随着人们生活品质的提高和健康意识的提升，不少村民尤其是中老年人偏重于保健养身，时常以素食为主，偏重吃维生素含量丰富、胆固醇和糖分含量较低的蔬菜及食品。

二、服饰

传统上，蚂蚁岛男子多偏爱穿用栲胶栲过或栲皮染过的十字裆帆布龙裤和大襟布衫加背心。龙裤一般较短，便于在船上劳作，但裤脚管特别肥大，须将裤脚扎紧，倘风一吹，裤子好似灯笼那样鼓起来，就好像提着两盏大灯笼，故又俗称"笼裤"。现在渔民除参加一些文艺表演外，基本已经不穿，笼裤几乎已经消失不见。过去蚂蚁岛男女老少基本上都是穿土布衣服。20 世纪五六十年代，蚂蚁岛年轻男子时兴穿"中山装"，年轻女子流行穿"列宁装"，而老人仍时常穿对襟搭扣布衫。改革开放以后，各种材质、款式的服饰开始逐渐流行开来，蚂蚁岛人的衣着更加开放多元，夹克衫、休闲装、全毛衣、真皮大衣、衬衫、西服，五花八门，款式新颖，色彩各异。进入 21 世纪以来，蚂蚁岛人冬季流行穿羽绒服，年轻人穿着更是十分自由，充分彰显自身个性，逐渐与大城市接轨，几乎很难从服饰穿着上看出城乡差别。

三、居住

相较于在农村，新婚夫妇通常须有耕地方能成家分立，在渔村只要有一住房，即便当一名渔工，也能维持其生活。因而对于渔民来说，建房是人生大事，其重要性不言而喻。

在蚂蚁岛渔民看来，建房不仅为其家庭成员提供了一个遮风挡雨的庇护之所，而且住房的好坏会直接影响到家族是否平安顺利、兴旺发达。因此，建房之时绝不可马虎行事。尤其是动土、上梁之时更是必须虔诚祭供，祈求福佑。

　　动土须请择日先生敲定吉日，所择吉日不能与当家人（主人）生肖相冲，如当家人生肖为马，就不得拣鼠日，因鼠日冲马。其他如牛日冲羊、虎日冲猴、龙日冲狗、蛇日冲猪、马日冲鼠、羊日冲牛、猴日冲虎、鸡日冲兔、狗日冲龙、猪日冲蛇。尔后按照择定的吉日，在动土前，先要敬供土地菩萨（土地公），在选定的建房风水宝地前摆放一张小桌子，桌子上摆放2条鱼、肉1～2斤、蛋（必须包括鸭蛋6个）、水果、糕饼共5盒。然后燃香3炷、红蜡烛一对，祈求土地菩萨保佑动土建房平安，日后兴旺发达。燃香半小时之后，在供桌前焚烧诵念的土地经或地藏经。之后，将香放至已准备好的茶盘里，并在茶盘里放好米。此时，一人托着茶盘从左向右走在宅基地周围，并把茶盘上的米撒在前面，后面一个人跟着前面一个人，用锄头在撒过米的地上掏土，边走边掏，直到团团掏转到供桌前，动土仪式方才结束。

　　上梁亦须请择日先生择定吉日，在上梁前一日，媳妇的娘家挑来上梁的物品，包括有请菩萨用的盘头（供品）5盘（也有8盘、10盘、12盘的），如鱼、猪头、鸡、鹅、蛋等，还有红馒头、水果、干果、糕饼、长寿面、油、酒之类的供品。同时还挑来红布2块，用以缠梁，以及对联、鞭炮、发财树、万年青等。

　　上梁通常都是拣早上的吉利时辰，最好是潮水涨潮或太阳初升之时，取其飞黄腾达之美好寓意。上梁前，须在新造房子的堂前请菩萨。堂前放两张并拢的八仙桌，桌面须横摆。所摆祭品从外到里依序为6杯茶、12杯酒、5盘糕、5盘水果、5盘干果、长寿面、豆腐、花生、红枣、黄糖、年糕、2条鱼、猪头或猪肉、蛋（5个鸭蛋和1个鸡蛋，并放上盐）、鹅或鸡、红馒头（从大到小共5个）、一只香炉，香炉两旁摆放一副蜡烛台，上插一对大红蜡烛，蜡烛台旁边摆放经、香、红布、鞭炮、4枚铜钱（用以代替钉子钉红布用）。

　　时辰一到，当家人点燃三炷香忏拜，并向各路菩萨神明祷告曰：今天新房上梁，祈求保佑日后一家人平安健康、财源广进、兴旺发达。拜毕将香插到香炉上，重新跪拜三拜，再次向各路菩萨进行祈求。待香祭到一半时，木匠、泥水匠把两块红布从桌上拿去钉到栋梁的两头，由木匠、泥水匠各拉一头，须两人拉得一样平，拉时便开始鸣放炮仗，至少要放3挂。栋梁拉上放好之后，木匠和泥水匠各将已用袋子装好的铜钱、大米和馒头，用绳子从栋梁上用手拉下来给当家人，同时口里说些吉利话。当家人接过装有铜钱、米和馒头的袋子后，一方面将两包红包分别缚扎在两条绳子上送交木匠和泥水匠，另一方面将大米和馒头用新红布包起来放在米缸里，将铜钱放到聚钱箱或皮箱中。上梁当日，亲朋好友必须送贺礼给当家人，当家人则须开席宴请众亲友，晚上吃上梁酒，并分给每人2个以上馒头，同时亦给左邻右舍分送馒头。[①]

房屋落成之后，进新屋亦是人生大事，且关系日后家庭的平安顺利和兴旺发达。因此，蚂蚁岛凡进新房人家都要举行隆重的进屋仪式和请（拜）菩萨祭祀仪式，以求神明保佑。

进新屋前，先要请择日先生选定吉日，所择吉日不能与当家人（主人）生肖相冲。依照传统习俗，进新屋一般也都在早上吉祥时辰，最好是潮水涨潮或太阳初生之时，切忌晚间入宅。若家中有孕妇，不宜迁居，非搬不可时，则须另外买一把新扫帚，由孕妇将全部家具扫一下再搬，这样方才不会犯胎神。搬家之时，新屋内要搬出之物最好由外人搬出，搬进去之物则要由当家人亲自搬入。具体仪式程序如下：供有祖先或神明牌位的，须先行由当家人搬进，并安放妥当；接着是盛水桶、盛米桶、扫帚、畚斗、碗筷之类物件；然后是进家具，并安放好床铺；搬进家具之后，先祭拜，要放鞭炮，祭拜供品基本同造房、上梁相同，主要有红馒头、鱼、肉、鸡等，一般由媳妇娘家挑来，同时还须送来碗筷、扫帚、畚斗等生活用品。[②]

---

① 转引自蚂蚁岛管委会工作人员盛成芬访谈资料。受访人：蒋雅莲，1948年生，蚂蚁岛人，2017年8月8日访谈。
② 转引自蚂蚁岛管委会工作人员盛成芬访谈资料。受访人：胡吉祥，1947年生，蚂蚁岛后岙自然村人，2017年8月8日访谈。

第二章 礼仪祭仪与民间信仰

伴随着时光匆匆流逝，社会生活亦如生命繁衍，生生不息。这不仅包括个体的生命礼仪，也形成了顺从岁时节律的生活日常，以及信仰观念。本章主要介绍蚂蚁岛的礼仪、祭仪与信仰。

第一节 人生礼仪

生命周期是了解社会延续的关键，社会的延续包括过渡礼仪、年龄与性别角色、代际间的纽带及群体内部的发展周期。生命周期连接着出生、成长、成熟、衰老和死亡这些生理过程，从一个人最初对年长者的依赖，到有能力独立承担成人的社会责任，直至最终年老时对年轻人的依靠。显然，这条人生的轨迹尽管有着无穷多样的变化，但其走向却万变不离其宗。

一、新生礼仪

对于中国人来讲，没有什么事情比新生命的诞生带给一个家族的喜悦来得更多的，因而为此举行各种庆祝仪式必不可少。新生儿诞生后的庆祝仪式，主要集中在周岁内举行。这些仪式不仅为新生儿的家庭成员所热衷，而且亲朋好友、左邻右舍也都积极参与，以表达对新生儿的祝福。下文介绍蚂蚁岛人为新生儿命名、满月等习俗。

为新生儿取名是确定其作为独立的社会个体，参与社会交往，确立社会身份的标识符号。孩子的名字通常由其父母决定，亦可请长辈、亲戚朋友帮忙出主意。昔时因并无严格的户籍制度规定，且医疗卫生水平低下导致婴幼儿死亡率较高，所以并不急着给孩子取名，甚至到孩子一两岁时方有正式名字也很寻常。现今由于已有明确规定，新生儿出生后四个月内须登记在册，因而在此期间必须为孩子正式取名。当然，有些父母早在孩子尚未出生前就分别取好了适合男孩或女孩的若干名字备选。如今蚂蚁岛村民为家中子女取名字时，较少根据孩子生辰八字中所缺的五行元素来命名，亦因计划生育政策的实行导致少子化，通常取名不再拘泥于旧传统，而只需寓意美好、朗朗上口即可。

蚂蚁岛人十分重视新生儿的满月礼，到时必定会举行隆重的仪式以示庆祝，主要包括剃满月头、穿满月衣和办满月酒。蚂蚁岛婴儿出生满月之日，必须剃满月头，剃头之时，婴儿项颈上须挂着其外婆家送来的红黄两束十字线，十字线上还用红纸裹着钱（红包），甚至有些较为富裕的人家还在线上串着金锁片，金片上刻着"长命富贵"等字样，以祝愿孩子健康成长、长命百岁。[①]

穿红袄子亦是蚂蚁岛满月礼仪中的一种传统风俗，寓意新生儿长命百岁、吉祥幸福。在小孩满月当日，必须穿外婆家送来的红袄子。满月衣是一件和尚襟夹袄，包括面子和里子两层，里子用花色棉布，面子用红色的绸缎料子，并绣上绣花，因过去舟山地区绣花绣得好的大都是男人，花样精美细腻。整件衣裳都是由男裁缝用手工缝制而成的，衣裳领边袖口都钉上花桂子（花边），四周镶上蓝缎光边，纽扣是用蓝缎盘的小盘纽扣。小孩上身穿红袄子，下身则穿绿色的绸缎裙子。[②]

新生儿满月后，须为其操办满月酒，宴请亲朋好友。办满月酒前须先请择日先生择定吉日，所选定的吉日不可超出婴孩出生的月份。办酒当日，新生儿必须由长辈抱着到房屋外去走一走，以见世面、开眼界，祈愿孩子将来前途远大。男女双方亲朋好友均须送去贺礼，以示庆贺。筵席开宴时，新生儿由长辈抱着，亲朋好友给婴孩说些吉利话，众人欢聚一堂，祝愿新生儿健康成长，将来大富大贵，前途无量。

二、婚丧礼仪

（一）婚嫁礼仪

婚姻是青年男女的终身大事，故昔时蚂蚁岛人讲究遵循"六礼"古制，其形式多样，内容非常丰富，程序十分繁杂，凡婚娶者必定要举行一系列的婚嫁仪式，

---

① 转引自蚂蚁岛管委会工作人员盛成芬访谈资料。受访人：胡吉祥，2017 年 8 月 8 日访谈。
② 转引自李静芬访谈资料。受访人：沃亚芝，1933 年生，蚂蚁岛穿山岙人，2008 年 6 月。

不仅以示隆重，而且主要是祈愿夫妻双方婚后家庭平安、兴旺发达、子孙满堂、五世其昌。五四运动以后，繁杂的婚俗有所简化，但仍保留新娘坐花轿、结婚拜天地等习俗。蚂蚁岛女子出嫁前，必须学会两项民间手工艺：其一是自结带子，出嫁女子要亲手编织带子作为嫁妆，用其来捆新衣、被褥等，带子的颜色以蓝白相间为主，带子上花纹繁复多样，技艺比较细腻精美；其二是绣花包袱，先裁好一大块正方形布料，分夹里、面子两层，缝起两层布，四边成光边里翻出，然后再用丝绒切压缝上，绣上各种花样纹饰。夫家据此随身嫁妆来评价新娘子的针线活巧与不巧，这将会影响到婆家对她的评价，所以很受待字闺中女子的重视。

新中国成立初期，蚂蚁岛新风气渐开，秧歌舞成为该岛女子出嫁时的送轿形式。人们跳着秧歌舞去迎接新娘，这是一种在南方海岛地区极为少见的婚俗，应是北方干部南下带来的新风俗。此后《中华人民共和国婚姻法》颁行，倡导男女婚姻自由，集体化时期婚礼从简，甚至仅分送糖果，或办酒数席，亲朋故旧欢聚庆贺。改革开放以后，随着人们生活水平的提高，蚂蚁岛亦兴起了高额聘礼、大操大办酒席、讲排场比阔气之风，但部分旧时婚姻礼仪仍得以延续。

旧时婚娶仪礼从古代"六礼"，即纳采、问名、纳吉、纳征、请期、迎新等演变而来。男女婚姻大事，必得依父母之命，明媒正娶。首先经媒人撮合，昔时媒人首次进门有不能喝茶的习俗，谓之"媒不饮茶"，认为喝了茶要冲淡婚事。又称媒人为"媒百餐"，媒成能吃上"百餐"，要酬以"谢媒酒"，但婚后如夫妻不和或婆媳不睦，媒人亦有调解责任。若认为门当户对，则互换"庚帖"（年龄、生辰八字），压于灶君神像前净茶杯底，以测神意。如若三日内家中无碗盏敲碎、饭菜馊气、家人吵嘴、猫狗不安等"异常"情形，则请算命先生"排八字"，看年庚是否相配、生肖是否相配、生肖有无相克。昔时蚂蚁岛人迷信所谓六年大冲，三年小冲，男婚年龄逢双，女子十九不嫁，并且认为鸡狗（鸡犬不利）、龙虎（龙虎相斗）、虎羊（羊落虎口）等难相配，待认为诸事周全后，双方始议亲。

定亲前须先议亲，议亲始议"小礼"，旧时双方时常讨价还价。一般需包括"四洋红"或"六洋红"（绸缎衣料四至六件）、金戒指两只、金耳环一副。聘礼小礼银圆三十六，中礼六十四，大礼一百廿。食品"六十四"，即包头 64 对、油包 64 个、麻饼 64 个等，尚有老酒 2 担至 8 担不等，故生女儿有"老酒吃"之称。定亲之后，男方将上述礼品用杠箱抬至女方家，女方亦须回礼，回礼多为金团、油包及闺女自做的绣品等。定亲须有凭证，男方送"过书"，俗称"红绿书纸"（纸张两层外红内绿），女方送"回帖"认可，俗称"文定"。所以，昔时夫妻吵嘴，妻子常说"我是有'红绿书纸'的"，以此警告丈夫，表示自己是经其正式迎娶进门的。继"文定"后，则须择吉日迎娶，一般由择日先生选定吉利的"好日"。亲友送礼庆贺包括现金、喜幛、喜轴等，并书以"百年好合，五世其昌""天作之合"等吉祥之语。送嫁礼多为绣花或绸缎被面、被头或日用器物，亦有送红枣、花生、桂圆、莲子，寓意早生贵子。

迎新日子称为"好日"，俗谓"请吃酒"，好日前新郎须拿着红纸"知单"请长辈亲友吃喜酒（好日酒），长辈要在自己姓名下写上个"知"字。吉日前有待郎、待嫁习俗，双方父母须请子女吃包子、蚶子、肘子、栗子、莲子，讨"五子登科"之彩头。吉日前三五天，男方送女方"轿前担"，一般为2只，包括肉1块、鱼2尾等。迎亲前男方去女方家搬嫁资（嫁妆），女方置嫁资于厅堂，让人观看，称"看嫁资"。器物均披挂红色丝线，衣服等熏以檀香，箱底放数枚银圆，俗称"压箱钱"。嫁资搬到男方，亦陈列于厅堂供人观看，由女性长辈取女方钥匙包拿钥匙开箱，俗称"陶箱"。

迎亲前一日，男方要"安床"，由一位儿女双全、家庭和美的"全福"，取24双筷子系扎红线，安放于新郎席子下，称为"安床"。婚前一夜，由一个父母双全的男孩伴新郎同睡于床的里侧，俗称"伴郎"。晚上要给这个男孩吃包子、花生、鸡蛋，寓意"包生儿子"。待吉日清晨离开之时，新郎须赠予男孩红包，俗称"挈出尿瓶"。

好日前一二日，男家向赁器店租得花轿和婚礼器物，挂灯结彩，同时须操办筵席款待贺客，称"细便饭"。好日五更时辰，男家以全副猪羊或五牲福礼及果品，在厅堂供祭"天地君亲师"，俗称"享先"。享先时，新郎坐在堂前中央剃新郎头，旁边两个父母双全的男童手捧花烛陪着新郎，新郎胸前还挂着两束长命线。剃头后用盛有金子、银子、花生、红枣等的水盆洗脸，寓意早生贵子。同时，在供桌旁中间放一"坐穿"，（用竹子做的小孩学步车），里边放一双绣有老虎头的婴儿鞋，意谓传宗接代，生育出来的后代生龙活虎、健康活泼。

蚂蚁岛女子出嫁均坐花轿，相传南宋小康王（高宗）逃难至明州，金兵追击，幸遇一女子相救得以脱险，后寻恩女不得，诏浙江女子出嫁可享受半副銮驾待遇，凤冠霞帔，并坐花轿。花轿，俗称"大红花轿"，有四人抬、八人抬之分。坐花轿亦含有明媒正娶、原配夫人之意，女子一生只坐一次。故夫妇拌嘴，妻子时常带在嘴边一句话就是"我是大红花轿抬进门的，又不是走上门的"，以此来炫耀高贵。迎亲日，花轿出门，以净茶、四色糕点供"轿神"。放铳、放炮仗，大红灯笼开路，沿路吹吹打打。新郎不到岳父家迎亲，以喜娘（送娘）为使者，持名帖前进。 女家喜娘用五色棉纱线为新娘绞去脸上汗毛，俗称"开面"，其方法是以两条彩色棉纱线，交叉在两手之间以拇指的力量使之一松一紧，紧贴在面部皮肤上，由此将额头、面部和额部等处汗毛拔除，使新娘容光焕发。

花轿临门之时，女方放炮仗迎轿，旋即虚掩大门，俗称"拦轿门"，待塞入红包后始开门，花轿停放须轿门朝外。女家派人燃着红烛、持着镜子，向轿内照一下，谓驱逐匿藏于轿内的冤鬼，称"搜轿"。女家中午为正酒，俗称"开面酒"，亦叫"起嫁酒"，大宴宾客。

新娘上轿前，经男方喜娘三次催妆，假装不愿出嫁，懒于梳妆，开面后新娘坐其母亲腿上，娘为女儿喂饭，寓意永不忘记哺育之恩。较异习俗有四：其一是"哭上轿"。女儿上轿，母亲哭送，哭词多为祝颂及叮嘱话，如"囡啊囡，侬抬得去呵，轰轰响啊，侬独自去呵，领一潮来啊，侬敬重公婆敬重福，敬重老公有饭吃"等，新娘亦是含泪惜别。其二是"抱上轿"。新娘由兄长抱上轿，进轿坐定后，臀部不可随便移动，寓意平安稳当。其三是"泼轿"，新娘花轿起轿之时，其母亲手持一碗清水向轿后泼去，表示"嫁出去的女儿，泼出去的水"，希冀女儿此去婚姻幸福，不至于有休弃之事发生。其四是"倒火熄灰"。新娘座下放一只焚着炭火、香料的火熄，花轿的后轿杠上搁系一条席子，俗称"轿内火熄，轿后席子"。起轿之时，女家放炮仗，并用茶叶、米粒撒轿顶。新娘兄弟随轿行，谓之"送轿"，兄弟至中途即返回，且要包点火熄灰带回来，并从火种中点燃香或香烟，返家置于火缸，俗称"倒火熄灰"，亦称"接火种"。

花轿进门，男家奏乐鸣放炮仗迎轿，停轿后轿门由一名五六岁盛妆幼女（俗称"出轿小娘"）迎新娘出轿，其用手轻轻拉新娘衣袖三下，新娘始出轿。新娘出轿门先跨过一只朱红漆的木制"马鞍子"，步踏红毡，由喜娘相扶站在喜堂右侧位置。新郎闻轿进门，即伴躲别处，由捧花烛小童请（找）回，站左侧。

拜堂仪式则是新郎新娘进行三拜，"一拜天地，二拜高堂（父母），夫妻对拜"。拜堂时须点燃一对龙凤烛，称作洞房花烛，主香公公多由新郎祖父或祖伯叔担任。主香者和新郎、新娘皆遵赞礼声动作，赞礼者喊：行见礼，奏乐。（乐起）主祝者诣香案前跪，皆跪，上香、二上香、三上香，叩首、再叩首、三叩首。赞礼者接着赞唱升、平身、复位、跪，皆跪，接唱：升，拜；升，拜；升，拜。又唱跪，皆跪，读祝章，由一十三四岁小童跪在右侧拜佛凳上。读毕（事先念熟，不可读错），赞礼者又唱：升、拜；升、拜；升、拜。整个过程总称为"三跪、九叩首、六升拜"。最后赞礼者唱：礼毕、退班、送入洞房。其间新郎新娘在拜堂时，有抢前头习俗，谓谁跪在前面，以后就可管住后者，以致常闹出边拜边踢垫子，新郎拂袖而起拒拜的笑话。

拜堂礼毕，由两个小童捧龙凤花烛导行，新郎执彩球绸带引新娘进入洞房。脚须踏在麻袋上行走，一般为5只麻袋，也有10只的，走过一只，喜娘等又递传于前，接铺于道，意谓"传宗接代""五代见面"。入洞房后，按男左女右坐床沿，称"坐床"，由一名福寿双全的妇人用秤杆微叩一下新娘头部，而后挑去"盖头篷"，意示"称心如意"，谓"请方巾"。新郎稍坐即出，新娘换妆，客人吃"换妆汤果"。

新郎、新娘行"拜见礼"，论亲疏辈分依序跪拜见面，称"见大小"。拜时起乐，堂上摆大座两把，受拜者夫妇同坐，如夫妻一方已故，则亦按男左女右就座，另一把大座空着。拜毕赐红包给新娘，俗称见面钱。公婆可不掏红包，谓"媳妇乃自家人"。新娘与同辈见面则作揖，小辈拜时，新娘亦给"见面钱"。之后，举行"待筵"，新娘坐首席，由4名女子陪宴劝食，新娘多不真吃。筵毕，喜娘陪新娘至厨房行"亲割礼"，有捞粉丝、摸泥鳅等习俗。

拜堂当晚，为男方家好日正席酒，叫"贺郎酒"。新娘须逐桌逐位为长辈和客人斟酒，酒要斟满又不可以淌出。酒饮状元红，菜多鸳鸯名，乐奏百鸟朝凤、龙凤呈祥。席间，新娘在上热菜换汤时，喜娘喊道：新娘子换汤作揖啦。宴后，喜家请有福有德的坐客两人至洞房，向新郎、新娘行"三酌易饮"礼，每进一次酒（新人只啜一口）就相互交换下酒杯。主贺者须边唱贺郎词，戏谑、祥和兼有。诸如：第一杯酒贺新郎，有啥闲话被里讲，恐怕人家要听房；第二杯酒贺新郎，房里事体暗商量，谨防别人要来张（看）；第三杯酒贺新郎，祝愿夫妻同到老，早生贵子状元郎。

是夜，有吵新房之俗，谚云："三日无大小。"成亲那天，新娘不多与客人说话，吵房时先逗新娘开口，看其衣裳纽扣，五颗纽扣说是"五子登科"，看其脚髁头，说是看老寿星，闹至午夜始散。新郎随出送客，喜娘始铺被褥，新娘即赏以红包，喜娘嫌不足则佯立不走，待增加后方出。新房关房门，新人共吃"床头果"。新郎上床，新娘"坐花烛"，花烛不可吹灭，直到天亮，烛尽方可上床。吵房者尚有在白天做好手脚，夜里撬门跳窗进新房挪走新郎衣裳，吵房成功，新人要罚出糖果、香烟钱。

成亲次日起床，须由新郎开房门。是日，男方备轿请阿舅（女方兄弟），阿舅受茶点三道后，退至阿妹新房歇息。午宴，请阿舅坐首席，称"会亲酒"，忌用毛蟹（娘舅谑称毛蟹）。宴后，新郎用便轿陪伴新娘回娘家，称"回门"，随轿送"望娘盘"一担。岳父母宴请女婿，忌用冰糖甲鱼。宴毕返回，新娘一出轿门，宾客中爱闹者预先以二三十条长凳从轿前铺接至新房门，架成"仙桥"，要新郎挽扶新娘从"桥上"过，客人欢笑催促，若步履稳健，则在新房门前"桥头凳"上再叠长凳一条，并递上一个油包，要新娘咬油包走过，美其名曰"鲤鱼跳龙门"。第三日，"三日入厨下，洗手做羹汤"，新娘下厨，煮汤面分赠四邻。

新婚弥月，岳父母家人送礼品一担，谓"满月盘"，又送礼券若干，金额不等，供女婿家酬谢宴办婚事人员，俗谓"花笑票"。

旧时贫富悬殊，以上所述系富庶和中等人家所行，至于贫穷人家，则用硬纸板剪个双喜字，贴上金纸，墙上一挂，一对花烛，一顶蹩脚花轿，便拜堂成亲。①

传统上蚂蚁岛本岛迎亲一般同内陆一样用花轿，但在隔海过渡的岛屿之间，则用彩船代轿。娶亲彩船在前舱门头悬挂彩旗，或悬挂大红彩球和宫灯。彩船到达女方住地码头时，先给船老大送红包，请船老大架好跳板，之后鸣放鞭炮。迎亲队伍抵达新娘家后，新娘出嫁时的礼仪如同花轿迎亲一样。新娘家离码头近的即由女宾直接扶导上船，岸上由娘家人鸣放鞭炮、鼓乐相送。若离码头路程甚远，仍用彩轿抬送至码头。彩船抵达蚂蚁岛码头时，男方迎亲者在岸上以鼓乐相迎，鸣放鞭炮，请"一夫一妻到白头，儿孙满堂好福气"的女性长辈进船舱扶导新娘上岸。码头上放一"作马"（木匠使用的一种简便支架），新娘上岸来必先跨越"作马"，以示"嫁到男方，马不离鞍，鞍不离马，永不变心"。离码头近的人家，用3只麻袋交替铺路，新娘由女宾扶导着踏袋至夫家，如离码头较远的则再用花轿从码头抬至夫家，以行婚礼。

此外，昔时蚂蚁岛即将举行婚娶的男子出海生产突遇风暴，若不能如期赶上婚期，而择定的吉日良辰又不可轻易改变，习惯上即由小姑代兄拜堂。小姑在华

---

① 转引自舟山市普陀区蚂蚁岛乡人民政府：《浙江省非物质文化遗产普查舟山市普陀区蚂蚁岛乡集成卷》（未刊本），2008年，第108—111页。受访人：李明彩，1927年生，蚂蚁岛人。

堂代兄拜堂行礼毕，尔后手捧一只大红公鸡送入洞房，公鸡颈上系一条红绸带，进洞房后，被罩入笼内，每天喂以饭食，一直到新郎回家才将公鸡放出。此鸡一直养着，不可宰杀，待其老死为止。

（二）丧葬礼仪

死亡对于人们来说是不可避免的，茫茫宇宙，大千世界，人们在此诞生、成长直至最后撒手人寰，离开人世，死亡会给活着的家庭成员带来情感上的悲痛，造成巨大的精神压力和创伤，使家人变得沮丧无助，茫然无依，不知所措。如果死亡对于死者来说是最后的结局，那么对于生者而言，死亡仍萦绕在他们中间。人们敬畏死亡，在情感上拒绝接受它，但却还要承担起忘却死亡、继续生活下去的责任。[1] 这就需要操持繁复的丧葬礼仪，以此来让死去的人满意，同时让活着的人得以安宁。在整个丧仪过程中，是生者与死者的对话，两者之间存在着一个坚韧的结——慎终追远。这个结不仅表现在生者和死者之间的实体联系中，也表现于两者之间的精神联系之中，而这就真切地揭示出中国人生死观的深层精神内涵。

丧葬仪式由一系列复杂的祭祀仪式组成，不同地域在部分细节上有所区别，但整体的基本观念和形式在汉人社会中大致相同。以下简要介绍蚂蚁岛人的丧葬仪式程序。

当老人临终之时，须为其洗澡，并换上干净的衣裳，同时剃一下头，剪掉手脚指甲，然后用布包好，以便到时放入棺中。为了不让老人空着肚子走，还要给老人喂上几口粥汤。同时，亲人聚集在一起，聆听老人的遗嘱，时刻不离地守护在老人床前，直到其断气离世。

报丧是用发信号的方式将人去世的消息告知亲友。报丧人是本家姓的，出门时须倒拿一把黑伞，途中不能进别人家门，到了之后要先喝上一碗冷水，再告知死讯。

老人死后，其亲人请念伴或僧人念经礼拜，为过世老人忏悔消灾，使其脱离苦难。僧人高声诵经、念佛，当念到佛、菩萨名时，所有参加拜忏的亲人都要跟随着念，跟着跪拜挂着的佛像。一部经念完随即焚化。接着再念，再拜，拜忏部数多少，依拜忏人数多少而定。死者的主要亲人均须送死者棉被和花圈等祭品，一般亲友送死者花圈等，同时参加吊唁，祭奠死者并慰问家属。亲人晚上须为逝

---

① 杨庆堃：《中国社会中的宗教：宗教的现代社会功能与其历史因素之研究》，范丽珠等译，上海人民出版社，2006年，第43页。

者轮流值班，供品整夜供着，香、烛不断点着，逝者床后摆放一盏煤油灯，煤油灯也必须整夜不断地点着，不可熄灭中断。

入殓有"大殓"和"小殓"之分，小殓是指为死者穿衣服，大殓是指为死者入棺，民间俗为"归大屋"。入殓应拣好日子，到午夜后潮水涨时，儿子抱头，女婿抱脚，将逝者放入棺材内。入殓时，所有亲人都围在旁边，将逝者的生活用品，包括棉被、衣服及日用品等一件件清点后放入棺内，最后将棺盖入钉。

逝者出殡日，抬棺人将其抬到门外路口，用两条长凳搁起棺材，并在上面放上几杯酒，然后由丧仪主事进行醮扛演讲，其意大体为逝者的子孙后代永世大富大贵、平安昌盛、兴旺发达。

哭丧仪式贯穿丧仪的始终，大的场面达数次，而出殡时的哭丧仪式尤受重视。出殡日，在路头祭供时，一般人家都请丧事小唱班代表丧事亲属亲人唱悲伤的越剧曲调，以示对逝者的悲痛之情，哭唱时以亲人辈分从大到小一批批地跪拜，唱者一次次地唱，跪拜者一批批地拜，以寄托对逝者的哀悼。

蚂蚁岛人的丧葬习俗，有其与众不同的特色。在葬礼上，参加丧礼的人脸上很少有悲戚之色，死者的灵柩摆放在灵堂内，帮丧的人神色平和地在灵堂周围或走或站，死者的亲人朋友们说着死者的往事，感怀死者的厚道仁义，喟叹死者未尽未了的心愿，语调平和舒缓。这样的丧礼，让旁观的外人会参禅一般地明悟到"生死由天"的人生玄机。

《礼记·祭义》曰："众生必死，死必归土，此之谓鬼。骨肉毙于下阴为野土，其气发扬于上为昭明。"说明人死后只有被埋入土中，灵魂的升天才成为可能，或者说才算是真正到了他该去的地方。[1] 由于蚂蚁岛是一悬水孤岛，陆域面积相当小，早在1958年，蚂蚁岛即实行殡葬改革，将世代安葬在蚂蚁岛的一座座坟墓"迁居"至隔岛千米、无人居住的小蚂蚁岛。从此生者安居"大蚂蚁岛"，死者安睡"小蚂蚁岛"，本岛上就看不见一处坟墓，无论谁死后都统一运到小蚂蚁岛上安葬，这成了世代蚂蚁岛人不成文的规矩。死人与活人分岛而居，成为蚂蚁岛的一大特色。蚂蚁岛从1958年开始，实行这个分居政策。该岛死者全部送至对面小蚂蚁岛上落葬建墓，任何人不能违规。不过自2005年开始，根据相关政策规定，禁止在小蚂蚁岛造墓，蚂蚁岛人过世后须焚化并送至沈家门公墓安葬。

出殡时，送丧队伍随着灵柩一直送到码头，再静默有序地登上那一只只早已

---

① 陈华文：《丧葬史》，上海文艺出版社，1999年，第145页。

等候在码头边的小船。死者的灵柩放在最前面的带头船上，整个船队缓缓地驶向对面的小蚂蚁岛，掌舵的轻轻呼喊："某人啊，阿拉现在到小蚂蚁去享福了，去啦哦，侬跟来哦……"

亲人们将逝者送至坟前，先要用其儿子的内衣在坟内掸一掸，此内衣要拿到家里保管好，传说以后会给家中带来财运，然后拿来一束芝麻秆和黄豆秆在坟内烧一烧，据说这样会使下代儿孙兴旺发达，长发其祥，然后再将棺材放入坟内，之后亲人们还要拉着围好的绳子，在坟的四周顺走三圈，倒走三圈，这表示绕过的地方都是逝者的地盘，绕过的圈子越大，表示地盘越大。在安葬中还要举行祭供仪式——请菩萨及做羹饭。

蚂蚁岛人认为死后七七四十九天，逝者才知道自己已经死了，所以要举行"做七"仪式，即每逢七天一祭，"七七"四十九天才结束。其中"六七"羹饭（也有"五七"羹饭），是出嫁的女儿挑来做的，有大鱼大肉、小菜，比较丰盛。做好以后，须请出殡那天来帮过忙的人吃。做"七七"时，逝者的男女双方至亲都给逝者家属送蜡烛、钱等，一起参与做逝者的"七七"，并一起吃中饭，以寄托对逝者的哀思。

至此，蚂蚁岛人认为死者灵魂在通往阴间的路上，已走过最艰难的阶段，现在正通往幸福的目的地。显然，这一整套繁复的丧葬仪式不仅表达了人们对死者的情感，帮助追悼者减轻情感的冲击，而且使丧主家庭与直系亲属以外更为广泛的人群重温固有的关系，以重申其家庭在社会中的地位，从而使得家庭组织得以巩固。

第二节　岁时祭仪

在传统时期，中国最畅销的并不是儒家经典，而是"历书"。历书不仅向农、渔业生产提供了节气方面的指引，而且为日常生活提供了神秘知识的指南。[1] 节日是指"节气时令中两节气的交替之日。起源于古代农业社会的不少传统节日同

---

[1]　杨庆堃：《中国社会中的宗教：宗教的现代社会功能与其历史因素之研究》，范丽珠等译，上海人民出版社，2006年，第32页。

民俗活动与节气时令的结合有关"①。节日既为人们提供了一个相互沟通和理解的公共世界,也传达出社群共享的文化知识及观察生活、了解世界的认知,并充分显现着一个民族文化的价值意识和原型。②节日不仅具有模式化的文化传统,而且还展现出异彩纷呈的文化个性。

蚂蚁岛作为一个海岛渔村,其节日不仅与传统渔业生产活动紧密相关,而且呈现出独具海洋特色的民俗文化。然而,时至今日,随着工业化、现代化和全球化的快速发展,文化的趋同性越来越突出,传统节日已经与促使其产生的传统社会相剥离,承载着一个社群文化血脉和思想成果的民俗节日正在发生急剧的裂变,传统节日的人文价值和人文精神正在发生消解。这股强劲的风潮亦无时无刻不在侵蚀着蚂蚁岛节日文化的形式和内涵。

一、春季祭仪

蚂蚁岛春季的祭仪主要包括立春、春节、元宵节、清明节等。

立春:依照中国旧历,立春为春季开始的第一天,亦可说是新年的第一天,所以蚂蚁岛人认为该日必须言行谨慎,不可损坏器皿等物件,亦不能有打人、骂人之事发生,债主也不可讨债催债,否则会冲犯神明而遭不祥。

春节:蚂蚁岛人将二十四节气中的"立春"前后的一段时间,即年前腊月二十三到次年正月十五当作农历中的春节。

腊月廿三:蚂蚁岛各家吃过晚饭后,开始祭灶神,亦称送灶神上天庭。主妇在灶前供上祭品,包括糕、糖、水果、一杯净茶,点上三炷香、一双红蜡烛,然后祭拜祈求灶神菩萨"上天言好言,下界保平安",保佑阖家四季平安、身体健康、兴旺发达。礼拜三次之后,待三炷香点至四分之三时,将贴在灶上的灶神像请下连同佛经一起焚化,意为送灶神上天庭。

腊月廿四至三十:蚂蚁岛村民开始祭供财神、喜神等吉神活动,以谢菩萨一年来对家人的护佑,祈求菩萨来年继续保佑阖家平安顺利、财源广进。敬神的供品主要是茶 6 杯、酒 12 杯(闰月时为 13 杯)、酒 2 壶、香、蜡烛、经、鱼 2 条、猪肉 1 刀、鸡 1 只(若用猪头要配鹅)、蛋 7 个(其中鸭蛋 6 个、鸡蛋 1 个)、年糕 6 根、豆腐 1 块、长寿面 1 束、黄糖半斤、花生和红枣半斤、五色糕、五色水

---

① 王文章:《大力弘扬传统节日文化》,载李松、张士闪主编《节日研究》第一辑,山东大学出版社,2010 年,第 1 页。
② 孟慧英:《从多元文化视角看民族传统节日》,《中国社会科学院学报》2006 年第 3 期。

果和干果各 5 盘。祭祀开始时，先鸣放鞭炮三响，然后点香、点蜡烛恭请菩萨，接着是跪拜，祈求菩萨保佑。待香点三次、酒敬三次、跪拜祈求三次之后，烧经鸣炮送菩萨回去，敬神方告结束。各家敬神祭祀后的当日都须做送年羹饭，祭祀祖先或逝去的亲人。

自腊月廿七起，蚂蚁岛人开始互邀亲友"吃春酒"，这与吃年夜饭不同。年夜饭只是家庭成员团聚，通常不邀请亲友，而"吃春酒"则是专门邀请至亲好友，属于岁尾年头应景欢宴。除年三十夜，年内从廿七、廿八、廿九开始，至新年正月初二、三、四，均可互邀欢宴。

大年三十这日，第一件事即是贴门神、贴春联，为节日增添喜庆气氛。

除夕夜，开始谢年、祭祖。家中厅堂置放八仙桌及香案，摆起三牲福礼、五牲福礼等各式祭品，供桌上摆放盐、面、年糕、鸡、鱼、肉、水果、菜肴及酒水等。阖家焚香先祭拜菩萨，再祭拜悬挂于厅堂中央的祖先画像，并鸣放鞭炮，称"辞岁炮"，然后开始吃年夜饭。饭后长辈给儿孙分"压岁钿"，以表达对儿孙的祝福。

嗣后，开始接灶神，亦称迎灶神。在祭供前，先将新请来的灶神像贴在灶上，然后在灶前供上三盆蔬菜、一碗饭、一杯净茶，点上三炷香和一双红蜡烛，然后全家一起进行礼拜，祈求灶神保佑阖家四季平安、财源广进。祭毕，焚烧经文，然后将供在灶前的一碗饭放在米缸里，直至正月初五方才拿出来重新煮食，意即米缸会满起来，食用不尽。

蚂蚁岛流传着这样一则有关除夕来历的故事。相传远古时期，有个凶恶的妖怪称为"夕"，时常作祟危害百姓，百姓求助"灶王爷"，无奈"灶王爷"斗不过"夕"，便上天宫请神仙。天宫遂派一个叫"年"的少年神仙在腊月三十这天晚上除掉"夕"。从此，人们便把这天晚上称作"除夕"，并点燃竹子使其发出爆裂声，后改为燃放鞭炮，以示纪念，逐渐形成"除夕守岁"的习俗。

昔时守岁，蚂蚁岛人点着灯笼，阖家围坐，叙旧话新，通宵不眠，俗称"坐岁"。现在，各家各户都有电视机和电脑，每当守岁，阖家共同欣赏春节联欢晚会电视节目。至午夜子时（即深夜零时）便开门放鞭炮，称为"迎新岁"，并迎吉神、财神进门。此时，蚂蚁岛人争先恐后地放鞭炮、礼炮，万炮齐鸣，五光十色，将海岛的天空点缀得绚丽多彩。是夜，蚂蚁岛信佛的善男善女在各村庙中守夜诵经念佛，俗称"拜菩萨年"。

大年初一清晨，在厅堂祖宗画像前陈列果品，摆放香案，全家老幼穿上新衣裳，由当家人领头依序拜祭祖宗，祭祀神明。大年初一，每家都吃甜糯米汤圆和甜芝麻年糕，以示年年幸福、步步高升、甜甜美美、事事顺心。

大年初一有许多忌讳。家家不动刀，不动扫帚，不动扁担，不动针线，不把水倒在地上，不说不吉利的话，不骂人，以求诸事顺遂、吉利如意。

正月初一至初五，大人小孩串门走户，拜亲访友，送礼贺年，互道新禧，是一年中社交活动最为活跃的时段。

正月十四，蚂蚁岛人长期保持着吃菜米粥的习俗，自20世纪90年代渐渐淡化，但中老年长者仍延续着这种习俗。煮粥时，先将米和水烧开，然后放入肉、年糕、花生，将这些东西煮熟后，再放入菜和红枣，若粥太浓则加入适量开水，待菜和红枣煮熟，再加入油、盐等调味品，这样就煮成软糯鲜美的菜米粥，可以作为中餐或晚餐食用。据说在煮菜米粥时，放入花生、红枣、年糕等，寓意家庭兴旺发达，子孙前程远大。

元宵节：正月十五，俗称"上灯节"，是春节的一个节庆高潮。蚂蚁岛各神庙张灯结彩，祭祀三日，俗称"摆祭"。是夜，家家户户悬挂彩灯，儿童手提各色花灯巡游嬉戏，抑或有请戏班演戏。至正月十八结束，称为"落灯"。

清明节：清明节历来受到蚂蚁岛人的重视。清明节前三日，各家做清明羹饭，以祭祀祖先或已逝亲人。一般来说，蚂蚁岛人无论距离远近都会赶回来，去祖先墓地致祭，以示敬宗尊祖。早先因蚂蚁岛祖先坟墓均在本岛，所以扫墓即在当地山上进行。20世纪50年代中期，蚂蚁岛为开山造地、绿化造林，将所有坟墓都迁至距离本岛不远的小蚂蚁岛，此后蚂蚁岛人清明扫墓即要乘船至小蚂蚁岛。最初是各家族搭乘自家渔船前往致祭，之后由蚂蚁岛乡政府组织船只送村民前去小蚂蚁岛，现在则是由管委会统一调拨轮渡船，以确保整个祭祀活动的安全有序。

是日清晨，凡去扫墓的人员都带上祭品、经、纸铜钱、竹肖棒等，从全岛各村纷纷涌向轮渡码头，乘渡船去小蚂蚁岛祭扫自家祖宗或已逝去亲人之墓。祭扫时，先在竹肖棒上挂上串好的纸铜钱，然后于坟顶加土插竹，之后在坟前摆上水果、糕饼等供品，接着点香燃烛进行祭拜，同时将坟墓周围的杂草除去。祭毕烧经后，乘船返回。

二、夏季祭仪

蚂蚁岛夏季的祭仪主要包括立夏、端午节等。

立夏：立夏为夏季开始的第一天，蚂蚁岛有"立夏吃一蛋，气力大一万"之说。因此，长期以来，蚂蚁岛人均有在立夏吃茶叶蛋的习俗，过去很多人家甚至还把蛋放在用网线织好的蛋袋中，然后挂在小孩子的脖颈上，让其随时可以食用，寓意孩子健康成长，力气增大。此外，在立夏日，蚂蚁岛还流行丈母娘给女婿送蛋、长辈给晚辈送蛋的习俗，以祝愿小辈身体健康、平安顺利。

端午节：农历五月初五是端午节，蚂蚁岛人认为该日是"诸虫百毒尽消灭"的传统节日，须采取各种预防措施驱邪避毒。如以艾草、鲜菖蒲插挂于家门口，令其中草药的清香气味持续均匀地飘逸在各个角落，以驱除蚊虫疾疫。或有习惯用五彩线编成辫形小绳系于儿童手腕上，男童系于左手腕，女童系于右手腕，俗称"长命线"，亦称"缠手绳"，以祈求驱邪避疫、福寿绵长。此外，尚有人家会做乌馒头，此为别有风味的海岛特色美食。如今，随着社会流动性的加快，许多蚂蚁岛人也深受其他地方端午习俗的影响，如吃粽子、咸鸭蛋等。

三、秋季祭仪

蚂蚁岛秋季的祭仪主要包括立秋、中元节、中秋节、重阳节等。

立秋：立秋为秋季开始的第一天，古人有"冷冷三九，热热高秋"之说。虽然立秋后气温会慢慢下降，但因立秋正值"三伏"天，天气仍十分炎热，在立秋后的一段时间内，高温仍时有出现，所以长期以来均有立秋吃西瓜的风俗。蚂蚁岛人认为立秋日吃西瓜，人会感到凉爽怡人，不会中暑。因此，近年来流行立秋日晚辈送长辈西瓜的风俗，以祝愿其身体康健、生活幸福。

中元节：农历七月十五是中元节，俗称"七月半"，亦有人直接称作"死人节"。七月十五前五日，本村善男信女们去当地庙里诵经念佛，包括后岙财神殿、大兴岙财神殿、仙人洞岙天后宫，每座庙里诵经念佛人数有四五十。农历七月十一下午，本村各庙信徒就开始忙着为死者做纸衣、纸鞋等，同时还在庙外旁边供祭一桌羹饭。是日下午三时以后，念佛人将念毕的经文和做好的纸衣、纸鞋等一起拿到宫庙外面焚烧，为逝者结缘，即所谓做好事。此五天诵经念佛，其中两天是念给庙里菩萨，为菩萨做功德，祈求菩萨保佑全村平安顺利；另外三天念给无人照管的孤魂野鬼，为其消灾祛恶。七月十五前三日，蚂蚁岛村民为已去世的亲人做羹饭，以表纪念。

中秋节：农历八月十五是喜庆团圆的中秋节，该日蚂蚁岛人亲朋好友之间互赠月饼以示祝贺。新媳妇回娘家探望，毛脚女婿（已定亲但尚未正式成婚）借此机会带上月饼等礼品孝敬未来的岳父母。是日傍晚，蚂蚁岛人供上菜肴酒水祭祀祖先。尔后，摆好酒菜，阖家欢聚一堂。饭后边赏月，边喝茶，品月饼。

重阳节：蚂蚁岛流传着有关重阳节来历的故事。传说东汉年间，汝南人桓景师从费长房学道，某日费长房告诉他："今年九月初九，你家有大灾难，你应赶紧回家，让家人都做一个彩衣袋，装上茱萸挂在肩上登高，爬到高山上饮菊花酒，就可以免除祸患。"桓景听后便依照费长房的吩咐去办。九月初十这天，桓景回来说，家里的牛羊鸡马都死了。费长房对他说："畜生代替你们死了。"从此以后，"重九"登高可以免灾得福即在民间流传开来。"重九"之时，蚂蚁岛正处于深秋之际，金风送爽，天高云淡，登高远望别有一番情趣。是日，村民参加登高爬山活动，寓意节节升高，出门大吉大利、万事如意。

是日，蚂蚁岛村民均吃糯米团子，寓意阖家团圆、平安顺利。同时，这日晚辈们都要为长辈送去糯米团子，以祝福老人身体健康、事事顺利。自国家将"重九"定为老人节以来，"重九"遂演变为双节日，晚辈们除为长辈们送去糯米团子外，还时常送礼物、红包（钱）慰问之。蚂蚁岛管委会也会组织开展老年人活动，倡导敬老尊老之风。

四、冬季祭仪

蚂蚁岛有"困困冬至夜"之谚语，意思是该日夜间最长，自冬至日起冷天气就开始了，所以长期以来，本地村民都有用热水洗脚的习俗，认为该日洗脚后在"三九"寒冷天就不会生冻疮。冬至时节，山上草木枯黄，遂有冬至日砍伐树木之俗。同时，因冬至一到，新年也就快要来临，蚂蚁岛人遂有"冬至大如年"之说，所以这一日还有吃年糕的习俗，多以其作为早餐，取万事吉祥之意。此外，冬至为一年四季鱼汛转汛之时，所以蚂蚁岛人除有在家中做"冬至羹饭"祭祖、修坟墓之习俗外，还会在港湾举行祭海神仪式，以猪羊等三牲供奉，燃放鞭炮，举香烛跪拜，诵经礼佛，场面庄严肃穆。

<h1 style="text-align:center">第三节　民间信仰</h1>

在中国民间，人们对神明的崇拜更多的是出于功利性的考量，认为"礼多神不怪"，多敬神拜神总非坏事，他们只希望能够得到更多神明的庇佑，从而获得更加富足的生活。这样也就使得他们的信仰、仪式及宗教活动等，与其日常生活密切结合，甚至融合成为日常生活的一部分。因此，学术界大都将这种"没有教义、教团组织的，属于地方社会共同体的庶民信仰"[①]称为民间信仰，也有的称作民俗宗教、民间宗教、民众宗教或传承信仰。这是一种复杂的混合体，不仅融合了佛道等正统宗教的教义成分，而且杂糅了祖先崇拜及各种地方性信仰仪式传统。

蚂蚁岛的民间信仰体系庞杂多元，不仅包括护佑渔民平安丰产的龙王信仰、船关菩萨信仰，也包括护佑一方平安的村庙信仰和观音信仰，以及祈求福佑荫庇子孙的祖先崇拜，保佑阖家平安兴旺的灶神、财神信仰等。民间信仰不仅为蚂蚁岛村民提供了精神庇佑和心理慰藉，而且为人们构建了丰富的公共文化生活空间。然而，伴随着现代化和城市化进程的加速推进，民间信仰等传统公共文化空间逐渐呈现出衰微的迹象，越来越难以满足人们对多元化公共文化生活的需求，因而迫切需要重构符合现代人需要的新型公共文化生活。以下首先简要介绍蚂蚁岛仙人洞岙天后宫、大岙财神殿、后岙财神殿等三座村庙，以及龙王信仰、船关菩萨信仰、观音信仰和三月半庙会等，紧接着论述蚂蚁岛村如何通过各种努力重构公共文化生活，以丰富海岛民众的精神文化生活。

一、村庙信仰及其仪式活动

（一）仙人洞岙天后宫

天后宫肇建于清代中期，位于兰田岙村仙人洞岙岙口，在岙口左边有个屋大的山洞。据传早年某日，不知什么地方的一只大船遇到台风，被撞碎了，船里的一尊娘娘菩萨随着海浪漂来漂去，身上的泥土被水冲刷干净，只剩下一根木头芯子，其在洞边撞来撞去就是不肯离开，人们看到后就把它捡拾起来供在这个山洞里，后于 20 世纪 80 年代为其建造了一座庙，并取名为娘娘宫，后来该庙规模逐

[①]　《大百科事典》（第十四册），平凡社，1985 年，第 558 页。

步扩大，90 年代中期更名为天后宫。

天后宫供奉的主神是北宋宫女寇承女，广受舟山渔民崇拜，许多渔民在渔船后舱设"圣堂舱"供奉船关菩萨，其中女神多为妈祖或寇承女。相传北宋时代宫女寇承女以狸猫换太子（后来的宋仁宗皇帝），具有至死不吐真相的贞烈与义气。而寇承女之所以受到海岛渔民的广泛崇祀，主要在于：第一，海岛渔民敬重寇承女的道德和母性；第二，海上生产作业艰险，随时都有可能夺走渔民的生命，所以渔民十分重视传宗接代，只有平安地生儿育女才能繁衍生息和延续劳作，而寇承女救护的是婴儿，所以渔民膜拜她实在是十分合理的信仰心理需求；第三，海上捕鱼需要群体的团结协作，这种团结协作需要彼此讲义气，贞烈、有义气的寇承女正是渔民们的楷模。

（二）大峧财神殿和后峧财神殿

大峧财神殿位于大峧岗墩，约 200 年前建立，原址在大峧山山脚，原名葛仙翁庙，后搬迁至居民带，在"文革"中塑像被摧毁，大殿被用作仓库，"文革"结束后重新建立，并命名为大峧财神殿。2008 年因原大兴峧自然村被东海岸船厂征用，庙宇拆迁至大峧岗墩。后峧财神殿位于蚂蚁岛后峧路 69 号，约 150 年前建立，在"文革"中塑像被摧毁，大殿被用作工场，"文革"结束后 1981 年重新修建，1995 年扩建。

（三）拜庙菩萨年

仙人洞峧的天后宫（娘娘庙）、大峧财神殿和后峧财神殿三座村庙建成后，蚂蚁岛村民每年正月初一都有给三座庙的菩萨拜年的习俗，经久不衰，一直持续至今。

每年正月初一凌晨零点，蚂蚁岛村民在自家门前鸣放鞭炮迎接新春后，都会不约而同、争先恐后地去仙人洞峧的天后宫、大峧财神殿和后峧财神殿三座村庙拜菩萨，岛内善男信女跑遍此三座庙拜祀各庙所有菩萨。去拜菩萨时，人们都先在菩萨面前供上水果、糕饼及经等祭品，然后点上红蜡烛和香，之后依序进行跪拜菩萨，如后峧财神殿中，即依财神菩萨、三官菩萨、天医菩萨、土地公和土地婆菩萨之序祭拜。红蜡烛一般都点在殿外围墙内设置好的左右两侧，每人点一双，不少善男信女还为未去庙祭拜的家人及在外地打工定居的亲人代点蜡烛，代为拜菩萨年。点香时，应先在庙内门外的大香炉中点上一炷或两炷香，点香有一定的顺序，如后岙财神殿，依上面所说的菩萨依序点拜，香全部点好后，再照以上顺序进行跪拜，祈求诸位菩萨保佑。跪拜时信众口中念念有词，如"保来年平安、顺利发财、生意兴隆"等语，这是人们共同的祈求心愿。除此之外，各人根据自身实际情况祷告祈求，如有祈求捕鱼生意好者，有祈求办厂生意兴旺者，有祈求喜结良缘者，有祈求金榜题名、喜得贵子者……跪拜祈求后，再烧经给菩萨。这样早来的人跪拜完后均自动离去，后来者又自动接上，如此连续不断地排队进行，可以说是人流如潮，既热闹有序，又隆重庄严。这样的场面从正月初一凌晨零时开始一直持续到早上七点左右，每座庙的参拜人员均有千人以上。

（四）村庙主神诞辰

蚂蚁岛后仙人洞岙的天后宫、大岙财神殿和后岙财神殿三座庙，其主神诞辰日分别为农历三月廿三、三月十五、三月十六。自此三座村庙建立以来，蚂蚁岛的善男信女力求各方面顺利平安，经常不断地去这三座庙里拜菩萨，并诵经念佛，祈求菩萨保佑，以后逐渐形成了为菩萨过生日的习俗。

每逢仙人洞岙娘娘菩萨、大岙财神菩萨、后岙财神菩萨诞辰日，各村信众在天刚亮时，就纷纷赶到庙里去拜菩萨，并诵经念佛，每次参与人数约有200，十分隆重庄严，有人挑来包子供菩萨（2～3担），有人送钱给庙里菩萨，以便日后为庙里增添新的设备和负担各项活动开支。庙中主事请来专业诵经念佛人员，为菩萨做普佛、做功德，以个人名义出钱的叫个人普佛，以集体名义出钱的叫众心普佛，个人普佛每人每节120元，众心普佛每人出钱10元，12人为一节。做普佛、做功德的目的是祈求菩萨福佑全岛各村太平，渔民生产顺利。做普佛是在庙内，信众的诵经念佛则在庙门外的围墙内，该处早在前一日就已搭好了帐篷，准备好念经的桌子和凳子。在做普佛、诵经念佛的同时，庙中主事还安排人员办理午餐事宜，并在殿外供一桌羹饭，烧经为已过世者结缘（做好事）。到中午时，所有信众都聚集在一起吃中饭，吃的是素斋，以表虔心礼佛。

二、观音信仰与龙王信仰

（一）观音信仰

普陀山与舟山群岛的沈家门隔海相望，素有"海天佛国""南海圣境"之称，是中国佛教四大名山之一，也是观世音菩萨教化众生的道场。观世音菩萨大慈大悲、救苦救难的德行和形象，对于生活在汪洋大海、悬命于海涛浪尖的广大海上渔民百姓来说，无疑是一种最好的精神寄托和心灵慰藉。此外，由于蚂蚁岛于普陀山有地利之便，观音信仰在蚂蚁岛更可以说是一种最为普遍和广泛的信仰，影响力极大。

蚂蚁岛村民不仅在家中设神龛供奉观世音菩萨的神像，定时焚香燃烛拜祀，祈求福佑家庭平安顺利、兴旺发达，而且每年均会定期参加观音香期活动。

开展观音香期活动，前往普陀山进香拜佛的传统，在舟山普陀乃至整个浙江都悠久绵延。普陀山观音香期活动之所以兴盛，相传与日本高僧慧锷有关。据说在千余年前（公元863年的唐朝），日本高僧慧锷从山西五台山请得一尊用檀香木雕的观音佛像。他带着观音佛像在宁波下船回国，船经普陀山洋面时，突然刮起大风，顿时海浪涛天，慧锷无法，只得把船驶进普陀山的一个山岙里避风。这样一连三天，都无法扬帆开船。第三天早上，船没开出多远，突然像抛锚一样不会动了，慧锷只见海上漂来一朵朵铁莲花，把帆船团团围住。这时慧锷大吃一惊，他低头默思：难道是观音菩萨不肯离开故土之故？他当即在观音菩萨像前祈求："如若日本众生无缘见佛，我定遵照大士所指，另建寺院，供奉我佛。"话音刚落，铁莲花随即隐去，而大船漂停之处，却是普陀山下的潮音洞。于是慧锷在潮音洞旁的紫竹林，建造了一座名为"不肯去观音院"的庵堂。这一故事后来在浙江乃至全国各地民间广为流传，因此普陀山的香期活动十分兴盛。

每年农历二月十九、六月十九、九月十九分别是观世音菩萨诞辰、得道、出家的日子。在这三日的前后天，是蚂蚁岛善男信女去普陀山开展观音香期活动的日子，每到二月十九前后三天、六月十九前后三天和九月十九前后三天，本岛所有善男信女和各地信众一样，均背着香袋、备着香烛成群结队地去普陀山进香拜佛，祈求观音菩萨保佑。每次去普陀山进香时，前寺、后寺、佛顶山、潮音洞、紫竹林中的不肯去观音院都是必须要去的。第二年还必须去洛迦山，信众认为若是没去过洛迦山，就没完成进香任务。每进一寺院，均要举行拜佛礼仪，点香、点蜡烛、跪拜、祈求等，很多虔诚的信徒上佛顶山是三步一跪拜，拜上去的。进香者每烧一寺院香后，还要请寺院内的和尚师傅在背带的香袋上盖上该寺印章。此外，这些进香者在进香期间均戒杀生，不食荤腥，吃素斋。在蚂蚁岛，甚至有少数中老年信众常年吃斋，虔心礼佛。

（二）龙王信仰

崇拜龙、奉祀龙王的风俗在中国海岛社群中非常流行，舟山民间龙王信仰更是十分普遍。在舟山民间，龙王信仰与观音信仰紧密地联系在一起，共同构成舟山民间信仰的两大习俗。[①] 蚂蚁岛悬水东海之中，渔民长年累月与大海打交道，终年过着"前有强盗，后有风暴""三寸板里是娘房，三寸板外见阎王"的生活，其所遭遇的危险和不测委实难以预料，渔民只能将自己的命运寄托在海龙王身上。出海祭龙王、丰产谢龙王、遇险求龙王，可以说蚂蚁岛渔民生活中到处都充斥着龙崇拜和龙信仰的氛围。

三、船关菩萨与三月半庙会

（一）船关菩萨

蚂蚁岛渔民一般在渔船后舱均设有"圣堂舱"，专供船关菩萨。船关菩萨供奉的主要神明包括关公、妈祖、寇承女等，现今随着基督教的传播，有少数家庭信仰为基督教者，亦会奉祀基督于舱内。船关菩萨主要是护佑渔民出海平安顺利，遇险逢凶化吉。

（二）三月半庙会

相传登步岛石弄塘天后宫大帝菩萨和灵观菩萨是外甥与舅舅的关系，有外甥做皇帝，舅舅管大门的传说。石弄塘庙靠近东海大洋，因此海岛渔民为求出海平安顺利、生意兴隆，经常会去石弄塘天后宫庙祭拜祈求菩萨保佑，以后逐渐形成了三月半庙会的习俗。

三月半庙会由登步岛和蚂蚁岛（过去蚂蚁岛属登步乡）联合出会，该会出殿的菩萨是登步石弄塘天后宫的大帝菩萨和灵观菩萨。出会的目的是求菩萨保全乡太平，生产生活大吉大利。过去该会一般是三年出一次，蚂蚁岛参与的有后岙的太平会和长沙塘的永胜会、二茬会，因后岙的太平会会名吉利，该会会员一到登步岛，就受到登步岛群众的特别欢迎，都争着请吃饭。登步岛的每个岙门都有一个会参加，参加人员约有千人，队伍十分庞大。

行会时间登步岛为两天，蚂蚁岛为一天，总共三天。行会期间，所有人皆吃素食。行会时，会员们穿着古装戏服，特别是走高跷的会员打扮成古代人物，如

---

① 舟山市地方志编纂委员会：《舟山市志（1989—2005）》，商务印书馆，2016 年，第 1963 页。

包文正、张龙、赵虎、王朝、马汉等，显得十分威武。行会中，先是全副楼架开路，接着是出殿菩萨，会员们用轿子抬着，随后跟着的是各会会员。各会都高举各自的会名旗号（令箭）在前，后面有头牌、旗锣、莲灯、高跷、抬阁、滚龙、狮子、白象、腰鼓、民族乐器等精彩表演，其中莲灯有8盏，高跷有8副。行会队伍走遍了整个登步岛和蚂蚁岛。各会队伍每到一个地方，都受到当地群众的热烈欢迎和热情款待。

总之，尽管蚂蚁岛的民间宗教信仰杂糅着各种信仰、仪式及传统，但其对当地民众的社会生活却具有相当重要的意义。首先，它能够增强村落内部的凝聚力，并为村民提供一个娱乐互动、情感联络的平台；其次，诸如观音信仰、跨岛庙会神明的崇拜祭祀，能够加强海岛村落之间的联系和交往，以神灵为媒介增加物资、信息乃至婚姻方面的流动；最后，这些丰富多彩的民间信仰活动，对于经常遭遇各种不测和风险的渔民而言，可以起到良好的心理慰藉作用，减少其内心的躁动和恐慌。

第三章　公共文化建设

　　蚂蚁岛村民耕海牧渔，靠海吃海，不仅生计依赖海洋，而且其娱乐、休闲乃至公共文化亦呈现出浓郁的海洋特色。往昔由于物质生活匮乏，蚂蚁岛人长年累月忙于生计，所剩下的空闲时间并不甚充裕，文化生活略显单调，但仍有不少带有地方特色的娱乐休闲活动。20世纪五六十年代，在蚂蚁岛不仅存续了许多民间传统娱乐游艺活动，也传播进来许多新兴娱乐休闲项目。进入21世纪以来，随着社会经济的发展变迁，这些传统娱乐游艺活动渐渐淡出人们的视线，蚂蚁岛休闲娱乐活动逐渐与都市流行文化趋同。然而，近年来蚂蚁岛公共文化活动开始恢复生机与活力，以全新的形态展现在人们面前。

第一节　娱乐游艺

一、唱花牌

　　唱花牌是舟山海岛地区广泛流行的一种娱乐活动，民间俗称为"挖花"。唱花牌是人们在打牌九、搓麻将时传唱的一种小调。唱花牌的形式一般是四人围坐在一张小方桌上打牌，每轮到某人出牌时，就按花牌名称所编的内容随口唱出。花牌总共有21种名称，其内容大都风趣诙谐。当一人摸到一只牌的时候就开始唱，当前面一个人打完时，后面一个人立马接上。打什么牌即唱何种花名，如此连续不断地唱和，直至牌局结束。整个活动场面热烈，气氛活跃，富有幽默感和趣味性。花牌所唱内容丰富多彩，各有特色，每个人均可以加入自己的创作。唱花牌的调子活泼多元，可根据戏曲调子唱戏文名，也可唱小调、随口编唱、口头传唱，不拘一格，自由灵动。曲调通常以四句体为主，并根据唱词韵律在其中随意添加衬词，句后一般都带衬词拖长音，以使其更具韵味。

以下介绍 21 种花牌名称及唱词：

1. 花牌：天下十三省，马屁第一样；贪官太腐败，百姓会饿死。

2. 地牌：啼啼哭哭必有意，一声高来一声低；丈母来该哭女婿，以后我女靠汝其。

3. 人牌：人山人海真热闹，到处只听放鞭炮；日本鬼子早投降，蒋介石只好往台湾逃。

4. 鹅牌：眉毛弯弯观，老公摇小船；家里关野鸭，大家要安全。

5. 长山：象山出毛竹，张网要用着；岾头讨钞票，实在太可怕。

6. 梅花：梅花两头花，孝子范仲华；三天不居家，老娘要上吊。

7. 板凳：凳啊等侬过，发来是侬错；为何要怪我，事体要弄大。

8. 斧头：虎虎赶上去，心想大两几；其为开小脸，手骨软落起。

9. 四六：丝螺革革底，问侬鲜不鲜；少吃有滋味，多吃坏肚皮。

10. 一六：怨啊怨起来，怨我头难抬；抬头看一看，果然就是侬。

11. 童柱：童家要来抬，妹打第六胎；难见公婆面，愁死也应该。

12. 三九：山架榔车起，打侬犟犟西；下次怎么办，自忖明白点。

13. 黄九：黄胖做黄胖，来当好讲讲；死了见阎王，悲伤不悲伤。

14. 毛五：抠根大毛常，做餐会吃光；鲜赏勿鲜赏，当时困眠床。

15. 二六：拜要拜侬煞，拜煞换一脱，顶怕侬勿死，我要自家死。

16. 野鸡：野气勿野气，闯进妹房里，妹妹开笑脸，拥抱来不及。

17. 向五：向勒侬抬过，当时做婆婆；明年做太婆，衬衬有同壤。

18. 脚骨：拼三拼四勿用拼，昆仑山上收徒弟；徒弟会收二三千，各个徒弟吃鸦片。

19. 一四：要四头上一点红，送花楼上双珠凤；姐妹相爱情义重，想配一位好老公。

20. 二四：衙门兰阳县，昏官庞士光；钱财袋装满，为民不申冤。

21. 钉珠：钉钉尺尺拷，后门有暗号；一定是其到，马上门开好。[①]

这一娱乐活动至今虽仍有所流传，但现在会唱花牌者大都年事已高，且随着青壮年人口的不断外流，此种传统娱乐活动亦将随之逐渐消亡。

二、马灯舞

马灯舞是舟山渔区长期流行的一种岁时节庆舞蹈，其曲调来源于浙江民歌《马灯调》，表现出一种热闹欢快的场面。往昔每逢春节，蚂蚁岛就有马灯舞表演，以欢庆新春佳节。

马灯舞表演者形象十分具有特点。其中有一人扮演大头娃娃，头上套着一个大头壳子，手拿扇子，身穿长袍；另5人身穿民族服饰，头上戴头饰，身上披着红色和绿色的披风，骑着用竹和布做成的马灯，亦称为马灯娘子。一般而言，马灯舞包括"5只马灯"，其中4只各自站在东西方位上，并两两相对，即2人站在东边，2人站在西边，2对人须保持一定的距离。另外，还有一个"马灯"和"大头"则站在南北方位上各自相对。表演之时，随着后场辅助人员的铜锣、乐器及马灯调曲调和歌词的配合，扮演大头者即手摇着扇子，一边向对方走去，一边用扇子指挥着其余几个马灯娘子，场面热闹异常，气氛欢欣雀跃。

往昔蚂蚁岛有会做马灯的手工艺人，但现今这项技艺已在本地失传。同时，由于当下各种新兴文化艺术的发展和传播，马灯舞等传统娱乐活动不再受到人们的青睐和重视，如今这项民间舞蹈已经在蚂蚁岛失传。

三、秧歌舞

秧歌舞是由北方地区传至舟山的一种舞蹈，新中国成立初期曾在蚂蚁岛十分流行。秧歌舞是边唱边跳的表演形式，敲锣打鼓，伴奏乐器还包括二胡、笛子等，表演者身着盛装，腰上系着彩色绣纺，按队形在大街小巷中边走边跳。过去每逢节日、游行、结婚等喜庆日子，蚂蚁岛人就会组织秧歌舞，营造出情绪欢快、场面热闹的氛围，表现出喜气洋洋、兴高采烈的精神风貌。20世纪五六十年代，秧歌舞甚至曾融入蚂蚁岛传统婚俗当中女子出嫁的送轿形式，当时男方都是带着秧歌队跳着秧歌舞去迎娶新娘的。然而，自蚂蚁岛集体化时代消解以后，秧歌舞在蚂蚁岛逐渐不再流行。

---

① 舟山市普陀区蚂蚁岛乡人民政府：《浙江省非物质文化遗产普查舟山市普陀区蚂蚁岛乡集成卷》（未刊本），2008年，第65—66页。

四、抢四角老猫洞

抢四角老猫洞是由蚂蚁岛孩子在20世纪五六十年代自发创造的一种游戏活动。在集体化时期，蚂蚁岛少年儿童在户外活动的时间较长，经常会到集体晒场上嬉戏，当时晒场上有许多堆放近洋张网生产工具的毛竹仓。当时蚂蚁岛孩子们经常来到晒场上并往仓上爬，再翻到仓里面去做游戏。

抢四角老猫洞一般由5个人共同参加游戏，将仓内的4个角当作4个老猫洞，分别由4个人当老猫把守在洞口，另一个人（猫）则要站在仓中央，随时等待时机抢到猫洞。游戏开始，首先这5个人需采用石头、剪刀、布的方法选出一人来抢老猫洞，然后是守4个洞的人必须在发出"一、二、三"口令时立马与对方调换位置，不能一直守着不动，若谁在口令发出后没动则算犯规，就要被罚站到中间，在4只"老猫"对调位置之时，站在中央的"老猫"必须机智灵活，动作敏捷地抢先跑到对方的洞口乘虚而入。若猫洞被抢，那么就由失去猫洞者站在中间准备再抢。如此循环持续，直至在规定的时间内结束游戏，在整轮游戏中将洞守卫得最为牢靠者为胜方，而在中间次数最多、站立时间最长者则为败方。

由于改革开放以后蚂蚁岛近洋张网生产减少及生产工具改进，宽敞的晒场也渐渐被建筑物占据，这种游戏活动也就逐渐消失。

五、踢房子

"踢房子"亦称为"踢人头房"，是一项带有趣味性、广泛流行于集体化时期的体育游艺活动，当时尤受蚂蚁岛少年儿童的喜爱。在游戏之前，先用粉笔或可以画线的东西在地上画一个人头房，然后将各种贝壳、旧纽扣串起来做成一个抛物或者沙包，用手将其扔至空格中，但须将第一格空着，直接从第二格开始丢，再用一只脚一格格依序从低到高跳过去，直到尽头为止。在跳的时候，遇到画有两个三角形之处，须略作停顿，两脚分开放到两个三角形内，抵达尽头两个三角形时再转身回头，两脚换位，再依序往回跳，跳至放着那个抛物之处须捡起抛物，然后跳过那一格再跳出房子。在跳的时候要注意在放抛物的那一格不能停留，必须直接跳到下一格。该项体育游艺活动的难度即在于，当抛物扔得越远，难度随之增加，到最后扔到人头的地方，在捡起抛物之时，必须是要反过身来，然后把头低下，手须从胯下伸过去，再捡拾起来，然后跳回去直至跳出人头房。

"踢人头房"游戏必须遵循以下几条规则：第一，在扔抛物之时，必须要扔准，若扔至房子外或触碰所画线条，均算犯规；第二，在跳的时候必须是单脚，另一只脚不可着地，包括捡拾抛物之时，中途不允许换脚跳，必须跳过放抛物的那一格；第三，在跳格子时，脚不可触碰到线；第四，若在一轮活动中的数人当中，有人在整个过程中未曾犯规，并能顺利地过关，即算赢得游戏。整轮游戏结束，赢者可以打几下输者的手心或敲打数下脑子靶。

目前，随着校园体育娱乐设施的健全及各种体育活动项目的开展，这种就地取材、简单易行的体育游艺活动逐渐消失。

六、割子弹子

"割子弹子"是一种游艺性活动，广泛流行于 20 世纪六七十年代的蚂蚁岛少年儿童中间，不仅富有趣味性，而且可以培养孩子的耐心和细心。该游戏是以两个人为一组，以石头、剪刀、布的形式分出胜负，由胜者做头轮流进行。活动开始时，手里先抓好一把十几颗像豌豆大的小石子或碎瓦片，然后将其抛到地上或桌子上，抛撒的时候须尽量抛得开一些，然后用手指的小指在其中两颗子之间划过去，意思是将其隔开来，但不能碰到其中任何一颗子。这时再将其中一颗子用大拇指和食指的指甲弹过去，弹到另一颗子时，即可将此两颗子拿掉。如此持续进行，直至将所有的子弹完为止。

"割子弹子"游戏必须遵循如下规则：第一，若在割子弹子时，手指触碰到另一颗子，或弹到另一颗子上，或者未能弹着，就算输了，就要换另一个人，如果在整个过程中能顺利地割完弹完，即可继续做头下去；第二，若在一轮当中没有一个能顺利地弹完，就以谁弹掉的子数多为赢。

"割子弹子"游戏一般都是少年儿童在玩，现今随着儿童玩具的兴起和各种游艺活动的流行，这种游艺性活动项目已逐渐消失。

七、老鹰捉小鸡

老鹰捉小鸡是一项趣味性很强的儿童体育游艺活动，其不仅活动量大，能够增强儿童体质，而且能培养儿童团结互助、扬善惩恶的精神。该游戏在 20 世纪五六十年代流行于蚂蚁岛少年儿童中间。

老鹰捉小鸡一般由 10 个人组成，其中一人扮作老鹰，一人扮作老母鸡，其余均扮作小鸡。活动开始时，扮小鸡者均跟在扮老母鸡者的后面，一个接一个地拉着前面人的衣服。活动开始后，扮老鹰的张开双臂来捉小鸡时，老母鸡也张开双臂全力保护后面的小鸡。老鹰若向左或向右拐弯时，老母鸡亦须拐弯拦住其去路，这时跟在老母鸡身后的小鸡也要迅速转弯，尤其是比较靠后的小鸡要转的弯比较大，所以要跑得更快，否则便会被老鹰捉住，因而一般会将跑得比较快的人安排在较靠后的位置。当小鸡被老鹰捉住后，小鸡便须站到另外一个固定的位置。而此时老母鸡仍可尽力去搭救被捉的小鸡。老鹰捉小鸡，老母鸡救小鸡，双方你来我往，场面激烈，活动量大。

老鹰捉小鸡是 20 世纪五六十年代广泛流行于蚂蚁岛少年儿童中的游艺活动，现今随着儿童养育方式的变化及各种玩具的发展，这一活动项目渐渐地在蚂蚁岛上消失。

以上所述娱乐游艺活动大都流行于物质相对匮乏的集体化时代，而今随着物质生活的极大丰富，这些简单有趣的活动项目似乎不再受到蚂蚁岛人的青睐，取而代之的是各种现代体育项目、娱乐活动乃至手机和电脑游戏等。

第二节　休闲康乐

一、电影

电影自首次在法国巴黎的"大咖啡馆"公开放映以来，迅速作为一种全新的休闲方式在全世界传播开来。电影真正进入蚂蚁岛人的生活世界当在 1959 年。当时蚂蚁岛公社建设 30 千瓦的火力发电厂，实现全岛的照明电气化，并添置电影放映机一台，正式成立电影放映队，从而为单调的海岛渔村生活增添了色彩。

在 20 世纪五六十年代，蚂蚁岛村民能够欣赏到各种题材的影片，甚至还有一些是来自东欧等国家的外国片，许多主旋律题材的战争片深受人们的喜爱。但到了"文化大革命"时期，蚂蚁岛村民与全国各地的人民一样能欣赏到的只有八大样板戏。由于当时岛内的公共休闲娱乐生活相当单调贫乏，每次公社放电影之时人头攒动，毕竟通过观看电影可以形成一个公共场域，村民由此能够围绕电影话题品评交谈，一起体验集体观影的热闹场面。

20 世纪 80 年代初期以来电视机的普及在一定程度上导致曾经是蚂蚁岛公共

文化主流的电影放映逐渐式微，尤其是后来陆续有了录像机、影碟机，村民们大都待在家中欣赏电视节目。不过，进入新世纪，国家广电总局和文化部共同实施农村电影放映"2131 工程"，自 2000 年起，国家发改委参与并开始大力支持该项重点文化工程。2007 年，国务院将一村一月一场的公益放映目标纳入国家公共文化服务体系建设的总体布局。自 2013 年中宣部要求深入开展文化科技卫生"三下乡"活动，公益性电影下乡发展迅速。由此，业已衰落的电影放映重新在蚂蚁岛取得一定程度的复兴，但因各种因素的影响，电影再也无法振奋起村民们像集体化时期那样子的观影兴趣，电影对蚂蚁岛休闲公共文化生活的作用自然也就大为减弱。

二、电视

改革开放以来，随着社会经济的快速发展，长期被压抑的休闲消费需求重新得以激活，电视机等耐用消费品逐渐出现在千家万户的普通百姓家中。在 20 世纪 80 年代初期渔业经营体制改革以后，蚂蚁岛村民迅速积累了可观的财富，电视机慢慢在岛内普及起来。

80 年代以来，随着资本、信息和欲望的流动变得更加自由，现代性伴随着消费主义的兴起而日渐明晰。尤其是随着彩色电视和商业化电视连续剧的发展，由企业和广告商赞助的电视连续剧通过塑造和渲染消费欲望，实现了资本向消费经济的转变。电视的出现极大地改变了乡村文化生活的面貌，它不仅为蚂蚁岛村民提供了一种休闲活动，而且改变了村落共同体中人与人之间的交往频度或者说社会互动频率，使得村落公共文化生活的空间越来越"私性化"。[①]一方面，电视机似乎为蚂蚁岛村民打开了一扇通向外面世界的窗户，因为任何人都可以从中学到东西；另一方面，电视也创造出家庭成员共享美好时光的一个场域，重新塑造着家庭成员的关系。尤其是每年除夕，阖家团聚共同观看春节联欢晚会成为 20 世纪 90 年代以来蚂蚁岛人欢度新春的必备项目。

三、旅游

自 20 世纪 90 年代以来，蚂蚁岛人依靠海洋捕捞、水产养殖、虾皮加工、经营渔家乐等获得了较为丰厚的收入。同时，随着年轻一代外出工作、经商、求学、

---

① 吴理财：《农村公共文化生活的式微与重建》，《中国乡村发现》2006 年第 10 期。

参军，以及大众传媒的推波助澜，原本偏居一隅的蚂蚁岛渔民获得了外部世界丰富的资讯。这些都开始激发起蚂蚁岛人外出旅行的动机和欲望，人们在休渔期不再只是在海岛上闲待着，而是希望能够去往城市和景区参观游览风景名胜，开阔眼界，增长见闻。正如许多蚂蚁岛人所说的："宁波、杭州、上海这些大城市的人来我们这里旅游度假，体验渔家风情，我们也想去看看外面的世界，人不能一辈子就被局限在这个海岛上，总归要多体验一下不同的生活。"由于享受靠近普陀山的地利之便，许多蚂蚁岛人都是佛教信徒，他们不仅每年定期去参加观音期会活动，而且也会去其他佛教圣地朝圣旅行。

四、渔民画

渔民画是渔区特有的现代民间绘画，是以大海为背景、独具海洋文化特色的工艺品。渔民画一般以渔民生产生活为题材，以海洋生物、山海景观和渔家风情为主要内容，渔民画家通过自身从自然生活中获得的鲜活、丰富的直观感受，大胆利用抽象的艺术表现手法，用粗犷的线条、绚丽的色彩、夸张的造型和创新的设计来表现海洋生产生活场景，勾勒出具有浓郁地方特色的现代绘画艺术之美。

20世纪70年代中期，上级领导部门在蚂蚁岛举办了渔民画培训班，培养出一批渔民绘画艺术爱好者，他们创作出一批渔民画作品，但略显粗糙。改革开放以来，在舟山市普陀区文化部门的重视下，民间绘画重新在蚂蚁岛兴起，通过培训，培植了一批绘画骨干，这些绘画者主要是渔家妇女，绘画内容主要是反映渔家生产和生活情景，具有渔区时代特色和时代精神。蚂蚁岛渔民画主要取材于蚂蚁岛的渔业生产、蚂蚁岛的创业史及渔民的实际生活，如《做网撮》《拢洋》《大丰收》《妇女号》均是其中的佼佼者，充分反映出蚂蚁岛渔民的创业精神和海岛风情。现蚂蚁岛业余绘画人员主要有沃跃莹、王晓丹、王丹珍、李芬艳、缪幼波、张秀女、董豪英、朱剑红等十余人。在蚂蚁岛渔家客栈、蚂蚁岛文化中心乃至沈家门等地均有蚂蚁岛人创作的渔民画，有些作品甚至参加过国内外知名画展，并在各类艺术展中获得奖项。渔民画不仅成为渔嫂的一种精神情感寄托，同时也是她们业余休闲生活的重要组成部分。

五、广场舞

广场舞源自于 20 世纪 90 年代全民健身风潮下的体育舞蹈[①]，进入新世纪以后逐渐演化为融合多种舞蹈元素并具有多样性表现形式的集体性舞蹈，从城市向广大乡村扩散，以迅雷不及掩耳之势风靡中华大地。

近年来，广场舞逐渐在蚂蚁岛流行起来，每当夜幕降临，渔民文化广场或是篮球场等开阔场地就会经常聚集成群结队的村民，他们伴随着高分贝、节奏感强的音乐伴奏，欢快地跳起富有韵律的舞蹈。在蚂蚁岛，广场舞参与者以 45～65 岁的中老年妇女为主，但其中亦有部分男性成员，甚至东海岸船厂的一些员工及其家属也偶有参与其中。显然，广场舞已成为最受蚂蚁岛中老年妇女欢迎的休闲健身活动。

广场舞在蚂蚁岛广泛流行的原因在于，随着社会经济的发展，中老年妇女的闲暇时间显著增多，原本正是享受天伦之乐、含饴弄孙的美好时光，却因学校撤并导致青壮年人口大量外流，子女升学或步入社会就业离开海岛渔村，导致中老年妇女的孤独感与日俱增，而参与广场舞便成为其缓解因代际关系疏离而产生的孤独感、转移情感关注的"焦点"最为有效的选择。

广场舞不仅可以锻炼出更加健美的形体，而且能够塑造出一种社交氛围，带有集体主义和狂欢色彩[②]，成为慰藉这些因计划生育政策而成为中国历史上"第一代孤独母亲"的一剂良药。45～65 岁这一年龄段的中老年女性的人生经历跌宕起伏，不仅经历了集体化时代的洗礼，而且经历了改革开放以后的"去集体化"变革，"去集体化"导致的相互疏离快速地将社会推向个体化时代。而集体化的价值认识和人格品质与当代个体化社会之间的裂痕恰恰构成了这代人的文化危机。[③] 广场舞为中老年妇女的集体人格释放提供了绝佳的平台。

与此同时，由于青壮年子女外迁至沈家门等地居住、就业、经商，许多蚂蚁岛中老年妇女便随子女外迁至城市社区生活，协助照料孙辈上学，城市生活产生的疏离感及脱离海岛熟人社会所产生的社会交往需求，使她们随迁到新的生活环境以后，需要逐渐适应新生活，消解孤独感，寻找群体参与和集体主义生活的乐趣，而广场舞正为她们提供了绝佳的平台。因此，许多随子女外迁至沈家门等地

---

① 窦彦丽、窦彦雪：《广场舞文化溯源与发展瓶颈》，《四川体育科学》2013 年第 2 期。
② 林敏灰、保继刚：《城市广场舞休闲研究：以广州为例》，《旅游学刊》2016 年第 6 期。
③ 汪流、李捷：《社区草根体育组织：生存境遇及未来发展》，《武汉体育学院学报》2011 年第 2 期。

的中老年妇女亦会参与广场舞活动，当她们回到海岛之时亦乐此不疲地在渔民文化广场等处跳广场舞。

第三节　精神文明建设

在城市化、工业化和现代化进程中，农村青壮年劳动力的大量外流引发乡村文化建设主体的缺失，政府公共文化供给的长期失衡，以及传统乡土文化价值认同危机的产生，导致我国乡村公共文化空间的普遍弱化。在当前我国大力实施乡村振兴战略的背景下，重构乡村公共文化空间无疑是实现乡村文化振兴的重要途径。[①] 在管委会及村社组织的领导和筹划下，蚂蚁岛公共文化生活呈现出勃勃生机与活力。

一、文化礼堂

早在"大跃进"时期，蚂蚁岛公社就建造了一座能够容纳 700 人的大礼堂，但当时主要用于召开群众大会，听取上级传达会议精神，讲解政策形势及发动群众运动，而并未承担多少文化活动职能。

2013 年浙江省《政府工作报告》中提出，将建设一千个农村文化礼堂列入当年省政府十件实事之一。蚂蚁岛积极行动起来，将一座二层小楼的二楼辟为文化礼堂，一楼用作蚂蚁岛社区残疾人居家安养服务中心。文化礼堂占地面积达 200 平方米，设有表演舞台和观众席，可以开展各种文艺表演活动。文化礼堂不仅是乡村文化精神新地标，也是村民的"精神家园"。蚂蚁岛村文化礼堂不仅已成为传承优秀传统文化的重要平台，而且也是弘扬社会主义核心价值观的有效载体。

文化礼堂侧墙悬挂着蚂蚁岛村乡风民俗的图片，详细地陈述了包括蚂蚁岛的来历与传说、蚂蚁人民公社历史、蚂蚁岛大事记、历史沿革、艰苦创业传统、村规民约、渔民日常潮汐谚语及潮汐变化时间等方面内容，并陈列崇德尚贤榜、集体荣誉榜、英模榜等中的先进人物的光辉事迹。总之，文化礼堂不仅为村落开展各种文化活动提供了空间和平台，而且通过村落历史、乡风民俗、先进人物事迹的陈列，体现出蚂蚁岛积极进取的拼搏精神和良好氛围。

---

① 陈波：《公共文化空间弱化：乡村文化振兴的"软肋"》，《人民论坛》，2018 年 7 月年，第 125—127 页。

近年来，蚂蚁岛乡村文化蓬勃发展，先后建起了文化活动中心、老年人活动中心、室外篮球场、门球场、全民健身场所等文体设施，成立了"渔嫂业余艺术团""老年器乐队""健身队""渔民画创作队"等文体团队，并定期聘请专业文体教师对各团队进行培训辅导，渔民精神风貌焕然一新。在三八妇女节、重阳节、元旦等各种节日时，群众自发组织各种文娱活动在文化礼堂进行表演。

二、送戏下乡

自2013年起，舟山市普陀区每年设立专项经费用于保障综合性示范项目创建工作的开展，并完善出台了《普陀区文化体育发展专项资金管理办法》《普陀区基层文化阵地建设资金管理办法》，用于支持文化设施建设和文化活动开展。同时，普陀区致力于重心下移、资源下移，通过对接式提供服务，使公共文化服务面向基层、面向渔农村，首创送戏下乡剧目公开采购制度，由普陀区文体广电新闻出版局出资购买各乡镇街道"钦点"的优秀文化产品，并牵头由区文化馆与各镇（街道）综合文化站、业余文化团队和艺术培训机构签订三方采购协议书，明确各单位、各团体送戏下乡相关职责，让群众自主选择观演节目和培训项目，实现了由政府"配餐"向群众"点餐"的转变。如2016年普陀区就有文化站、文化礼堂、10余支业余文体团队与普陀文化馆对接，文艺工作者深入基层为渔农村百姓送去"量身定制"的公共文化服务。

受益于普陀区的公共文化服务体系"供给侧"改革，蚂蚁岛村民现在每隔一段时间就能欣赏到普陀区精彩、特别的文艺节目。这些具有浓郁地方特色的文化演艺节目，深受蚂蚁岛人的喜爱，为略显单调的海岛文化生活增添了几分靓丽的色彩。

三、蚂蚁岛精神红色教育基地

作为一个远离政治权力中心的僻远海岛，蚂蚁岛在20世纪五六十年代曾被树立为"艰苦创业"的典型。1960年3月，中央农业工作部、水产部在蚂蚁岛召开全国渔业现场会，向全国推广蚂蚁岛公社艰苦创业经验，提出"把蚂蚁人民公社红旗插遍全国渔区"的号召，让小小蚂蚁岛名噪一时。蚂蚁岛集体化时期的那段光辉灿烂的创业史，留下了"全国第一个人民公社"旧址及"艰苦创业纪念室"等红色纪念地，"艰苦创业、敢啃骨头、勇争一流"的精神更是在蚂蚁岛代代相传。

2005 年 6 月 13 日，时任浙江省委书记的习近平同志在视察蚂蚁岛时指出，蚂蚁岛精神不仅没有过时，还要继续发扬光大。在弘扬红色主旋律的时代背景下，蚂蚁岛管委会积极筹划打造以人民公社旧址为核心的红色教育基地，其中包括创业广场、人民大食堂及公社创业现场展示区、"蚂蚁旅社"、蚂蚁岛创业纪念室、军港之夜创作地、"三八"海塘现场教学点等体验基地，力图让参观者领略蚂蚁岛历史，感受蚂蚁岛文化，体会蚂蚁岛精神内涵。通过这一系列的红色教育基地建设，不仅充分发挥出蚂蚁岛红色资源优势，并将其有效地转化为经济优势，在满足当下干部教育、政治需求的同时，迅速提升蚂蚁岛经济及旅游竞争力，成为蚂蚁岛经济提升的重要增长极，而且能够提振蚂蚁岛人在新时代社会经济变革浪潮中的精气神，为蚂蚁岛开创出更加美好灿烂的明天。

四、乡土人才职称评选

面对急剧变迁的社会经济形势，蚂蚁岛许多传统渔业作业方式及文化习俗渐渐地归于沉寂甚或消亡。为此，蚂蚁岛大力开展乡土人才职称评选工作，成立乡土人才职称评选工作领导小组，并制订出台乡土人才职称评选工作实施方案和三年发展规划，利用网格服务团队做好宣传动员、发放表格等工作，同时各支部积极组织召开相关座谈会，对乡土人才职称评定工作进行座谈，最终评选出包括不同等级的传统渔艺师等各种类型、各类职称的乡土人才 495 名，为保护和传承蚂蚁岛海洋渔业文化做出了积极贡献。

改革开放以来，蚂蚁岛村民的个体文化生活日益丰富，但公共文化生活空间却逐渐消解，渔村公共文化渐趋式微。进入 21 世纪，尤其是近年来，蚂蚁岛管委会和村社组织在党的领导下，积极转变文化建设理念，大力推进文化礼堂、红色教育基地等硬件建设和送戏下乡、乡土人才传承等软件建设，促进渔村公共文化空间的重构，进而助推渔村社会经济和文化的全面振兴发展。

生

活

篇

变迁与调适

中国
村庄
发展

SHENGHUO PIAN
BIANQIAN YU TIAOSHI

改革开放以来，随着中国现代化、工业化和城市化进程的飞速发展，偏于一隅的舟山蚂蚁岛社会生活急剧地发生流变。面对怒海波涛、巨浪滚滚的变革大潮，蚂蚁岛人的日常生计、婚姻家庭、养老医疗、教育等各方面都在发生根本性的变化。与此同时，生于斯、长于斯的蚂蚁岛人，也有其不变的坚持与固守，耕海牧渔，靠海吃海，只是以新的方式对海洋加以多元化的利用，由此变迁与调适共同构成了现代蚂蚁岛人生活的本质属性。本篇将以变迁与调适为线索，重点介绍蚂蚁岛村在婚姻家庭、老年生活等方面的演变，分析蚂蚁岛村生活各领域中的变革与调适。

第一章　婚姻与家庭

美国人类学家罗维曾言："家庭是以婚姻为根据的社会单位。"[①]换言之，婚姻与家庭具有密切的关联，彼此是相辅相成的。所谓婚姻是指男女依照社会风俗或法律的规定所建立的夫妻关系。[②]婚姻是一种普遍的社会制度，且各自成一系统，以作为男女结合而成立家庭所必须遵循的法则。本章拟从婚姻类型、婚域、婚龄、家庭规模、家庭关系等方面，探讨蚂蚁岛婚姻与家庭的变革历程。

第一节　婚姻类型与婚域范围

论及中国人的婚姻类型，主要包括嫁娶婚、童养媳婚和招赘婚等，当然这其中又有一些不同的变异形式。作为汉人渔村的蚂蚁岛，其婚姻类型不外乎亦是此数种类型，以下分别论述之。

所谓童养媳婚，一般是指儿女在未达到成年时，即被父母先订立婚约，将女孩先送至男方抚养，作为"小媳妇"，待男女双方当事人均届成年再择日完婚，这种形式下的女孩即为"童养媳"。事实上，童养媳婚过去在中国南方地区十分流行，"部分是因为适婚妇女短缺，部分是因婚姻费用高"[③]而这也得到费孝通在江苏开弦弓村研究的支持，他认为童养媳婚有节省费用的经济利益。[④]童养媳婚在蚂蚁岛也曾是较为流行的一种婚姻类型。如1949年以前岛上流传的一首民谣所说："毛节节当点心，花莲菜整枝吞；草子根挖干净，白头娘无处寻；小娃卖给福建人，

[①]　Robert H.Lowie, *An Introduction to Cultural Anthropology*, New York：Rinehart & Co, Inc, 1935, p.246.
[②]　庄英章：《家庭与婚姻：台湾北部两个闽客村落之研究》，"中央研究院"民族学研究所，1994年，第187页。
[③]　Olga.Lang, *Chinese Family Revolution in Modern China*, New York: Octagon Books, 1952, p.86.
[④]　费孝通：《江村经济》，商务印书馆，2001年，第54—55页。

小囡卖给崎头人。"① 据报道人所述，由于当时生活艰困，难以维系生计，以致到了卖儿鬻女的地步，而女孩卖给崎头人即主要是卖给别人当作童养媳来进行抚育。旧时蚂蚁岛村民将自己的女儿送给别人，而代以抚养别人家的女儿作为儿子之妻，这样不仅可以节省大笔嫁娶婚所需的聘金与繁复婚礼仪式的花费，同时也能够节省女儿的嫁妆，从经济的角度来说是最为划算的。

当然，经济上的考量并非是促成童养媳婚在蚂蚁岛流行的唯一原因，女子神主牌的供奉及提早建立姻亲关系也是影响人们选择童养媳婚的重要因素。在传统汉人的观念中，人死后其灵魂就到阴间，倘若无人祭拜就会变成流离失所、漂泊不定的孤魂野鬼。因此，汉人社会特别重视后代的问题，即"不孝有三，无后为大"。此外，提早建立姻亲关系亦可能是当时童养媳婚较为普遍的原因之一。尽管汉人社会是一个父系社会，一般均以父系亲属为社会交往的重心，但实际上姻亲的关系亦相当重要，提早建立姻亲关系有助于彼此在经济上相互合作发展。

童养媳婚的仪式一般都较为简单，大都仅以简单的酒食招待至亲好友，不肆铺张。这种婚姻类型主要发生在新中国成立前后，当事人基本上都已届高龄或已过世，而目前来说已基本消亡，不复存在。

嫁娶婚显然是蚂蚁岛村民婚姻的主流。过去很多婚姻是由父母安排的，不过大都经由媒人做媒，但改革开放以来，人们外出工作机会的增加和社会观念的开放，青年男女对自己的婚姻安排有了更多的自主权。

在嫁娶婚中，通常男方需送聘金给女方，而女方则为出嫁的女儿筹备嫁妆陪嫁。在集体化时期，蚂蚁岛成为艰苦创业的典型，是中国渔业战线的一面旗帜。1975 年，蚂蚁岛上 8 位青年姑娘：陈秋凤、应苏文、张联成、颜素菊、岩佳成、陈利叶、邹吉叶和刘志男，在艰苦创业精神的感召下，移风易俗，打破"先礼后财""男女无币不相见"等旧习，主动退回男方下聘时所送彩礼。在蚂蚁岛留存有一张 1976 年的老照片，上面一位老父亲送给女儿一根新扁担做嫁妆。扁担作为劳动的象征成为嫁妆，反映了那个特殊历史年代人们的淳朴善良，寄托着他们对美好生活的向往。

一直到 20 世纪 70 年代末期，绝大多数关系民生的商品仍需凭票购买，当时的婚礼大都操持得极其简朴，大多数人延续旧俗，在家里摆开筵席宴请亲朋。所拍结婚照，大多是穿军装、工农装的黑白照片。"文化大革命"之后，社会风气

---

① 蚂蚁人民公社：《蚂蚁岛民歌一百首》（内部刊印），1959 年，第 74 页。

渐渐开明，新娘子开始穿粉红色的"的确良"衬衣，外罩条绒或"的卡"外衣，着"凡立丁"裤子，新郎着"的卡"中山装。当时很多新娘子甚至是被新郎用自行车驮回去的，同时还流行集体结婚，不办酒席，以分送喜糖代之。

到 20 世纪 80 年代，结婚照中新娘开始身穿婚纱，有的家庭甚至还有黑白电视机和录音机。蚂蚁岛新娘子一般穿粉红色的羊毛衫，再配一条薄呢裙或直筒裤，还可以烫头发，这在当时算是相当时髦的。"旅行结婚"也开始成为一种婚嫁时尚，新婚之旅去上海、北京，旅行归来还是少不了要宴请亲朋好友一番。要备好"四大件"（电视机、手表、自行车、收音机）和"36 条腿"的中式家具（双人床、大衣柜、高低柜、写字台、椅子、床头柜、沙发等一整套家具），这是结婚的标准配置。80 年代末的结婚"四大件"，变成了冰箱、彩电、洗衣机和音响。到 90 年代以后，结婚照多用彩照。人们生活逐渐富裕起来，有了一定的经济基础，婚礼更加丰富多彩。婚礼操办假手婚庆公司开始流行起来，婚纱照、花车、礼服、酒宴逐渐成为婚礼上必不可少的元素。90 年代末，结婚还流行"三金一木"。"三金"是项链、戒指、手镯三件金首饰，"一木"就是当时流行的"小木兰"摩托车。

迈入 21 世纪以后，蚂蚁岛年轻人更加崇尚个性化婚礼和多元化婚礼，户外婚礼、仿古婚礼、纯西式婚礼、集体婚礼不一而足，不惜花费大量时间和金钱筹办一场风风光光的婚礼盛典。此时年轻人心中的"三大件"变成房子、车子、票子，他们大都会在沈家门、舟山市乃至杭州、宁波等大城市买房结婚。

招赘婚与嫁娶婚、童养媳婚形成鲜明对比，因其从根本上来说是违反汉人亲属制度的基本性质的。自古以来，中国人父系观念根深蒂固，一般而言均由新娘嫁入新郎家庭，一起居住生活，而招赘婚打破常规，是新郎同新娘的家人共同居住。这其中又包含有相应的区分。最极端的状况是入赘男子须继承其岳父的姓氏，而附带着作为儿子的所有权利和义务；另一种极端情况则是男子仅签订在女方家庭工作一段时间的协议，以抵偿当初较低的聘金。蚂蚁岛的招赘婚大抵介于此两端之间，即男方可保留其本姓，但在妻家工作、生活、居住，以及让其孩子中的一个或多个继承其妻家的世系。

蚂蚁岛村民行招赘婚的主要原因在于，家中没有男性继嗣传宗，因而需要招婿入赘延续香火，或是为了增加女方家庭劳动力。由于各个家庭的原因与情形有所不同，招赘婚的形态与内容亦有其变异性。诸如进舍婿、进舍夫等。包括蚂蚁岛在内的舟山渔村，出海打渔，全赖男性劳力，往昔渔村小岛流传着这样的民谚："妇女下船船要翻，妇女下涂涂要坍"。渔民有女无子，经家族同意，可招婿进门，叫"入赘"，也叫"进舍女婿"。这不仅是为传宗接代、继承香火，更是直接为下海劳动、奉养父母。婚后所生子女过去多随女方姓氏，继承女方祖业；现在提倡男女平等，有随女姓的，也有随男姓的，大体上可协商寻求共识。招夫虽同属招赘婚，但其实与招婿有着本质的不同，主要差别在于女子，招婿的女子是未出嫁的闺女，而招夫者则为已婚、守寡孤孀，愿在夫家另招一婿，以奉养公婆和儿女，叫"上门招婚"，也叫"进舍夫"。"进舍夫"所生子女一般随夫姓。

　　大体而言，随着人们受教育程度的提高及社会生活观念的变化，如今青年男女在经济上比较独立，极大地提高了自身婚姻安排的自主权利。嫁娶婚随着年龄层的递减而增加，而童养媳婚基本已经消失殆尽，招赘婚也相应地减少，抑或变得不再像传统上那么严苛和死板。

　　有关婚姻问题的探讨，了解选择配偶的地域范围是十分重要的，由此可以认识婚姻的地域基础和婚姻关系网络的发展。日本学者冈田谦在台北士林的研究，曾指出婚姻圈与祭祀圈的范围大体上是一致的。他不仅预先界定了祭祀圈的意义，更对所谓婚域的研究给予社会结构的意义。[1]

　　蚂蚁岛相传是清康熙年间镇海渔民在其周围海域从事渔业生产而逐渐上岛搭草房定居，尔后渔民陆续从宁波、鄞县、宁海、温州等地迁来，主要姓氏有李、丁、周、林、刘、柴、朱、陈等诸姓，几乎可说是诸姓杂处。蚂蚁岛人以自然村形式分别聚居在岛内各处，但自然村并无占绝对优势的大姓，更无所谓一姓一村的单姓村，所以与家族势力盘根错节的内陆不同，蚂蚁岛并不摈弃"村内婚"。

　　蚂蚁岛青年在选择婚配对象时，或者父母在考虑子女婚嫁时，大致有以下几类婚嫁地域选择：一是在本自然村或在本岛其他自然村中寻找适婚对象；二是在周边附近岛屿如登步岛、桃花岛、沈家门等地寻找适婚对象；三是在舟山市及所属各区县寻找适婚对象；四是在浙江省内寻找适婚对象；五是在浙江省外寻找适婚对象。

　　第一类婚嫁地域中，在本自然村或本岛范围内寻找适合的婚嫁对象，这在20世纪90年代以前相当普遍，岛内婚是蚂蚁岛村民的第一选择。[2] 曾任蚂蚁岛小学教师的报道人胡女士说道：

---

① 庄英章：《家庭与婚姻：台湾北部两个闽客村落之研究》，"中央研究院"民族学研究所，1994年，第227页。
② 于洋：《渔村变迁中渔民家庭生活的变化和妇女的作用——以舟山蚂蚁岛为例》，《南海学刊》2016年第2期。

我爱人就是在这里捕鱼的。以前我也是民办老师，老公就是在这里捕鱼的嘛，后来我进修后转正了。像我的同龄人都是在这里，没有工作单位的，都是捕鱼的。我和爱人都是岛上的，我家就在文化礼堂那里，文化路对面，属于长沙塘，我的娘家在后岙村。①

首先，过去海岛相对闭塞，而各个自然村各姓氏杂处，所以彼此间婚配并无禁忌，即便是同姓者亦可结婚，只有先祖相同的同姓者才禁止结婚，不必像单姓村那样非得去外村或外岛选择婚配对象。其次，从20世纪50年代以来一直到1994年，蚂蚁岛村民基本上很少外出工作，基本局限在岛内工作生活，彼此间参加集体劳动，易于建立恋爱关系而最终喜结良缘。再次，当时家长都相对较为保守，比较愿意将女儿嫁在岛内，这样更有助于保持长期紧密的联系，方便彼此间的相互照应。这些都使得在90年代以前，村内婚或岛内婚成为蚂蚁岛青年男女婚配的最优先选择。

第二类婚嫁地域中，蚂蚁岛青年男女通常在与其临近的村镇选择合适的婚配对象。桃花岛、登步岛、沈家门等距离蚂蚁岛较近的社区就成为蚂蚁岛青年婚嫁的最主要地域。传统上蚂蚁岛几乎没有农业，而桃花岛、登步岛等有部分家庭从事农业，因而彼此间时常有经济联系，互通有无，而今随着沈家门的快速发展，周边海岛居民因经济、教育等各种动机而向其短期迁徙或购房定居。此外，随着人们对教育的重视，蚂蚁岛青年与周边海岛社区的青年时常都聚集在沈家门上学，因而更易于建立自由恋爱的关系。

可以说，不论是集体化时期还是改革开放以后的新时期，桃花岛、登步岛、沈家门这些周边社区都是蚂蚁岛青年选择婚配对象的理想地域，可以说彼此间长期构成了一个较为稳定的"婚姻圈"。

第三类婚嫁地域中，部分蚂蚁岛青年通常在舟山市及所属各区县寻找到适婚对象。20世纪90年代以来，尤其是进入21世纪以后，不少蚂蚁岛青年前往舟山上学、工作或购房，从而得与舟山市及所属区县的青年相识并确立恋爱关系，最终成为终身伴侣。

第四类婚嫁地域中，近年来随着一些蚂蚁岛青年前往浙江省内其他城市学习、参军、工作和生活，通过自由恋爱建立婚姻关系，这其中虽婚配对象或来自省内各市县，但基本以生活在宁波、杭州等城市为主。

---

① 受访人：胡吉芬，1960年生，蚂蚁岛长沙塘人，原蚂蚁岛学校教师，2018年7月26日访谈。

第五类婚嫁地域中，一些大龄未婚男青年或离异丧偶者通过渠道介绍与内地经济欠发达省份的农村适婚对象建立婚姻关系，当然也有少数女青年因求学、工作等原因在省外认识适龄男性结婚的，但这其中以蚂蚁岛男性娶外省女性的占多数。

由于蚂蚁岛户籍人口与实际居住人口的较大差异，并无确切统计数据支持，但通过访谈大致可以判断出，在集体化时期蚂蚁岛婚域范围主要以岛内为主，临近海岛社区次之，而在改革开放以后，尤其是20世纪90年代中期以来，与邻近海岛社区及舟山市下属各区县的婚配情形越来越多，进入21世纪尤其是近十年来，随着人们社会交往的范围越来越广泛，与浙江省内其他地市的婚配情形增长迅猛，外省婚配的案例也在增多。大体而言，随着社会流动性的增强和城市化进程的加快，不管是男性还是女性，其婚域范围均已愈来愈广，而岛内婚急剧地萎缩，并且这种趋势将越来越明显。

第二节　婚龄与家庭组成的变化

结婚年龄的变化不仅深刻地反映出婚姻与社会变迁的关系，而且对家庭组成的变化也会带来重要的影响。大体而言，蚂蚁岛青年男女结婚年龄普遍较早。尤其是在传统渔业社会的生活形态下，一般人都比较早婚，家长也鼓励年轻人早婚。究其原因在于，从女方家庭来说，因从前"男主外，女主内"的家庭分工模式，渔村女性不能登船作业，无法实际参与真正具有创造性的经济生产劳动，加上"女儿终究是别人家的人"的观念影响，总是希望将女儿早点嫁出去，这样可以早些结束在女儿身上的投资。而对男方家庭而言，若娶较为年轻的媳妇，不仅可以有较强的生育力保障，以确保生下更多子女尤其是男嗣来传宗接代，而且年轻妇女具有较好的生产劳动能力，可以承担男人出海捕鱼期间家中的家务、农业生产和渔业辅助活动（补渔网、织网等）。

我1960年出生的，以前的事情都忘记了，都是听别人说的。反正蚂蚁岛变化还是比较大的，不管是吃的，还是住的，都是变化很大。以前20世纪80年代的时候，我儿子是1983年出生的，那时候还没有电视机。[1]

① 受访人：胡吉芬，2018年7月26日访谈。

　　报道人胡女士是 1960 年生人，而 23 岁时其子即已出生，可见其结婚年龄较之更应早上一两年，且其因就学时间相对较长而后充任民办教师，据其所言，当时与其同龄的男女青年结婚都非常早。

　　自 20 世纪 90 年代以后，尤其是 21 世纪以来，蚂蚁岛青年男女的初婚年龄均有明显的延后，而这显然受到整体社会经济变迁的深刻影响。一方面，工业化和城市化的发展，促使相当一部分青年男女脱离传统渔业生产，外出工作生活，导致其与蚂蚁岛的联系减弱，生活方式受到城市化影响越来越深，加上死亡率的普遍降低和少子化的发展，使以往尽量早婚以便生育足够小孩，确保有男嗣传宗接代的观念日渐淡化，传统的婚姻安排方式对青年男女的约束力日益减弱，青年人在选择婚配对象及何时结婚方面均有了更多的自由度。另一方面，随着社会发展对年轻人的素质能力提出了更高的要求，受教育年限大为提升，从而在就业市场中有更高的竞争力，就学时间的延长及紧张的工作生活压力，均使得青年男女普遍将结婚时间延迟。

　　以往有关汉人家庭制度的讨论中，往往认为汉人的家庭制度是以几代同堂的直系大家庭为最典型，这种观点被后来从事实际田野调查的许多人类学者和社会学者所否定。研究汉人家庭方面最引人注意的是奥尔加·朗（Olga Lang），他将汉人家庭分为三种主要类型：（1）核心家庭（nuclear family），即一对夫妇及其未婚子女所组成的家庭，同时也包括某些核心家庭的变形，如一对夫妇而无子女或夫妇仅存其一而与其未婚子女所组成的家庭；（2）扩大家庭（extended family），即年老的父母及其未婚子女与两对以上的已婚子女所组成的家庭，甚至包括四代或四代以上的成员所组成的家庭；（3）主干家庭（stem family），即父母及其未婚子女与一对已婚子女所组成的家庭。[①] 然而，朗的这种分类并不能完全涵盖当前中国汉人社会的家庭形态。中国台湾人类学者根据实地调查研究提出，在台湾汉人社会中有一种较为普遍的现象，即父母在儿子成年后让其"分随人食"，年老的父母在诸子之间"吃伙头"[②]，有时也包括轮住，这样就形成"条件的主干家庭"，亦有称其为"轮吃型家庭"。此外，随着社会经济的飞速发展，工业化和城市化的快速推进，许多来自乡村的青年由于工作生活在城市，婚后便在城市组成一个核心家庭，虽经济独立，但并未与以父母为中心的本家真正脱离关系。这种若干核心家庭围

---

① 　Olga Lang. *Chinese Family and Society*, New Haven: Yale University Press, 1946, p.14.
② 　李亦园：《台湾的民族学田野工作》，台湾大学考古人类学系专刊第四种，1967 年。

绕着以父母为中心的非伙同性大家庭，有学者称之为"联邦式家庭"[①]。以下拟就蚂蚁岛近70年来家庭组成和类型的变化进行分析。

新中国成立前蚂蚁岛村的家庭人口普遍在12～14人，如出生于1927年的张某某，当时其家中包括祖父母、父母、3个孩子（哥哥、姐姐及其本人）及父亲的兄弟2人、父亲兄弟的妻子和孩子共11人，此家庭总人口达20人之多，是一个典型的扩大家庭。[②] 由此可见，扩大家庭在当时的蚂蚁岛甚为常见。

1951年10月，工作组入驻蚂蚁岛开始实施土地改革，渔民家庭为了分配到更多的土地，故而在短期内将原先的扩大家庭进行析产分家，从而编成由一个个小家庭组成的渔民经营单位，形成以夫妻为核心的独立小家庭，导致家庭规模的缩小，此一时期大多数扩大家庭均析分为核心家庭。此后在长达近30年的人民公社时期，蚂蚁岛大多数扩大家庭均纷纷解体，核心家庭成为普遍的家庭类型，这一趋势持续深化。

改革开放以来，蚂蚁岛村的青年男女结婚后大多是独立生活，传统的扩大家庭类型基本已不复存在。随着国家计划生育政策的实施，蚂蚁岛村的家庭更是完全从扩大家庭走向以夫妻及其未婚子女所组成的核心家庭时代。而这恰恰也得到蚂蚁岛不同时期人口统计数据的支持，蚂蚁岛每户家庭平均人口数量呈现出逐渐下降的趋势。如表5-1所示，蚂蚁岛在新中国成立初期平均每户人口数为4.53人，至人民公社解体前的1982年下降到每户3.77人，到1990年更是下降到平均每户仅有3.11人，显然这与国家推行的计划生育政策在蚂蚁岛的严格实施密切相关；2000年蚂蚁岛人口数呈现出较大的下降趋势，至2019年更是进一步下降到全岛仅有1190户、3734人，这种趋势至今一直存在。

表5-1 蚂蚁岛历次人口统计的家庭规模

年份	1953	1982	1990	2000	2019
户数（户）	503	1200	1525	1551	1190
人口数（人）	2281	4519	4743	4286	3734
平均每户人口（人）	4.53	3.77	3.11	2.76	3.14

蚂蚁岛户数和人口数衰减主要有两个方面的原因：其一是自20世纪90年代中期以来，渔业资源急剧衰退，渔业产量逐年递减，使得许多渔民家庭不得不转

---

① 李亦园：《台湾的民族学田野工作》，台湾大学考古人类学系专刊第四种，1967年。
② 于洋：《渔村变迁中渔民家庭生活的变化和妇女的作用——以舟山蚂蚁岛为例》，《南海学刊》2016年第2期。

产转业，甚至前往城市地区务工经商；其二是蚂蚁岛村民十分重视子女的教育，自蚂蚁岛学校于 2008 年停止招生以后，岛上居民子女到了入学年纪都由母亲陪同到沈家门学校就学，为了营造更好的学习生活环境，许多蚂蚁岛村民举家迁出岛屿，在沈家门等地购置房产安家。这也导致现在蚂蚁岛居住的本地人除从事渔业捕捞和生产加工的人外，所剩下的大多是老年人，整体人口数及户数均呈下降趋势，老龄化程度日益加深，空巢老人日渐增多。

第三节　家庭观念与家庭关系的重组

家庭是社会群体中最基本和最重要的单元，不仅承担着生产、分配和消费的职能，同时也具有生育、抚养、养老、祭祀、情感交流等功能。通过血缘和婚姻建立起来的亲疏关系网络向来是人们相互扶持、共担风险、汇聚资源、谋求发展的重要依托。就家庭内部而言，家庭关系最主要的就是夫妻之间和父母子女之间的两组关系。以下将从不同时期蚂蚁岛村民生产生活方式特征入手，来分析和探讨蚂蚁岛婚姻家庭观念的变化及其家庭关系的重组变化过程。

新中国成立前，蚂蚁岛渔村社会的家庭构成多是三四代同堂的"大家庭"，兄弟婚后虽分开居住，但日常饮食及渔业生产等仍共同进行，经济大权统一由大家长掌管，每个人都将收入上交给家长由其统一管理和分配。① 蚂蚁岛男女有着严格的性别角色分工，妇女不能登船作业，必须操持家中的所有家务及织网、补网等渔业后方辅助作业，而男性主要从事出海渔业生产作业。

1953 年渔业民主改革以后，尤其是人民公社成立以后，提出渔、农、林、牧、副全面发展，导致对劳力的需求急剧上升，当时提出要发挥妇女半边天的作用，由此传统男女角色分工泾渭分明的界限逐渐消弭。妇女不仅需要操持家务，参加农业生产，加工渔获及修补网具，而且开始打破传统禁忌，从事下海渔业生产，最初是在近洋张网生产，后来甚至派出 10 个青年妇女到浙江水产学院学习培训，学成后作为轮机手和加油工参加远洋生产。显然，在集体化时期，蚂蚁岛妇女地位得到极大的提升，而随着家庭由大家庭分立为更具独立性的核心家庭，夫妻之间的关系变得更为平等和谐。

① 于洋:《渔村变迁中渔民家庭生活的变化和妇女的作用——以舟山蚂蚁岛为例》,《南海学刊》2016年第2期。

　　1983 年人民公社解体以后，渔业经营体制开始冲破"一大二公"经济体制束缚，"对船大包干""以船核算""按比例分成"等新型渔业经营形式被推行实施。蚂蚁岛渔民生产积极性得到极大激发，所有青壮年男性渔民都希望通过自己的辛勤劳作发家致富，让自己的家人过上好日子。由于当时渔业生产劳力充裕，而生产资料和生产工具有限，基本上是由身强力壮、技艺娴熟的青壮年渔民出海作业，以提高生产效率，创造更为丰厚的经济效益。而女性则更多地承担家务劳动、照顾家小及织网、补网等渔业后勤服务工作。大体而言，此一时期的蚂蚁岛性别角色分工短暂地重新恢复到传统上的"男主外、女主内"的范畴。

　　20 世纪 90 年代中期以降，随着海洋渔业资源的萎缩，蚂蚁岛渔民的渔获量大幅锐减，极大地影响了渔民家庭的收入增长，许多渔民开始转产转业。一方面，有相当一部分渔民家庭开始经营"渔家乐"，吸引宁波、杭州、上海等地旅游者前往蚂蚁岛休闲度假，以获取一定额度的现金收入，而妇女承担了休闲渔业经营中的主要工作。另一方面，部分渔民开始以家庭为单位承包虾塘，从事水产品养殖，而这需要投入大量精心的劳动，所以几乎家中所有劳动力均需投入其中，妇女在家庭中的地位和作用可谓举足轻重，几乎与男性等量齐观，许多女性掌握了家中的经济大权，负责大小事务，由此夫妻关系相比此前更加趋向平等。

　　2007 年年初，蚂蚁岛引进著名企业扬帆集团最大的子公司浙江东海岸船业有限公司。2008 年东海岸船业生产基地工作人员达到 3000 人，其中包括本地劳动力 200 多人，不仅满足了相当一部分蚂蚁岛男女劳动力的就业需求，而且直接促进岛上餐饮、娱乐、购物等各项消费，蚂蚁岛居民成为最直接的受益者。此后数年东海岸船厂劳动力需求日渐旺盛，工作人员数量激增，催生了许多员工的租房需求。由于丈夫通常要外出捕鱼或工作，招揽承租客及打理出租房等事宜均托付在妻子身上。总之，女性的地位和角色变得越来越重要，其不仅承担了日常繁杂的家务劳动，而且具有创造经济收入和提高家庭经济水平的能力。因此，在家庭事务决策方面，妻子拥有较大的发言权和决策权，甚至在很多方面完全可以自主决定，当然在涉及诸如孩子就学、购房、创业等重大议题上基本由双方协商决定。

　　值得注意的是，由于蚂蚁岛学校于 2008 年被正式裁撤，岛上居民适龄儿童只能是出岛就学，而因入学儿童年龄偏小，无力照顾自身，所以大都由母亲陪着到沈家门的学校读书。不少蚂蚁岛家庭为了给孩子创造更好的学习生活条件，都在沈家门、舟山本岛购置房产，而陪读的母亲通常一边照顾孩子上学，一边在孩子就学点附近上班或做生意。这样也就导致出现蚂蚁岛家庭夫妻两地短时分居，以及留下空巢老人的情形。平时丈夫在岛上工作或出海捕鱼，而到周末或渔船拢洋后，丈夫前往沈家门等地陪伴妻子和小孩，或由妻子携带孩子返回岛上同丈夫团聚。

在汉人的传统社会中，婚姻不仅仅是夫妻双方之间的事情，而且是两个家族之间的联盟，因而过去渔村社会中夫妻离婚的情形极为少见。在集体化时期，由于蚂蚁岛渔村社会相对闭塞，夫妻双方同在生产队参加集体劳动，虽彼此间偶有摩擦和矛盾，甚或有性格不合等因素影响夫妻感情，但婚配对象要么是本岛人，要么就是桃花岛、登步岛、沈家门等周边附近社区的人，所以一旦闹到很凶之时，不仅大队妇联主任和公社负责民政者均会上门调解，夫妻双方家长及亲戚也会极力予以劝和，最终大多夫妻彼此隐忍下来过日子，极少有夫妻真正走上离婚的道路。

人民公社体制终结以后，中国社会的流动性增强，不少蚂蚁岛村民纷纷走出海岛经商、工作，甚或购置房产移居城市社区，这些都使得原本相对紧密稳固的夫妻关系，需要面对更为频繁和复杂的社会交往。另一方面，伴随着社会个体化进程的加快①，婚姻关系变得更加自由，而婚域范围的扩大更使得亲属关系对夫妻双方的约束减弱。由此导致的结果就是，自 20 世纪 90 年代中期以来，蚂蚁岛夫妻离婚的案例开始慢慢增多，几乎每年都会听说有夫妻因感情不和、家庭暴力等各种矛盾离婚。而进入 21 世纪以后，尤其是近年来，随着越来越多的夫妻因孩子就学分居两地，青年一代对离婚似乎已经见惯不怪，不再像其父辈那样视之为难以启齿的羞耻之事。

诚如许多学者研究所指出的，传统中国家庭的特色是家庭生活以父子关系为轴心，这种关系比包括夫妻关系在内的其他所有家庭关系都更具优越性。显然，这种传统家庭关系结构自 20 世纪 90 年代以来在蚂蚁岛开始有所改变，横向的夫妻关系已经取代父子关系成为家庭关系的主轴。② 当然，此种转变是就家庭关系中父子和夫妻这两组关系的相对重要性升降而言的，其实构成家庭关系的另一个重要面向，即父母与子女之间的代际关系。

在集体化时期，蚂蚁岛为把妇女从家庭事务中解放出来参加集体劳动，早在20 世纪 50 年代初期就创办了托儿所、幼儿园，集中负责儿童的照料看护，而到

---

① 阎云翔：《中国社会的个体化》，上海译文出版社，2012 年，第 1 页。
② 阎云翔：《中国社会的个体化》，上海译文出版社，2012 年，第 116—117 页。

了入学年纪的孩子即进入蚂蚁岛小学、中学就读，大多数孩子中学毕业之后就去参加集体劳动，男青年下海学习捕鱼，女青年则在后方从事农业生产及渔业后方勤务工作。人民公社体制终结以后，年轻夫妻需要大力发展生产、致富赚钱，所以照料未成年子女的重任时常落在祖父母、外祖父母身上，孩子由老人们负责日常照料，然后正常入学到中学毕业，若成绩合格则出岛就读高级中学，否则即外出务工或跟随父母亲学习捕鱼、养殖等生产技艺。至 2008 年蚂蚁岛学校被正式裁撤以后，蚂蚁岛村民必须将孩子送至岛外沈家门等地就学，此时大都由孩子母亲赴学校所在地陪读，当然也有部分因孩子父母工作繁忙，由祖父母或外祖父母负责照料孩子日常起居，接送上下学的。

传统上，蚂蚁岛渔村社会的一般家庭构成多以大家庭为主，兄弟比较多，他们结婚后虽然另建房分开居住，但吃饭和参加渔业生产等依然共同进行，因此家庭内的经济大权基本上掌握在家中男性长辈手中，所有收入统一上交给大家长，由其进行管理和分配，年长的父亲在家庭当中具有绝对的权威。直到父母亲过世之后，兄弟之间才开始分家，海岛渔村不比农村，并无多少耕地可分，仅是将渔具等财产在诸子之间平均分配，随之分解成各自独立的生活单位。而到了人民公社时期，由于渔船、网具等财产都归集体所有，妇女和男子均需参加公社劳动赚取工分，分家仅就房屋或日常生活用具加以分配，新婚夫妻一般在婚后与公婆分开生活，独立掌管自己家庭的一切事务。

改革开放以来，随着渔业生产经营体制的变革，父子兄弟联合起来承包渔船出海作业成为一种常见的形态，彼此间的经济联系变得相对紧密。当家中儿子完婚后，很自然地就会分家成为独立的生活单位，而年老父母之赡养，或是由子女提供生活费用让其自主生活，或是年老父母在子女家轮流吃饭，也有的是年老夫妻分开，各归某一儿子负责供养。大体而言，不论采取何种方式，基本上父母之赡养是以平均分摊给儿子为基本原则。

随着国家计划生育政策的严格推行，以及男女平等观念的深植人心，在蚂蚁岛核心家庭体系中，儿子和女儿关于继承财产的权利和赡养的义务逐渐打破传统的规制，女儿结婚后也时常会替兄弟尽到照料父母的责任。

我老妈也是养老院送饭去的。有时候我有空和她一起吃饭，就不用他们送去了。我在沈家门就没办法，我四个姐妹一个哥都在沈家门，一个大姐在这里，大姐她管得比较多一点。她很辛苦，她真的很辛苦，她家是普陀区最美家庭之一。

蚂蚁岛人一直都是夸他们，我姐姐很好，我姐夫也很好。去年下半年开始，我姐姐也比较忙，就不接送妈了，以前几年都是早上接来，晚上送去，送来送去。大姐住在长沙塘比较热闹，接妈过来玩，人家都看到大姐和姐夫两个很辛苦，她是很尊老爱幼的，人家都夸她，我们也是知道她很辛苦的。我们其他几个姐妹都在外面，我们老人照顾得确实很少，真的。现在政策也好了，我们关心老人太少了，关心下一代比较多，基本上是这样的。①

诚如报道人胡女士所述，由于蚂蚁岛学校被裁撤，年轻妇女必须离开岛内前往沈家门等地陪读，很多时候儿媳妇难以两头兼顾，无法照料公婆日常生活起居，通常老人有女儿嫁在本岛的大多会帮忙协助照料父母。

在集体化时期，蚂蚁岛村许多婆媳生活在一起，家庭成员间关系相对复杂，日常生活摩擦和矛盾较为突出，婆媳关系不和睦的情形所在多有，而随着夫妻关系在家庭生活中占据更具优势的地位，青年男女核心家庭独立性增强，婚后婆媳大都分开独立生活，甚至老年夫妻生活在岛内，而年轻夫妻生活在异地，空间的距离反倒使彼此间大多能够以礼相待，如同对待客人，因而家庭成员之间的关系变得单纯起来，婆媳关系至少在表面上变得更为和谐。

总之，蚂蚁岛村不仅历经了从传统的扩展家庭、主干家庭到现代核心家庭的家庭结构之变迁，同时家庭生活中夫妻关系的重要性急剧上升，完全超越了传统上以父子关系为主轴的特质，夫妻关系已经明显成为家庭生活领域的中心。

---

① 受访人：胡吉芬，2018 年 7 月 26 日访谈。

第二章　老年生活

从某种意义上而言，老年人的权威与声望的变化、社区养老与精神活动等，都表明了村社的建设与发展，并指向未来。本章主要对蚂蚁岛社会老年人的养老情况及其身份变换等进行考察阐述，并特地将蚂蚁岛女性列出一节，以表明蚂蚁岛人的生活变迁与村庄发展。

第一节　老年人的日常生活

在集体化时期，蚂蚁岛村民主要从事近洋张网作业，捕捞海蜇、毛虾等海产品，老年渔民在逐渐失去下海作业能力之后，便退居二线，在后方从事渔业后勤辅助工作，如晾晒加工渔获、修补打理网具等。由于当时妇女与男人一起参加公社集体劳动赚取工分，老年人只要在身体条件允许的情况下，一般都需帮忙照料孙辈，而养老负担主要就落在家庭成员中的儿子们身上，财产也由诸子均分。当然，如果家中只有女儿而没有儿子，那么就必须为其中一个女儿招婿，由其继承所有财产，并承担替二老养老送终的责任。

改革开放以来，在相当长的一段时期内，家庭养老一直都是蚂蚁岛老年人养老的基本模式。社会养老不论是从方式、广度和深度上来讲，发展程度都相当低，只表现为针对极少数孤寡老人的"政府救济养老"项目。不过值得注意的是，虽说家庭养老是蚂蚁岛老年人供养的主要模式，但这其中老年人的生活方式又呈现出多样性。"自我养老"是指老年人完全依靠自己的收入独立生活，这种主要是有收入来源的退休干部、教师等老年人。"自养与子女赡养相结合"是指老年人尚有一些积蓄或收入来源，日常生活勉强得以维系，但子女不定期、不定标准地会给老年人一些零花钱。这些老年人一般年纪相对较轻，身体状况尚好。"与一子生活，诸子分摊生活费"，这种形式需要至少有二子的子女来供养老年人，但日常生活起居主要由一子负责，其余诸子来分摊生活费用。"自己生活，诸子提供生活资料"，这种方式的老年人单独居住，但是由子女负担养老费用，较之与子女共同居住的方式有更多的自由，可以避免因生活习惯差异而引起的家庭矛盾和纠纷，采取这种方式的老年人身体条件相对较好，日常饮食起居基本能够自理。"老年夫妻分随一子养老"是指老年夫妇共有二子，夫妻分开，各随一子吃住生活。"轮吃不轮住"，即老年人单独居住，但在诸子家中轮流吃饭。

家庭养老是以血缘亲情为纽带，由家庭成员为长辈提供基本生活保障和日常照料的养老模式。在蚂蚁岛，这种养老模式不仅使得丧失劳动力的老年人享受家庭内下一代的"反哺"，而且可以增加代际之间的情感交流和互动沟通，有助于老年人的身心健康。

我们现在蚂蚁岛主要的经济来源还是渔业，那个船厂主要出口，对地方经济带动很少的，全部是出口退税的。怎么说呢？它进来也有一个好处，我们整个蚂蚁岛土地出让给它，现在不是有失地农民保障嘛，养老保险。因为我们蚂蚁岛到现在为止，5个村村界是分不清楚的，实际上还是共有的。2012年还是2013年那年，国土资源部调查各村土地的时候，它必须要土地分界，我们土地分不清楚，只是大概勾了一下，土地还是5个村共同所有，没办法分的。包括现在扬帆集团进来以后，现在男的60岁以上，女的大概是49岁，失地农民全部进去了。扬帆集团进去的那边有一个村叫大兴岙村，因为整个村全部搬迁，2008年满16周岁以上全部进去，16周岁以下不进，然后把多出来的所有名额按照年龄段五个村来分。其实就是交社保，钱还是我们自己出，是因为土地出让以后，社会保障事务局有社保的指标。实际上，打个比方来讲，我们土地流失百分之三十，那么全体百分之三十以上的村民，必须纳入社会保障体系里面去。这个政策也是蛮好的，老人有了个兜底的保障，像现在应该能领到一千七八百元。①

一方面，东海岸造船企业进入以后，5个经济合作社均得到了数百万甚至上千万元的经济赔偿或补偿，这使得集体收入有了基本保障，极大地提高了公益事业的支出能力；另一方面，由于土地被企业征用，蚂蚁岛老年人均得以纳入社会养老保险范围，从而获得基本生活保障。由此，在蚂蚁岛基本形成了家庭养老和

① 受访人：李海潮，2018年12月17日访谈。

社会养老相辅相成的模式。

然而，几乎与此同时，2008年蚂蚁岛学校被裁撤停止招生，这不仅影响到岛内儿童的就学，而且对老年人的供养也带来了巨大的挑战。由于蚂蚁岛村民的孩子就读幼儿园、小学必须要前往沈家门等地，孩子年龄太小必须要家长照料，很多父母都不得不在沈家门购房或租房陪读，而这样就造成许多空巢老人孤独在家，尤其是给一些岁数比较大或者身体有疾病的老年人的日常生活照料带来极大的困难。

与舟山市其他海岛一样，渔民转产转业及青壮年人口大量外流，造成蚂蚁岛老龄化程度十分严重。截至2017年年底，蚂蚁岛管委会下辖的1个社区村、5个股份经济合作社，总人口为3942人，总户数为1206户，60岁以上老年人1002人，整体人口及户数均呈下降趋势，老龄化程度日益加深，60岁以上的老龄人口占到了四分之一。面对新的社会经济形势，蚂蚁岛家庭养老模式面临着严峻的挑战，而社会养老虽能为老年村民提供基本的经济保障，但对部分失能老人的日常生活照料却非其力之所能及。

针对这种困难局面，蚂蚁岛积极努力地探索新型养老模式。2012年10月18日，蚂蚁岛社区居家养老中心成立，主要为缺乏生活自理能力、子女又不在岛内的老年村民提供日常生活照料服务，包括为老人送餐、清洗被褥、理发洗澡等。显然，这在一定程度上缓解了不少离岛青壮年对家中老人的担忧。然而，社区志愿者和老年活动中心的人力、财力有限，无法提供更为健全的服务。因此，一些有识之士也提出要建立更为健全的养老院，为老年人提供更为全面细致的养老服务。

原来蚂蚁岛有个中学，挺好的，现在没有了，读书人少了，小岛都归到大岛去了。还有一个社会问题存在，今后独居老人怎么办，包括我女儿，一个女儿，这一代人等到年纪大了怎么办。现在是居家养老，是个什么概念，你知道吗？年龄大的，生活自理能力差的，超过80岁的，家属没在这里的，没人照顾的，一天送两顿饭。我的意思是成立一个养老院，岁数大了没人照顾就进养老院。这是一个社会问题。现在社会居家养老中心它没有住的地方，它不是像城里面养老院那个体制的。现在就算你有钱，普陀区那个养老院，你排两年、三年队也排不上。这的确是一个社会矛盾啊！现在都是独生子女，因为蚂蚁岛这个地方，计划生育严格，一般一百个人里面一个也不到，就是那个超生的，以后这个老龄化问题肯定会越来越严重。①

毋庸置疑，在可预见的未来，养老问题必定是蚂蚁岛需要面对的重大挑战。显然，要妥善解决养老问题，必须在完善目前家庭养老、社会养老及居家养老等多种模式的基础上，进一步探索新型的养老体制与机制。

除了解决蚂蚁岛老年人的物质生活需求之外，蚂蚁岛各级基层组织也积极举办各类活动，丰富老年人的精神生活。一方面，蚂蚁岛组织了老年协会，建立老年电大分校来服务老年群体；另一方面，大力宣扬尊老敬老的风气，举办"最美家庭"评选活动，表彰那些在孝敬老人方面做得十分出色的家庭，以榜样的力量营造孝亲敬老的良好氛围。每年重阳节，蚂蚁岛管委会及各自然村经济合作社都会向老年人发放重阳节慰问金和慰问品。2017年1月13日，蚂蚁岛管委会联合蚂蚁岛社区老年协会，举办"看蚂蚁岛变化，议蚂蚁岛发展"老年人健身活动，辖区共400余名老年党员、老年群众参加活动。这些活动的开展极大地丰富了蚂蚁岛老年人的精神世界。

第二节　老年人在村落中权威的嬗变

新中国成立前，由于蚂蚁岛生活水准低下、医疗卫生条件落后，村民平均寿命较短，60岁以上者相对较少，从年龄上讲，大抵超过50岁者就可以被称为老年人。从世代观念来讲，一般认为从自身算起向下有三代，即有孙辈者即可被归之于老年人之列。新中国成立后尤其是改革开放以来，随着社会经济发展水平的快速提高，医疗卫生条件得到极大改善，村民平均寿命也随之提高。因此，现今蚂蚁岛村民有关老年人的认定跟社会上通行的标准并无二致，基本上年满60岁者才被认为属于老年人。

在集体化时期，父母乃是一家之主，掌握着家中的生产与生活资源，他们在生产、生活中的丰富经验得到子孙辈的认可与尊重，当时老年人在家庭中的受尊重程度要明显高于现在，所以在言谈中，许多老年人都表示出对集体化那段时期的较多的留恋。在人民公社时期，渔船、网具等财产都归集体所有，所有劳动力统一参加公社劳动以赚取工分，到年底生产队将各人全年所得工分折算成钱或粮

① 受访人：李海潮，2018年12月17日访谈。

食，直接交给每户的家长，这一制度性安排无疑强化了家长的权威。子女婚前的各种所得均会上交给父母，由父母统一支配和管理。在婚姻安排上，虽然当时青年男女自由恋爱之风渐长，但当时的婚姻大抵仍遵循着"父母之命，媒妁之言"，由父母亲聘请媒人说媒撮合，子女在相当大的程度上遵从父母的安排。在日常生活中，子女对父母毕恭毕敬，不敢有丝毫怠慢。

改革开放以来，随着社会的急剧变革和科技的飞速发展，老一辈的渔业生产经营已显得无足轻重，年轻一代运用新科技，极大地提升了渔业生产水平，且被证明比老一辈更适应市场经济，家长在家庭中的权威地位受到动摇。对子女而言，父母亲的话不再像此前一样是绝对命令，可遵从亦可仅仅作为参考，子女的收入大多由自己支配而无需上交，自由恋爱结婚的占了绝大多数，父母对子女的婚事不再有绝对的决定权和控制权。

昔时老年人享有较高的权威，其知识和经验受到高度尊重。随着时代由传统向现代的变迁，老年人在村落中的权威也从整体上呈现衰落的趋势。

渔船以前最早是用那个方向盘定位的，还有就是看天气，观测天象。定位就是罗盘嘛。后来发展以后才是定位仪。我们渔船上的都是没什么文化的，渔老大都是用筷子测这个角度，到底什么角度出去的、几个小时到哪里要记下来。打个比方，往东开了 4 个小时，后来又向北开了 3 个小时，还要记潮水，东水、西水、南水、北水，很复杂的。①

过去由于渔业生产技术落后，包括渔船航向、鱼汛时间、鱼类特性及渔场位置等一整套复杂的渔业生产知识，都必须仰赖先辈日积月累的生产经验传承才能够真正掌握。不仅如此，在老年人的记忆中，过去村民之间若因各种琐事发生纠纷或矛盾，一般都会请村中德高望重的老人出面处理，协助调解息止纷争。

新中国成立后，各种风起云涌的政治运动，对村落的传统构成破坏性的冲击，而这也在很大程度上使得老年人的权威发生动摇。政府通过强而有力的政治意识的宣传，瓦解传统赖以存在的文化基础。科学与迷信，新文化与旧习俗，阶级斗争与熟人关系在当时形成紧张的对立。传统遭受的打击使老年人的权威受挫，因为传统是老年人权威存在的根基，老年人本身即是传统的化身和凝结。② 人民公社时期，国家权力进一步下沉到基层社会，渔村中包括渔业生产、家庭纠纷、村

---

① 受访人：金勤义，2018 年 7 月 26 日访谈。
② 王建民：《老年人社会的变迁与终结——对中国乡土社会的一种解读》，《重庆社会科学》2006 年第 7 期。

民冲突等大小事务，基本上由公社民政部门、大队书记、生产队长负责处理，这无疑冲击并削弱了老年人在村级事务中的全能权威形象。

1983年自蚂蚁人民公社解体以来，随着渔业经营体制的改革，新一代渔民竞相发挥自身的聪明才智，改进渔业生产技术，学习市场经济知识，致力于谋求生计发家致富。因此，老年人不仅在新的市场机制下失去了过去为人所看重的经验优势，大抵给下一代青壮年渔民充当辅助者的角色，而且在蚂蚁岛政治、经济事务中也渐渐处于边缘化的地位。不过值得注意的是，老年人在地方民俗事务、宗教信仰活动中仍发挥着举足轻重的作用。老年人在村落中的权威的嬗变，一方面表明代际文化传承的方向发生变化。即老年人更多的是向新生代学习新知识，接受新观念。另一方面，随着新生代的成长，新的权威将逐渐形成。但尊老、敬老的传统仍将保留下去，在村庄的公共事务中，老年人仍扮演着"压舱石"的长者角色。

第三节　海岛女性

社会的范畴相对于经济、政治而言似乎是明确的，但又与此形成重叠和交叉。作为社会中的人，不仅在家庭之中，也在群体和村落之中生活与交往，因此不仅形成年龄组，也包括性别角度的社会分类。和许多海岛渔村一样，女性的身份转换和生活经历都如此强烈地反映出其身处的社会特质与时代精神。

传统渔业捕捞以男性为中心，女性一般无法登船入海从事生产，而在岛屿陆地从事后方的农业生产或者织网、补网、加工水产等渔业后勤工作。蚂蚁岛女性家庭地位的改变，第一次出现在新中国成立后，这种改变不仅是妇女解放运动带来的政治身份的改变，还包括合作化时代直至人民公社时期社会分工和家庭经济地位的改变。

在火热的集体化时代，为了支持合作社制造大捕船，1953年年底至1954年年初的3个月中，长沙塘、穿山岙、后岙、大兴岙4个行政村的妇女硬是不分昼夜地搓出12万斤草绳，从船厂换回了一对大捕船；紧接着还与全体村民一起变卖自己的铜火囱、金银首饰等换回了第二对大捕船。1955—1958年，24个妇女勤俭持家小组用三年积累所得，为村里换来了"妇女号"机帆船。1973年10月，300名蚂蚁岛妇女用一年四个月的时间筑起了长1300米、宽12米、高5米，围田30

万平方米的"三八"海塘。蚂蚁岛女性不仅要照顾家庭、养育子女，在集体生产中种地、织网挣取工分，还以女性的独立自强，打破登船作业的性别限制，成长为渔船上的技术人员。

我60年前出海捕鱼，是17岁参加工作的，以前是在沈家门普陀中学读书（因当时这里没办初中，只有小学），我是第一批女初中生，男的以前几届有，因为那时女孩小学读好后，大多数都帮家里干活了。17岁毕业回来后，记得是当年的正月初二，乡政府当时有个想法，以女代男，因男劳力缺少，不知女的能不能下海捕鱼，当时我知道这个消息后特别高兴，因为我一直有个想法，人家男的可以下海捕鱼，为何我们女的不行。想着活蹦乱跳的鱼在船舱上、在脚边跳来跳去的场景，就很开心，很想去体验这个过程，了解捕鱼是怎样捕的，所以当时我是第一个去报名的，不去读书了。不去读书的另一个原因是想减轻家里的经济负担，那时我爸爸也是拿死工资的，每个月工资也只有32元，家里子女又多，再说家里的小孩我最大了，所以我决定去下海捕鱼，让我去试一下，到底会不会晕船，因我们也没有坐船到特别远的地方，最远也只有到沈家门，那是不会晕船的，可捕鱼不一样，船要开到外洋去，外面的风浪跟这里不一样，所以自己心里也没底，不知会不会晕船。当时报名第一天我是第一个报名的，等第二天报名人蛮多了，最后有10个女的报名，报名过后两三天出海去了，考验开始了，到底会不会晕船，体力吃不吃得消，坚持不坚持得下来。我去的当天就晕船很厉害，一天最多吐了8次。①

在人民公社时期，政府的号召和集体主义精神的唤起，既是女性改变自己身份的机遇，也是一次不小的挑战。

1959年发生吕泗洋灾难。那次是我第三次去吕泗洋，当时死了好多人，沉没船只也很多。当时的浪比我们老鼠山还要高，前后左右相互都看不到船上的围杆，都让浪挡住了视线。吕泗洋受灾让家里人都很担心，因为那时家里风也很大，又听说是台风，那时没有通信设备，只能等消息。后来等风浪小了后，我们回到家里报个平安，修理一下船只，住了一夜，第二天又赶赴吕泗洋渔场捕鱼去了。因为那时是吕泗洋渔场捕小黄鱼的季节，捕来的小黄鱼都卖给国家水产公司，只有0.125元一斤。那你想想我们4个女的胆子大不大，像花木兰充军一样，经历了那么大的灾难，大风大浪，我们不怕，还继续出海，当时我们只有17岁啊，真的是

---

① 受访人：林妙珠，2019年6月7日访谈。

不怕苦、不怕累。①

蚂蚁岛妇女为集体建设付出了巨大的劳动，散发出耀眼的光芒，她们是蚂蚁岛精神的创造者。今天的蚂蚁岛女性无疑是幸福的，得益于改革开放后所带来的更多机会，大多已不再讨海为生，而选择成为职业女性，或者回归家庭。对于老一辈而言，随着年事渐长，更多的矛盾是去岛外照顾孙辈还是选择自己的生活，但事实上，她们并无太多自主的选择，和许多前辈一样，她们更期望能回到蚂蚁岛度过晚年生活，因为蚂蚁岛是无法割舍的精神家园。

① 受访人：林妙珠，2019 年 6 月 7 日访谈。

专

题

篇

继往开来

中国
村庄
发展

ZHUANTI PIAN
JIWANGKAILAI

耕　海　牧　渔

蚂蚁岛在人民公社时期成为海洋渔区的一面旗帜，既是集体化时代下"典型"的构建，也是中国特色社会主义建设历程中的生动实践。蚂蚁岛人主动迸发的建设热情，与人民公社制度的契合，造就了集体化时代蚂蚁岛的辉煌，并孕育出"艰苦创业、敢啃骨头、勇争一流"的蚂蚁岛精神，蚂蚁岛精神成为海岛精神和浙江精神的主要组成部分。因此，回望70年来蚂蚁岛社会的文化变迁，在新时代乡村振兴的时代背景下，反思渔业、渔村、渔民的发展路径，继承和发扬蚂蚁岛精神，对于海洋社会建设和浙江发展仍有着重要的文化价值与实践意义。

与许多中国乡村一样，蚂蚁岛的发展变迁无法脱离巨大的时代背景。这个背景就是在 20 世纪 50 年代建立的人民公社体制。诚如张乐天以浙北乡村为个案的针对人民公社制度的研究所提出的问题：如果没有人民公社，浙北的村落将怎样超越"循环的陷阱"，实现从传统向现代的转化？对人民公社遗产的清理和思考，是否将有益于正在建立的市场经济体制过程中的中国农村的现代化？他以外部冲击——村落传统互动为解释框架，将外部制度人民公社制度嵌入所形成的与村落传统之间的矛盾、冲突及部分融合作为探究的逻辑线索，事实上处理的是国家、社会与市场三者之间的关系。

正如张乐天的研究所言，人民公社体制仍是理解当代中国农村的一把钥匙，直至今日，在农村基层的权力结构、组织体制和农民生活的细枝末节中，仍不难看到公社的影子。而土地集体所有制的保存，是公社极其重要的制度遗产。这份重要的遗产，随着党的十一届三中全会的召开，为农村改革开放的经济发展和社会变迁提供了物质与制度的基础。因此，政治制度的创新、乡村工业的发展、社会事业的进步、农民生活的改善和观念的转变，都无法绕开人民公社时期所奠定的基本格局。

可与此形成对比的蚂蚁岛社会，正是在人民公社时期创造了辉煌的历史。这样的差异何在？以整体的视角观察和比较蚂蚁岛的社会文化变迁，大体上还是生计环境、组织制度、观念意识的差异所引起的不同反应，即国家制度嵌入到具体社会中，是如何与地方社会发生互动？以及在同样的制度遗产下，分属大农业范畴的渔业、渔村和渔农又呈现出怎样的特质及面临什么样的挑战？

一、人民公社体制的嵌入与"在地化"

新中国成立前的蚂蚁岛，以近洋张网为主，船网渔具掌握在极少数阶层手中，大多数渔民的生计极为困苦。至 1950 年国民党军败退，战争留下的是千疮百孔的渔村。因此，从环境区位和渔民实际生活状况来看，此时的蚂蚁岛无疑是"穷"与"苦"的典型，而这恰恰为渔业互助的产生提供了客观条件。

1950 年蚂蚁岛解放之后，在历经 1951 年的土地改革、1953 年的渔区民主改革后，蚂蚁岛也逐步与过渡时期"三大改造"中的农业合作化运动相契合，从 1951 年建立渔民协会进行生产自救到 1952 年自发建立渔业生产互助组，并在 1953 年成立舟山第一个渔业生产合作社，蚂蚁岛渔业生产基本实现了合作化，共有社员 827 人，"占全乡渔户的 92% 左右"[1]，远远领先于全国的合作化。1954 年，蚂蚁岛将全岛 4 个渔业社合并为一岛一社，实行产社合一，统一调配人力、物力和安排渔场。1955 年，蚂蚁岛实行五社合一，创造性地办起了一岛一社、政社合一的具有人民公社性质的大社。这一大渔业社实行一级所有、一级核算，入社渔户 507 户、社员 1157 人，其中男社员 644 人、女社员 513 人、农业队 256 人、加工队妇女 277 人、后方管理及手工业和副业 19 人。[2] 自此，规模更大的社会生产管理体制和新型组织形式得以建立，岛上的各项生产活动、集体福利、社员收入、公共积累均获得长足进步，由此蚂蚁岛越来越受到上级政府的关注，并开始被作为典型加以培养。1958 年 7 月 26 日，经普陀县委批准将原已实行政社合一、一级所有、一级核算的渔业生产合作社改称为蚂蚁人民公社。

作为一个远离政治经济中心的偏远海岛，蚂蚁岛一穷二白的生计环境，成为特殊时代中被发现和被树立为典型的客观条件。在典型的发现和培养中，村庄及其村民的主体能动性构成典型树立的结构基础，并由国家和地方合力促成。通过塑造和宣传，权威机构将符合时代需要的主流意识形态和文化价值观念以典型符号的形式传达给民众，使民众认可典型符号背后蕴藏的正向价值，以动员社会群体，促进社会整合。[3] 外来制度的嵌入，与本土社会自身的发展逻辑形成了契合，这种契合便形成生发出强大的力量。

管理制度的转化。渔业生产不同于内陆农耕，具有季节波动性大、风险性大、生产投入大、协作性强等特点，要实现规模化经营，离不开人员的协作和船网等工具的投入，这也意味着要顺应海洋生计方式的管理制度转化。尚在渔业合作社阶段，生产管理方面即采取"三包""五定"的责任制。即包产量、包成本、包工分，用来解决合作社与生产队的关系问题；定产量、定人员、定成本、定工具、定工分，用来解决生产队与生产单位的关系问题。与此同时，辅以超产奖励 50%、减产赔 10% 的政策，极力提高社员生产积极性，加强责任心。另外，妥善调配劳动力，使人人有事做、个个都适合，其原则是男女老少同工同酬，方法是青壮劳力都到远洋作业（也不是绝对的）、年老体弱者在近洋、妇女在后方。制订全面规划，以及具体的积累、投资、基建、技改、收入、福利、物资供应等计划，让大

---

① 中共舟山地委工作队：《蚂蚁乡渔业生产合作社初步总结》（1953 年 7 月 20 日），舟山市档案馆藏。

② 浙江省检查团蚂蚁检查组：《蚂蚁渔业社勤俭办社的经验介绍》（1958 年），舟山市档案馆藏。

③ 苗春凤：《典型中国——当代中国社会树典型活动研究》，博士学位论文，上海大学，2009 年。

家对一年内的事务早知道，早做准备。

在财务管理方面，制定全面的财务制度、审批制度、保管制度、预支制度，实行每月公布账目一次，采取讲解和问答形式，坚持经济公开与透明化。在民主管理方面，大事都与群众商量，碰到诸如资金、技改等困难时，请群众参与讨论解决。诸项经营管理制度的核心，就是努力降低成本，提高收入水平，发展生产。表 6-1 所列为蚂蚁人民公社成立前后三个不同时期的收入与成本之比较。[①]

表 6-1　蚂蚁人民公社成立前后三个不同时期的收入与成本比较

单位：元

年份	总收入	总成本	成本占总收入份额	每户社员收入
1954	641096	361129	56.3%	576
1957	1221864	570026	46.7%	747
1961	1600698	769072	48.0%	919

协作生产的转变。1958 年，渔业生产大跃进从正面激发了思想大转变。截止到 1959 年 12 月，全社提前 7 天超额 14.5% 完成国家分配的 22 万担渔业生产任务；超额 5% 完成公社本年度 24 万担的生产任务，比 1958 年"大跃进"时的年产量 24.1 万担还增长 4.6%。[②] 1960 年，总收入为 162.80 万元，比 1959 年总收入增加 8.68%。这一成绩取得主要原因为大搞技术改革和创新，据 1962 年统计，在"公社化"的 4 年当中，共计革新项目 90 多个，其中经受时间考验，证明确实行之有效并且继续推广使用的仍有 22 项。以改进主要生产工具捕捞渔船为例，蚂蚁岛渔民经历了从小船、小网，到大捕捞船、机帆船，直至实现远洋生产机帆化的全过程。1957 年，渔业合作社提出"苦干两年，争取早日实现渔业机帆化"的号召。男社员提出"捕千担鱼，三个月不领预支、不分红，用以建造机帆船"的口号；女社员则"巾帼不让须眉"，提出"种万斤番薯，养活儿女，家庭生活不要男人负担"的响亮口号。1958 年，蚂蚁岛先后从宁波造船厂购买了两对机帆船，分别命名为"蚂蚁妇女号"和"蚂蚁青年号"，并于当年先后出海远洋投入作业。到 1959 年年底，全社共计购进 27 艘机帆船，自此蚂蚁人民公社终于实现了远洋渔业生产机械化、近洋渔业拖驳化，这对于孤悬大海的小岛来说，意义非凡。这些由普通渔民一点点硬"啃"出来的技术革新和发明创造，为渔业生产节省了大量物

① 《蚂蚁岛人民公社经营管理工作的情况介绍》（1962 年），舟山市档案馆藏。
② 《蚂蚁岛公社今年实现继续大跃进——超额完成全年产渔计划》，《舟山日报》1959 年 12 月 30 日第 1 版。

资，降低了生产成本，对促进近洋作业和远洋捕捞增产实效明显，也显示了劳动人民的智慧和力量。

分配制度的创新。在蚂蚁人民公社的大集体氛围熏陶下，社员群众最切实的感受便是生活条件得以快速改善，这得益于蚂蚁人民公社体制下创建的收益分配制度。在极力追求单一公有制，缩小个人贫富差距的年代，其确实惠及了全体社员，并凝聚为蚂蚁岛人认定的共同奋斗理念。

蚂蚁人民公社在不断增加公共积累和优先发展生产的前提下，适当掌握社员收入比例，正确处理积累与消费的比例关系问题。早在 1953 年合作化运动之初，任务重点向社员个人收入倾斜，当年积累仅占分配部分的 8.3%，消费则占分配部分的 91.7%，亦即收入的绝大部分归个人所有。这是底子薄、生活穷困所致，急于改善穷顿状况。公社化之后，集体积累部分显著增长，同时仍以不超过消费比例为原则。1958 年，积累占分配部分的 39.5%，消费占分配部分的 60.5%，这样做既能保证公共积累部分尽快地增长，加大固定资产和公共福利事业投资，又能切实保障社员收益水涨船高，充分调动社员的劳动生产积极性。此举当然受到广大社员的衷心拥护，扩大再生产的热情与日俱增，形成国家、集体、个人三者利益兼顾的良好局面。更有实际意义的是，在 1958 年发展生产的基础上，蚂蚁人民公社还创造性地实行了"十包加津贴"的福利制度。十包即包吃、包穿、包教育、包小孩养育和老年人养老、包看病、包理发洗澡、包旅费、包居住、包看戏、包婚丧，津贴则根据各人的政治思想、技术水平、劳力强弱、是否遵守劳动纪律、工作责任大小等评定等级（分成 14 级，最高每月 29 元，最低 4.5 元，平均 12 元）。另外，每半年发一次奖金（按照津贴 20% 的标准发放）。这种工资制和福利制相结合的分配制度，体现了社会主义按劳分配的精神原则和兼顾共同富裕的精神。起步于合作化，发展至公社化，短短的 5 年多时间，蚂蚁岛渔、农民一直向往的脱贫致富愿景，终于在人民公社中得到实现。

社会建设的进步。新中国成立之后的二三十年，尽管蚂蚁岛人在政治上、经济上翻了身，但是自身文化水平并不高。例如：在新中国成立前，全社 68 个生产队队长以上干部中，有 51 个是文盲、半文盲；在 10 个公社干部中，有 9 个是文盲、半文盲。随着"大跃进"时期生产建设的飞速发展，无论是社办企业，还是海洋捕捞机帆化，都需要大批拥有文化与专业技术的人员，因而普及全民文化教育活动势在必行。其实，蚂蚁岛人心里比谁都清楚没有文化的为难之处。为了亲手描绘公社美好的蓝图，富裕起来的社员们克服重重困难，积极构建多层次教育体系。

1958 年 4 月初，蚂蚁岛办起全区第一所渔业中学，有学生 79 人。6 月 24 日，在全县第一个实现了青壮年"无盲乡"，荣获共青团中央的奖状。7 月，海上业余中学开课，有学员 111 人；业余的政治、文化、技术学校开课，有学员 187 人。8 月 17 日，"红专大学"正式上课，设有轮机、电气、捕捞与加工和养殖、农艺、财政、卫生等 6 个系。10 月，所有中小学生都集中学习、集中用餐、集中住宿。随着全民教育普遍铺开，海岛兴起学文化、讲文化、用文化的热潮，无形当中提升了海岛人的文化品质。经过一年的努力，全社适龄儿童计 487 人全部入学。而在 13 岁至 16 岁的 125 名青少年当中，有 117 人普及了初中教育，占 93.6%；在 785 名青壮年当中，有 676 人扫除了文盲，占 86.1%，其中有 8 人已达到高中程度、166 人已达到初中程度、192 人已达到初小程度；68 名生产队长及以上干部全部扫除了文盲，其中有 2 人达到高中程度、10 人达到初中程度、29 人达到高小文化程度；10 名公社干部中，有 9 人达到高小、初中文化程度；在现有的 40 名轮机手中，有 31 人通过业余学习提高了文化水平，掌握了轮机知识和驾驶技术。公社还自己培养了 45 名广播收音员、1 名兽医、2 名电工、100 多名记账员和生产队会计、5 名初级医生和护士、11 名幼儿教养员、2 名电影放映员。[①] 据 1959 年年底统计，全社共有 1640 人受到各种教育，占总人口的 57.6%。

海岛文化教育得到普及的同时，渔农民群众的业余文化生活、体育、公共卫生等也随之变得丰富多彩。公社建起了文化宫、图书馆、科学研究所等文化科研设施；组织了 5 个俱乐部、3 个男女篮球队（队员 80 多人），修建了 2 座球场，还组织了合唱队（队员 80 多人，分成幼儿、青年、老妈妈队）、电影放映队、戏剧队、歌舞队等群众团体，订阅《人民日报》《浙江日报》《舟山日报》等 29 种报纸计 500 多份，平均每户一份报纸或者杂志；办起了托儿所、幼儿园、敬老院、人民医院、妇产医院、保健站（5 所）；普及了公共食堂，有 7 个；建造了大礼堂、百货大楼。所有这一切动作，于方便群众生活的同时，也将大批妇女从烦琐的家务中解脱出来。此外，1958 年 3 月 7 日，蚂蚁岛成为全县第一个"绿化岛"，共计植树 36.36 万多棵，荣获专署颁发的奖状。同年，全岛实现了有线广播化。6 月 1 日，实现无鼠、无雀、无蚊、无蝇、无虱子、无蟑螂、无臭虫、无跳蚤的"八

---

① 《蚂蚁公社大闹文化革命》，《舟山日报》1959 年 12 月 2 日第 3 版、第 4 版。

无"，荣获专署奖励。7月19日，成为全地区第一个无丝虫、无钩虫、无疟疾的"健康岛"，"清洁户"达97%。[①]

在有的学者看来，一种制度的长期维持需要四种因素：充分的资源或创造性收入、相应的法律法规、特有的意识形态和领导者魅力。有的学者认为判断一个制度好坏的标准应该是看在不突破成本约束条件下能否有效实现制度目标，也就是制度与环境的相容性。

二、制度遗产与渔村转型

1983年，随着人民公社制度的解体，不同于农业社会所留下的土地集体所有的物质制度遗产，蚂蚁岛所积累的财富除切实改善了渔民的生活外，可见的船网工具等集体资产随着渔船经营制度的变革，都最终折价到个人。水产品市场的开放，在为渔民获得大量渔业收入提供条件的同时，也将渔业生产经营推向了市场。

从渔村社区合作经济组织变迁的角度而言，和全国大多数渔村一样，蚂蚁岛的社区合作经济组织也大致经历了国家政府强制下的渔业合作社、地方政府引导下的渔业集体经济和渔村自主管理下的社区合作经济组织。对此，相关学者曾有过非常值得借鉴的研究成果：渔村社区合作经济组织变迁的影响因素主要有海洋产业的演变、地方政府的制度服务、社区企业的良好发展、渔村社区的社会资本、社区精英的能人效应和制度与环境的相容性。[②]

既有研究表明，社区合作经济组织是指以社区内的全体成员或居民为主体，通过彼此联合和对生产资料的共同占有，以实现社区成员共同利益为目的，表现为所有者、经营者、劳动者三位一体的集合体。我国现存农村社区合作经济组织是计划经济时代农村人民公社体制的制度遗产，但不同于人民公社时期的清一色、大统一。现有农村社区合作经济组织分为两类：一类是人民公社解体后，在实行联产承包责任制的社会大背景下，保留了人民公社集体经济的基本内核，即土地等基本生产资料公有，集体化生产经营，统一核算、按劳分配；另一类是建立在土地集体所有制和家庭联产承包责任制基础之上的"统分集合、双层经营"，主要承担政治管理、服务、协调等功能，其社区经济管理功能逐渐淡化，在渔业社会表现为其合作经济组织的社会功能增强，而经济功能发生弱化。

---

① 中共蚂蚁人民公社总支部：《蚂蚁人民公社化1958年各项工作大跃进总结》（1958年12月27日），舟山市档案馆藏。
② 王萍：《渔村社区合作经济组织的变迁研究——以山东荣成市为例》，博士学位论文，中国海洋大学，2011年。

市场经济体制下，第一类组织类型能更有效地实现村民集体致富，组织形式也发生了变化，某些村庄开始兼容一定范围、程度的私营经济。一种是兼容一定范围和程度的私营经济，后来另一种起源于我国东部沿海农村、得到大范围推广的社区股份制合作经济组织，又分为两种类型：一种是因为工业化、城市化推进，大量农村土地被征用或被非农利用，鉴于巨额土地收益，村民将自己拥有的土地承包经营权折价为股权，委托给社区合作经济组织，根据股权参与利益分配；另一种是拥有村办企业的合作经济组织将部分集体资产折股量化给村民或出售给村民，便于企业全面改革，也便于村民提高福利待遇，分享企业发展带来的收益，社区居民具备了村民和股民的双重身份。渔村社区合作经济组织就是指在渔村建立的农村社区合作经济组织。以此而言，蚂蚁岛社区也是社区股份制合作经济组织，但既没有土地作为进一步发展的基础，也没有在集体化时代成功孕育出十分成功的村办企业。

因此，蚂蚁岛社区合作经济组织亦表现出一般意义上的农村合作经济组织的基本特征：首先，不同于人民公社时期"社企合一"的组织，既承担农业生产经营管理的职责，也承担政治组织管理的职责。渔村的社区合作经济组织管理功能逐渐弱化，政治、服务、协调功能相对凸显，其主要经济功能转变为"在家庭承包经营的基础上，依法管理集体资产，为其成员提供生产、技术、信息等服务，组织合理开发、利用集体资源，壮大经济实力"（《中华人民共和国农业法》第十条）。这种社区合作经济组织相当于一级基层政府机构，其功能主要是协助渔民生产经营，同时对国家政策、地方政策和渔民意志起到上传下达的作用。2009 年 9 月，蚂蚁岛结合实际，突破原合作社属地管理的办法，按照渔船马力、作业等方式，成立蚂蚁岛渔船管理服务站，率先在全市范围内进行渔业体制创新，即是证明。其次，大部分"统分结合、双层经营"体制的社区合作经济组织只是挂牌，在农村经济管理中很难起到重要作用。在保留集体经济基础上建立和发展的农村社区合作经济组织成为村庄经济的支柱，往往发展到集团化公司甚至上市公司并兼并其他村庄，而对于未能孕育出大型渔业公司的村社而言，面临的则是集体发展式微的困境。再次，从互助组、初级社、高级社，最终发展成人民公社，其根本出发点就是通过生产资料的联合，变农村土地私有制为社会主义土地公有制，从而引导农民摆脱传统私有观念，避免经济发展过程中出现贫富两极分化。继承该组织遗产的社区合作经济组织具有劳动力成本低廉、社会资本丰富、土地无偿使用等优势。但对于作为悬水小岛的蚂蚁岛而言，其渔业生产只能在市场中进行博弈，同时集体经济的发展、社区渔民收入的提高和生活的改善，以及养老、医疗、低保等多项社会福利也只能从转产转业中寻找机会。

在此，仍有必要对村民自治组织与社区合作经济组织进行区分[①]：村民自治组织是村民为获得政治权利而组成的群众性自治组织；社区合作经济组织是合作化时期，农民带着土地、耕牛、船网渔具等私有财产入股而发展起来的群众性经济组织。前者的成员对象是村民，后者的成员对象是社员。村民侧重反映一个人的户口所在地，并不反映这个人是什么身份、干什么工作，他可能是农民身份或非农民身份，可能是农业人口或非农业人口；社员则表示这个人一定是农民身份和农业人口。在农村基层实际操作中，村民和社员的区别突出体现在：社员对社区集体资产享有产权份额，村民则无权享有；在社区集体资产产权未实现折股到人，或虽已折股到人，但仅限做集体经济再分配依据的地方，社员及其后代一出生就有参加集体经济再分配或"折股量化"的资格和权利，而村民及其后代则没有。但在村委会选举过程中，具备社员资格与不具备社员资格的村民都享有同样的选举权和被选举权，即村民和社员之间有着经济权利和政治权利上的区别与侧重。

总之，西方发达国家的合作社准确意义上讲是专业合作社。中国农村社区合作经济组织，不仅是一种经济联合，更是一种社会联合，它的实现和中国社会特有的意识形态，农村特有的文化习俗、道德约束、血缘亲缘关系等都密不可分。

蚂蚁岛在集体化时代造就的辉煌，曾吸引全国各地的渔区前来参观学习，其中就有山东荣成市。也正是在党的十一届三中全会以后，全国渔农村掀起"大包干"承包责任制，荣成市顶住压力，确立了"集体所有，统一经营，分级承包，纯益分成"的经营体制，走出了"荣成渔业发展模式"，诞生了大量经济发达、村企合一的"渔村社区合作经济组织"。在相关研究中显示，20世纪80年代初，这些渔村社区合作经济组织在本地政府强制要求本地农村保留集体经济的发展模式下，集资购买渔船捕捞，成立全省第一家村级渔业公司，完成了社区经济发展的原始积累，转型为以渔业经济为主导的经济发展模式；并在80年代末90年代初，我国渔业经济高速发展时期，水产品价格开放，近洋渔业资源好，渔获量持续增长的条件下，社区精英力排众议，将社区渔船逐渐卖出，投资发展造船业并带动兴办了20家合资工业企业，同时，从捕捞业转向养殖业和水产品加工业，社区经济

[①]　陈遏秋：《走出农村社区合作经济组织认识上的七大误区》，《农村经营管理》2003年第4期。

实现了由渔业经济向工业经济发展的第二次跨越。此后在 21 世纪初，捕捉到社会消费升级的机遇，重点发展"以港兴贸""以旅兴业"。

荣成市的个别渔村先后抓住"水产品价格开放""工业产品短缺""社会消费升级"的三次机遇，实现了经济发展由传统渔业向现代渔业、由渔业主导向工业支撑、由单一工业向渔工商贸多业并举的历史性跨越，实现了村民共同富裕。这带给我们的启发并非在于如何去复制"成功"的模式，而在于重新审视在蚂蚁岛未来的发展中，应该如何更好地调动渔村社区的社会资本、社区精英的能人效应，更好地完成制度契合与环境相容。

我们蚂蚁岛地方太小了，旅游的人早上来，下午就回去，住宿的客人很少。红色教育基地主要还是要政府支持，是政府的、单位的，地方太小，没什么让人留下来的东西。船厂好的话，我们都不用做了，地税可以归我们一部分。以前重阳节的时候分给老年人 100 块、200 块，现在一分也没有了。渔业捕捞太多，海洋环境发生变化，我们舟山积极响应国家休渔的政策，其他地方挺多休渔期偷捕的。我们这里如果有桥就好了。地方上新的项目要搞起来，不搞起来没有上进心的。现在我们主要打造海上花园。如果休闲渔业搞起来，捕上来东西，那他们肯定会住下来。我们捕进来给游客吃，现在休渔期的时候可以出去，休闲渔业嘛，主要是交通不方便。比如当年马金星老师写了这么一首好歌，可以跟浙江音乐学院合作拉些小孩子来玩一玩。①

正如我们所了解的，蚂蚁岛乃悬水小岛，其渔业资源、旅游资源是产业结构调整的自然、区位优势；熟人社会中，血缘、地缘、业缘等丰富的社会资本成为支持村社发展稳定有效的社会支持系统；以船老大为代表的社区精英不仅是社区赖以信赖的楷模，也是集体主义思想强化和传承的保障。因此，作为海岛渔村的蚂蚁岛，其未来发展在蚂蚁岛党工委、管委会提出实施的"渔业立岛、工业强岛、生态建岛、旅游兴岛"的发展战略下，进一步思考如何在舟山大力发展海洋经济的战略下，抓住机遇。在诸如大到岛际交通的建设，临港工业、滨海旅游的发展，人才的培养，小到应对渔业生产中的"禁渔伏休"制度、柴油补贴政策、转产转业所面临的机遇与挑战，这些离不开海洋产业的演变因素、地方政府的制度服务，更离不开蚂蚁岛人自己对社区发展的良好愿望、社区社会资本的调动，以及社区干部、精英能人的热情与积极参与。

---

① 受访人：李双安，1961 年生，蚂蚁岛兰田岙人，2019 年 6 月 7 日访谈。

三、精神传承与乡村发展

作为"一场改变几千年农业传统经营方式的革命，也是中国共产党改造和重建乡村社会结构的宏大社会实验与社会工程(Social Engineering)"[1]，集体化时代曾产生许多"典型"。有的学者认为"树典型"是集体化时代进行经济和社会管理的方式之一[2]，也是社会主义国家进行基层社会动员而采取的治理策略[3]；不少学者从典型塑造的文化传统[4]、塑造过程[5]等方面进行了深入探讨；也有的学者通过对典型产生的运作策略的分析，认为在地方创新和顶层号召的推动下，典型的产生是一定历史条件下与精神密切关联的[6]；还有的学者通过典型建构的个案比较，提出农村典型的意义在于价值弘扬，而非作为模板的复制[7]。

从典型到样本，蚂蚁人民公社留下的最大精神遗产是蚂蚁岛人在集体化时代取得经济发展和社会进步的同时，激发和孕育的"艰苦创业、敢啃骨头、勇争一流"的蚂蚁岛精神。这一集体主义精神是社区精英带领下的全体蚂蚁岛人的创造，成为凝聚蚂蚁岛人的向心力。除了海岛女性的杰出贡献外，其中较为重要的是船老大所发挥的巨大作用。船老大无疑是渔民社会的技术权威和精神领袖，既具备海洋捕鱼的高超本领，又熟练掌握航海的基本技能。其基本职责包括观察天气、预测风力，观察潮水、不误潮时，掌握鱼汛、赶赴渔场，召集船员、整齐力量等；而现代船老大更是集安全、生产、销售、经营、管理和分配工作为一体。在蚂蚁岛最早建立互助组和合作社时期，事实上离不开船老大的权威与号召，这对后期集体意识形态的形成来说具有非常重要的基础，是社会文化资源的有效整合与提炼。蚂蚁岛熟人社会紧密的亲缘、地缘和业缘关系，使得饭虾捕捞和生皮加工有机地结合在一起，从而发展出高品质的虾皮加工业。通过虾皮的捕捞和加工业转变，可以发现蚂蚁岛人不仅在生计和职业之间发生了身份切换与生产流动，在市场大潮中同样地进行产业转换，由此可知，文化传统在不同的时代背景下会

① 郭于华：《心灵的集体化：陕北骥村农业合作化的女性记忆》，《中国社会科学》2003 年第 4 期。

② 刘林平、万向东：《"树典型"——对一种计划经济体制下政府行为模式的社会学研究》，《中山大学学报（社会科学版）》2000 年第 3 期。

③ 冯仕政：《典型：一个政治社会学的研究》，《学海》2003 年第 3 期。

④ 苗春凤：《当代中国社会树典型活动的文化传统探析》，《河南大学学报（社会科学版）》2011 年第 6 期。

⑤ 刑宇宙：《典型制造与社会动员——毛泽东时代大寨的个案研究》，博士学位论文，南京大学，2012 年。

⑥ 郭永平：《"典型"产生：对集体化时代山西大寨的考察》，《北方民族大学学报（哲学社会科学版）》2015 年第 6 期。

⑦ 陆艺龙：《大寨与小岗：农村典型建构及意义的再认识》，《南京农业大学学报（社会科学版）》2014 年第 5 期。

呈现出不同的面貌，在不同的群体身份上体现出来。

在古老的中国大地上，无数村庄散布在平原、盆地、山地、岛屿之中，变换其身于历史之长河中。回望 70 年来的乡土社会，其变迁和发展都在时代的脉络中展开。所不同处可能在于村庄因其不同的地域环境和资源禀赋而选择各自的生计方式、组织制度，以及反映出不同的文化逻辑和精神面貌。蚂蚁岛早期的发展，因其纯渔业的生产经营，不仅与环境相契合，也和人民公社制度相匹配，符合渔业中协作生产、共御风险的特点。因此，集体化时代不仅成就了蚂蚁岛人，其孕育的集体精神更是宝贵的财富。

2005 年 6 月 13 日，时任浙江省委书记习近平视察蚂蚁岛时指出："蚂蚁岛曾有光荣的艰苦创业史，现在又与时俱进，渔区呈现新气象。老一辈创造的'艰苦创业、敢啃骨头、勇争一流'的蚂蚁岛精神，不但没有过时，还要继续发扬光大。"2006 年初，习近平同志又在《浙江日报》发表署名文章，明确提出要与时俱进地培育和弘扬"求真务实、诚信和谐、开放图强"的浙江精神。蚂蚁岛所积淀的光辉精神与浙江精神有着内在的一致性。因此，蚂蚁人民公社的光辉历史，是在中国社会由传统向现代转型的时代背景下，蚂蚁岛人在村庄精英的带领和地方政府的鼓励下，开展生产建设并不断获得进步的过程。这不仅是国家在探索适宜中国国情的道路和建设社会主义事业的反映，也是在社会主义建设中对"自力更生、艰苦奋斗"的精神传统的继承与弘扬。

党的十九大报告中提出"产业兴旺、生态宜居、乡风文明、治理有效、生活富裕"的乡村振兴战略总要求。蚂蚁岛精神具有不可忽视的时代价值与现实意义，将激励着一代代的海岛人，在面对诸如集体经济的式微、老龄化、年轻人的流失等现实挑战时，努力在流动和开放的当下寻找答案，做出文化调适。在乡村振兴战略背景下，蚂蚁岛精神也启发我们更应遵循乡村的发展规律，尊重村民的首创精神和发扬宝贵的时代精神，凝聚广大村民的目标意识，在新时代中国特色社会主义建设中取得更大的成绩。

访

谈

篇

我们的生活

中国
村庄
发展

FANGTAN PIAN
WOMEN DE SHENGHUO

耕　海　　牧　渔

访谈是以历史重建为目的的口述访谈，主要以对过去事件亲历者的采访为基础，借助提纲准备和录音设备，并与史实记载相对照，以期增进对重要历史事实的理解。访谈也是社会学研究中的重要调查方法，通过访谈工作，不仅可以增加"主位"研究的视角，也可以增进与村民的交流，建立良好的沟通关系，获取有效真实的信息，还能"顺藤摸瓜"地形成信息链条，同时吸引村民主动参与到研究者的研究场景之中。

对蚂蚁岛村民的口述访谈采取的是开放式访谈形式。在掌握村庄基本情况和主要村史的基础上，综合考虑年龄、性别、职业、居住地、教育程度等方面从而选择受访对象，以受访者的个人生命史为主线，了解其生产生活、婚姻家庭、村庄认同、感受想法等情况，尽可能让受访者发出自己的声音，以作为研究中"主位"视角的呈现。

与受访村民之间的沟通总体上比较顺畅，因访问人在方言上缺乏学习，对极少数长者的访谈不得不依托本村干部的居间"翻译"。这些访谈都在征得受访人同意的前提下做了录音，在转换成文字后，又请其本人审阅并征得同意在此公开。因为篇幅限制，在正式受访的 10 位村民中，下文选登了其中 6 位村民的访谈。这些访谈内容整体上体现了访谈的目的和效果，但并不代表其他受访人的谈话在任何方面存在任何问题，因此，其他访谈内容也尽可能地在上文中加以引用。在某种程度上，所有受访者本人的讲述较之研究术语，更显得鲜活有力。

李雪浓访谈

被访人： 李雪浓，女，1930 年生，蚂蚁岛村长沙塘人

访谈时间及地点： 2020 年 9 月 3 日，受访者家中

访谈人： 徐伟兵

整理人： 吕立琼（蚂蚁岛管委会工作人员）、徐伟兵

徐：阿婆您好，我这次来正式拜访您，是想请您给我讲讲蚂蚁岛那段过去的生活。先请阿婆介绍下自己，今年高寿？

李： 我叫李雪浓，今年 89 岁。年纪大了有的事也回想不起来了，蚂蚁人民公社是 1958 年开始的，1954 年互助合作，小互助组也开始了，10 ～ 12 人一组。每户人家有网具工具的都拿来，一起搞生产，没工具的给人做小工，种点地瓜吃吃。本来蚂蚁岛是一个无人岛，第一代人常住蚂蚁岛的有镇海的、宁波的、上海的。以前我们在海滩边都可以捡到鱼的，比如那么大的海蜇也都是海浪打到岸边我们可以去捡的，还有小虾、龙头鱼、带鱼，很多的。以前也不晓得这些东西可以吃，那时也有脑子好的聪明人，认为这海上泡过的鱼应该可以吃，就动脑筋去象山那边买来

毛竹，去登步岛那边买来稻草，做成捕鱼工具，放到海里去捕更多的鱼。

　　徐：*阿婆记忆力很好，刚刚讲的是 1950 年 5 月前的事情吗？*

　　李：1950 年 5 月前，我们蚂蚁岛有钱人家是很少的，一般都是穷苦人家，当时有钱人雇用穷人种地、干活，或者穷人家种上来的东西搓成草绳卖给有钱人，也有有钱人出资造船再雇穷人给他出海去捕鱼的，做工的工钱相当于一升米一天，一斗米一月，一袋米一年。那时候打的船都是篷船、摇橹的木船，靠岸也没码头的，都是沿岸壁爬上来的。

　　徐：*那么 1950 年 5 月后呢？阿婆老家是哪里的？*

　　李：我家祖上是在现在的北仑，以前我们岛上的渔民捕来鱼晒干后，大多数也都是带到北仑那边去卖的。后来到了 1954 年，那时的口号是"要电灯电话、要楼上楼下，必须自力更生、创造生活、敢啃骨头、团结起来，用自己的双手创造更好的生活"，所以就有了搓草绳造网具，捕鱼换钱打造"草绳船"，家里有金银铜铁的拿出来卖掉换钱打造"火囵船"。主要我们当时都听领导话，思想也好，一心一意就是要把生活水平搞上来，我们这里来了好多的知名人物、领导，有的还住上一段时间，帮我们想法子。当时就有个书记说："你们赶紧生产，放开肚子吃饱，粮食不够我向上级去争取，大家一个目标，做起来会好，不做生活不会好。"以前的船老大如果捕鱼产量高就会被叫为红老大，因为以前太苦了，伤身体，年纪越来越大，毛病也越来越多，基本不在了。做"三八"海塘时妇女更苦，泥巴要运上来，山上石头要运下去，还要跟潮水抢时间，现在还健在的 80、90 岁的老人都苦过了，现在留下来的也不多了。多少辛苦啊。

　　徐：*所以蚂蚁岛女同胞是做了很大贡献的。*

　　李：新中国成立之初贷款下来要发展生产，要搞互助合作，发展搓草绳，不能错过捕海蜇的最佳时机（每年 5 月份）。当时我 19 岁，领导就让我当了妇女主任，带领妇女同志搓草绳（10 ～ 12 人一组），每人分配产量计划，现在说的草绳船就是买来草后妇女同志把它敲软，搓成草绳，挂在用毛竹做成的捕鱼工具上去捕海蜇，因那时海蜇最多。海蜇捕来做成海蜇皮卖给国家，这个我们每年都有计划的，那年卖海蜇就收入 9600 元钱，打造了大捕船，后来命名为"草绳船"。因为这个船比以前捕鱼的船要大，大风天气时海浪把船打到岸上来，要开船时都是一些妇女赤脚下海滩把船推下去的。为赚这海蜇钱，我们妇女都是每天早晨 3 点起床去洗海蜇头的。新中国成立初期我们蚂蚁岛妇女很苦的，后方都靠我们妇女做出来的，像"三八"海塘筑好后，海水就不会涨上来了，围起来后里面的场地可以晒渔获了，所以筑海塘我们妇女很苦的。筑海塘时没石头咋办？我们就上山打石头自己搬下来。还有当时吕泗洋捕黄鱼，人手不够，也动员妇女做船老轨、"轮机长"，就是现在林妙珠在讲的故事，这是她亲身经历的。像我现在快90岁的老人基本什么活都干过，再说还有一份带头领导的责任在，干什么都要带头干。

新中国成立前，这里啥都没有，对面桃花岛住着解放军，我们这里住着国民党军，那时国民党军在我们这住了8个月，什么都给他们吃完了，还要被打，强迫我们给他们做工，去山里挖壕沟。国民党军退出后，留下了好多地雷，我们有几个村民就是在拆雷的时候被炸死了，还有运输鱼干货到外地去卖的村民在海上遇到强盗，人被钉在船板上活活烧死了，你说苦不苦、伤不伤心啊。为什么我们蚂蚁岛的妇女那么团结？是因为当时都苦过了。

蚂蚁岛那么小的一个山头，国民党军、日本军、强盗都来过，都把这洗劫一空。本来小岛上就不富裕，他们一来更是雪上加霜，所以后来蚂蚁岛妇女决心团结起来，咬紧牙关狠心干。在共产党领导下，听毛主席话，一定要团结起来，把互助合作搞起来，地方小，人就团结。当时领导一批批来，看我们妇女那么团结，工作做得那么好，也很高兴。有了领导的肯定，我们妇女更有干劲，干起活来更积极，日夜不停，晚上12点多睡，凌晨3点又要起来去干活了，当时蚂蚁岛人民不要国家一分钱，自力更生把蚂蚁岛的经济生活搞起来。

徐：所以现在的生活真的来之不易呀。

李：都是毛主席教导，蚂蚁岛人艰苦创业啊，看看现在的蚂蚁岛，旅游的人那么多，岛上的生活水平那么好，多惬意啊。以前没灯、没电话，家里小孩放学回来还要帮大人干活，现在的小孩想吃什么买什么。这五六年蚂蚁岛的人民更幸福，因为习近平同志来了后，政策更加好了，对我们老年人更关心了，我们蚂蚁岛船厂进来后，土地被征用了，现在我们老人每月养老金就有2000多元，吃穿都不用愁了，身体好的还可以打打小麻将，防止老年痴呆。农民现在一年四季也可以种菜了，收入也相对多了。我们渔民主要现在鱼资源比较缺乏，以前捕鱼都是在家门口就可以捕了，鱼种也多，有带鱼、乌贼、小黄鱼、海蜇。所以说现在的政策很好，以前我们怕打仗，打仗了就不能生产，老百姓就要饿死了，现在习近平总书记提出：讲和平、讲生产、讲团结、讲改革。不用打仗我们老百姓就是幸福的，打仗了就要死人，我们老一辈都经历过了。现在的年轻人都没经历过，不晓得以前的苦日子，现在吃剩的饭菜都要倒掉，以前对我们来讲那都是宝啊，都没这大米饭吃的，都吃不饱的。现在来讲像我们80、90岁老年人只要身体好，不要患老年痴呆就是可享福了。

徐：阿婆几岁结婚的？现在子女都在岛上吗？

李：我19岁结婚的，有两个儿子、一个女儿。大儿子是蚂蚁岛村村书记，小儿子和女儿现在都跟随子女到外地生活帮带小孩了，逢年过节都会来看我，大儿子住在一个村，每天空了，就会过来看看我。

现在的蚂蚁岛搞红色教育基地，前两年我也被请去给旅游的客人讲讲我们蚂蚁岛人创业的小故事，今年开始基本上没在讲了，主要年纪大了，身体吃不消。蚂蚁岛搞了这个红色教育基地后，我们蚂蚁岛的经济也提高了，饭店、宾馆、轮船生意都好了，岛上的妇女也可以赚点小钱（表演搓草绳、织渔网等），来旅游的人都说吃得好、玩得好。蚂蚁岛整体面貌都很干净，像我现在饭是居家养老中心送的，四元一餐，有时一餐可以吃一天，年纪大了吃得也少了；早饭嘛，现在有钱了，自己弄点，吃点好的。现在的生活水平提高了，主要也是靠以前老一辈的人积累下来的宝贵财富，才有了今天蚂蚁岛人美好的幸福生活。

林妙珠访谈

被访人：林妙珠，女，1941年生，蚂蚁岛长沙塘人

访谈时间：2019年6月7日，受访者家中

访谈人：徐伟兵

整理人：吕立琼（蚂蚁岛社区村工作人员）、徐伟兵

徐：阿姨您好，今天想和您聊聊蚂蚁岛的故事，请您先自我介绍一下。

林：我叫林妙珠，今年79岁，我1988年前出海捕鱼，以前在沈家门普陀中学读书（因当时这里没办初中，只有小学），我是第一批女初中生，男的以前几届有，因为那时女孩小学读好后，大多数都帮家里干活了。17岁毕业回来后，记得是当年的正月初二，乡政府当时有个想法，以女代男，因男劳力缺少，不知女的能不能下海捕鱼，当时我知道这个消息后特别高兴，因为我一直有个想法，人家

男的可以下海捕鱼，为何我们女的不行？想着活蹦乱跳的鱼在船舱上、在脚边跳来跳去时的场景，想想就开心，很想去体验这个过程，了解捕鱼是怎样捕的，所以当时我是第一个去报名的，不去读书了。不去读书的另一个原因是想减轻家里的经济负担，那时我爸爸也是拿死工资的，每个月工资也只有 32 元，家里子女又多，再说家里的小孩我最大了，所以我决定去下海捕鱼。我想去试一下，看看到底会不会晕船，因我们也没有坐船到特别远的地方，最远也只有到沈家门，那是不会晕船的，可捕鱼不一样，船要开到外洋去，外面的风浪跟这里不一样，所以自己心里也没底，不知会不会晕船。当时报名第一天我是第一个报名的，等第二天报名的人蛮多了，最后有 10 个女的报名，报名过后两三天出海去了，考验开始了，到底会不会晕船、体力吃不吃得消、坚不坚持得下来。我去的当天就晕船很厉害，一天最多吐了 8 次。

徐：那时候的船是机械化了吗？

林：是机械化了，但船很小，40 马力的，船宽只有 3 米，不像现在的船都有 6 米多，当时 3 米多宽的船上有 16 人（有男有女），船上的床只有 40 厘米宽。

徐：那个时候出海要去很远吗？为何还要在船上睡觉？

林：远，要到大陈渔场和吕泗渔场那边，一趟要好多天。

徐：那个时候您几乎是没培训过，是吗？

林：没有培训过，当时主要是考验你会不会晕船。几天后，下海的女的有几个都坚持不了，回来一次上岸几个，回来一次上岸几个，最后只剩下 4 人。当时领导看到我们 4 人会坚持，有不服输的精神，那就给我们分配工作了，安排了二轨工作（就是轮机长的助理），轮机长有时一个人忙不过来我们要帮他，看管船的时间长了，我们要替他管。二轨做了 2 个月以后，乡政府领导要培养我们了，送我们 4 人到浙江水产学校去学习，当时还有几个男的，总共 10 多个人，主要学习轮机专业，分两批去学习，一批初中毕业的学习四个月，小学毕业的学习六个月。我们初中毕业的四个月学习当中有一个月是到上海柴油机厂实习，为何要到上海柴油机厂实习呢？因为当初我们船上用的机械都是上海柴油机厂生产的。我们去上海实习也是分批的，我们蚂蚁岛那一批到上海实习的共去了 4 人（3 男 1女），其中一个就是我老伴，那时还没处对象。当时一班有 90 人（除了我们蚂蚁岛的 4 人，其他都来自五湖四海），只有我一个女的，到了上海后，因为我们出生在小岛，大城市一次也没去过，到了那儿后我们啥都感到很新鲜，看什么都是好奇的，非常高兴，到处玩。学习结束回来到了学校后，8月份收到我爸爸的来信，说那天我们蚂蚁人民公社成立了。因为我爸爸当时也是当干部的，所以他特别高兴，我听了也很高兴，是受家庭影响的。当时我回信给我爸爸，说："爸爸我回来后要做你的一只胳膊。"因为家里负担重，家里小孩就有6个，我最大嘛，所以想帮爸爸减轻点负担，那时我读书用的钱还是到信用社借的，听我奶奶后来对我说，我爸爸收到我的回信后，心里又难受又欣慰。毕业后回来，安排生产劳动了，那时给我安排在了"妇女号"船，当时这"妇女号"不是一只船，是一对，就是两只，还有一对是"青年号"，"青年号"船上的老大是20多岁的小伙子，我们船上有妇女的就叫"妇女号"，所以我就被分配到了"妇女号"的网船做轮机长。什么叫网船，就是拉网的，也就是说一对船分主船和副船，网船就是主船，网船上有16人，副船上有8人，因网船要把鱼拉上来，所以人就要多，副船负责在网船拉网时拉着网船，不让网钻到船下去，如网钻到船下了，那船的螺旋桨就会绕进网片，那船就会动不了，那时两只船就像在拔河比赛一样。我们当时轮机长的工分是15工分一个月，船老大是18工分一个月，当时自己想想拿这样的工分已经很满足了，一是可以减少一个男劳力，二是可以增加家庭收入。当时下船工作时，困难重重。天冷时柴油堵塞了，我就用嘴吸；还有那时船上的马达是用电瓶启动的，有时发动不了，就用两根电线电焊焊好后用手指压着，一只手压着，一只手开马达，电力一通，手指都爆破了。想想就觉得辛苦，可不辛苦哪来的高工分工资啊！出海时候晚上也要抓生产的，上半夜生产搞好后，别人可以休息睡觉了，我们轮机长就要轮流值班看管柴油机械。

徐：一次出海一般多少天？

林：我就说吕泗洋渔场吧，1959年发生吕泗洋灾难。那次是我第三次去吕泗洋，当时死了好多人，沉没船只也很多，以前船一出去就不太回家，过年也不回家的，心里想着"坚持渔场，勤下网"。吕泗洋是一个海面名称，一望无际的，附近没有山头，不像大陈渔场，有风时可以到附近陈山避风。从我们家里出发到吕泗洋渔场要航行40多个小时，单程时间都这么长，来回就更费时，所以我们一般不回港的。当时吕泗洋受灾，气象台没有播报有大风（11级台风），当时的浪高比山还要高，前后左右相互都看不到船上的桅杆，都让浪挡住了视线，我们都吓死了，又不能回家，只能听天由命了，心里想着，这次是逃不过了。时不时看到海面上漂浮着沉没的船板，因为他们不是机械化的船，是木帆船，抗风能力弱，我们机械化的船只海浪打来，可以机械发动顶一下，不至于翻船，可如果机械出故障那我们也不能幸免，可想而知我那时的心理压力多大，作为那只船上的轮机长一定要看管好那只船，说难听点，就是船上 16 个人的生命都在我手里。当时浪从门窗外打进来，碰到船时的声音像爆炸一样，因为船是一直开着的，船身是热的，海水是凉的，所以冷热碰撞就有声音，还有白烟。一浪一浪打进船舱，里面都积满了海水，来不及人工排水，那时还没有机器排水，只能用渔用工具大水瓢一点一点地盛到桶里，再把桶里的海水倒入海里。可那时浪很大，人都站不住，根本不可能做这项工作，这样的天气持续了一天多，船上的灶、锅都坏了，不能烧饭，我们只能吃自己从家里带来的用大米磨的炒粉，心里想着，吃点东西，死了也不做饿死鬼。吕泗洋受灾时，家里人都很担心，因为那时家里风也很大，又听说是台风，那时没有通信设备，只能等消息。后来等风浪小了后，我们回到家里报个平安，修理一下船只，住了一夜，第二天又赶赴吕泗洋渔场捕鱼去了，因为那时是捕小黄鱼的季节，捕来的小黄鱼都卖给国家水产公司，只有 0.125 元一斤，那你想想我们 4 个女的胆子大不大，像花木兰从军一样，经历了那么大的灾难，大风大浪，我们不怕，还继续出海。当时我们只有 17 岁啊，真的是不怕苦、不怕累。

徐：所以那时候是按不一样的季节，到不同的地方去捕鱼，您那时一天就可以拿到 15 工分，是这样吧？

林：15 工分不等于 15 元，当时是按当月的生产情况来结算的，随公社算的，有时 1 工分等于 8 分钱、6 分钱不等，就像现在海蜇贵不贵？我们那时海蜇是很便宜的，男的捕来，妇女自己加工。我记得那时候我已经结婚后生第二个孩子了，当时晚上就要生了，我白天还在干活，这样的情况不只我一个人，很多妇女都这样，没特殊情况都要参加海蜇加工工作的，做好以后卖给国家。那为何妇女都这样不怕苦、不怕累呢？我们都想着为集体，为以后能多买几条机械船、大捕船，都是一心一意的，没有一个有私心的。要说海蜇怎么捕来的，那就要说搓草绳了，以前我们小时候 11 岁开始就搓草绳了，有规定的，一户人家要搓多少草绳，还要分等级，以前一放学就搓草绳，搓草绳前，那个草先要敲过，不敲太硬，不好搓，那时候搓得手是起泡又冒血，日复一日，不管你手搓得咋样，第二天还要继续搓。搓出来的草绳，织成绳网，用来捕海蜇，想想那时候日子是苦啊。那时我们还有其他的作业，有远洋捕鱼的、近洋捕鱼的、养紫菜的、养海带的，我们那时还有草绳船、火囱船。为何叫火囱船呢？因为那时我们一般每户人家都有火囱的（用来取暖的），宁可自己不取暖，也拿出来卖掉，还有家里有铜制品的也拿出来，甚至把衣柜的铰链挖下来卖掉换钱去造船。

徐：那您是一直下海到什么时候？

林：我是结婚后也还下海捕鱼的，直到怀孕 6 个月才上岸的，总共下海捕鱼 5 年，后来就在岸上工作了，去机械厂工作过，也做过农民，最后到长沙塘村大队做出纳，那时这个村工作量最大，因人口最多。

徐：那时候村里以什么为收入？

林：就是捕鱼啊，近洋捕鱼。那个时候人民公社还在，人民公社是 1983 年解体的，我也是那年不做出纳回家休息了，第二年时大女儿出嫁，后来就帮女儿带小孩了，现在外孙的小孩都读 3 年级了，我现在是享福了，四世同堂，每天麻将玩玩，晚饭后跟老伴去外面散散步。

徐：现在就聊聊您的家庭婚姻，聊聊跟老伴怎么认识的。

林：跟老伴一直是同班同学，从小学一直到水产学校都是同学，到上海实习也是一起去的，捕鱼也跟他同一只船待过，也就是一直没分开过。

徐：那老伴也是跟您在同一艘"妇女号"的主船上吗？

林：没有，那时每一年船上的人员是要换的，有的时候刚好换到同一只船，有时候不是，我是一直在"妇女号"上的，男同志是要调换的，我老伴最早在"青年号"上。

徐：那时候你们除了"妇女号""青年号"两对船，还有别的船吗？

林：有，那时有 10 艘船，共 5 对，后来妇女又增加了 6 人，她们是从吕泗洋灾难发生后进来的，那时女的共 10 人了，每只船上就配一个女的。

徐：那吕泗洋灾难我们蚂蚁岛有什么损失？

林：损失了一条船，没了两个人。

徐：您以前就是长沙塘村的人吗？

林：不是，我是蚂蚁岛大兴岙村的，嫁过来的。跟老伴共生了 4 个孩子，那时没有计划生育，本来也不打算生那么多的，只因前 3 个都是女孩，就想生个儿子，后来就如愿了，第四个就是男孩。

徐：现在子女都在哪里工作？

林：大女儿是公务员，以前在乡镇里也任过书记，现在 58 岁，已经退休了，嫁也是嫁给本地的，现在不住蚂蚁岛，住宁波，因孩子都在宁波工作，她就到宁波带小孩去了。3个女儿都嫁本地的，二女儿现在住蚂蚁岛，可时不时也要到宁波去带小孩，三女儿现在一家都住沈家门，儿子一家也住沈家门，现在我和老伴只要身体好，开开心心，每天麻将打打。国家政策好，每月跟老伴加一起有4000多元工资可领，已经很好了。

徐：这个工资是你们以前工作过的养老金还是什么？

林：是东海岸船厂入驻蚂蚁岛，我们土地卖给他们后，就有这样一个政策，自己拿出多少钱，退休后可以领职工养老保险金（失地农民养老金），当时和老伴两人共缴费10万不到，现在每月每人就可以领2000多元。当时缴费是按年龄分的，像我们当时70岁以上的，就缴45000元左右，每减一岁多缴4000元。没缴费的，现在就不能享受这工资，当时有50多个没缴费，原因有的是家庭经济差，拿不出钱；有的已经80、90岁高龄了，认为没多少时日了，缴了也不划算；有的认为没这好的事，担心拿出去的钱，要拿不回来的。第一批缴时好多人没缴，后来慢慢地有的想通了，有的家里小孩做工作后也缴了，当时我大女儿意识到这是个好政策，打电话来叫我一定要去缴这个钱，还做家里其他人的工作，叫他们也去缴。

徐：现在如果让你对比以前的吃、穿、住、行，跟现在有什么变化？

林：以前我们是捕鱼的，但也没有鱼吃的，因为鱼都要卖给国家的，我们不能拿回家吃，那时我们是一心一意为集体的；后来家庭条件好点的，可以去买点，买来也不多，家里小孩多，大人就让小孩吃鱼头和鱼尾，鱼身舍不得吃，都腌着。当时我们有句口头禅："不做馂饭（祭祖时的饭菜）、不送年、积下钱财存社里。"刘少奇同志不是评价我们蚂蚁岛"小小蚂蚁赛苏联"嘛，那时我们到外面去，碰到外地的同学，他们都会说："你们小小蚂蚁赛苏联嘛。"就像建筑"三八"海塘苦不苦啊！

徐：您有参加过建筑"三八"海塘吗？

林：建"三八"海塘时，我在村里做出纳，我只去了两天参加义务劳动。

徐：所以说从吃的角度来讲，比如说那时捕的鱼都是卖了，自己不能吃。

林：对，现在冰柜里都冰满了鱼，有时有新鲜的鱼可以买了，就不吃冻的鱼了。现在有钱了，想吃什么就买什么，像我们年龄大的，吃得也不多，以前有鱼吃，也是一种很小的鱼，还按家里人口分的，吃最多的就是海蜇了，基本每天吃，码头上很多的。现在蚂蚁岛要像以前海蜇那么多，我们蚂蚁岛老早发财了。

徐：就是说以前你们这个区域海蜇很多，卖给国家也便宜。

林：多，有时一网下去，拉上来就有一船海蜇。海蜇头国家是不要的，要的是海蜇皮，海蜇皮我们也要自己进行加工后（用矾腌 3 次），才能卖给国家出口。

徐：那时候是蚂蚁岛海蜇多，还是别处也多？

林：我们蚂蚁岛最多了，以前我们按家里人口分，每人每年 30 斤，6 个人就有 180 斤，都是用缸腌的，吃都吃不完。

徐：那么多吃不完，不会坏吗？

林：不会，因为是咸的。要吃的时候，提前先用淡水把它泡淡，切块或条蘸酱油吃。

徐：那你们米从哪里来？

林：用粮票去购买。我们蚂蚁岛是不种粮食的，是分粮票的，这也是后来的事。最早我们是吃番薯干（番薯刨丝、晒干，和米放一起煮，因粮食不够吃），所以我们种番薯，粮食不能种，因为我们没有水稻田，而番薯可以种山上的山地。

徐：我听说以前蚂蚁岛上的墓地好像都迁移到小蚂蚁岛上了。

林：以前李阿旺当书记时提出来的，那时小蚂蚁岛也有地，种番薯的，是穿山岙村村民种的，后来都不种了，把大蚂蚁岛上的坟墓都迁到了小蚂蚁岛上，大蚂蚁岛上的山地就可以空出来种番薯了，从那时起我们蚂蚁岛的人死了后都下葬到小蚂蚁岛上。

徐：那穿呢？

林：以前衣服都是补了又补的，为什么呢？一是以前出海，每天跟鱼、海水、机械打交道，很脏的，只能穿破衣服，还有个原因是经济条件有限，也没有好点的衣服可穿，现在穿也不用愁了。

徐：那住呢？

林：以前捕鱼时一般都住船上，住的日子长，也说不准出海后几天可以回家，也有收货船到我们捕鱼的地方去收鱼的，那没风就更不可能回家了。

徐：现在捕鱼有休渔期和开捕期，以前有吗？

林：以前没有的，我们除了夏天不到外洋捕鱼，其他时间都去捕鱼的。夏天我们在近洋捕，捕虾皮、龙头鱼等一些小鱼，以前捕鱼的船都不是机械化的，是用手摇橹的；我们用大船把小船拖到作业地方，一般一只大船拖十来只小船，大船拖着它，那就不用摇橹了，快也快了；我们把小船捕上来的渔获，放到大船上，再用大船运到沈家门卖给食品厂（加工成鱼粉）。可以说全年基本都在捕鱼，我们用大船全年捕 3 个季节，不同的季节、不同的海域，捕不同的鱼，只在夏季的时候我们用大船专门拖小船。

徐：这个房子什么时候建的？

林：1983 年建的。

徐：那建这个房子花了多少钱？

林：那时便宜，只花了两三千元钱。

徐：那建这个房子以前，房子是怎么样的？

林：以前是盖瓦片的平房。

徐：那您兄弟姐妹的情况呢？

林：我共有四个兄弟、三个姐妹，一个弟弟以前在舟山渔业公司任船老大，去摩洛哥捕鱼，他是第一批去的，现在退休了住沈家门。一个弟弟也是船老大，开自己家的船。一个弟弟是跑小船的，专门载一两个客人的。一个弟弟是在蚂蚁岛供销社工作的，因我爸爸以前也是在供销社工作，所以他跟了我爸爸工作。我爸那时是供销社主任，1955 年的时候还去北京参加了会议，我爸爸 60 岁的时候就走（去世）了。

徐：那出行呢？

林：以前也是坐航船去沈家门的，班次一天只有一班，船也不大，船费 2 毛。

徐：那如果要到别的岛上或其他地方，一定要先坐船到沈家门，是吗？

林：是的，除了到桃花岛可以直接从蚂蚁岛坐船过去。

徐：那这船是什么时候开始有的？

林：一直都有的，旧社会就有了（旧社会时是木船，用帆的）。

徐：所以一般情况下岛上居民是不出远门的，只有一些领导去办公务才坐船去的？

林：对，以前我们普陀是一个县，去县城办事就要坐船了，以前岛上也有学校、医院（医生没几个，也都是外地人，不是本岛的，后来也都在蚂蚁岛扎根了），一般生病也就在岛上看了，除非重病才出岛的。

徐：您印象最深的事情是什么？

林：印象最深的就是吕泗洋的灾难，那时就和老伴同一只船，感觉自己胆子很大。

徐：现在蚂蚁岛人下海捕鱼的人少了？

林： 船只是多的，100多艘，船老大也都是本岛人，只不过船上打工的一般都是安徽、四川那边的了，因为本地打工人员的工资很高；还有就是捕鱼太苦了，有的就上岸干其他活了，年龄大的退休了，年轻一辈在外面读书的读书，工作的工作，捕鱼人员是越来越少了。

徐：那年轻人都往外跑了，老年人谁来照顾？

林： 现在我们政府蛮好。我们现在有老年食堂，生活不方便的、年龄很大的、不方便烧饭的、有困难的，都可以报名去那里吃饭，行动不便的还可以送饭上门。现在考虑最多的就是死了以后办后事没处办，因家里地方太小，办事伸不开手脚，最好有一个固定的地方专门给死了人的家庭办后事，像隔壁安置小区里就安置了这样一间房子。目前上面领导也在考虑这个问题，不知我们这里能不能实现。

徐：蚂蚁岛人思想还是比较开明的，感觉对农村土葬是非常反对的。

林： 我们2005年以前都是土葬的，葬到小蚂蚁岛，那年以后才开始火化，小蚂蚁岛现在是一年一次清明节去祭拜一下的，现在有的基本都放到沈家门公墓里了，只有年龄很大的，死后还葬小蚂蚁岛，因为年龄大的在多年前就已经在小蚂蚁岛上盖好了寿墓。现在有的人还在担心，就是自己行动方便时还行，等到行动不便了，小孩又都在外面工作，那就不知如何是好了，最好嘛建个敬老院，可是贵的又住不起，我们两老现在是没有这个烦恼，身体硬朗，又有子女在身边，子女又多。

徐：还想了解一下，船厂那边有个庙是什么庙？

林： 那边庙里供奉着的是观音菩萨、娘娘菩萨、送子娘娘，另外一个村供奉的是财神。

徐：那我们这里没什么活动吗？

林： 只有菩萨生日的时候，我们村民才都会去祭拜，求平安，还有如果岛上有人老了，家里人当天也会去庙里拜一下，这是风俗习惯。

徐：这里基本没有年轻人住着了？

林： 我们这里只有老人住了，户籍人口3800人不到，常住人口只有2000多人，不包括船厂上班的外来工，老年人就占总数的一半，每个村也都有老年活动中心的。我们休渔期是4个半月，从5月1日到9月15日，捕青鱼的是7月1日可以出门了，以前鱼都很近的，现在渔船要开到很远的地方去了，鱼很难捕了。

丁荷叶访谈

被访人： 丁荷叶，女，1948 年生，蚂蚁岛大兴岙人

访谈时间： 2019 年 6 月 8 日，受访者家中

访谈人： 徐伟兵

整理人： 吕立琼（蚂蚁岛管委会工作人员）、徐伟兵

徐：丁阿姨您好，很高兴能够和您聊聊我们蚂蚁岛过去的事。我刚在您家门口看到挂着"乡土渔艺师"的牌子。

丁：这是我小儿子以前做老轨（轮机长）时的一个荣誉称号，他现在在外国捕金枪鱼。

徐：哦，很优秀啊。那请阿姨先介绍一下自己吧。

丁：我叫丁荷叶，1948 年出生，属鼠，今年 72 岁，以前住大兴岙村。后来大兴岙被东海岸船厂征用后，就安置到长沙塘小区了，安置过来的老年人基本上都住在这了，年轻人有的到沈家门买房子去了，我们买的是 60 平方米，这里安置不下的都到另外一个小区去了，我们大兴岙村民是先搬迁的，2007 年上半年搬迁过来的。

徐：所以东海岸船厂入驻时有两个村是拆迁的，一个大兴岙，一个兰田岙，主要是回迁安置或货币安置？

丁：是的，基本上我们都选择回迁安置的。我们年纪大点的一般选择 60 平方米，年轻人有选择 80 平方米、100 平方米的。选择 100 平方米的一般家里人口比较多。

徐：那社会保障有没有？

丁：当时我们就参保失地农民养老保险，现在基本生活不用愁了。如果没有这个失地农民保险转职工养老保险的话，我们这只有居民养老保险，每月 100 多元，那怎么生活啊？如果孩子条件好点的，给爸妈一点生活费，孩子自己生活条件不好的，哪来的钱给老人啊？对我们来讲，有了这笔养老保险退休金，生活有了保障，像现在城乡居民医疗保险，我们这里在本地医院看病是便宜了很多，还有对我们老年人每人每年一次免费体检，每个月医生也会打电话来问身体情况，特别对"三高"老人。

徐：丁阿姨您普通话蛮好的，读过高中是吗？

丁：我是小学毕业以后，又读了一年初中，当时碰上三年自然灾害，灾害过后因为我们都要去支援农业生产，那时中央提出来要大搞农业，那我们就参加劳动去了。当时我 15 岁，小学、初中都是在岛上读的，我们 1958 年办人民公社开始，就实行九年制义务教育了。那时我们蚂蚁人民公社办得很好，幼儿园也有的，从幼儿园到初中毕业都是免费学习的，只出每年 2 元钱的书费，那时班级里年龄都有大有小的，像我那个班读到后来只有 6 个人了，有的都去干活劳动了，那就不开班了。

徐：那你们当时都去哪里劳动？

丁：都在生产队里。生产队里有加工渔获的，有种大麦、种番薯、种玉米的，也有搞建设的，比如筑海塘，公社造房子、造仓库。我们人民公社下面还分五个生产队，我们是大兴岙生产队。

徐：那相当于人民公社计划安排的。

丁：以前以支部为单位，人民公社派给支部，支部再派给我们，当时还包产量的，比如你们这个生产队要完成多少渔业产量，多少农业产量，都是定好的，如果超产了还奖励的。

徐：那您那时相当于什么活都做的，您做到什么时候？

丁：我是一直做到 1982 年大集体解体的时候。

徐：那后来又干什么去了呢？

丁：那时解体后，以大队为单位承包土地了，有土地分下来，再以小组分配，后来又以小组分配到个人，山上的地都是妇女同志干的，队里的渔船也是个人承包去了。

徐：所以那时候您家里的长辈，父母他们都干什么去了？

丁：那时父母年纪也大了，当时就我老伴跟小儿子承包了一条拖虾船。起初大队分来了一对船，我老伴是其中一对船里的船老大，每对船也是承包的，捕来的鱼自己去卖，换钱后再缴大队各种费（当时要缴 6 种费），剩下的就是自己的了，为何要缴那么多的费呢？因为大队里要发放养老费，还有管理人员的工资，要缴国家的税收。

徐：所以您是没有到船上去工作过了？

丁：没有。

徐：大集体的时候您干活可以拿到多少工分啊？

丁：一天最多只有 6 个工分，我算里面最高的一个了，再低点 5 分 9、5 分 8、5 分 7，按工作的劳力、态度评定的。

徐：就是您再怎样也不能超过 6 分？

丁：对。晚上加班，临时干活都没有工分的，是义务的。那时候我当了好几年农业队长，我们有 80 多亩的山地，白天干活来不及，要连晚上都干的，可晚上干活都没工分的。

徐：那种上的粮食是供岛上集体食用，还是卖到外地去？

丁：都是供岛上集体食用的，大米都是定好的。给男劳力吃的，每人每月 42 斤，我们妇女每人每月 17 斤，小孩 27 斤。种的大麦卖给国家，我们换大米，1 斤大麦大概换 6 两大米。

徐：那大麦估计产量也不高嘛，因为是有限的。

丁：是的，不够吃的话我们吃番薯，吃剩我们再晒干，玉米收上来后也是卖给国家换大米的，有的自己家里有小块土地的，也种蔬菜、玉米什么的。

徐：岛上是没有水田的，都是旱地，所以只能种些旱地的作物。全岛有多少旱地？

丁：大概有 500 亩，包括海咸地，山上小点的坑都种东西，后来粮食吃吃够了，就搞绿化种上树了。还有渔获加工，那时候我们捕海蜇，五月端午节过后就是捕海蜇的季节，草绳搓好以后就是捕海蜇用的，那时收入还是很高的，人民公社大集体时候，我们就是捕海蜇的收入占总收入的三分之一。

徐：海蜇也是卖给国家吗？

丁：卖给国家的，新鲜的海蜇捕上来，我们妇女经过三道工序加工以后，堆放在水泥池里，等下半年变海蜇干后再卖给国家，那时候的海蜇干是透明的，很薄的，有的外表黑黑的，我们就用玻璃刮，整只海蜇，到卖的时候分海蜇根和海蜇头两部分来卖的。海蜇汛时，我们都是没日没夜干的，有时还没时间吃饭；加工时的配套生产用品也没有的，不像现在有雨衣、雨裤，当时就穿补丁衣裤徒手干的。

徐：据我了解，一天有三到四潮，是吗？

丁：一般三潮，退潮的时候休息一下。

徐：据说那时候的海蜇多到一潮可能就有两船？

丁：是的，一条船来回装，很近的。那时近洋生产很近的，有机帆船、拖驳船。机帆船把摇橹船拖到生产海域，来回挺快的，所以捕上来的海蜇运到家还很新鲜。

徐：像这个季节，有多少船去捕海蜇？

丁：上半年远洋船捕目鱼、鲳鱼、黄鱼的季节都结束了，所以回来也捕海蜇来了。等捕完海蜇再在近洋捕大肚虾、带鱼丝，等到下半年远洋船就到嵊泗渔场去捕带鱼了。

徐：那当时捕海蜇每天大概能捕多少斤？

丁：一天几万斤算少了，不过等三道工序下来可以卖的时候，斤量就很少了，海蜇都干得像纸一样薄了。

徐：那丁阿姨给我们讲讲三道工序是怎么进行的。

丁：新鲜海蜇运来后，我们后方妇女就在海边开始加工了。先把海蜇头割下来放一边，再把海蜇皮的黑色外皮刮干净，都放木桶里，再在桶里放明矾，加海水搅拌一下。过了一些时间，把木桶里的海蜇拉到加工厂，倒到大木桶里，加明矾跟盐腌着放一晚，有的放两个晚上，这是第一矾。然后要开始第二矾了，把桶里的海蜇拿出来沥干，沥干后，一张海蜇皮一把盐和矾（用手抓盐和矾），再一张皮子一把盐和矾，层层堆叠起来，这时候是矾放多、盐放少，放到水泥池里，更早的时候水泥池也没有的，就用大木桶代替。过了一个月时间就要进行第三矾了，从水泥池里拿出海蜇皮沥干，再像第二矾一样，一张皮子一把盐和矾，层层堆叠，不过这时是矾放少、盐放多，这三矾弄好后就不去动它了。

徐：那时候要有好大的地方去储存，因为量很大。

丁：那时我们加工厂水泥池很大的，又多，上面盖瓦片，下面都是水泥池，一个水泥池高就有 2 米左右。

徐：那时工厂在哪里？

丁：每个村都有的，我记得到 1977 年还有海蜇捕，等那以后就没看到过海蜇了。

徐：当时的海蜇头是不是不要的？

丁：要的，只不过海蜇头卖得便宜，海蜇皮贵。当时按村委人口来算，每个人可以买到 20 斤到 30 斤，我们一般下半年都会吃海蜇头，把它拿出来泡着，因为太咸了，所以要把它泡淡，泡几天后，沥干、切成丝，蘸酱油吃。

徐：所以皮子主要是卖给国家了，海蜇头大多卖掉，自己留一点吃吃。那时候海蜇皮卖到多少钱一斤？

丁：海蜇皮卖到5、6角一斤，那要很好的皮子了（白皮子），花皮子价格没有那么高了，海蜇头只有1角一斤，那时候水产公司很严格的，我们四个箩筐叠上去压着，要压24小时，再给我们称。虽然捕上来的产量很高，但我们成本也大啊，明矾、盐要大量地购买。

徐：那这个加工海蜇头和海蜇皮的技术是一直有的吗？

丁：一直有的，因为我们蚂蚁岛张网作业有好几百年的历史了嘛，我们蚂蚁岛有了渔民以后就在捕海蜇了。

徐：那海蜇里放矾和盐是起到什么作用呢？

丁：因为海蜇捕上来是厚厚的，身体里像灌满海水一样，那矾跟盐放下去，它那个本身的水分会出来，时间越久，水分越少，越干。

徐：所以这个收入占大集体收入的三分之一？

丁：收入是高，但加工的工序也是很烦琐的，如果加工不好，皮子和头子都要烂的。我们当地老人称海蜇是素食，因为它碰到海鲜要烂掉的，所以我们完成每一道工序后都要把它严严实实盖起来，防止其他海鲜碰到，淡水碰到也要烂的。

徐：那时你们第一块搞农业生产，鱼汛到了要捕捞加工海货，还要搞基建，比如筑"三八"海塘，那是在什么样的背景下要去做这些事？

丁：那是20世纪70年代初，我们人民公社搞得很好，收入也高，人口也多，当时新中国成立初期我们人口有1780人，到20世纪70年代我们有4000人。那人口增多了，生活条件也好了，集体经济也富裕了，我们建学校、建医院、建礼堂、建办公楼，外面还要建码头，所有设施都要跟上去。仓库、船厂、机械加工厂，要建这些设施就要有土地，那当时土地没有，就要围海造地。另外，我们以前有个小海塘，那有100多年历史了，这个海塘又小又低，台风来时有时被吹垮、塌方，海水要进来，这是筑"三八"海塘的第二个原因。第三个原因，我们要建避风塘，因为台风、大风来时我们小船无处避风，所以围个塘，塘里面可以给这些小船避风，大船都到宁波那边避风了。

徐：那请丁阿姨讲一下您亲身经历的"三八"海塘建造过程。

丁：那个时候我们都在各大队工作，后来公社号召建海塘。人需要很多，那时条件也是很差的，搞基建我们的工具只有一条扁担、一部小手拉车、一根棍子这三样东西，妇女同志夏天一顶塑料帽，冬天一块三角巾，风吹来要围头和脖子的，那时设备都是很差的。人员都是从各单位抽来的，有养海带组的、搞基建组的、搞农业的，抽来200多个人，基本没有男劳力的，只有女同志，男劳力都出海捕鱼去了，只有朱家尖东沙养紫菜的有部分男劳力。筑"三八"海塘时，除技术工是多地请来的男工，还有一组山上开山的也有男同志，采出来的碎石就供应筑"三八"海塘，块石要从山上运来，还有由10个姑娘组成女子开山组，劳动强度跟男同志一样的。

徐：那你们在哪里运来的石头？

丁：就在本岛山上，以前是山，现在变成路了。当时有计划包产的，一个2立方米，三个人一组，两个人负责拖，一个人负责铲，因为时间紧、任务重，规定2年时间要造好这个海塘。那时我们刮风下雨都停歇的，再说我们也不是单单干这一样活。遛泥的人不够了，我们也要去的，一个遛泥队有20多个妇女、七八块木板连起来，把泥土你一把她一把从板上撑上岸（我们称作遛泥）。遛泥过程中一边遛泥一边要加水的，保证它的湿度，如果干了泥巴就撑不动了，还有泥土快撑到岸时，因为上下坡度太大，杆子撑不上来，那就用手推。而且这个干活时间不确定的，因为潮水落的时候我们才能干活，潮水涨的时候就不能干了，一般一潮时间在两小时左右，所以在两小时内我们要抓紧干，不分白天黑夜，只分潮起潮落。

徐：那是不是把泥土挖出来以后再把石头填下去？

丁：海塘外层用砂石，里层用泥，因为泥有黏性，涂上去就不会漏，最外面一层就是用大石块围起来。也就是说这海塘是用三层围起来的，最外面是大石头，当中一层是砂石，海塘内壁是用泥，不过这层泥要涂得很厚，后来围在里面的泥都挖完了，我们只能到海塘外围的海水里去挖泥，那时很累的，因为泥土长时间泡在海水里，都是软的，我们挖上来都不成大块的，泥块都很小。

徐：所以你们当时是以妇女为主的200多个抽调过来的人建海塘，那个时候花了多长时间完成这项工作的？

丁：大概用了一年半时间基本完成了，后来再把泥墙角加固一下，刚完成没多久塘还是要下沉的，现在结实了。我们达到了国家标准的海塘水平，比预计的时间提早半年完成了任务，很了不起的，现在40多年过去了还在用，难以想象。

徐：那么海塘围起来以后，起到了什么作用？

丁：围起来以后，我们增加了 400 多亩的田地，小山开垦以后都可以盖房子，围起来的里面造了避风塘，建了仓库、船厂、修理厂、养殖塘，包括现在 60 多户的虾皮加工厂也建造在这一块了。那时我们的贡献的确是蛮大的，这海塘还经过了无数个台风的考验，这个成果是显著的。

徐：那时你们对集体的付出真的很令人感动。

丁：我们蚂蚁岛妇女同志觉悟很高的，响应党的号召，坚定不移跟党走，听党话，领导怎么说，我们怎么做。而且艰苦奋斗、自力更生、勤俭节约，我们这的优良传统一直是这样，这也是为了把蚂蚁岛建设得更加美好，造福子孙后代，让他们过上好的生活。

徐：刚刚您也提到，当时岛上渔民有的到比较远点的地方去养殖，比如养海带、养紫菜？

丁：那时就在朱家尖东沙，我们养了 2600 担海带。海带可以收成的时候跟捕海蜇是同时期的，所以我们一边要加工海蜇，一边要加工海带，很忙的。

徐：海带是用盐跟矾吗？

丁：海带只用盐，不用矾，用盐腌着。先把海带苗挂在养殖筏上，一条海带苗大约有 1 米长，等成熟后把它割下来，因为太长的缘故，我们是连拖带扛运到水泥池里去的，一层海带一层盐把它腌好，过一段时间，天气好了，拿出来晒，晒干后绑成一把一把，放入仓库，到梅季过后，拿出来再晒，晒干后，再把海带上面的盐除干净，最后因为有好次、大水之分，那就要分级了，分一级、二级不等，全部分级好后，再晒，晒干后就可打包出售了。当时也是卖给国家，因为那时天气太热，加工海带也不容易，每天大汗淋漓，中午时太阳更毒，那也没办法，还时不时要出去翻动一下，一般下午四点左右可以收起来了，7、8 月份还会碰上雷雨天气，刚刚天气还好好的，一眨眼工夫就下雨了，那我们都手忙脚乱地要在最短的时间内收起来，身上都是盐拌汗水，有的人身上都起痱子了。

徐：您那时几岁？

丁：那时二三十岁了，是最会干活的年纪。

徐：那时养海带的地方不属于我们岛吗？

丁：那是租给我们的，因为那边的海域大，海水清，适合养海带，是集体向他们租的。

徐：养海带的技术呢？

丁：人民公社时我们领导派人去大连那边学来的。

徐：我看现在别的地方还有在养的。

丁：有的，因为现在我们自己这儿的海水不清了，也不干净了，来往船只太多，海水都被污染了，养上来的海带质量也不好。

徐：那么紫菜是怎么弄的？

丁：是在海涂边上养紫菜的，网衣加绳拉起来，紫菜苗嵌入到绳里，它自然会生长出来的，长到 15～20 厘米可以剪下来了，剪下来后用清水洗净，放到竹盘里晒，晒的同时一边要把紫菜拼凑起来，拼的时候薄一点，晒干后用塑料纸包起来，一年可以剪好几次，头次的紫菜最贵，后几次就慢慢便宜下来了，现在我们岛上没在养了，也是因为海水质量不好。

徐：那养紫菜的技术是怎样的？

丁：紫菜有苗就好养，那时沈家门有紫菜育苗厂、海带育苗厂，我们都是从那边运过来的。现在年轻人都不知道这个活怎么干了，我们都经历过。

徐：这些技术都是老一辈传下来的？有没有到哪里去学习过？

丁：都是传下来的，除了养海带是派专人去外地学习的。

徐：所以阿姨从大集体开始工作，一直到什么时候？

丁：到后来老伴自己承包拖虾船。那他们捕来的虾、鱼都运到冷库，我们妇女去剥虾肉，还有剖马尾鱼、剖鳗鱼，多劳多得，晒干后出售。

徐：那老伴承包的船只效益怎么样？

丁：我们大队里共有三对船，他那一对船产量最高了。当时夏季捕青占鱼，产量也是蛮高的，省里举办表彰大会，他也去参加了。他那对船第一年船上兄弟就分了 7000 多元，在 20 世纪 80 年代这个收入已经算蛮好了。第二年分了有 1 万多，这是平均数，因为船上职务不一样，工分有高低，船老大 18 工分，二老大 16 工分，三老大 13.5 工分，其他人都按三老大的标准分的。

徐：您跟老伴是怎么认识的？

丁：我们是同一个村，是邻居，又是同学。

徐：那丁姓是从哪里过来的？

丁：我们祖上是从现在的宁波北仑过来的，我老爸还在的时候还去那边找寻过亲戚，跟我爸同辈一个族的人还有健在的。

徐：那你们是什么时候结婚的？

丁：我们是 1964 年结婚的，那时 21 岁。现在我有两个儿子，大儿子今年 51 岁了，现住沈家门东港，在东港中学教书。小儿子当时书没读好，初中毕业，中考没考好，就跟他爸爸参加渔业劳动了。再后来到舟山一个捕鱼公司去外国捕鱼了，现在在台湾的一个公司里，到外国专门钓金枪鱼的，两年回家来探次亲。现在这里渔业资源越来越少，船只也少了，渔民都转产转业了，近几年到外国捕鱼的人越来越多。

徐：那孙辈也都大了吗？要去帮忙带吗？

丁：都基本不用管了，小孩都已参加工作了。以前大儿子家比较忙点，大儿媳是医生，没空照顾小孩，我就去带带小孩。现在小孩在杭州工作了，我就不用去了。小儿子家的是女儿，现在在六横社区里做医生。

徐：小儿子长期在国外远洋捕鱼，那家在沈家门吗？

丁：在沈家门，我前几年还经常去，那时小孩还小嘛，现在不常去了，两个儿子的家很近的。

徐：阿姨自己几个兄弟姐妹？

丁：五个，两男三女，我老大，老二是教书的，现在退休了，老三（妹妹）也在蚂蚁岛，老四（妹妹）现在给女儿带小孩，住在定海，最小的弟弟现在在舟山医院做医生。

徐：那现在岛上居民全家聚在一起的时间也不多嘛，一般都在过年时吧？

丁：聚的时间不多的，一般都节假日的时候，在外地的子女回家来看看父母。像我家大儿子等放寒暑假时才有空来看我们，大儿媳更没空了，她现在是妇产科主任，任务重，责任大，基本休息时间也没有的，有时有病人了半夜都要赶去的。

徐：那您同辈的兄弟姐妹有没有在聚的？

丁：有，因为我是家中老大嘛，父母都已过世，兄弟姐妹家中有什么事我都要去看看的，春节时都要坐在一起聚聚的。前几天我小弟生日，我打个电话过去，他说想不到大姐还记得他的生日。我跟我小弟相差 15 岁，我大儿子跟小弟只差 5 岁，以前我到他医院去看他，他同事说："小丁，你妈妈来了。"因以前一直做苦力的原因，我看上去比较老点。我老伴他爸 40 岁时才有了他，所以等我们结婚时老人年纪也大了，没什么资产可以给我们的，我们只有靠自己的双手挣。老伴在家里也是老大，下面还有弟妹，父亲 70 岁就过世了，那家里的担子都压到他身上了，弟妹都还小。到 1975 年我当妇女主任，那时要干的活也很多，什么计划生育、调解、生产安排,最苦的就是养猪。当时配套一亩地一只猪,那我们有100多只猪,因没有养猪经验,养着养着猪生病,有的还死掉。后来书记对我说,叫我去试一下养猪,那我一定服从领导安排,去桃花岛学习怎么给猪打疫苗、怎样做给猪吃的饲料。回来后经过实践操作,猪被我养得又大又壮,领导还开玩笑说:"人那么小,养出来的猪那么大。"当时我养了两年的猪,还做过赤脚医生,给人打过屁股针,简单包扎过伤口,这些技术是跟当地的医生学习3天学会的,当时工分也没有的,是义务的。那时我们蚂蚁岛还被评为"四无"岛,就是除四害,我们当时是一害都没有,很厉害的。

徐:现在看到人民公社红色旅游基地搞得那么好,蛮感慨的是吧?

丁:当然了,人民公社的成长我们都是亲身经历的,虽然我年纪不是特别大,每次给学员去讲故事,学员都会说年纪还蛮轻的嘛,但是我出道还是早的。

徐:阿姨,请您就蚂蚁岛历史再说几句话吧。

丁:对蚂蚁岛我们是有深厚的感情的,前几年儿子都叫我们搬到城里去生活,我就不想去。一是亲戚都生活在这里,二是现在这里住着环境也挺好的。我们蚂蚁岛的变化可谓是翻天覆地,现在苦尽甘来了,特别是从党的十八大以来,在习近平总书记的领导下,更加体现出我们新渔村的面貌,老人生活都有保障,真正实现了我们老人老有所依、老有所养、老有所乐的生活。80周岁的老年人也不用自己烧饭了,居家养老服务中心会送餐上门的,一日二餐,真的很幸福。儿女在外也不用太挂心,有时儿女记得就买件衣服、买点水果来看看。国家政策越来越好,我们只要记住,坚定不移,听党话,跟党走就可以了。

徐军安访谈

- -

被访人: 徐军安,男,蚂蚁岛管委会党工委书记、主任

访谈时间及地点: 2019年6月6日,管委会办公室

访谈人: 徐伟兵

整理人: 邱阳、徐伟兵

- -

徐：徐书记您好，感谢您对我们调研工作的大力支持！这次想请书记从您工作的角度先谈谈蚂蚁岛的一些变化。

徐：那我介绍一些相关情况给你们做参考。我是 2017 年 3 月 8 日正式来蚂蚁岛报到上班的。蚂蚁岛是一个有文化底蕴、有精神的地方，是一个以渔业发展为重点的乡镇。在新中国成立之初，也作为一个全国的先进。当时也是渔业为主导的，但是通过这么多年来的发展及几代蚂蚁岛人的努力，现在蚂蚁岛形成了多种产业并行的模式。第一产业，渔业。第二产业，工业，主要是引进了我们扬帆集团的东海岸造船厂，使得造船业成为我们岛的重要产业。另外就是我们的虾皮加工业，通过几十年来的发展我们也成为虾皮之乡，生产的商品在全国的份额占到了百分之八十左右。这是我们一产与二产交融中非常重要的产业，也成为我们群众致富的民生产业。在第三产业中，我们现在也在推进红色教育基地加党建引领的旅游产业，或者说是党建学习培训产业。

一方面我们蚂蚁岛在产业发展中得到成长，同时我们在地域空间上也在拓展。我们蚂蚁岛原来只有 2 平方千米，1972 年，我们建设"三八"海塘，增加了 500 亩的土地，2007 年，我们在西边建设东海岸船厂，又增加了将近 1000 亩的土地。所以我们说，蚂蚁岛通过我们几代人的努力，本身也在成长，增加到了 3 平方千米不到的土地。我觉得蚂蚁岛群众的生活面貌都在改变，特别是我们在 2017 年与 2018 年持续推进了小城镇环境综合整治工程，2019 年 1 月，我们也顺利通过了省级小城镇环境整治工程的验收。我们非常欣慰地得到了样本的称号。这个环境的改变是方方面面的，小城镇环境整治也是重要的抓手，我们把环境作为重要的生命线对待。主要通过推进虾皮加工区环境改善，大家知道原先的这种加工方式是烧煤的，可以想象一下我们当时那个生产场景。现在我们从烧煤转变为烧油，一字之差，但是环境是截然不同，我们现在的整个生产环境已经达到了绿色发展的目标。我们的虾皮加工业是一个重要的支柱产业，重要的民生产业，通过 2017 年的改造，2018 年我们又持续推进其内部环境的提升，所以整个环境在不断地改善。我们说生产必须是不能以牺牲环境为代价的。特别是我们蚂蚁岛也是有生态保护的传统，1958 年就将蚂蚁岛所有的坟墓全部迁到小蚂蚁岛去，然后开展植树造林。我们蚂蚁岛建岛都有一定的规划，这也是老一辈人给我们树立的标杆。所以我们持续把生态作为重要的抓手，把环境整治作为重要的切入口。2017 年之后，我们对整岛的废品堆放、网具堆放及一些杂乱差的点，通过公房建设、项目建设等都提升起来，都获得了一定成效。感受比较深的是，我们的群众被发动起来。比如说，对于废品的堆放，我们除了发动废品的经营户，也会发动群众一起参与，在网具这一方面，发挥了船老大的重要作用。在卫生方面，我们也把全民的意识、全民的参与作为重要的抓手，特别是党员、志愿者及群众之间的相互监督，使得环境成为我们蚂蚁岛发展的底色。我们非常欣慰，很多客人来了，对我们环境有整体的认可，但我们觉得还不够，还需继续努力深化。

徐：*请书记再谈一谈对未来工作的一些想法和展望。*

徐：现在蚂蚁岛的发展，重点突出"五个岛"的概念。第一个岛就是精神立岛。2005 年 6 月 13 日，我们习近平总书记来蚂蚁岛，总结了蚂蚁岛精神，提出了蚂蚁岛精神没有过时，需要继续发扬光大。从蚂蚁岛的历史来看，我们自始至终都没有离开蚂蚁岛精神，不管是建设"三八"海塘，还是打造"火囱船""妇女号"，我们始终将"艰苦创业，敢啃骨头，勇争一流"的精神贯穿在蚂蚁岛的发展当中，所以我们把精神立岛作为第一内容。我觉得，有精神的岛才是有希望的岛。所以我们要将习近平总书记对我们的要求作为立岛之本。

第二个是渔业稳岛。渔业是我们非常重要的产业基础，我们还有 108 艘船，虽然生产条件比过往好很多，但是相对其他产业，还是需要更多地考虑安全生产。我们从事渔业的人口比例还是很高的，一共 3800 多的居民，但却有 108 艘船，这个比例还是比较高的。我们渔船大多停放在南面，渔业的发展也从来没有散过，所以要将渔业稳岛作为第二个方面。

第三个是生态建岛。持续地抓生态，持续地抓环境，也是我们蚂蚁岛非常重要的工作内容，而且老一辈的人给我们打下了很好的基础，所以我们需要持续地推进生态建设。

第四个是工业强岛。主要是依靠东海岸的造船业。我们觉得作为海洋大国，海洋经济的发展，肯定离不开船舶，离不开有自身技术含量的造船业。东海岸船厂也是非常注重技术创新、技术含量的，所以我们觉得该行业会得到不断的发展，虽然现在面临一些困难。

第五个是旅游兴岛。旅游作为一个富民的产业，特别是我们蚂蚁岛只有 3 平方千米，对当地经济推动具有很大意义。特别是我们推动党建引领的红色旅游项目，对蚂蚁岛来说更有价值与意义。在去年小城镇综合环境整治的基础上，今年持续推进省级美丽乡村示范村建设，我们希望蚂蚁岛越来越漂亮，希望把它打造成红色小镇。另外我们要推进"和美海岛"的建设，不单是生产美，还要实现生活美，按照主线来推进蚂蚁岛的发展。我相信通过我们一年一年的努力，蚂蚁岛的特色会更加鲜明，环境会更加优美，群众生活会更加美好。

徐：所以徐书记提出的这"五个岛"的发展思路，未来具体的工作主要有哪些？

徐：作为蚂蚁岛党工委书记，我既有信心，同时又有决心。我觉得核心的发展，不仅需要上级党委的支持，同时也需要发动我们全体的群众参与到蚂蚁岛的建设之中来。

我们提出了三个"共"，第一个是共建。我们发动与组织所有蚂蚁岛人，成立编草绳队、织渔网队、讲故事队等，并将其作为红色教育基地的重要组成部分，所以红色教育基地是一个整体的概念。我们是具体的组织者，而核心的力量是我们的群众，这些力量形成了合力，成为大家共同努力的一个方向。第二个是共享，红色教育基地的发展目的是通过红色引擎带动整个蚂蚁岛的发展，特别是三种不同产业的有机融合，成为具体的抓手，成为推动蚂蚁岛乡村振兴，促进群众美好生活的具体落脚点。我们希望红色教育基地成为这样的红色引擎。目前，在共享的过程中，我们的产业发展还是很明显的，从2018年6月13日开始，我们的饭店新增3家，很多饭店业主也进行了内部装修提升。住宿业也有了100多个床位，进行了提升。他们非常明显地感受到我们这个红色教育基地建立以后所带来的红利。我们刚刚成立搓草绳队、织渔网队、讲故事队的时候，参与的群众是非常少的，现在我们光搓草绳队就达到了100多人。我们人民群众也在参与过程中，从精神方面得到了获得感，同时也得到了物质方面的鼓励。同时我们也发现蚂蚁岛人的自信被重新找回，到这个阶段，大家支持蚂蚁岛发展的力量又重新出来了。第三个是共荣，我觉得蚂蚁岛红色教育基地的核心是精神，我们的精神是老一辈人创造的，对于蚂蚁岛人来说这个非常重要。蚂蚁岛人知道，有这么多人到蚂蚁岛来感受蚂蚁岛精神，来了解蚂蚁岛的发展，这对蚂蚁岛来说是非常大的精神荣誉。同时，我们也是在建设过程中，引导每一个蚂蚁岛人成为蚂蚁岛的形象代言人，成为维护蚂蚁岛良好环境的践行者与传播者。所以我们非常欣慰地感受到，群众的思想觉悟、精神状态与精神面貌在慢慢地转变，这是非常重要的潜移默化的过程，是通过发展来改善群众思想觉悟的过程。共荣是非常重要的，共荣就是让每一个蚂蚁岛人有获得感、荣誉感。以上是我觉得推进红色教育基地三个重要的方面。下一步我们的工作将是不断地往外延，将内容拓展扩大。习近平总书记给我们的定位与要求非常到位，对于我们而言，不管是从蚂蚁岛发展也好，还是贯彻习近平总书记指示精神也好，我们都会将这块工作持续地深化，持续地推进，持续地获得乡村振兴的动力。满足人民群众对美好生活的向往，蚂蚁岛是要从多方面去推进的，特别是蚂蚁岛红色教育基地，肯定是要成为这些方面的重要推动力量。

徐：谢谢徐书记分享这么多，我也收获了很多。前前后后来了几次，对蚂蚁岛的认识也是在加深的。我一直在思考蚂蚁岛精神如何在新时代注入新的内涵，确实，徐书记分享得很好，特别是空间上的转换，这些精神我们一直走在前面。从大、小蚂蚁岛，到植树造林，这离不开集体的精神，红色教育基地也是全民参与。您的分享让我的理解更加清晰。

林中苏访谈

被访人：林中苏，男，1953 年生，蚂蚁岛村长沙塘人，蚂蚁岛村委书记
访谈时间及地点：2018 年 12 月 17 日，村委办公室
访谈人：徐伟兵
整理人：戴五宏、徐伟兵

徐：林书记好，算起来这是我们第三次到蚂蚁岛，按课题组计划，我们对您进行访谈。林书记以前就是在这个村当书记是吧？

林：对。

徐：我们说的是蚂蚁岛村。

林：以前五个村，现在并成一个村，就叫蚂蚁岛村，以前有后岙、大兴岙、穿山岙、兰田岙、长沙塘五个村。

徐：我们这里是长沙塘？

林：这里是长沙塘。

徐：我们并到一起是什么时候？

林：2008 年 6 月成立蚂蚁岛村。

徐：我们管委会是哪年成立的？

林：管委会是去年成立的，2017 年 3 月 8 号。

徐：您是哪一年出生的？

林：1953 年。

徐：您父母都是这里的？

林：对对。

徐：您这个姓多不多？

林：什么？

徐：林姓这个姓氏在这里多不多？

林：林姓不多，就大兴岙比较多。

徐：这几个岙的历史源头您了解多少？

林：有故事嘛，最早是从镇海过来的，姓周的。捕鱼时发现这里鱼很多嘛（就定居下来了）。这我们有故事嘛，文化礼堂里也有的。

徐：所以林姓也不多。

林：不多。

徐：我们岛上宗祠之类的有吗？

林：没有。在镇海那边有，这里没有。

徐：那你们有没有去镇海那边寻根啊？

林：不太清楚。

徐：就是说我们岛上比较早来的就是姓周的？

林：对对。周总理的周，是周姓的渔民最早过来的。

徐：您家祖上是从哪里过来的？

林：不知道，肯定都是宁波那边过来的嘛。

徐：此前都是在蚂蚁岛上读书？

林：蚂蚁岛，以前我们这里小学、初中都有，高中也办了几年。

徐：最终是什么时候将学校撤掉的？

林：我也忘记了。现在父母对子女很关心的，在这里读书的人很少了，师资不好，慢慢就都出去了。

徐：那这个可能还是跟市里上面的决策有关系吧，它大岛要建，小岛要撤。

林：那时候还没有。

徐：就是那时候有条件就喜欢送出去读书。

林：都送到沈家门去，对小孩要求高了嘛。

徐：慢慢生源都流失了。

林：对。

徐：岛上学校主要是针对我们蚂蚁岛人的，有没有周边其他岛的学生过来？

林：以前有，但很少。

徐：原来是家长自己比较关心孩子成长？

林：我们以前学校很好的，考上大学的很多。

徐：现在很多年轻人在外面工作啊。

林：我们渔业生产比较稳，出去的也比较少，到外面做生意的都很少的。

徐：林书记本人上学之后主要也是从事渔业吗？

林：渔业，1969 年初中毕业参加工作。

徐：那时候是人民公社了？

林：对，人民公社。在公社里面捕鱼。

徐：那时候的船是什么船？

林：那时候已经是机帆船捕鱼了。

徐：那个时候相等于给公社干，具体怎么算工分呢？

林：我们参加的时候，没有初中毕业的，一分半一天，初中毕业的高一点，三分，最高的七分。

徐：那个时候捕来的鱼也是国家收走的吗？

林：卖给国家的嘛，还有加工厂。

徐：那时候您自己感觉饭应该吃得饱吧？

林：饭肯定吃饱啊。很多人说人民公社吃空了，我说人民公社也都是吃一点小菜米饭，没什么东西可吃。

徐：那时候粮食从哪里来？

林：粮食是国家供应的嘛，渔民最多的一个月能有 45 斤，差不多了嘛。妇女嘛，这里有地，一半是国家供应，一半是自己种，总共 30 斤，15 斤自己种，15 斤国家供应发粮票。

徐：您说 45 斤是男同志的国家供应？

林：男同志，下海的渔民，45 斤，最高了。

徐：我们那时候岛上有没有自己的田呢？

林：有嘛，妇女种的，种点番薯、麦子呐，她们的粮食是国家只供应一半。

徐：您的意思就是说下海的男同志口粮是国家全额供应的。

林：后方男劳力也要少一点，妇女一半一半，他们自己种点番薯、麦子呐，稻米没有。

徐：没有稻米？

林：这里水不多嘛，不好种稻子。

徐：我们现在岛上淡水、饮用水是从哪里来的呢？

林：大陆上来的，管子从海底接过来的，过去我们也修了很多水库、水井。天气热时吃水很困难，还要用船去外面装。

徐：用渔船去拉？

林：不是渔船。就是那边送水的船。

徐：什么时候？

林：自来水没有安装之前。有时候也还好，就是特别干旱的时候，多是不多，我们这里水库、水井比较多的。

徐：您毕业以后就捕鱼拿工分，再后面呢？

林：1970 年下海张网，那时候培养接班人嘛，我和另外一个，他是书记接班人，我是大队长接班人，到后勤张网，抓小鱼小虾，就在门口蚂蚁岛近洋。

徐：那时候捕鱼出海也不会跑得很远的，是吧？

林：出海捕鱼远一点，近洋张网就近一点。

徐：我的意思是不会跑很远吧？

林：七八个小时（的航程）。

徐：船是什么船？不是机动的吧？

林：机动的，那时候早已经机帆化了。

徐：那时候产量怎么样？

林：产量蛮好的，大鱼很多，那时候船小马力小，鱼是很多的。

徐：后面就慢慢培养干部，就当干部去了？

林：1980 年当支部书记。

徐：是长沙塘的支部书记？

林：对。

徐：1980 年您当支部书记那时候还是人民公社？

林：对对。

徐：那个时候您刚参加工作没多久就开始重点培养您？

林：对，副大队长，1974 年入党。

徐：您前面说到刚参加工作时是养海带？

林：第一年参加的就是养殖，在朱家尖那边有养殖基地嘛。朱家尖同意我们去那边养，那边风小，水比较清。

徐：养殖场是属于国家的吗？我们这边为什么可以跑到那边去？其他地方也有过去的吗？

林：别的地方没有，蚂蚁岛地方小，海水浑，风浪大，没有地方可养殖。是公社联系的，就在朱家尖养殖海带。

徐：那您什么时候结婚的？

林：23 岁。

徐：爱人也是我们本村的吗？

林：是的。

徐：也是长沙塘的吗？

林：对对。

徐：是怎么认识的，是家里介绍的还是说自由恋爱？

林：家里也知道的，住得很近的。

徐：人民公社在蚂蚁岛是什么时候解体的呢？

林：是按上级要求，1983 年人民公社解体，解体后分为 5 个村核算。

徐：渔民当时觉得在集体里大家相互合作一起出去捕鱼，还是有好处的。

林：1983 年以后还是村集体的，不是个人的；1995 年后是个人的，村集体资产卖给社员经营。

徐：您的意思就是说 1983 年虽然人民公社解体了，但大队还是在的，直到1995 年才是真正的分开。

林：都是买的，就是个人合股买渔船嘛。

徐：这个跟农业社会还是不一样，农业就是分开单干，这块田是你的，由你承包去了，我们是渔船你拿钱来买。大队在那时候有多少渔船？

林：1995 年还是 1983 年？

徐：1983 年的时候。

林：1983 年，长沙塘分了 17 条船。

徐：全部都是机帆船吗？

林：17 艘机帆船。近洋张网的小船 20 多条。

徐：17 艘主要是什么船？

林：船是一对对的，外洋捕鱼的，8 对，另外一条是近洋拖驳轮，拖近洋张网的小船。

徐：就是我们的船捕鱼是一对对的，现在是一条船？

林：以前是对网，两条船；现在是单拖，一条船。

徐：那时候一对对去捕鱼的这个作业方式叫什么？

林：对网。

徐：现在这个船的照片有吗？什么样子的？有吧？

林：有，我们有个渔民画的，有。

徐：那回头看我们能不能找来拍拍照。相当于我们长沙塘大队分了 8 对加 1 条渔船。

林：对，也有近洋张网的船，20 多条。

徐：就是分得还是蛮多的嘛。

林：渔民要吃饭，劳动要生产工具嘛。

徐：那是按照什么来分的？

林：按人口嘛，我们长沙塘分到了三分之一。

徐：那时候人口有多少？

林：1700 多人嘛。

徐：那村子很大了吗？

林：最大了嘛。以前全岛多的时候 5000 人不到，现在只有 3000 多人了嘛。

徐：那这些船分到以后，这么多家庭这么多渔户怎么用呢？

林：我们集体排劳力嘛，他是老大，他是老轨，这样安排的嘛。后来大包干时船员自愿组合。

徐：从面上来讲，那相当于变成了一个大集体，一直到 1995 年才真正分开？

林：把生产工具全部卖给本村村民。

徐：卖给村民，就是村民如果谁想要的就能买。那我就搞不懂了，这些村民钱从哪里来呢？可能是几个人合起来买？

林： 股份制的，合股购买，四个人或者五个人合起来嘛。

徐：1983 年到 1995 年这段时间捕的渔获是归大队还是自己拉到市场上去卖？

林： 卖给冷库和加工厂。

徐：那个收入换成钱以后怎么分配呢？

林： 那个时候是"三定两奖"，后来是大包干。上交集体后，其余社员可分。

徐：从 1983 年开始是"三定两奖"？

林： 就 1983 年一年，后来就是大包干了。就是两条渔船给你，几个人下海，一年你交给大队 8 万元、10 万元，你们渔获想卖到什么地方就卖到什么地方，一年交给大队多少钱就好了。

徐：那这个大队有 16 只渔船，每一对渔船交 10 万元，这钱怎么在大队里分配呢？

林： 大队的钱主要用在渔船修理、发展再生产、老年人福利、公益事业等方面。

徐：这个"三定两奖"具体是指什么？

林： 定成本、定人员、定产值。

徐："两奖"是什么呢？

林： 一个是奖工资，一个是奖成本，包括柴油什么的。

徐：如果可以的话，给我们介绍一下当时承包的当事人，我们也可以去问问他。

林： 有啊，我们浙江省名老大也有。

徐：这个所谓"名老大"不单是渔民之间互相认可的吧？

林： 领导认可，渔民认可，每年生产比较好，比人家好，受到上级表彰什么的。

徐：捕鱼肯定还是要有技术的？

林： 肯定的嘛。

徐：捕鱼是比较难理解的，种田能手你说他种田厉害，捕鱼比种田技术要求更高吗？

林： 那肯定捕鱼的技术性强嘛。脑子好嘛会钻研。以前捕鱼的脑子里风向、潮水都要记住的。

徐：等于 1983 年"三定两奖"之后，搞了一年，1984 年开始就是大包干了。

林：大包干比较好管点，船是我们大队的，修理也是归我们大队修理的，修好以后包给他们。

徐：船是大队的集体资产，我包给你，就像租房子一样的，房子是我的，一年多少租金，用货币来结算的。大包干时承包一对船大概多少钱呢？

林：8 万元、10 万元，根据船只马力大小定，差不多就这样。船好的多一点，不好的少一点。

徐：大包干之后到什么时候，我们不能说集体解体，我们现在还是一个村集体，我的意思是最后这些船是怎么处理的？

林：1995 年卖给老百姓使用。

徐：反正他在承包，慢慢索性就卖给他。

林：上面政策也是这样的嘛。

徐：当时政策就是个体化，这个船是集体主要资产，相当于这以后我们集体就没有什么资产了。

林：资产卖掉后，把钱存到银行吃点利息嘛。还有就是交两费——管理费、福利费。

徐：就是 1995 年以后要给村里交管理费、福利费。

林：一个人 500 块。

徐：那时候还没有税费改革？

林：税是国家的，费是村里收的，等于作为公共支出。这是上面规定的，后来废除了。哦，还有交四费，以前大包干的时候交四费，比如管理费、折旧费、修理费、公积金。以前交四费，后来交两费。

徐：那书记您从 1980 年当书记一直当到什么时候？

林：我 1991 年那时候不当了，1994 年到 1995 年当村主任，1995 年又当村里支部书记了，一直到 2003 年，以后又到安全站、综治办，2008 年以后又当整个蚂蚁岛村的村主任。

徐：林书记，您有几个孩子？

林：3 个孩子，女孩，3 个千金。

徐：现在在岛内吗？

林：都在沈家门。

徐：那您就是跟爱人两个人在岛上？

林： 对，我的老婆现在也在沈家门帮他们带小孩。

徐：那很辛苦的，三个要轮流帮忙。

林： 一个已经大学了嘛，两个明年也开始上大学了。

徐：我们其实到沈家门也方便的吧？

林： 一天有好几班船。

徐：您不怎么过去的吗？

林： 有空过去，礼拜天。

徐：你们那时候结婚我们蚂蚁岛有什么风俗习惯？

林： 有，那个时候提倡"八姑娘退彩礼"，集体结婚，不要彩礼的。

徐：我们渔家渔民彩礼，哪怕意思意思是给些什么东西？

林： 毛线，那时候毛线好，也给棉被呐，金子不多，以前生活比较困难。

徐：钱呢？

林： 也不多，我们现在也不多的。

徐：不会形成那种攀比吗？

林： 攀比现象比较少。

徐：关键大家生活都差不多。

林： 对。

徐：那么我们沿着前面的内容讲下去，我们想知道虾皮加工业是怎么起来的？

林： 过去以晒为主，现在"一条龙"烘道。

徐：我的意思是这样子的，原先我们捕鱼没有说就是盯牢这个虾皮的，就是有什么捕什么嘛。

林： 对。

徐：那现在虾皮加工区这个房子都是属于我们集体的吧？

林： 个人的，现在都是个人的，没有集体的，房子都是自己造的。

徐：那没有什么集体收入了？

林： 没有，就养殖虾塘是集体的。

徐：就养殖塘是集体的，大概这个租金怎么算？

林： 一亩 3000 元一年。

徐：我们现在养殖塘大概多少亩？

林：260 亩。

徐：3000 元一亩，那也没多少钱。

林：五十几万。

徐：主要用于我们村里集体的一些公共设施建设、老人福利吗？

林：我们村里收来的都分给合作社，合作社也给老年人发福利，分给社员。

徐：等于还是我们 5 个合作社共有的。

林：对。

徐：现在集体收入主要就是这个虾塘？

林：虾塘，还有仓库出租，都是合作社的。

徐：您是亲历者，是领导干部，从您的感觉来讲，这些年的变化中哪些方面感受比较强烈？

林：这肯定发展很大嘛。以前渔船是摇橹的，后来马力很小，12 马力，现在几百马力。

徐：当然，那时候海洋资源也是丰富的。

林：现在少了，以前很丰富的。

徐：资源少了有很多原因，对吧？

林：一个渔船多了，一个捕得太厉害了，渔网越来越小了，现在都是小的，大鱼都被抓光了，反正都是很小很小。

徐：没办法，大的嘛捕不到，小的越捕越小。现在跑也跑得远吧？

林：十几个小时（的航程）。

徐：那基本上到了哪里？

林：南边也有，外面也有，北边也有，都有。

徐：一般不会到公海上去吧？

林：虾皮捕捞不会到公海去，其他的作业都会去。

徐：基本还是跟着虾皮走向去的。那这个虾皮都是大鱼吃的东西，把它捕光了，会不会捕光？

林：这个怎么说呢，影响肯定是有影响的，上面现在也提出来了嘛，小鱼小虾捕了大鱼没得吃，大鱼也变少了，这个东西不好讲。

徐：现在捕鱼船全部是私人的，是吧？

林：对对。

徐：我们现在整个蚂蚁岛有多少渔船呢？

林：100 多条，全部是私人的，有捕鱼船，有运输船。

徐：然后基本上捕这个虾皮也是分工协作的？

林：都是个体的，你卖给我，我卖给你，你是朋友、亲戚，就卖给你。

徐：比如我这一家跟你说好了，你这几条船捕回来就卖给我，捕虾皮一年三个月嘛；主要还是虾皮加工，平时很少捕吧？

林：捕啊，围网，捕青占鱼，单拖，张饭虾就是三个月，也做拖虾等作业。

徐：禁渔时间是几个月？

林：5 月 1 号禁渔，9 月 15 号解禁。

徐：相当于禁渔差不多 4 个月，其他时间可以捕。

林：围网可能是 8 月。

徐：围网是有讲究的？

林：围网主要是捕青占鱼。

徐：反正一年除了 4 个月是禁渔期，拖网也好，围网也好，根据季节出去作业。

林：拖虾禁渔时间短一点，8 月 15 号开捕。

徐：相对来讲，虾皮产值还是比较高的。

林：有时候也亏，今年虾皮多啊。

徐：也是靠天吃饭的，我以为虾皮加工那些是我们集体的。

林：都是个人的，现在没有集体的，集体搞不好啊。

徐：为什么搞不好？

林：思想变了嘛。

徐：现在集体工作也不好做，因为集体也没什么钱。我顺便问一下这个房子，我们村里现在最老的房子是啥时候建的？

林：（20 世纪）70 年代。

徐：最早的房子还是以石头为主？

林：石头、红砖、木头。

徐：砖是哪里来的？

林：外面运来的。

徐：蚂蚁岛解放前应该还是茅草房吧？

林：对，蚂蚁岛解放前，墙体都是泥土的。

徐：蚂蚁岛解放后就是到外面买石头、红砖啊。

林：对，树木啊等都是外面买来的。

徐：我们自己没有树，不给砍吗？

林：有，但这里树不好用。

徐：这里都是一些小的灌木什么的？

林：盖房子要杉木。

徐：在浙江我看了一下，我们的房子好像跟台州房子差不多的，很少东一家、西一家的，都是几家人连在一起的。

林：规划是这样子的。

徐：这个是根据什么拼在一起的呢，是兄弟还是什么的拼在一起呢？

林：位置就是那一块，一户人家两间，有的一间，有的三间，造你自己去造，规划集体规划。

徐：这个根据什么来分配，有的人可以盖大点，有的盖小点？

林：根据人口嘛。

徐：我们现在看到这批房子应该也是20世纪90年代的吧？

林：（20世纪）90年代以前，大部分是80年代，我的房子就是1988年造的，现在有的就修一修。

徐：您家房子有几间？

林：三间。

徐：我们蚂蚁岛户籍人口有多少？

林：户籍人口3800多人。

徐：实际在这里常住的呢？

林：2000多人。

徐：中老年为主？

林：对，年轻人基本都出去了。

徐：这个可能对我们来说是一个问题。

林：渔区都一样的，我们这里还好。登步岛户口六七千，实际不到两千，还是我们这里人多，它地方也大，但百姓房子都买到沈家门了。

徐：我们这里外地人来得多吗？

林：外来民工大多数在东海岸船厂，捕鱼的也很多的。

徐：东海岸船厂跟我们关系大不大？

林：关系大，一部分渔民在那里上班，它解决一部分就业问题。

徐：那这个船厂选址在这个地方，对我们村里怎么补偿？

林：主要是大兴岙、兰田岙两个村，补偿是补偿给他们嘛。我们土地拿给他们，老年人进社保拿工资，现在 60 岁以上大部分都进去了，一个月平均两千不到，多的两千多。

徐：那还不错嘛。

林：东海岸船厂对我们蚂蚁岛老年人的好处最大嘛。

徐：受益是那两个村受益，还是整个岛都受益？

林：一部分是整个岛老百姓都有的，一部分是大兴岙、兰田岙两个村的。以前人民公社留下来的东西都是整个蚂蚁岛的，土地、山林都是集体的。

蒋培军访谈

被访人：蒋培军，男，1966 年生，蚂蚁岛村长沙塘人，船管站干部

访谈时间及地点：2018 年 12 月 19 日，船管站办公室

访谈人：徐伟兵

整理人：戴五宏、徐伟兵

徐：蒋站长您好，此前拜访金主任时，听说蒋站长也是名老大。所以我们就想请教您，从渔业生产这个角度来看蚂蚁岛这些年来发生的变化，另一方面也想请您从个人的角度谈谈您的经历和渔业生产的一些事情。蒋站长是土生土长的蚂蚁岛人？

蒋：是真正的蚂蚁岛人。

徐：我听金主任说您现在主要是负责渔业管理？

蒋：我们蚂蚁岛现在还有 110 条船，我主要是为它们服务的。

徐：蒋站长谦虚了，所以您现在自己不跑船了？

蒋：现在没有跑了，2016 年的时候我们不是报废一批嘛，我的也报废掉了，

现在都 50 多岁了。本来以前一直想叫我上来,以前年轻不想上来,后来海洋资源越来越差了,那我 2016 年就报废船只上来了。

徐:当时自己有渔船,渔船是您一个人的吗?

蒋:一个人的。

徐:当时报废给了多少钱?

蒋:差不多 200 万,其实没多少钱。因为我也是自己买的,以前是几个人合起来的,后来慢慢给我一个人了,2001 年的时候就给我一个人了,搞十多年了。

徐:您那个船买来十多年了?

蒋:船是自己造的,我那个船是 1996 年自己造的,我们几个人合资造起来的,后来 2001 年的时候都给我一个人了。

徐:他们合股的都退股不干了?

蒋:都退掉了。

徐:都去干别的了?

蒋:也不是,也是捕鱼的,有的是自己一个人另外去买船,有的给人打工去了。1995、1996 年的时候资源不好,他们还是打工去了,就都给我一个人了。

徐:船是到外面定做的?

蒋:是自己去船厂定做的。

徐:也是 250 马力的?

蒋:300 马力的。

徐:那很大了。

蒋:也不大,现在大马力都 900、1000 的,今年我们这里也有五六条,下半年要新增的。

徐:这个渔船新增,能不能这么理解,就是牌照是固定的?

蒋:不能增的,就是更新的,把老旧渔船拆解掉。

徐:这个是根据什么来安排的?

蒋:就是以前留下来的,农业部有文件下来的,新增的国家一律不批的,更新的可以批的。

徐:比如说您不干了,那蚂蚁岛其他村民可不可以购买?

蒋:可以的,卖给别人也可以啊,比如三个人合起来的,隔了两三年不要了,给你一个人都可以的。

徐：像您这么多年跑船收益怎么样？

蒋：不行，以前 2001 年的时候还可以，不跟外面企业去比，那还马马虎虎，七八十万一年，也有几年亏得厉害啊。

徐：某种意义上，是不是也是靠天吃饭？

蒋：对啊，一个是靠天吃饭，第二个是人工工资越来越高了。我们蚂蚁岛主要搞虾皮为主，用的都是安徽、四川那边的人，一个月工资都是一万五六啊。

徐：虾皮捕捞加工的这个链条很长的，您指的这个是捕捞还是加工的工资？

蒋：打鱼下海就是一万五六一个月，主要是搞虾皮很苦，都是苦劳力，工资高一点，拖网稍微低一点，也有一万二三。

徐：捕虾皮更苦？

蒋：就是早上五点钟起来开始捕，到晚上十一二点才能睡，吃个饭的时间也没有，偶尔空几分钟时间吃饭，很苦的。

徐：怎么这么忙呢？

蒋：产量好的话，白天是一直要干活的。一般是白天作业、晚上休息的，我们晚上八九点钟要卖货，卖货到十一二点，然后才能休息。

徐：它这个流程是我们一旦出去中途就不回来的？

蒋：是这样的，出去搞虾皮有八级风，吃不消的就要回来。搞虾皮 4 个小时、5 个小时就可以搞完的。昨天晚上又出去了 20 条船，这几天生意也不好了，离过年还有一个多月，也要休息嘛。一个产量不好，一个工资付不起，要亏了就不出去。

徐：等于产量不多，付工资没钱赚？

蒋：要亏本，要亏啊。这几年怎么说呢，搞虾皮还可以，去年像我们蚂蚁岛有 70 多条搞虾皮的船，百分之六十亏本了。

徐：是捕的还是加工的？

蒋：捕虾皮啊。

徐：我听说他们烘虾皮的，是不是要先付你们一笔钱，设备钱都是他们付的？

蒋：都有的。它是这样子的，你是搞虾皮加工的，你看上我的货，我跟你做生意，我货卖给你，我搞虾皮的投资不够，你借给我一二十万，我把货卖给你，钱就慢慢扣掉，是这样子的。加工户一般情况下跟我们渔管是没关系的，另外有一个虾皮加工协会，不是我管理的。

徐：你们是分开的？

蒋：分开的，我就是管那个渔船的，加工是另外管理的。

徐：抓这个饭虾一般是配备多少个人？

蒋：9个、10个，多的十一二个也有。

徐：具体在船上是怎么分工呢？

蒋：放网的放网，洗货的洗货，都由老大来分工的。

徐：要么我们回头来讲讲您自己的经历？

蒋：我现在50多岁了，16岁中学毕业。

徐：那时候学校还在蚂蚁岛吗？

蒋：在蚂蚁岛。

徐：毕业了以后呢？

蒋：毕业了以后就下海了。我现在53岁了，1966年的。

徐：16岁是一九八几年的时候？

蒋：1982年、1983年啊。

徐：那时候人民公社还在吗？

蒋：解体了。

徐：蚂蚁人民公社是1983年正式解体的，你刚刚下海就解体了。

蒋：对对。

徐：父母也是本地的？

蒋：都是本地的，我老爸以前也是捕鱼的。

徐：祖上从哪里来，知道吧？

蒋：我爷爷是黄石村搬过来的，也是捕鱼的。

徐：妈妈是本地人？

蒋：本地人。

徐：初中毕业下海时是帮私人干活的吗？

蒋：那时候都是集体的，以前都是拿工分的。

徐：那时候相当于是学徒一样的？

蒋：对对。

徐：那时候是什么船啊？

蒋：木船。

徐：有多少马力的？

蒋：120马力的。

徐：你一开始入行的时候就是跑120马力的船？

蒋：以前捕鱼是蚂蚁岛出去两三个小时就可以捕了，现在不行了。我没搞虾皮，搞虾皮比较近的，三五个小时可以了。我以前是搞单拖的，2001年的时候，一般情况下七八个小时可以搞来，到2007、2008年时就要十几二十个小时，近处资源都没有了，慢慢越搞越远。

徐：您所说的单拖，一般像你们这个船要几个人？

蒋：单拖以前是7个人，后来人工成本太高，慢慢变成6个人，现在5个人的也有。

徐：单拖捕的对象也不一样？

蒋：以拖网为主的，有双拖的，单拖是一条船拖的。

徐：那个时候还是拿工分的？

蒋：以前是拿工分，我们大批的改革应该是1993年的时候，10个人拼起来，然后就是慢慢属于个人了。

徐：原先是属于集体的船，缴点税费之类的，剩余的就是自己的。

蒋：以前是八到十个人，后来慢慢缩小，2001年缩小到只有我一个人。现在基本上100多条船，百分之八十都是一个人的，其余两三个人合起来用的也有。

徐：这个一般是有亲戚关系的？

蒋：一般是有亲戚关系的，要关系好的，还有资金关系的，资金不够几个人合起来也有的。

徐：相当于后面就一直自己干？

蒋：自己干。

徐：您这条船2016年才报废？

蒋：2016年报废就上岸来这里上班，如果没有这个地方叫我过来，我也不上岸的，还是捕鱼多赚几块钱，实话实说。管委会和村里的领导叫了好几年，一直叫我上来。

徐：您前面讲我们渔管站主要是为渔民服务的，具体主要做哪些工作呢？

蒋：渔船安全啊。我们总共有4个人，所有证书要年检啊，管安全问题，还有一个保险啊，都是我们管理的。

徐：你们相当于是编制内给的工资，说实在的，不像捕鱼那么自由吧？

蒋：捕鱼苦是苦，但和拿工资比赚得多，不过这几年的渔业有时候也不好，也有亏的船。

徐：这个我们就看不懂了，说起来蚂蚁岛虾皮很有名，产值也很高。

蒋：今年是可以的，最多的净赚 70 万元，今年亏的几乎是没有，还有两条船保个本。去年百分之六十都亏。

徐：产量太小了，不够维持成本？

蒋：对对，雇工每个月工资必定要付的，说好多少工资肯定要付的。

徐：那今年大概的利润水平都摸得比较清楚了？

蒋：基本差不多了。

徐：那您说两条保本了，今年这么好的产量，为什么只是保本呢？

蒋：一个是船老大经验有限，一个是现在的雇员都是打工的，确实难做，搞虾皮的一条船八九人出去，到船上如果有两三个人都不会做，那就麻烦了。现在工人找不到啊，都是中介叫过来，中介叫过来的什么都不会，没下过海的在内河里跑过的也说下过海，内河跟外海肯定不一样，晕船啊。两个人不会做，你就不能生产了。

徐：就像您讲的成本还不只是工资的成本，还涉及安全上的成本。

蒋：去年不会做的不多，今年不会做的很多，有时候开了一天两天才知道工人不会做。他们只听说工资高，下海又不会干活的。

徐：时间上又耽误了，船主又要回来，又要重新找人？

蒋：找不找得到也不知道，找到了出去，第二次找到出去，不会做的也有啊。工人确实是难找啊，我们本地人没有的。

徐：确实本地人不愿意干这个了。

蒋：我们本地人 35 岁以下捕鱼的基本没有的，年纪大了，60 多岁都退休了，那没办法。你一条船出去，我自己是本地人，其他八九个都是从安徽、四川雇的人，除了我本地人一个也没有了，（这种情况）也很多的。

徐：这个管理好管理吗？

蒋：很难管理。我们是这样的，100 多条船，我们规定工人都要登记的，你是哪里哪里人。第一次可以的，但是你下海出去一天你不做了，你另外叫过来的工人，我们联系不上，不知道有几个小工调换了。

徐：那老大不来登记？

蒋：不是老大不来登记，是工人他不来登记。作为一个老大，我工人找不到，张三李四都拉过来就行了，就这样的。

徐：那我的意思是说，就一个老大是本地人，其他都是外地人。你这个船在组这个队的时候，会不会考虑不要找同一个地方的，要把他们错开以便于管理？

蒋：也有的，有的老大比如找四川的4个，安徽的5个，这样也有啊。现在工人难找，如果4个安徽的，1个要走的话另外3个都要走掉，现在就是这样，主要是工人难找。有的老大是四川找1个，安徽找1个，山东找1个，这样也有的。

徐：在你看来哪一种组合方式最好管理？

蒋：最好是东一个、西一个，杂牌军比较好管理。几个人一个地方的，一个不干另外几个都不干了，炒老大鱿鱼。

徐：有没有这种情况，你以前当老大，请了几个小工，你觉得用得比较顺手，跟他有长期的合作关系，他连续几年都帮你干？

蒋：也有的，是这样的，你今年帮我干，我觉得干得很好，我要拍你马屁的，过年的时候给你一个红包，这也有的。

徐：每个老大、老板的管理方式不一样，看他个人怎么弄。这些小工是全年雇的，还是就是捕虾季去找的？

蒋：有的是全年雇的。我们是这样的，上半年过年以后一般情况都是单拖的，就是五六个人，跟他说好，今年给我做，一年给你多少钱，包年也有的。

徐：现在工资水平一年大概是多少？

蒋：一般情况下，包年10万元左右。禁渔期要休息的，5月1号到8月1号是禁渔期，到下半年9月搞虾皮，工人找不到。不是我们蚂蚁岛找不到，到处都找不到，搞虾皮比较苦，工资要高一点。我们跟老大说好，工人叫过来，你要跟工人签好工资协议，但是工人不跟你签合同，为什么不签呢？一万五六跟你说好，他干了五天六天不想做了，你工资肯定要付给他的，如果协议里面都写好写清楚的，那他工资也拿不到。

徐：基本上除了船老大是本地人，大部分雇工是外地人，是什么时候开始外地人慢慢替换本地人，以前都是你们本地人吗？

蒋：2005、2006年开始慢慢有外地人替代我们本地人，十多年了，2005年之前还是以本地人为主。过年的时候休息，明年"我帮你做"，会来问的，我还要挑他，要勤快的，后来慢慢本地人越来越少了。

徐：反正就是有一个变化的过程，所以从您这么些年从事渔业工作的情况来看，自己感受是越来越难干了？

蒋：越来越难干了。现在那个柴油补贴啊，2010 到 2012 年的时候还可以，现在慢慢少了。像我们 220 千瓦的，今年只有 16 万多元的补贴。现在工人工资高，慢慢涨起来了，加上工人又难找，工人找不到，工资支出肯定高。

徐：像现在投资渔船大概要多少钱？

蒋：像我们今年，下半年有 6 条船出去，大概是 250 万，不包括以前的船，包括以前的船要 400 多万，旧船值一百七八十万。

徐：现在北边最远可以到达哪里？

蒋：长江口，最北去年搞虾皮是到北纬 32 度。

徐：现在你们的仪器设备都很先进？

蒋：现在很先进，我电脑打开以后，渔船在海上哪里都可以看到的。GPS 安全系统也很好，你一拆掉，它马上就报警，我就知道了。

徐：没必要把这个拆掉吧。

蒋：有。为什么呢？我们蚂蚁岛这边是没有的，有的地方禁渔的时候渔民想出去偷捕，他就会把这个系统拆掉。

徐：您的意思是这个海域里所有船都可以看得到？

蒋：我们只能看到蚂蚁岛的船，普陀海洋渔业局能够看到整个普陀区的，国家海洋渔业局是全国的渔船都可以看得到。

徐：在我们这里的船第一是要确保安全吗？

蒋：蚂蚁岛的船安全就行，还有就是防止禁渔期去偷捕，安全系统一拆掉马上报警。

徐：这个系统是哪个部门来装的？

蒋：海洋渔业局嘛，免费安装的。还有一个呢，船在外面出事，比如遇到大风啊，系统马上报警，搜救队马上就可以出去，很先进的。

徐：现在海洋资源确实越来越少了。浙江这个禁渔、休渔时间设定以后，中间多少还是有些改观吧，还是有些变化的吧，不然可能早就没有资源了吧。

蒋：肯定的，2005 年国家正式出台禁止帆张网的文件。帆张网不是船增加，以前一条船是三四张网，现在一条船十七八张网，而且网眼越来越小，就是那个鱼仔、虾仔都把它捕上来了。

徐：就是说以前还有漏网之鱼，现在就不一样了。那这个东西管理部门没有针对网孔设计进行管理吗？

蒋：也查啊，但是很难管理。这么多船，这么大的海，对吧。

徐：那像您被认定为我们省内的名老大，这个荣誉含量怎么来体现？

蒋：这个是这样的，我们出去是七八条船跟着我一起的，人家有什么事情，有什么困难，对讲机一叫，我就过去帮忙，慢慢就是这样得来的。

徐：打个比方来说，蚂蚁岛有这么多条船，也是几条船组成一个小组？

蒋：有 14 个组嘛，同进同出。外面有什么事，有什么困难啊，可以联系，经常地，人家叫我啊，都是帮忙的。

徐：换句话说就是业务熟练、热心帮忙，累积出这种声望。以前业务是靠经验积累，现在相当于船的设备很发达。

蒋：对的。

徐：那这些小组这里、那里去开展作业，作业区域也有区分的吗？

蒋：没有区分的，就看你自己的，愿意到哪里去就到哪里去。

徐：那我们国家与国家之间是很明确的，这个是属于中国的，这个是属于日本的。省与省之间有没有划分的？

蒋：有的。我们不能跨区域捕捞。

徐：那比如山东的渔队跑过来怎么办？

蒋：我们一九九几年的时候山东也去过啊，1996 年的时候海南岛也去过啊。

徐：允许吗？

蒋：允许啊，我海南岛也去过一年呀。

徐：从政府的角度来说，它不纳入这个管理吗？比如种田是很清楚的，这一亩三分地是你家的，不可能跑过来到我这边来种的。

蒋：我们可以的，反正公海我们是可以去的。韩国那边，划界了嘛，我们不可以去的，不能越界的。

徐：国内都可以去的。禁渔这个制度是全国都有的？

蒋：禁渔是全国都有的。

徐：按理来说，禁渔期是统一的？

蒋：好像是南面二十几度的开捕早一点，北面三十几度的也早一点，有划分的。但是因为各个地方禁渔期不一样，像辽宁那边就是跑到我们这里来偷捕的，如果全国统一禁止，什么时候禁渔，什么时候开捕，那就比较好管理。

徐：那这个是不是涉及捕捞时间的不同限制，他那里这个鱼类就是这个时间要捕的，所以导致开捕时间不一样？

蒋：其实现在商业渔船也很多啊，这个管理就更难了。

徐：就跟陆地上出租车一样的。

蒋：一个牌照两部车也有啊。也是去年的时候，海南有一条套牌的渔船，如果没出事情，根本就不知道，这也有的。

徐：我在村子里看到有人家挂着"渔艺师"等牌子，那是谁来评定的？

蒋：（评了）好几年了。这个事情是这样的，管委会搞的，好像渔网师就是织网、补网。

徐：相当于我们传统作业技术的一种传承，那有分哪几种吗？

蒋：好几种，船上都是有分工的，比如渔网师、轮机长啊。

徐：可能木制渔船的时候就没有吧？

蒋：一直都有的。

徐：基本上我们蚂蚁岛虾皮捕捞这段时间结束以后，相对就空点了吧？

蒋：我们今年最多的时候72条船出去，现在产量越来越低了，没有多少船出去了。搞完虾皮就搞单拖啊，过完年吧。

徐：我们是5月份禁渔吧？

蒋：5月1号。

徐：最早一批开禁是什么时候？

蒋：8月1号，灯光围网。我们现在蚂蚁岛资源减少了，只有十多条船搞灯光围网。

徐：从船的分类来讲，我们一般有好几种，有近洋的，有远洋的，不过现在也没什么近不近洋了，因为近洋都没什么资源了嘛。

蒋：都一样的。现在是这样的，我们过年以后搞单拖，有拖网证书、围网证书的8月1号可以开捕，有单拖证书的要9月16号才能开捕，根据证书来的。

徐：那一条船有好几个证书吗？

蒋：一条船只有一个证书。拖网的就拖网，围网的就围网。现在国家提出一条渔船只能是一个作业一个证书，但是控制不住。

徐：搞拖网的就只能搞拖网，搞围网的就只能搞围网。

蒋：比如我搞围网，8月1号开始搞，慢慢这个鱼类资源没有了，怎么办？一条船投资那么大，我只能是又去搞其他的，搞单拖、搞虾皮啊。国家控制是控制，但是控制不住。

徐：就是这个船可以做很多种作业？

蒋：对，就是网具不一样。

徐：像这个捕虾皮应该也有捕其他的一些鱼类吧？

蒋：不多，就一点点带鱼啊什么的，网具不一样嘛。

徐：那普陀区其他渔村主要捕什么呢？

蒋：朱家尖、桃花岛主要是刺网，搞螃蟹什么的。

徐：这个相当于形成了一个传统吗？

蒋：我们整个普陀区蚂蚁岛是搞虾皮最多的。

徐：所以他们一般也不会加入到这个作业当中来？

蒋：有是有，不多，登步岛、桃花岛也有捕虾的。

徐：他们捕的虾有没有卖到这里来加工？

蒋：桃花岛自己有加工厂，登步岛会卖到我们这里，都有的。就是加工厂的老板跟他们有业务关系。

徐：现在渔业面临的主要情况是怎样的？

蒋：一个资源越来越差，第二个捕鱼的人越来越少了。不出5年，我们蚂蚁岛可能就没多少捕鱼的了。比如像我，一个年纪大了要退休了，第二个船也老化了，50多岁、60岁的人再去投资两百多万，都不投资了，不如去打工，现在就是随便一张网破了，补网的人也是越来越少了，以前补网就是家里的老婆会做，捕鱼会淘汰的。反正我们蚂蚁岛的渔船在2016年国家报废政策出台后就报废了一些，5年以后再出台报废政策，有些就等着这个报废政策，肯定有很多渔船报废退出来的。

徐：养殖效益也不是很高，也取代不了它，作为一种生计方式，也讲不清楚这个时间的变化。

蒋：国家的补贴也越来越少了，自己年纪也大了，船也"老龄化"了。

徐：蒋站长，小孩几个啊？

蒋：一个女儿。

徐：在岛外吗？

蒋：在沈家门，我有房子在沈家门啊。

徐：那您自己不住在这里吗？

蒋：这里我老家还在，就是这个村，长沙塘，我老爸还住在这里，我是礼拜五到沈家门去，礼拜一才回来。

徐：小孩成家了吧？

蒋：小孩成家了，31 岁，生了一个女儿啊。

徐：很早就搬出去了？

蒋：我是 2001 年的时候搬出去的。

徐：那你兄弟姐妹几个？

蒋：两个兄弟，一个妹妹，都在沈家门。

徐：那老人怎么办？

蒋：老人嘛，有时候我老婆来帮忙一下，我老爸体力还行嘛，自己烧饭，还可以自理的。

徐：现在他主要在自己家里做点什么呢？

蒋：有空打打麻将，80 岁了。

徐：所以你们兄弟姐妹都在沈家门，那你们出去到底是出于什么考虑呢？

蒋：以前呢，我女儿读书的时候，得去沈家门，一个女儿出去读书肯定要照顾嘛。

徐：我们这里没有学校了。

蒋：我女儿出去的时候这里学校还有的，以前她想出去读书，我把她送出去了。反正我们蚂蚁岛年轻一辈基本都出去了，剩下的都是年纪大的。

徐：从另外一个角度来说，改革开放以后个人自由度是大了，可以做老板，可以流动，以前可能没有条件出去。从集体的角度讲，我跟村民、村干部聊，他们有的比较热心，就会担心集体没有收入啊，那这批老人怎么弄，怎么养老啊？

蒋：其实海岛养老问题是一个大问题，管委会领导也在考虑蚂蚁岛养老的问题。像我老爸，叫他去沈家门住，他不去的，我们在沈家门都有两套房子了，他不去就不去，觉得不方便嘛，一个那里车子多，一个这里有街坊邻居啊。

徐：这个是一个共性问题，全国都面临这种情况。

蒋：其实年纪大了，住在这里还是舒服点，真的舒服一点。

徐：再过10年、20年你也愿意在这里住吗？

蒋：我也还是愿意住在这里啊，还是喜欢蚂蚁岛这个环境。

徐：好像蚂蚁岛比其他岛还相对好一点，像桃花岛什么的人几乎都跑出去了。

蒋：这有一个船厂嘛，东海岸船厂。

徐：好像之前效益还不错？

蒋：这几年不行了。不只是我们，现在所有海岛都是一样的，桃花岛去过没有？现在也是人越来越少。

徐：我们上次到桃花岛去，那感觉是什么呢？一半一半的，一边是风景区嘛，我们到另外一边就比较冷清。

蒋：桃花岛还好一点，登步岛去过吗？登步岛更冷清呐。

文

献

篇

文海拾贝

中国村庄发展

WENXIAN PIAN
WENHAI SHIBEI

耕 海 牧 渔

在村庄的社会文化变迁中，会积淀形成许多文献材料。诸如地方志书、档案史料、谱牒碑刻、历史传说等，都是值得重视的研究材料。蚂蚁岛有文字记载的历史约三百年，故早期文献常只言片语地散见在地方志书中。蚂蚁岛为人所熟知，主要是20世纪50年代以来，尤其是集体化时期，作为第一个人民公社和渔区的典型代表，在主流媒体上得以宣传。由此孕育的蚂蚁岛精神，时至今日仍不时受到各大媒体的关注和弘扬。同时，在蚂蚁岛那段辉煌的历史中，还保留了许多村庄内部生产生活的档案材料。因此，本篇主要选择记录了20世纪五六十年代，以及2000年之后的一些文献内容。主要包括会议总结、生产计划、媒体报道，以及生产、生活制度等，总共十余篇内容。在不改变文献本意的前提下，做了适当修补。这些文献内容有助于我们更好地理解蚂蚁岛自解放以来，尤其是集体化时代至今的发展脉络和积淀的精神遗产，以及渔民社会的文化变迁及其特质。

第一节　互助组与合作社发展

陈森林、刘岳明、刘中德渔业互助组合同书

我们积极响应毛主席的号召"组织起来有力量"，在平等互利的原则下，自愿地组织渔业生产互助组，发展渔业生产。尽管在渔业方面的困难是很多的，但我们不怕困难。在共产党和人民政府的领导下，再接再厉，毫不灰心地去解决困难，随时修正行不通的东西，吸收好的经验，渐渐地把我们的互助组巩固起来。现在经过大家反复的讨论和考虑，议定下面五点，我们必须好好地照章办事。

（一）组织

1.互助组是组员自觉自愿组织起来的，组员可以自由退组和入组，但退组必须在一季前三个月向组内提出，在一季结账清理后方可退出。本人投资和公共聚积资金可按劳动计分比例带走，公积金不能带走。新入组的也必须在一季总结后吸收。

2.本组采取民主集中制，少数服从多数。

3.互推陈森林为组长兼会计，管理组内事务和财务。

（二）资财

组员陈森林自愿将本人全部生产资料及房地产（附有资料单）投入互助组，作为本组生产资本。现在不估价。资财分酬，列入"（三）分酬"。

（三）分酬

以按劳分酬为原则。刘岳明得十分之三，陈森林得十分之三，刘中德得十分之二点五，全部资财得十分之一点五，以上合计十分。每月每人可向组内领取大米叁斗（折合四十五市斤），不能透支，如有特殊问题，可在组员会议中解决。其余盈利全部投放再生产，作为累积资金即公共财产，在累积资金内提百分之二十作为公益金，作为组员奖励、医药、文化娱乐之用。

（四）生活

参加劳动者集体吃饭，伙食费由组内统一支出和供给。陈森林家属参加内勤

工作、做饭、晒货等，除供给其伙食外，另酬月米 80 斤；其父陈高满，只能从事轻微劳动，供给伙食饭菜必须好些，无报酬；又童工陈裕心，不愿按劳计酬，暂仍为雇佣性质，除供给伙食外，月给大米四斗五升。

（五）制度

1.账务方面按月一次小结，一季一次总结。无原始单据的账目，必须按日公共审核，由审核人盖章后生效。

2.每逢五，由小组长召开一次检讨会；逢十，召开一次工作研究会，并将情况在每次会后汇报乡政府。除平时按情况记功外，一季结束后民主评功一次，应给模范组员以名誉上和物质上的奖励。

陈森林、刘岳明、刘中德　邹渭智监议

本协议自一九五二年三月一日起生效。[①]

蚂蚁乡关于供销社和生产社的合并总结

一、合并前的相互矛盾

蚂蚁乡从 1953 年成立供销社，三年来对渔业生产的恢复和发展及对后期的渔业生产合作社的支持起了很大作用，但由于供销社与生产社是两个组织、两个领导系统，生产社与供销社之间尚存在着一定的矛盾。如计划不统一，也就是说生产社与供销社各有一套计划，在互相关系上抱着两种思想、两种态度。供销社始终抱着多挣钱的思想，而生产社却抱着不让供销社挣钱的态度，干部经常说"生产社与供销社是两条心"。因此生产、供销方面经常产生矛盾。如供销社对利润高的生产资料的供应比较及时，而对利润低的直接投入渔业生产的生产资料的供应不够及时；对畅销鱼产品供销社是积极的，全部包下来，而对滞销品置之不理，如鲜虾是滞销品，供销社就一点不管，鱼烤、虾米是畅销品，供销社即积极设法包下来，并在收购渔获时常有压价现象，如 1954 年 5 月供销社收购一部分鱼烤时，未根据国家规定价格收购，有一次在收购中，就擅自压低鱼价总值 570 万元（后被生产社查明追回），又如去年供销社收购海蜇，当时与生产社合同订为 10 月

---

① 上海水产学院：《蚂蚁岛人民公社渔业经济调查》，1965 年 10 月内部讨论稿。

取货，但供销社一直拖到 12 月才取货，使生产社的海蜇分量损失 4000 余斤。因此造成生产社干部不相信供销社，表现在每次收货时生产社至少要派 5 个人监督，生产社干部不到供销社不能动货；又如供销社采购生产资料后，如果生产社没有钱，情愿让它烂在家里，也不让生产社购买，相反生产社有了渔获，供销社没有钱，生产社也不肯将货欠给供销社，也就是说生产社非现钞不动货，这是一方面。另一方面，生产社怕供销社对利润低的生产资料不愿供应，因此任意多造计划形成供销社货物损失及资金积压，如袋布等。而供销社也常为多得利润而采购一些次货来供应。总之双方在关系上是不够协调的，矛盾日益严重，原供销社主任陆渭川讲："过去是各人要各人饭碗满，生产社供销社总是两条心，只有合并后两条心才能变成一条心"。

二、如何解决生产社与供销社之间的矛盾

我们根据以上情况与生产发展的需要和地委指示的精神，决定于 6 月 1 日通过将生产社、供销社从组织上、经济上合并的办法来解决这一长期存在着的矛盾。具体办法是将生产社与供销社在经济上合并成一个单位，资金统一调度使用，干部由生产社适当地统一调整，在干部数量上比合并前减少了 6 个，而每个干部的待遇都普遍增加了 20 分。对内，供销社变为生产社的供销部，对外仍挂着供销社的牌子，并未宣布合并。在业务上，按季度向总社报告供应推销计划，根据国家计划来进行工作，少数的生产资料，上报不易采购的，由供销部自己负责采购，在供销部下设两个小组：（1）供应小组，即门市部，专门负责供应日常用品，包括农民和其他人的少数生产资料；（2）推销小组，专门负责推销渔获，特别负责推销滞销渔获。

合并后总的讲有三个好处：（1）计划适时、正确、有力地解决了生产供销两方面的矛盾，提高了计划的正确性，达到了生产社需要什么供销社就采购什么的目的，对滞销货也从过去的不积极推销转变为积极负责推销，因而获得了显著成绩，减少了渔获的损失。在空闲时供销社干部和生产社社员自己撑船，往外推销渔获，比如在最近的海蜇推销上，供销社根据生产社生产情况，主动地准备船只，组织人力，适时地推销出去，因而渔获价格高，分量重；往年因为供销社不负责任，而造成价格低、分量轻的情况，如今年鲜海蜇每斤定价一千二百元，而往年每斤只能卖到七百或八百元。（2）节省人力，减少开支，手续简易，提高了工作

效率，供销社和生产社合并后减少了六个干部，每人每月平均以二十五万元计，一年全社可节省一千八百万元；又如在过去收购渔获时，由于互不信任，生产社与供销社两条心，在收购时生产社每次总要派五六人去监督，一个月收购渔获平均以二十天计算，生产社至少要浪费一百个劳动力，每个劳动力以最低收入一万元计，一个月就要浪费一百万元。合并后两条心变为一条心，生产社不派一人去监督，过去生产社到供销社购货要带现钞，一般的每次总有数千万，等到供销社后光点钞票就要几个钟头，而现在购货也不要带钞票，只要用一张支票就行，因此大大提高了工作效率。又如过去供销社运来货后，先经供销社过秤，搬运上岸，然后发给各村。就毛竹来讲，从船上搬到岸上，每次搬运费需三百元，全乡一季需用一千余支，每季就需搬运费三百余万元，现在将货物运来后，根据生产中队需要，就直接配给使用单位，减少了这一不必要的搬运环节和浪费。（3）资金统一，灵活使用，加速了资金周转率，供销社来货后就不用讲价钱，送到生产社，生产社有渔获也不用讲价钱，就让供销社运出去，过去生产社经常缺五六千万元资金，有时积压一两亿元资金，而供销社有时也缺五六千万元，现在资金统一使用后，积压和缺资金的现象就完全没有了。

蚂蚁乡的生产社与供销社虽合并不久，但一个多月的事实证明，供销社与生产社的合并对渔业生产的发展是有利的，对社会主义经济成分的增长和人民的需要也是适时的，正如夏阿土讲："生产社、供销社早就好合并，早合并一天就可少损失一点东西。"所以从以上事实证明，上级党组织决定将生产社与供销社合并的措施是完全正确的。

沈家门街道蚂蚁岛村长沙塘经济合作社
集体资产股份合作制改革实施细则（草案）
蚂蚁岛长沙塘经济合作社集体资产股份合作制改制工作小组

2014 年 11 月 20 日

为深化农村经济体制改革，破除城乡二元结构，完善新形势下集体经济的有效实现形式和分配方式，切实保护集体经济组织及其成员的合法权益，促进城乡经济社会和谐发展。根据普陀区委区政府办《关于全面推进渔农村集体资产股份合作制改革的意见》（普党政办〔2014〕167号）的总体部署，结合本社实际，现就沈家门街道蚂蚁岛村长沙塘经济合作社农村集体资产股份合作制改革工作，提出如下实施细则。

一、集体资产股份合作制改革的指导思想

以加快推进舟山群岛新区城乡发展一体化为主线，以改革渔农村集体资产经营管理体制和运行机制为重点，以保障产权主体及其成员的利益为核心，以促进渔农村集体经济健康发展和社会和谐稳定为目标，按照村民委员会与村集体经济组织职能分开，渔农村居民社会成员与经济成员身份分离的要求，全面推进渔农村集体资产股份合作制改革，加快建立归属清晰、权责明确、保护严格、流转顺畅的新型渔农村集体经济组织产权制度。

二、改革后经济组织的名称和性质

本经济合作社集体资产股份合作制改革后，新的经济组织名称为普陀区沈家门街道蚂蚁岛村长沙塘股份经济合作社，其性质为集体经济组织。依法承担原有经济合作社的职能。改制后的长沙塘股份经济合作社具有独立法人资格，实行独立核算、自主经营、自负盈亏、民主管理，业务上接受上级主管部门的领导和监督。量化到人的集体资产股权作为股东享受集体经济收益分配的依据，所有权仍属股份经济合作社集体所有。

三、清查核实现有的集体资产

我社目前的资产划分为三大类：一是资源性资产，以现有尚未被征用的土地森林为主；二是经营性资产，包括经营性固定资产、货币资金、应收款项等；三是公益性资产，主要是公共和公益事业设施。清产核资工作按照农业部、财政部《乡（镇）村集体经济组织清产核资办法》和农业部《农村集体资产清产核资资产所有权界定暂行办法》有关规定，依法确定原经济合作社集体所有的各种资产。清产核资结果在村务公开栏等地方公布，公开接受群众监督。

本次农村集体资产股份合作制改革量化的资产为经营性净资产、未实行家庭承包经营的资源性资产和公益性资产。经营性资产全部以价值的形式按股量化到人。资源性资产和公益性资产则采取档案化形式确定社员所占的股份份额。资产价值以原值为原则，确认集体资产权属关系，用折股的集体经营性净资产计算方法：

1. 经营性固定资产按原值记入股份，经营性在建工程按原值计入股份；

2. 长期投资通过清理后，按实际入股；

3. 流动资产按其有效额减去实际负债后，其余额计入股份；

4. 其他资产，按实际投资额计入股份。

经清产核资并依法调整账户后，确认的本社集体经营性净资产（原值）为1859763.6元。提取集体经营性净资产的5%作为改制风险金，计92988.18元，用于处置改制过程中和改制后的遗留问题，实际用于折股量化的经营性净资产（总股本）为1766775.42元。

改制后，今后本社的集体土地征用所得的补偿费（不包括政策处理费及劳力安置费）和集体资产置换增值等收益，按照比例足额追加到总股本中。

四、股权设置及股权界定

本社股权设置为单一形式的人口股，不设集体股。人口股股权份额占总股本的100%，计1766775.42元。股权界定对象的认定，遵循"尊重历史、立足现实、实事求是、公平合理"的原则，保障农村集体经济组织成员的合法权益。股权界定基准日为2014年11月30日24时，因我社股改启动日为9月10日，故9月10日零时至11月30日24时之间死亡的人员仍享受股东资格，9月10日零时前死亡的及基准日后出生的人员不享受股东资格。本社股权管理实行"生不增，死不减"的静态管理，但今后股东进入国家行政事业单位、国有及国有控股企业工作的，取消股东资格，其股权作为集体提留。发现弄虚作假骗取股东身份或重复享受的，一经查实，取消股东资格，其股权作为集体提留。

具体股权享受对象界定如下：

（一）户籍在本社的人员

1. 全额享受的对象：

①农业户口，且户口一直在社里的世居群众（含本社社员合法或事实收养落户的，不含已婚外嫁女）；

②嫁入本社现已离婚或丈夫死亡户口未迁出的农业户口妇女；

③农业户口未迁出，出嫁后离婚或丧偶的妇女；

④农业户口入赘女婿；

⑤非转农的大中专毕业生；

⑥户籍在本社的出国人员；

⑦被司法机关羁押未判刑人员；

⑧失踪人员（暂保留在社里）；

⑨9月10日0时至11月30日24时死亡的本社社员。

2. 享受50%的对象：

①已婚外嫁女；

② 1983年分队财产在内（仅限本人）或承担过社里集体经济两费的非农户口（限本人）；

③非农户口在读的大中专学生；

④非农户口，国家不包分配又未在国家行政事业单位、国有及国有控股企业、县（区）属大集体等单位工作的大中专毕业生（仅限本人）。

3. 享受30%的对象：

上述1、2之外，出生在蚂蚁岛，户籍在原乡政府集体户头现已迁入社里的非农居民。

4. 不享受的对象：

①国家行政事业单位、国有及国有控股企业、县（区）属大集体等单位在职干部职工和离退休人员（含试用期、试用期结束未被单位录用的凭该单位未录用证明享受股东身份，不包括临时工）；

②已婚外嫁女的子女；

③挂靠户；

④五保户。

（二）户籍已迁出本社的人员

1. 全额享受的对象：

①服兵役的义务兵和初级士官；

②劳教和服刑人员。

2. 享受50%的对象：

① 1983年分队财产在内（仅限本人）或承担过社里集体经济两费的（限本人，已婚的含户籍从本社迁出的配偶）；

②非农户口，国家不包分配又未在国家行政事业单位、国有及国有控股企业、

县（区）属大集体等单位工作的大中专毕业生（仅限本人）。

3. 享受 30% 的对象：

上述 1、2 之外，出生在蚂蚁岛，户籍在管理处集体户头又未在国家行政事业单位、国有及国有控股企业，县（区）属大集体等单位工作的非农居民。

五、股权管理

集体资产折股量化到人（户）后，由股份经济合作社向股东发放股权证书，作为享受股份经济合作社收益分配的凭据。股权证书不准作为其他证书使用，遗失需及时挂失，并申请补办手续。

六、股份经济合作社财务管理与收益分配原则

财物管理。股份经济合作社继续贯彻和实施财政部颁布的农村财务制度和会计制度及上级有关财务规定，加强财务管理和会计核算，自觉接受上级业务主管部门的指导和监督。

收益分配原则。股份经济合作社在年终分配时应兼顾国家、合作社和股东的三者利益，编制财务决算报表，搞好收益分配。股份经济合作社应在优先考虑农村基层组织运转、集体经济发展、公共设施建设和公益事业保障等必要支出的基础上，把当年收入结余部分再进行分红。但当年年末累计结余低于 20 万元时原则上不予分红，具体由股东代表大会讨论决定。

收益分配方案由董事会提出，报街道办事处审核后，由股东代表大会讨论通过后执行。

七、组织机构

制定股份经济合作社章程，明确股份经济合作社内部管理机构。

1. 设立股东（代表）大会、董事会和监事会。第一届股东代表由原经济合作社社员代表直接过渡，不足部分进行补选。董事会经股东（代表）大会选举产生，监事会机构与村务监督委员会保持一致。

2. 建立股东（代表）大会制度。股东（代表）大会一般一年一次，实行一人一票表决制，股份经济合作社的重大投资决策、经营方针、年度计划及执行情况，须经大会讨论决定。

3. 董事会是股份经济合作社的执行机构，监事会是股东（代表）大会领导下

的监督机构，代表全体股东履行监督职责，检查董事会工作。董事会和监事会每届任期三年。董事长和副董事长在董事会中产生，董事长是股份经济合作社的法人代表，董事会和监事会互不兼任，可连选连任。

以上实施制度经股东代表大会表决通过后，报街道办事处核准后方可实施。

第二节　发展规划与文件公告

普陀县蚂蚁乡
1958—1962 年五年远景规划 [①]

（一）巩固渔业合作化制度

我乡的渔业生产合作社，已经在 1956 年春，由低级合作社升为高级合作社，1958 春，将农业、手工业、供销和信用四社合并到渔业社，实现了一乡一社，今后的任务是进一步把渔业生产合作社巩固起来。巩固合作社的条件是：

1. 在合作社的领导成分中，保持渔工、贫苦渔民占绝对优势，同时使一般渔民也有适当的代表。

2. 贯彻执行民主办社的方针，合作社的领导机关要按时公布财务收支情况，要同群众商量办事，参加劳动生产。

3. 贯彻执行勤俭办社方针，要同一切游手好闲和损害公共财物的现象做斗争，杜绝贪污，反对铺张浪费。

4. 根据合作社经济情况和自然情况，采取各种增产措施，逐步增加渔业基本建设，保证遵守国家制度和完成国家计划，不断扩大再生产，争取在本年内使渔业生产实现机帆化。

5. 合理地处理分配问题，兼顾国家、合作社、社员三方面的利益，在发展生产和正常年景的情况下，保证合作社的公共积累不断扩大，使社员收入（目前社员收入已超过当地富裕渔民水平）逐年有所增加。

6. 加强政治思想工作，不断地提高社员的社会主义觉悟，克服资本主义思

---

① 普陀县蚂蚁乡：《1958—1962 年五年远景规划》（1958 年 5 月 8 日），舟山市档案馆藏。

想，克服不顾国家利益和合作社集体利益的本位主义思想及个人主义思想。每年应结合渔村干部的整风和合作社整社运动，系统地总结本年的工作，在全乡人口中，集中地进行一次社会主义教育，特别要加强渔民、农民、手工业工人的团结互助教育。

（二）大力发展生产，提高单位产量，增加收入，增加积累

在 1958 年内首先实现渔业机帆化生产，作业机帆船由 1957 年的 4 对增加到 13 对，并在 1958 年冬天增加木壳渔轮 1 对，1958 年春汛投入生产，到 1962 年增加到 10 对。虾板子网作业由 1957 年的 130 个椿（张网单位）增加到 2000 个椿，随着虾板子网迅速发展，废除小大捕作业和紧网作业。

从 1958 年开始，在五年内机帆船作业每对平均产量由 5500 担增加到 11000 担。木壳渔轮单位平均年产量，预计由 1959 年的 35000 担增加到 45000 担。张网作业每椿的平均年产量，由 1957 年的 34 担增加到 190 担。

从 1958 年开始，在五年内棉花平均亩产量由 1957 年的 68 斤增加到 300 斤；粮食（以番薯干和大麦计算）由 1957 年的 680 斤增加到 3000 斤；棉田间作大麦平均亩产量由 1957 年的 260 斤增加到 1000 斤。

在大力发展海洋生产的条件下，积极发展养殖、加工等副业。农业在优先发展粮食生产的条件下，并应发展瓜果、蔬菜种植等多种副业，努力提高单位产量。五年内，渔业总产量由 1957 年的 13 万担增加到 65 万担，农业年产量由 1957 年的 40 万斤增加到 167 万斤。

从 1958 年起到 1962 年止，合作社公共积累占纯收入的比例由 1957 年的 35% 提高到 80%，五年内可积累 550 多万元；每个社员的平均收入由 1957 年的 600 元增加到 1000 元，最好劳动力每人收入可以达到 1600 ～ 1700 元。

（三）发展多种经营

从 1958 年起，五年内要求办起烘干厂、机修厂、绳索厂、织网厂、渔获精加工厂等 5 个工厂。积极发展养殖业，要求五年内达到养海带 1500 台、紫菜 10 亩，养蛏、蛤 150 亩，养淡水鱼 1 万尾。

积极鼓励和帮助社员发展家庭副业，多养家畜家禽，养猪要求在 1957 年平均每 2 户养 1 头的基础上，增加到平均每户养 3 头，做好修圈积肥工作。此外，要求妇女和男半劳动力积极参加补网、纺线等生产劳动，增加合作社和社员的收入。

（四）推行增产措施和推广先进经验

增产措施的项目，渔业方面主要是：（1）改良生产工具，推行新式渔具；（2）改进操作方法；（3）扩大渔场；（4）保护海洋资源；（5）培养技术人才；（6）增置安全设备；（7）加强后方准备。农业方面主要是：（1）兴修水利；（2）增加肥料；（3）改良土壤；（4）推广优良品种；（5）改进耕作方法；（6）消灭病虫害。

推广先进经验的方法主要是：（1）总结丰产经验，组织技术传授，发动社员和干部学习先进经验，提高生产技术；（2）定期评比劳动模范，奖励丰产；（3）组织社员参观访问，互相交流经验。

（五）改良旧式渔具，推广新式渔具

要求在 1958 年内海洋生产全面实现机帆化，在 1957 年拥有 4 对机帆船的基础上，再增加 9 对，全面废除木帆船作业，并在国家渔业机构的指导下，1959 年有准备地积极地试验木壳渔轮 1 对，为今后向深海渔业发展开辟道路。

从 1958 年起，积极地因地制宜开展技术革新，改良多种工具。

（六）学习远洋生产技术，熟练和改进操作方法

我乡远洋生产发展速度较快，操作技术跟不上生产发展的需要，渔业社社员和干部应加倍努力，学习海洋生产技术和科学知识，熟练和改进操作方法，赶上先进水平。

（七）扩大渔场，延长作业时间

由于渔业生产机械化的实现和收音机等安全设备的逐步改善，对扩大渔场、延长作业时间，创造了有利条件，渔业社社员和干部应大胆、积极地向新渔场进军，延长作业时间，逐步改变远洋生产的淡秋现象。

（八）保护海洋资源

近洋定置作业应积极发展"虾板子网"作业，代替紧网作业，迅速废除小大捕作业，尽一切可能保护幼鱼繁殖。

（九）学习渔业科学知识，大力培养技术人才，加强技术指导

根据渔业生产合作社发展的需要和条件的可能，在五年内要求培养渔轮、机帆船作业又红又专的老大 60 名，轮机人员 90 名，出网等技术人员 60 名，直升机驾驶员 2 名，并包送 40 名社员和干部，以及初中毕业生到水产干校学习水产知识。

要求在五年内成立渔业技术研究指导所，专事指挥渔业生产。

（十）增加安全设备，保障生产和生命的安全

在一年内要求达到远洋每个生产单位有 1 架收音机和 1 只保健箱，并添置必要的救生设备和航行安全设备，加强对社员的安全和卫生教育，争取不出或少出海损公伤事故。

（十一）加强后方准备工作

根据渔业生产的特点，要求五年内达到生产资料及早准备，汛汛不缺，保证及时出海，汛汛衔接，教育社员和干部做好工具和材物的保管工作，不霉烂一件生产资料。

（十二）兴修水利，提高抗旱和排水能力

要求在 1958 年内新挖山坑水池 30 处、水库 6 处，能蓄水 15000 立方米，争取能抗御一般旱灾，并要求在 1958 年内挖深河道 3 条，修理大碶门 1 座，掏浦 1 条，内挖通花沟 100 条，保证棉田不涝。

（十三）改良土壤，培养地力，改进耕作方法

五年内保证每亩山地平均加土肥 1000 担，在所有咸水棉田和高山地等闲田普遍种植绿肥作物，提高地力，并在保证增加粮食单位面积产量的前提下，逐步荒废山顶疥地 50 亩，造林植树、保持水土。

农业生产应当实行精耕细作，合理施肥，合理轮作、套种和密植，不误农时，及时播种，及时锄草间苗，加强田间管理，及时收获，细收净打，力求丰产保收。要求五年内购买万能拖拉机 1 辆，在耕地、播种、收割、抽水等主要农活方面实现机械化生产。

（十四）增加肥料，推广优良品种，消灭病虫害

农业生产上要采取一切办法，由自己解决肥料的需要，应当因地制宜地积极发展绿肥作物，把全乡粪便、厩肥、草木灰、鱼肥、可做肥料的垃圾和其他杂物，尽量利用起来，教育社员做到群众积肥，保证不使肥料流失。

要求在 1962 年以前，经过地区适应性的典型试验，普及各种农作物的优良品种，要求每两年向外地调换"岱"字棉种籽 1 次。五年内，90% 番薯地推广"胜利百号"良种。加强群众的选种工作和全面做到药械拌种工作，积极建立自己的种籽地。

从 1958 年起，五年内在一切可能的地方，基本上消灭危害农作物最严重的棉蚜虫、红蜘蛛、红铃虫、麦类黑穗病、番薯黑斑病等，同时防止其他危险性的病害、虫害的传染蔓延。

（十五）勤俭办社，勤俭持家

合作社必须实行勤俭办社的原则。"勤"就是要发动社员勤劳生产，在可能条件下积极扩大生产范围，发展多种经济。"俭"就是要厉行节约，降低生产成本，反对贪污浪费，合作社的各种基本建设都应当尽量利用本身的人力、物力、财力。应当教育社员勤俭持家，做长远打算，有计划地安排各项家务开支，应当教育妇女做好家务劳动，精打细算，省吃俭用，增加积蓄。

乡间的红白喜事、人情往来，应当一切从简，破除迷信，改变原来不合理的风俗习惯。

（十六）提高合作社劳动力利用率和劳动生产率，发展多种经济

为了充分发展渔农业生产，扩大生产门路，增加合作社财富和社员收入，合作社应当提高劳动力的利用率，同时还应当积极改进技术，改善劳动组织和劳动管理，不断地提高社员的劳动生产率。

从 1958 年起，五年内，要求每一个男社员全劳动力每年做 330 天到 360 天的工作。根据妇女社员的特点，合理地安排和组织妇女劳动力。除去妇女从事家务劳动时间外，做到每一个女社员全劳动力每年参加劳动的时间（包括家庭副业）不少于 250 天。此外，对于一切具有半劳动力的人，或者能够从事轻微劳动的人，合作社应当做好适当的安排，要求他们积极地参加适合自己能力的劳动。

（十七）储备粮食和资金

要求合作社由缺粮社做到余粮社，并储备 1～2 年粮食。要求每户社员从 1958 年起，按照自己的情况，积蓄 500 元至 1000 元，以备紧急时候的需要。

（十八）基本建设

根据渔业生产发展的需要和可能，在多快好省原则下，鼓足干劲，苦战五年，有准备、有计划地尽一切力量，分批分期再新建机帆船 2 艘，改建机帆船 16 艘、运输机帆船 3 艘，投资 39.5 万元；新建渔轮 20 艘，投资 500 万元；直升机 1 架，投资 5 万元；建设工厂和仓库等，投资 20 万元；购买起重机、手拉车，投资 6000

元；新建水库 6 处，投资 1.1 万元；新建海塘 1 条，投资 2 万元；修理大塘 1 条，投资 5000 元；新建烘干厂、机修厂、绳索厂、织网厂、渔获加工厂等 5 个厂，投资 9.5 万元。总投资额 578.2 万元。

（十九）改善居住条件

随着渔、农业生产的发展和社员收入的增加，合作社应当鼓励和协助社员，在自愿互助和兼顾节约的原则下，有计划、有步骤地修缮和新建家庭住宅、洋式楼房 200 间，改善社员的居住条件。在五年内建造小型电灯厂一座，使户户点上电灯，家家装上自来水。

（二十）除尽四害，减少疾病

在 1958 年内，在一切可能的地方，彻底消灭老鼠、麻雀、苍蝇、蚊子、虱子、蟑螂、臭虫、蚤，保证实现"八无"岛。

五年内，逐步防治和减少危害社员最严重的血丝虫病、天花、疟疾、沙眼、麻疹、伤寒、痢疾等疾病，建造卫生所和疗养所各一座，投资 1.8 万元。

（二十一）保护妇女、儿童

对于妇女的生产劳动，坚决实行同工同酬的原则，在必要和可能的条件下，成立适合需要的、临时简便的渔、农忙托儿组织，五年内组织幼儿班 5 个。在分配工作时，对于女社员的生理特点应当照顾。对于儿童参加生产劳动，年龄不满 16 周岁或超过 16 周岁但体力不强的，合作社一般不予吸收参加生产劳动，而是动员和鼓舞他学文化。五年内，新建托儿所 5 间、幼儿园 5 间，投资 1 万元。

（二十二）实行五保，提倡供养和尊敬父母

合作社对社内缺乏劳动力，生活没有依靠的鳏、寡、孤、独社员和军烈属、革命残废军人进行统一筹划。在生产上给以适当的安排，使他们能够参加力能胜任的劳动；在生活上给以照顾，做到保吃、保烧、保教（儿童和少年）、保葬，使他们的生养死葬都有依靠。

教育青壮年男女要供养和尊敬自己的父母，使年老丧失劳动能力的人，在生活上得到合理的照顾，在精神上得到充分的安慰。

（二十三）扫除文盲，发展文化教育事业

从 1958 年开始，在一年内扫除文盲，要求上半年扫除青年文盲。生产社内设

立业余文化学校，以便进一步提高干部和社员的文化水平。提倡群众办学，普及小学教育，入学儿童由 397 人增加到 800 人左右，争取学龄儿童全部入学。扩大民办中学规模，把 6 年制小学提高为 9 年制小学（文化水平相当于初中毕业）。

要求在五年内新建校舍 15 间、大礼堂 1 座，投资 6 万元。

按照勤俭办社的原则，逐步改进和发展文化娱乐工作。五年内，购买放映机 1 架，投资 3000 元；建造俱乐部 5 间，投资 1 万元；购买照相机 2 部，投资1000 元。

（二十四）发展邮电、广播网

从 1958 年起，五年内，把一村一只喇叭发展到村头巷间都有喇叭，使家家户户都能听到广播。五年内，要求达到 50% 社员有收音机。

从 1958 年起，五年内购置收发两用无线报话机 2 架，装置全岛电话网，投资4000 元。

（二十五）发展供销和信贷业务

为了适应渔村合作化以后的新情况，供销部应当加强商品供应工作和副产品、废品收购工作，彻底改造资本主义自发经济，促进渔农村生产的发展和经济的繁荣。

吸收闲散资金投入生产，积极开展渔村信贷业务和储蓄业务，帮助渔业合作社解决社员短期生产、生活资金周转的需要。

（二十六）发挥复员军人和下放干部建设社会主义新渔村的积极性

对于政府安置在合作社参与生产的复员军人和参军复员的社员，以及下放干部，合作社是热烈欢迎他们参与生产的，并给予生产上、生活上适当的安排，帮助他们学习，提高其文化和生产技术水平。

（二十七）提高青年的社会主义积极性

教育全乡青年热爱祖国，热爱渔业，热爱劳动和热爱合作社，鼓励他们积极地学习文化和渔农业科学技术，学习老年和壮年渔农民的生产经验。青年社员应当成为生产社内的生产建设和科学文化事业中的突击力量。

对于中小学毕业的青年，除了能够升学和自己就业以外，应当欢迎他们参加生产劳动。

（二十八）改造地主、渔业资本家、渔村中的反革命分子和其他坏分子，保护渔村的社会秩序

过去的地主分子、已经放弃剥削的渔业资本家和渔村中过去的反革命分子，按照《高级农业生产合作社示范章程》的规定，根据他们的实际表现，合作社分别吸收他们入社做社员或者候补社员，不够入社条件的，由乡人民委员会交给合作社监督生产。对于这些人，合作社要区分情况，加强教育和加强管理。要经常性教育社员提高警惕性，防止他们中间可能发生的破坏活动。已经成为社员或者候补社员的过去的地主分子、渔业资本家和反革命分子，如果表现不好，并且屡教不改，是社员的可以分别降为候补社员或者监督生产，如果有破坏行为，还应当给予法律制裁。

严禁赌博，取缔会道门活动，对于贪污盗窃犯、诈骗犯、流氓分子、特务分子等各种严重破坏社会秩序的坏分子，都必须依法惩办。

（二十九）绿化荒山，美化渔村

从 1958 年起，一年内在自然条件许可和人力可能进行的范围内，争取全岛绿化，在一切宅旁、村旁、路旁、水旁和荒山、荒地上，只要有可能都要有计划地种起树木。根据本乡情况，必须封山扩林，成立管理绿化机构，同时鼓励群众在宅旁种树，自种自有。计划在五年内种树 100 万株（1958 年春季已种 50 万株）。

（三十）工人、农民、渔民必须互相支援

工人（包括手工业者）生产更多更好的工业品，农民生产更多更好的粮食、农产品，渔民生产更多更好的水产品，互相支援，满足生产和生活的需要。三者还应当通过联欢、访问和通信等方法，加强联系，互相鼓励，交流经验，以便有利于工业、农业和渔业的发展，有利于工人阶级领导下的工农（渔）联盟的巩固。

中共蚂蚁岛公社委员会
关于第三个五年规划的决议报告
（1963—1967年）

（一）

我们蚂蚁岛办公社已经十年了（1953—1962年），它已经顺利地走完了两个五年计划的路程，这十年来，我们走的是社会主义集体化的道路，走的是共同富裕的道路，走的是党和毛主席所指引的光明幸福大道。

十年来的事实告诉我们，只有走集体化的道路，才是由穷变富的道路，事实告诉我们，生产社比互助组好，高级社比低级社好，人民公社比高级社更好。今天，我们所达到的远洋机帆化、近洋拖驳化、照明电气化……是互助组、小社时所办不到的，单干更是连想也不敢想了；事实告诉我们，只有依靠人民公社的力量，才能抵抗强大的自然灾害，才能不断发展生产，才能使全岛人民的收入年年提高，生活逐步改善。

今天，我们绝不自满，我们要更高地举起总路线、"大跃进"、人民公社三面红旗，从胜利走向更大胜利。为了使全岛人民行动一致、方向明确，根据党的八届十中全会决议精神，在坚决贯彻执行"调整、巩固、充实、提高"的八字方针的基础上，更好地巩固集体经济，我们制订第三个五年规划，这个规划在全党一致认识的基础上，经过全岛人民广泛讨论后，做了三次修改，由社员代表大会正式通过，今后作为我们共同奋斗的目标。

（二）

五年规划总的要求是：进一步巩固集体经济，不断发展各项生产，公共积累年年增加，社员收入年年提高，基本建设继续扩大，社员生活逐年改善。具体要求是：

一、不断发展各项生产，在"调整、巩固、充实、提高"的方针指导下，根据本社情况，必须严肃地执行以渔为主、农牧副业同时兼顾、全面发展的原则。

1.渔业及加工业：五年内渔业远洋机帆船要求达到15对，近洋常年桩头要求达到3000个。远洋机帆船在现有10对的基础上，再增加5对，平均每年增加1对，从1963年的11对增加到1967年的15对。近洋在现有常年桩头2400个的基

础上，增加 600 个，平均每年增加 120 个，从 1963 年的 2500 个增加为 1967 年的
3000 个。

五年内要求吸收新生劳动力和培养技术人才 160 人，平均每年增加 32 人。

渔业年产量要求从 1963 年的 15.8 万担提高到 1967 年的 20.7 万担；产值从
1963 年的 117.9 万元，提高到 159.9 万元，产量与产值每年递增 8% 左右。

近洋一手抓生产，一手抓加工，要求每年加工新货产量 30% 左右。干货成品
量要求从 1963 年的 7500 担增加到 1967 年的 9500 担，海蜇每年全部加工，成品
产量以三矾计算，要求从 1963 年的 1.2 万担增加到 1967 年的 2 万担；干货和海蜇
加工产值要求从 1963 年的 54 万元提高到 1967 年的 78 万元。

2. 农牧副业：农业生产五年内不增加耕地面积，坚持以生产粮食为主，粮畜
并举，提高单位面积产量，增加经济收入，适当调整作物播种面积。番薯从现有
的 324 亩增加到 350 亩，大麦从 180 亩减少到 150 亩，豌豆从 60 亩增加到 100
亩，蔬菜每年 40 亩不变。粮食年产量要求从 1963 年的 25 万斤增加到 1967 年的
30 万斤。同时积极发展畜禽生产，大抓副业。农牧副业经济收入要求从 1963 年
的 3.5 万元增加到 1967 年的 5 万元。

3. 家庭副业：公社社员在努力和超额完成集体生产的前提下，利用空隙时间
和家里辅助劳力积极发展家庭副业，达到户户养上猪、羊、兔和鸡、鹅、鸭等畜
禽的目标。利用闲散边地和自留地，做到蔬菜自给。

二、正确处理积累与分配：五年内全社总收入要求达到 1032.5 万元。为了不
断发展生产和逐步地增加社员收入，必须正确处理积累与分配的关系。

1. 积累：五年内要求增加集体积累 100 万元，从 1963 年提存的 15 万元增加
到 1967 年的 22 万元，到那时公社全部积累为 200 万元，比办社 10 年来的积累总
和多一倍。

2. 分配：社员收入要求从 1963 年平均每户 894 元，增加到 1967 年的 1272 元
（家庭副业收入不计其内）。

三、基本建设：在公共积累使用上，我们秉持优先满足扩大再生产需要，紧
缩非生产性开支的原则，在五年内可提存的 100 万元公共积累资金中，现在规划
做两方面的投资：基建投资 83 万元，生产基金 17 万元。在基本建设投资中，生
产性投资 73.6 万元，非生产性（公用和福利事业）投资 9.15 万元。具体项目如下：

1. 远洋新造机帆船 5 对，投资 30 万元，使所有的机帆船对对装上起网机。

2. 近洋拖两用（跑轮突）机动船 4 只，投资 12 万元。

3. 木帆运输船改装成机帆船，柴油机 2 台，投资 3 万元。

4. 新建近洋开洋船 40 只，投资 4 万元。

5. 新建机动航船 1 只，能搭客 80 人，投资 1.6 万元。

6. 在后㟀新建防风塘坝一处，一次可容纳避风机帆船 30 只，平时又可作修船船坞，投资 2 万元。

7. 逐步增加近洋张网，由现有每桩备网 1.6 顶提高到 2.5 顶，新装网 2500 ～ 3000 顶，共需投资 10 万元。

8. 新建渔业用房 49 间，投资 4.4 万元。其中，长沙塘 20 间、后㟀 10 间、大兴㟀 10 间、兰田㟀 6 间、穿山㟀 3 间。

9. 新建远洋装网工厂一座，长 30 公尺（米），宽 5 公尺，投资 2000 元。

10. 新建加工厂、仓库 34 间，投资 3.4 万元。其中，后㟀 5 间、大兴㟀 4 间、兰田㟀 8 间、穿山㟀 7 间、远洋（队）10 间。

11. 新建农业用仓库 30 间，投资 3 万元。其中，长沙塘 11 间、后㟀 10 间、大兴㟀 3 间、兰田㟀 3 间、穿山㟀 3 间。

12. 长沙塘大礁上造航标石塔一座，投资 500 元。

13. 全岛修建埠头 4 处，投资 2000 元。

14. 修理和加宽全岛大路，投资 2000 元。

15. 修理全岛水库、水潭、水井和碶门等水利设备，投资 6000 元。

16. 新建大会堂一座，开会、演戏两用，投资 5 万元。

17. 长沙塘码头新造旅客候船室 2 间，投资 2000 元。

18. 建造教室 15 间，投资 2 万元。

19. 新建平屋 4 间，投资 4000 元。其中岵山工作站 2 间、沈家门工作站 2 间。

20. 在小蚂蚁岛新建公墓 1 座，投资 5000 元。

（三）

上述规划，我们认为是一定能够实现的，因为不论在政治上或在经济上，都给我们带来了十分有利的客观条件：

第一，我们有党中央和毛主席的英明决策，有上级党的亲切关怀与及时教导，有党的总路线和各项方针政策的正确指引，有人民公社所带来的无比优越性，有党的八届十中全会决议精神作为思想武器和鼓舞我们前进的动力。

第二，我们有"大跃进"的经验与教训。通过几年来的实践，我们懂得了什么事应该做，什么事不应该做，哪些应该怎样做。总之一切工作，必须按照客观规律办事。

第三，我们已有一定的物质基础。目前已经实现了远洋机帆化、近洋机帆拖驳化，并且有电讯设备指导生产，这都为今后不断发展生产奠定了可靠基础。

第四，我们有有关部门、各兄弟公社的热情支援和无私帮助。

为了保证规划的实现，我们决心做到以下几点：

第一，加强党的核心领导，坚决保卫总路线，在各项工作中，时时体现多快好省总路线的精神和阶级斗争观点，进一步巩固集体经济，更好地发挥人民公社优越性。

第二，加强群众路线的工作方法，依靠群众，发挥群众的无穷智慧和力量，进行因地制宜的革新，推广行之有效的技术革新项目，特别是摸索远洋常年四汛，保证不亏本的生产途径，这对在实现远洋机帆化的基础上，保持常年生产，增加收入，有着更为深远的意义。

第三，加强社会主义、共产主义、爱国主义的思想教育。教育社员正确处理国家、集体与个人三者关系，教育社员集体利益必须服从国家利益，个人利益必须服从集体利益，眼前利益必须服从长远利益；教育社员奋发图强、自力更生，积极发展生产，增加物质财富，渡过暂时困难，为加速社会主义建设而努力奋斗。

第四，继续发扬克勤克俭、艰苦奋斗的光荣传统与优良美德，经常教育社员，富日子必须当穷日子过，不断与一切浪费现象做斗争，坚决贯彻中央关于勤俭建国、勤俭办社、勤俭持家、勤俭办一切事业的方针。

总之，在当前大好形势鼓舞下，我们有充分的信心和决心，实现这一规划。"万丈高楼平地起"，为把五年规划实现，首先必须抓好今冬各项生产，为明春闹头场奠定思想基础和物质基础。

以上如有不当，请批评指正。

中共蚂蚁岛公社委员会

1962 年 10 月 14 日

地委、渔产党委各 2 份。专属水产局，舟山广播电台，县委艾书记，渔业办公室，区委梁书记、陈书记，公社各干部、大队支部共 35 份。

蚂蚁岛乡撤村建村工作实施意见
蚂委〔2008〕10号

社区、各村：

为认真贯彻落实市、区关于设置"一村一社区"有关会议精神，进一步加强我乡基层组织和政权建设，促进我乡经济和社会各项事业全面发展，结合我乡实际，特提出撤村建村工作实施意见。

一、撤村建村的目的意义

我乡现有1个社区，3个行政村，总面积2.64平方千米，总户数1132户，人口3832人。近几年来，随着市场经济的发展和城市化进程的加快，外出人员逐年增加，同时由于东海岸企业的进入，先后有两个自然村区拆迁安置到其他村内，原有村群众居住的区域位置已经发生变化，并且我乡又是一个岛小、人口比较集中的海岛，所以，村基层组织体系建设调整很有必要。（一）有利于节约行政成本支出，减轻渔民负担；（二）有利于整合资源，合理配置各种生产要素，使公共资源得到共享；（三）有利于优化村级社会事务管理职能，理顺渔村生产关系；（四）有利于促进村级集体经济发展壮大；（五）有利于蚂蚁岛各项事业的顺利发展，进一步全面推进社会主义新渔农村建设。

二、指导思想

这次撤村建村工作的指导思想是：以党的十七大精神为指导，认真贯彻落实科学发展观，以发展蚂蚁岛经济、扩大基层民主、完善渔村社区管理服务体制为重点，认真贯彻《中华人民共和国村民委员会组织法》《浙江省实施〈中华人民共和国村民委员会组织法〉办法》和《浙江省村经济合作社组织条例》，按照市、区有关会议精神，规范程序，依法操作，有序推进，努力实现村级区域扩大、功能放大、渔民负担减轻、社会资源整合、基层政权壮大、村级集体经济快速发展的总体目标。

三、工作原则

这次撤村建村要把握的工作原则有：（一）坚持有利于促进蚂蚁岛经济社会和谐发展的原则；（二）坚持实事求是、因乡制宜、方便群众的原则；（三）坚持依法办事和尊重群众意见的原则；（四）坚持积极稳妥、有序推进的原则；（五）坚持必须加强党的领导的原则。

四、撤村建村工作目标和设置模式

按照市、区关于设置"一村一社区"和村人口规模达到3000～5000人的要求，以及按照优化职能，整合资源，扩大规模，促进发展和"以人为本，体现民意，撤建结合"的方针，因地制宜建立新村。

（一）设置模式。根据我乡实际按"一社区一村，五个经济合作社"的模式实施，先设立长沙塘经济合作社、后岙经济合作社、大兴岙经济合作社、兰田岙经济合作社、穿山岙经济合作社。根据《浙江省村经济合作社组织条例》规定，各经济合作社依法代表全体社员行使集体财产所有权，享受独立进行经济活动的自主权。然后撤销长沙塘村、新纪村、后岙村，合并建立新村——蚂蚁岛村（社区），村（社区）办公地点在乡文化中心二楼东边。

（二）组织体系。撤村建村前先按照《浙江省村经济合作社组织条例》规定选举产生经济合作社管委会，每个管委会各设成员5名(其中社长1人，委员4人)，然后选举建立经济合作社党支部。新产生的经济合作社社长明确为乡集体资产管理委员会成员。撤村建村后，村与社区合署办公，设立社区（村）党总支、社区管理委员会和村民委员会等基层组织，村民委员会成员按照《中华人民共和国村民委员会组织法》规定选举产生。

（三）干部设置。新村建立后，村两委会干部职数设置为：村（社区）党总支成员7人，村民委员会成员7人，同时，要充分考虑妇女干部和年轻干部的配备，原则上社员代表兼任村民代表，各经济合作社书记、社长和村两委班子相互交叉兼职，并且每个经济合作社主要负责人脱产1人。各社的工作人员配置由各经济合作社自行决定。

（四）资产管理。新村建立后，原各村（包括各自然村）村级集体资产按"不打破、不平调"的原则由各经济合作社管理，账务可由五个经济合作社共同配备财会人员进行管理，所有收益归各经济合作社所有。原各村的土地、山林、基础设施等资产被征用后所得的补偿款和集体资产拍卖、出租、承包等获得的收益按有关规定归属各经济合作社。同时，涉及集体资产管理的重大事项由资产所在经济合作社按照法定程序决定和办理。

（五）工作经费。撤村建村后，实行社区和村合署办公，村（社区）的办公经费由各级财政负担，经济合作社工作经费和用于本合作社范围的建设发展资金等由各经济合作社自行决定承担。

（六）村级组织建立后，建立相关群团组织。

五、工作步骤和方法

（一）稳步推进

总体时间从 2008 年 2 月下旬开始，到 2008 年 4 月中下旬完成。具体分四个阶段：

1. 调查摸底阶段（2008 年 2 月下旬—3 月上旬）

通过广泛的调查研究，全面摸清行政村的基本情况，摸清党员干部和群众的思想状况，摸清行政村现职干部配备及后备干部情况，摸清历史上行政村设置调整变动情况，摸清可能影响本次撤村建村工作的人和事，在此基础上，科学规范、认真制定工作方案。

2. 宣传发动阶段（2008 年 3 月 31 日—4 月 13 日）

由乡主要领导带班，下社区、村走访，召开村两委会会议，以及党员、老干部、村民代表、老年人、船老大、妇女代表等各层面座谈会，征求意见，统一思想。

召开由乡、社区、村干部、群众等参加的撤村建村工作动员大会，进行广泛动员。

充分利用横幅、广播、墙报等各种宣传工具，营造舆论氛围，广泛宣传有关法律法规，组织引导村民更好地行使自己的民主权利。重点宣传新村建立后在推进社会主义新渔村建设和全面构建和谐社会等方面所取得的重大成果，宣传渔村基层组织设置调整的重大意义，宣传试点单位的成功经验，以进一步解释疑惑，化解矛盾。

组织乡、社区、村干部进村入户，深入群众开展座谈、走访，进一步做好宣传发动工作，做到家喻户晓，掌握实情。

3. 组织实施阶段（2008 年 4 月 5 日—4 月 22 日）

总体步骤是先建立各经济合作社，然后再撤村建村。主要工作：一是由各村党支部组织实施选举产生各经济合作社社管委和社长，由乡撤村建村工作领导小

组组织实施选举产生各经济合作社党支部。二是召开村民会议，对撤村建村进行
签名表决。召开村民会议时，应当有本村过半数十八周岁以上村民参加，或者有
本村三分之二以上的户主代表参加，所做决定应当经过半数以上到会人员的通过。

4. 总结提高阶段（2008 年 5 月中旬）

收集整理相关工作资料，及时做好台账建立和资料归档工作。同时，进一步
完善村（社区）各项职责和服务功能，促进全乡新渔村建设和小康社区创建活动
的深入开展。

（二）行政村撤并的工作流程

1. 由乡党委提出本乡拟撤并村建立经济合作社的整村方案，报区渔农村基层
组织体系建设工作领导小组同意后实施。

2. 组织对拟撤并的村进行资产内审。

3. 选举产生经济合作社社管委成员和社长。

4. 选举产生经济合作社党支部。

5. 公布村民会议名单。

6. 村委会成员集体主持召开本届村民代表会议，落实撤并村方案，确定村经
济合作社等有关事项，并确立村民会议监票人、计票人和其他工作人员名单，与
会代表签名表决。

7. 召开村民会议。

8. 统计表决票。

9. 形成村民会议决议并加盖村委会公章后向乡党委报告。

10. 由乡党委向区政府请示，正式撤并村民委员会。

11. 区政府批复。

六、工作要求

1. 加强领导，统一思想。这次撤村建村工作要求高，涉及面广，政策性强，
与群众利益关系密切。我们要高度重视，切实把这项工作列入重要议事日程，集
中时间、集中精力、精心部署、周密安排。成立蚂蚁岛乡村基层组织体系建设工
作领导小组，乡党委书记任组长，乡各班子领导和区十七大主题教育工作组人员
为成员，领导小组各成员在行政村撤建中，要带头做好深入细致的思想工作，讲
清撤建工作的重要性和必要性，教育干部和广大群众识大体、顾大局，树立全局

观念、发展观念，积极支持、参与撤建工作，真正做到既"并村"又"并心"，同时要求各村紧密配合这次撤村建村工作，要在思想上重视，行动上落实，同心同德，努力完成撤建工作。

2. 合理安排，配好班子。要按照"精干高效"的原则，结合换届选举，合理安排村（社区）干部，尤其要选配好高素质的村（社区）党组织负责人，要因地制宜、妥善处理村干部和工作人员的分流安置问题，要根据村社区调整后的党员队伍情况，设置和组建好相应的基层党组织，要及时研究调整工作中出现的新情况、解决新问题，确保调整后村（社区）日常工作的顺利开展。

3. 严肃纪律，确保平稳过渡。在整个撤村建村过程中，要严肃各项纪律，特别是财经纪律和廉政纪律，防止违纪违规行为的发生，要实行财务公开和民主理财制度，确保集体资产不流失。要把乡村基层组织体系调整与 2008 年村级组织换届选举工作紧密结合起来，同步谋划，同步实施。要把渔村基层组织体系调整与当前正在开展的主题教育活动紧密结合起来，进一步统一思想，消除障碍。要把村基层组织体系调整与社会主义新渔农村建设和小康社区创建活动紧密结合起来，通过基层组织体系的进一步完善，为我乡经济社会的和谐发展提供坚强的组织保证。

中共舟山市普陀区蚂蚁岛乡委员会

2008 年 4 月 2 日

抄送：区委办、区委组织部、区民政局

蚂蚁岛管委会 2018 年平安综治工作总结
及 2019 年工作思路

一、2018 年平安综治工作总结

一年来，蚂蚁岛管委会在区委政法委的科学指导下，围绕蚂蚁岛精神红色教育基地建设和省级特色样板小镇创建两大中心工作，通过强化四个平台，深化"网格化管理、组团式服务"，优化安全生产体制机制，加强矛盾纠纷调解，积极参与构建"海上枫桥"升级版工程，确保蚂蚁岛社会总体稳定。现将有关工作总结如下。

（一）加强领导、落实责任

管委会党工委高度重视平安工作，召开班子会议商讨平安、安全生产等工作6次。召开机关干部会议，专题强调平安和安全生产工作。同时，与社区村签订各类目标责任书，落实第一责任人。与社区、村，有关企业、行业协会签订安全生产责任书。

（二）强化调处、力促稳定

围绕"一带一路"国际合作高峰论坛、进博会等重要时间节点，开展社会矛盾风险管控工作，加强外来人口服务管理。对可能发生的群体上访的相关事件提前介入，安排人力，努力将矛盾纠纷化解在萌芽状态。重点强化矛盾纠纷调处工作，与警务区、村社建立矛盾纠纷调处联动机制，截至目前，成功调处各类矛盾纠纷27起，实现调处率和成功率双"百分之百"。

（三）突出重点、加强普法

坚决贯彻全面依法治国，根据普法教治〔2018〕4号《关于深入学习宣传〈中华人民共和国宪法〉的通知》文件要求，加强宪法相关知识宣传，发放宪法宣传册500余份，并在各个路口悬挂宪法相关横幅，大范围地对宪法进行了宣传。6月，还开展了"心防"工程专项宣传工作，结合"网格化管理、组团式服务"，联合区信用社蚂蚁岛分理处开展防范互联网金融风险、网络电信诈骗等活动，共发放宣传资料800余份，受教育人数达400人，提高了辖区居民识别、防范风险的能力。

（四）建好平台、提升能力

自启动"一中心四平台"工作以来，蚂蚁岛于6月明确蚂蚁岛综合指挥室与"四个平台"工作运行机制及协调小组人员，并将"四个平台"运行结构图、运行说明图、办件流程图及便民服务中心工作流程图均做到了明晰并上墙。同时，设计印刷了《蚂蚁岛最多跑一次手册》。浙江省统一政府服务咨询投诉平台与新区12345已完成合并，由综治工作平台负责签收和处理；基层综合信息指挥平台已与浙江省平安建设系统及"网格化管理、组团式服务"平台完成合并，由综治工作平台负责每月系统的督查及工单派单督办工作。综合指挥中心接到投诉等案件时，已形成了由中心受理并分派至各相关平台，各平台将案件调查核实并处理清楚后，填写《信息分流交办记录工单》后交综合指挥室用于存档的流程。"四个平台"均建立了各自的档案，由各平台负责人做好平日的工作档案记录，以便于形成每月核查、季度督查的工作格局。加强硬件建设，完成"雪亮工程"建设任务，建立标准化综合信息指挥室，全岛新增摄像头 13 个。

（五）深化网格、做好服务

制定《蚂蚁岛管委会深化"网格化管理、组团式服务"加强基层治理工作实施方案》，调整划分网格 4 个，配齐配强全科网格员和专职网格员 4 名，创新设置第一网格长岗位。制定下发《关于加强蚂蚁岛管委会机关干部联社驻村工作的通知》，配备联社驻村工作团队，全面做好逢五进格工作。围绕网格化管理工作，深化制定党建引领基层社会治理八项制度，重点做好党员亮身份、党员联系群众、"三会一课"网格议事、关爱困难党员等方面工作。制定下发《关于推进蚂蚁岛管委会"海上网格"建设的实施方案》，划分"海上网格"，明确海上网格工作体系：配备总网格长 1 名，由渔业分管领导担任；网格长 1 名，由渔船管理服务站负责人担任；网格员 11 名，由每个编组船老大担任；网格信息员 82 名，由每个渔船老大担任。试点成立海上网格党小组，设党小组组长 1 名，由党员船老大担任；围绕党员编组船老大队伍，重点建设党员先锋船 5 艘。

二、2019 年工作计划

（一）认真做好维稳应急预警，妥善处理基层矛盾纠纷

1. 继续做好重大不稳定事项风险评估工作，制定应急预案，防止突发群体性事件。

2. 针对目前辖区矛盾突出的情况，将根据法律法规积极做好政策解释沟通和稳控工作，确保辖区稳定。

3. 继续落实维稳机制，密切关注重点人员动态，落实关爱慰问工作，确保行踪掌握在可控范围内。

4. 持续加大整治力度，对重点区域、重点对象进行严密巡查监管，巡控到位，确保源头防范到位，夯实社会维稳基础。

5. 全面整合辖区综治维稳力量，组建快速反应小分队，加强组织保障，备足配套装备，加强综治督查力度，加强矛盾纠纷排查调处，提升社会治理水平。

（二）综治信访维稳中心日常工作

1. 推动"四个平台"建设，健全综合协调机制，整合资源。充分发挥综治信访维稳中心枢纽作用，做好基础矛盾的排查和调处，确保辖区平安，形势稳定。

2. 蚂蚁岛在原有的视频监控基础上，对人员密集地、盲区、主要路段应再增加多个视频监控，通过视频监控能更有效地打击和震慑违法犯罪人员，科技防控促进平安建设。

3. 落实全科网格，融合多元功能，实现一员多用，落实每周三个半天走访工作，每次不少于 2 小时，每周采集 5 条以上信息，逐步构建起一张适应基层治理的综合网，更好地发挥网格作用，提升基层社会治理水平，推进基层治理的现代化，确保社会和谐稳定。

（三）大力开展平安宣传工作

1. 继续大力开展各类平安宣传工作，提升辖区安全管理水平，推动文明家庭创建。

2. 开展好"6.25"禁毒宣传教育工作，打好禁毒预防战役，巩固"无毒社区"创建。

3. 开展"11.9"全国消防日工作，全年消防演练、消防安全知识教育不少于 3 次，落实网格消防安全走访工作，每月走访不少于 5 家，开展消防活动不少于 3 次，走访信息录入消防安全栏。

4. 经常性对护林人员加大督导巡查力度，要求各护林员做到巡查登记统计，为森林火灾重点区域散坟设置灭火水源，公墓区设置一个专门的小焚烧炉。

5. 对反邪教工作保持高度重视，注重基层信息的收集，积极开展反邪教宣传活动，加强重点场所的检查，并对重点人员专人跟进回访。

6. 一是精心组织内部宣传：组织学习会，开展大学习、大讨论，利用电子屏滚动播放宣传标语等；二是广泛开展社会宣传：在醒目位置悬挂横幅，印发简明扼要、通俗易懂的综合治理和平安建设宣传资料进行宣传，并制作平安建设宣传栏；三是突出抓好新闻宣传：积极参与市区平安办举办的各类集中宣传活动；四是做好网上宣传：组织网络舆情研判工作，及时收集群众对平安蚂蚁创建的意见建议，积极开展网上舆情引导。

7. 根据各类受众群体特点，区分层次和类别，有针对性地开展宣传教育：一是针对辖区仅有的几家企业负责人，强化消防教育培训，明确消防安全管理职责，增强消防安全责任意识；明确消防网格员对本网格每次走访不少于 5 家的工作要求，实时记录走访信息，发现问题及时上报。二是针对广大渔民群众，要在社区的公共活动场所设置消防宣传栏，利用文化活动站、学习室等场所，对渔民群众开展经常性的消防安全宣传教育，以使其掌握基本的家庭防火常识和初起火灾扑救、逃生自救技能。

8. 实行跟踪管控、定期见面、动态研判和风险评估等措施，全面强化对重点人员的管控，从源头上提高掌控能力。

9. 开展好"七五普法"、"12.4"全国法制宣传日工作。

（四）努力做好征兵宣传工作

1. 着重与适龄青年家长沟通，宣传好保家卫国的责任与担当，依托"网格化管理，组团式服务"的"逢五进格"，宣传好国家的政策与法律法规。

2. 做好拥军优属工作，是巩固国防、稳定军心的关键。在"八·一"建军节和春节期间走访慰问军人家属，增进军民感情。

（五）做好辖区内各类纠纷的协调和化解工作

1. 坚持经常排查与重点排查相结合，以强化经常排查为主，建立源头化解机制。从构建排查网格、筑牢排查基础入手，坚持一般性纠纷经常排查，难点热点矛盾集中排查，重大矛盾重点排查机制。对于一般性的纠纷，每月定期限排查，将排查出的矛盾纠纷进行梳理，登记造册，建立排查台账，实行一月一汇总，一月一报告，一月一通报。经排查没有发现问题的，也要记录在案，实行"零报告"。报告针对不同矛盾纠纷产生的特点，集中时间、集中精力，进行集中大排查，保持社会形势平稳。

2. 坚持区别对待、分类指导。结合实际，有针对性地确定排查化解重点。根据矛盾纠纷的性质、原因，采取切实管用的措施，从抓早、抓小、抓苗头入手，把问题和矛盾化解在初发阶段，做到矛盾纠纷化解在萌芽状态。一是调解化解，坚持调解优先原则，凡能够通过调解解决的矛盾纠纷积极进行调解，提高化解成功率；二是包案化解，对突出纠纷和矛盾隐患，落实领导包案制；三是多级化解，强化村级调解力量，完善社区调解机制，一般性矛盾由村、社区调解组织进行一级调处，较大矛盾纠纷由社区调解组织进行二级调处，重大矛盾由管委会联合调解中心牵头进行三级调处，特别重大矛盾纠纷由管委会领导包案处置，确保处处有人调，层层有人调。

　　3. 坚持专业调解与群众调解相结合，完善大调解机制。在管委会联合调解中心组织下，加强警调、交调、劳调、外调、访调等专业性调解组织建设力度，充分发挥专业优势，多部门、多渠道开展矛盾纠纷化解调处工作，综合运用法律、政策、经济、行政等手段，动员和组织各方面力量，形成全面深入排查化解矛盾纠纷的强大合力。

（六）建好"乡贤之家"，做好"服务"

　　服务是乡贤理事会的重要职责。乡贤理事会要充分发挥贴近乡贤、联系乡贤、服务乡贤的优势，及时提供高效的服务和帮助，让所有乡贤切身感受到"乡贤之家"的温暖。要把更多道德品行高尚、才华能力突出、热心家乡发展的贤达人士吸收到乡贤理事会来，壮大乡贤队伍，为振兴蚂蚁岛注入新的活力。管委会也将为乡贤理事会开展工作创造有利条件，为广大乡贤发挥作用营造良好环境。

第三节　媒体报道

第一个人民公社：访五年来乡社合一的蚂蚁岛

伊心恬　《人民日报》三版　1958 年 10 月 4 日

三访蚂蚁岛

　　我到舟山群岛的蚂蚁岛访问，这已经是第三次了。记得第一次是在蚂蚁岛解放后不久，那时蚂蚁岛遭受蒋军严重摧残破坏的惨象犹历历在目，破船烂网到处都是；第二次是在岛上办了渔业合作社以后的 1954 年，看见的是一片欣欣向荣的新面貌；这次访问，蚂蚁岛又完全变了样。在沈家门渔港坐上蚂蚁公社的航船，两个多小时就到了蚂蚁岛。海上停着的一对对写有蚂蚁社字号的机帆船首先吸引了我。接着看到的是小高炉、加工厂、广播站、文化宫、大会堂、幸福院、红专大学、人民医院，还有新装设的电灯、电话……新鲜事物实在太多了。

　　蚂蚁岛是舟山群岛的一面红旗，各地前来参观访问的人连年不断，为什么蚂蚂蚁岛的生产和各项工作一直跑在前面？当毛主席指出人民公社好后，人们才明确了：这个海岛五年来实行一乡一社、乡社合一，和工农（渔）商学兵全面结合，早已经基本上是人民公社的性质，因而显示了比一般渔业社更多的优越性，推动了生产力迅速发展，使全岛渔民摆脱贫困，走向富裕，现在的蚂蚁岛已经是社有百万收入，户有三个"一千"：全社公共积累平均每户超过一千，纯收入每户平均达到一千，投资存款累计平均每户也有一千。这个数字大大超过了富裕渔民所有的家当。

一岛一乡一社

蚂蚁岛位于舟山本岛的东南面，和沈家门渔港遥遥相对。全岛面积 2.25 平方千米，共有居民 586 户，2717 人，90% 以上都是从事渔业生产的渔民。1953 年，岛上渔民在党的领导下，组织了四个渔业社。这一年渔业产量提高几倍，公共积累由办社时仅有的 10 元增加到 13000 元，各渔业社就增船添网，积极扩大渔业生产。

蚂蚁岛两百多年来都是从事近洋捕鱼作业。在扩大生产中，有限的近洋渔场就成为争相发展的对象。各社因争好渔场不断发生纠纷，但由于社小资金少，又很难发展远洋捕鱼作业，各社社员都有并社的要求，1954 年春，蚂蚁岛党支部分析研究了上述情况后，通过社干部和社员讨论，把四个社合并为一个大社，从此以后，蚂蚁岛就一直是一岛一乡一社了。

蚂蚁岛实行一乡一社五年来，一直是两个机构、一套人马、乡社合一。乡里三个干部也是社干部。渔业社的管理委员会、社员代表，一般都是乡人民委员会委员、乡人民代表，县的各项工作和乡里所有行政事务都在社里贯彻执行。

蚂蚁岛小社并大社、实行乡社合一后，立即统一安排渔场，统一调配各小社的人力物力，原来各社互争近洋渔场的矛盾很快地解决了。各生产队的劳力、渔具也平衡了，而且通过人力调配，互相交流了各种捕鱼技术。更重要的是社大、人多、资金多，历史上没有过的远洋捕鱼也就不断发展了。两年中积累了 15 万元，同时发动社员投资十多万元，社里依靠这些公共积累建造了大捕船和机帆船。

五社合一

蚂蚁岛小社并大社、乡社合一后，生产迅速发展，但是供销社不能满足需要，渔获很难及时推销出去，烂掉不少，渔具供不应求；信用社也不断发生资金困难。

因此，1955 年春，在中共舟山地委工作队的帮助下，就开始实行生产、供销、信用三社合一，在渔业社下面设立供销部和信用部。三社合一后，对促进生产起了很大作用，但不到一年，由于整个工作受到"马鞍形"的影响，供销社生活资料部分和信用社又分了出来。

去年以来，蚂蚁社全民整风开花结果，渔业生产突飞猛进，但岛上的供销社、信用社、手工业社和渔民家属组织的农业社都和渔业社发生一些矛盾。今年 3 月间，在中共普陀县委工作组帮助下，蚂蚁岛党总支发动社员大鸣大放大辩论，"要不要实行五社合一？五社合一有什么好处？"各社社员通过辩论克服了一些错误想法，消除了某些社员怕吃亏的顾虑，一致赞成五社合一。于是蚂蚁渔业社又进一步扩大了，成为了一个无所不包的大社，全岛成为一个大家庭。大社下面设立渔业、农业、手工业生产队和供销、信用两个部。五社合一半年来，全岛成为一个整体，工农（渔）商学兵拧成一股绳，产生了巨大的力量。首先集中全社资金，扩大公共积累，用于各项生产建设和兴办文教福利事业。半年来新建造了 6 对机帆船，比过去几年建造的增加一倍。资金多了，岛上迅速地办起了 183 个工厂，其中规模较大的有水产联合加工厂、机械修配厂、钢铁厂、渔网厂等。

此外，岛上文教福利事业单位也越来越多了，最近办起来的有渔业红专大学、渔业中学、海上中学、文化宫、图书馆、产科医院、科学研究所等。

五社合一后，人力物力也大大增加了，全社根据生产发展需要，进行统一调配和使用。首先从渔业、农业、手工业生产队里抽调了 300 多名劳力参加工业生产，同时从农业队里抽调 40 多名身强力壮的男女社员支援渔业队发展远洋生产。全社普及了公共食堂、幼儿班、托儿所、缝洗组以后，所有妇女、老年半劳力和老弱残废者，都担任了力能胜任的工作，做到不闲一个人；岛上所有渔具、农具也被充分利用起来，各得其所。

"前方（出海）后方互支援，各行各业大协作"，是五社合一后一个显著的特点。今年夏季鱼汛中，远洋队和近洋队出海大捕黄鱼和墨鱼、海蜇，后方的工人、农民、渔民就日夜突击结绳网 300 多顶。特别是妇女社员连续五天五夜搓草绳结网 500 多顶，使近洋队因此增产渔获 20 多万件。供销部、信用部也从采购供应渔具、运销渔获和发放资金等方面支援渔业生产；渔业中学、海上中学大搞技术改革。因此今年夏汛产量是历史上没有过的，一汛就等于去年全年产量。

五社合一使蚂蚁岛渔业社性质起了巨大变化，推动了生产力高速度发展，受到全岛人民一致赞扬。当毛主席指出人民公社的好后，蚂蚁岛在五社合一的基础上迅速地转为人民公社了。

向技术进军

随着捕鱼工具的不断改进，蚂蚁岛的渔民已经掌握了现代化的捕鱼技术。今年 3 月蚂蚁岛五社合一后，社里立刻从渔业、农业、手工业生产队抽调一批优秀青年男女社员到舟山、上海去学习轮机手知识，同时通过带徒弟的办法培养大批技术人才。现在已经有 20 多名青年成为老轨（轮机手）、加油手等专门人才，他（她）们驾驶着机帆船到处捕鱼。几年来，蚂蚁岛培养出远洋捕鱼技术人员共有 122 人，他们已成为熟练的捕鱼能手。

当蚂蚁社提出苦战三年实现机械化捕鱼的口号后，又订出了培养渔轮、电气加工等全套技术人才 250 人的规划。刚成立的渔业红专大学的轮机、电机、水产等系已有 40 多个学员在半工半读，这个大学还准备把学员增加到 288 人。渔业中学、海上中学也在培养各种技术人才，无数又红又专的新生力量正在这个小岛上成长、壮大。

分配制度

蚂蚁岛三年来一直实行接近工资制的"评定底分、按月预支、常年分配、汛汛奖励"的分配制度，就是在不同鱼汛中根据各种生产内容和每个社员的劳力技术条件，评定每人的底分，基本上固定每月的预支定额和每个劳动日报酬。1957年中平均每月每个劳动日预支 8 角，底分多的社员每月可预支 44 元，一般社员预支 32 元左右，到年终分配时再补足预支的差数。超额完成计划的，有提成奖励。

蚂蚁岛成立人民公社后，社员们一致赞同在按月预支机制上调整为工资制。

穷岛变富岛

不说过去的贫穷，显不出今天的富裕。蚂蚁岛渔民过去的生活是怎样的呢？新中国成立前，国民党军把全岛一万多支近洋桩竹全部破坏，渔船大多被敲毁，渔民财物被抢劫一空。"草子根，挖干净，苦莲菜，整株吞，小娃卖给沈家门，小娘卖给崎头人。"这就是当时岛上渔民悲惨生活的写照。现在呢？请听群众的歌颂吧！"小小蚂蚁岛，完全新面貌，产量年年高，生活天天好，机帆船对对造，渔轮生产就要到，托共产党毛主席的福，穷岛变成黄金屋。"

现在，蚂蚁人民公社公共积累和公共财产已经超过 100 万元了，全岛公共财产占所有公私财产的 90% 以上。随着生产发展、收入增加，蚂蚁岛渔民的经济生活、文化生活水平也迅速提高。现在全岛渔民家家有存款，家家在社里投资，多的几千元，少的也有百多元；过去住茅房的 50 多户贫苦渔民，现在搬进了新盖的100 多间瓦房；岛上 1000 多间年久失修的房子，几年来陆续进行了修理；绝大多数渔民的收入水平已超过了当地富裕渔民。

岛上已有 480 多人进了小学、中学、大学。学龄儿童已经全部入学，所有青壮年渔民都具有高小以上的文化程度。在文化宫里，渔民们自己组织了戏剧队、歌舞队、篮球队，文化生活很丰富。

捕鱼工具的不断改革，标志着生产力的飞跃发展。蚂蚁岛 1954 年以来由破船、小船到新船、大船，现在已有机帆船 9 对，计划今年要发展到 13 对，社里提出苦战两年建造渔轮 10 对。渔民们机械化捕鱼的理想就要实现了。

蚂蚁岛人民一刻也不停地向着共产主义前景奔跑，今年计划产量要比去年增加 10 倍，收入要达到 600 多万元。现在，烘干、运输、电气加工厂及码头正在加紧新建。近来，蚂蚁岛又接连实现了无文盲岛、健康岛、八无岛、绿化岛、安全岛……未来的蚂蚁岛是我国海上的乐园，是我国渔岛中的一面旗帜。

公社无限好　五年胜千年

中共蚂蚁人民公社委员会　陈阿毛
《舟山日报》3 版　1959 年 10 月 25 日

右倾机会主义分子说：人民公社"办早了""办糟了"，说人民公社"不能年年增产"。这完全是不顾事实的胡说！事实是：人民公社办得正是时候，办得好极了。人民公社发展了生产，给我们带来了幸福。人民公社是建设社会主义和过渡到共产主义的最好组织形式。有了公社才能高速度地发展生产，有了公社的集体力量才能提前实现机械化、电气化的愿望，有了公社才能够逐步实现全面的全民所有制。蚂蚁人民公社五年的发展，就充分证明了这一点。

蚂蚁岛自 1954 年春天，根据生产发展的需要和全岛人民的迫切要求，在原中共舟山地委的直接领导下，办起了人民公社。到目前为止，已有五年多的历史了。在这五年中，人民公社发挥了巨大优越性，有力地促进了生产的高速度发展。

在公社化以前的 1953 年全社没有远洋生产，所有劳力光搞近洋生产，全年累计张 10650 个桩头，产量只有 77205 担。而自从办起了人民公社，经过统一安排人力、物力、财力，从无到有，从少到多，由小船到大船，由木帆船到机帆船，发展了远洋生产，到目前为止，已有 10 对机帆船在远洋生产，为蚂蚁岛改变定置性的张网作业，更迅速地发展渔业生产开辟了广阔的前途。

公社化后，不仅是渔业生产高速度发展，而且也相应地带动了工业、农业和其他各项事业的全面跃进。工厂像雨后春笋般建立起来，除了新建的 30 千瓦的火力发电厂外，还有机械修配厂、渔获综合利用加工厂、鱼粉厂、罐头厂、酱油厂、结网厂、砖瓦厂等几十个工厂，1958 年的工业产值达到 38 万元。

随着生产的迅速发展，社员的收入有了大大提高。现在全岛人民的生活水平已经超过了原来的富裕渔民生活水平，1958 年全社每户平均收入 799 元，每人平均收入 155 元（不包括家庭副业收入）。1959 年如果完成了县分配的生产计划，每户收入可达 864 元。这一数字要比 1949 年的 91 元，增长 8.5 倍，比公社化前一年 1953 年的每户收入 451 元增加近一倍。现在全岛人民不但丰衣足食，而且户户有存款，个个有余钱。全社有 500 多户社员，据 1958 年年底统计，社员向社投资有 186000 元，平均每户存款 370 元，最多的达到 3500 元。例如 1949 年前年年欠债的渔工夏正堂、邹雪娟、王福祥也积累了 1800 元；原来有 100 多户住茅屋的社员也都住上了新瓦房。现在社员家里都买了新衣橱、木箱、棕绷床、蚊帐和其他日常用具，还有绸缎、呢绒和毛线衣等贵重衣服，"捕鱼人儿世世穷"的日子一去不复返了。

在公社的大集体里，社员们的集体主义思想和爱国主义思想认识也大大提高了。根据发展生产的需要和群众的迫切要求，针对收益分配，我们在以增长公共积累，优先发展生产的前提下，掌握了适当地增长社员收入比例的原则，正确处理了积累与消费的关系，1953 年积累占分配部分只有 8.3%，消费占分配部分的 91.7%。公社化后，1958 年积累占分配部分 39.5%，消费占分配部分的 60.5%。这样既能调动社员的生产积极性，又保证了公共积累的迅速增长，受到了广大社员的一致拥护。1958 年在生产发展的基础上，我们实行了"十包加津贴"的分配方法，经过上半年贯彻党的八届六中全会和七中全会精神以后，进行了几次整顿，现在改为七项供给：首先保证了社员伙食供给和生活中的主要福利供给。这个带有共产主义因素的分配制度，受到了广大社员的热烈拥护，很多社员说："这样保证了我们全体社员的生活，这是走向共同富裕的道路。"有的社员说："一人富不算富，大家富才算富。"充分地反映了这一分配制度是共同富裕的道路和公社化后广大群众的社会主义及共产主义觉悟的显著提高。

在短短的五年多时间内，广大劳动渔民多少年来向往的摆脱贫困、走上富裕道路的愿望，在共产党的领导下，高举总路线、"大跃进"、人民公社红旗，依靠人民公社的集体力量，终于实现了。社员们编了这样一首歌来歌颂它：小小蚂蚁岛，完全新面貌，产量年年高，生活天天好，托毛主席共产党的福，总路线人民公社好，穷岛变成黄金岛。

蚂蚁岛办起公社以来五年多的时间所显示的巨大优越性，充分而又生动地反映了我们党和毛主席领导的英明与伟大，反映了总路线的完全正确。事实证明了人民公社是历史发展的必然产物。这些铁一般的事实正是给国外的帝国主义和国内的右倾机会主义分子当头一棒！

虽然我们在前段时间，在舟山县委的直接领导下，依靠各兄弟公社和各部门的大力支持及全岛人民的努力，取得了成绩，但是，以总路线高速度的精神来检查我们的工作，那还是非常不够的。我们一定要以总路线高速度的要求，鼓足更大干劲，继续发扬敢想、敢说、敢干的共产主义风格。叫"巨浪低头，海水让路"，排除前进中的一切困难。以踏踏实实、苦干、实干、巧干的精神，有信心有决心再接再厉，永远前进，确保今年全年产鱼28万担，争取30万担。产值达到160万元，争取200万元。这样，在适当增加社员收入的前提下，增加公共积累，计划在净收入中积累45%，计374000元。

蚂蚁人民公社五年多时间来所体现的巨大优越性，使我们深深地体会到只有人民公社才能创造出这样巨大的成绩，也只有人民公社才能过渡到全民所有制。我们为了彻底摆脱贫困，走向富裕、幸福的道路，决心积极创造条件，争取早日过渡到全民所有制。我们制订了一个"三年超十年，明年翻一番"的新的奋斗目标。我们相信在党中央和省、县委的直接领导下，只要我们积极努力，艰苦奋斗，这一伟大目标是一定能够提早实现的。

60 多年来这个舟山小岛爆发力惊人——蚂蚁敢啃硬骨头

本报记者 郑元丹 黄宁璐

《浙江日报》第 8 版 2019 年 4 月 3 日

舟山市普陀区蚂蚁岛，一个面积不到 3 平方千米的"迷你岛"，在地图上你甚至很难找到踪迹，但它却是全国第一个人民公社的诞生地。

60 多年前，蚂蚁岛曾获周恩来总理亲笔签署的"农业社会主义建设先进单位"奖状。《人民日报》还以"全国第一个人民公社"为题对蚂蚁岛进行了长篇报道。而让这个小岛名声大振的，正是那被誉为"蚂蚁岛精神"的拼劲、闯劲。

2005 年，时任浙江省委书记的习近平上岛考察时指出，老一辈创造的"艰苦创业、敢啃骨头、勇争一流"的蚂蚁岛精神，不但没有过时，还要继续发扬光大。

时光荏苒，被视为小岛最大宝藏的这股精气神，如何与时俱进，在年轻一代中传承？又如何在新时代为小岛带来新的生机？带着这些好奇，3 月底，我们登上蚂蚁岛，开始了一场探问之旅。

老一辈回忆说："当年真是不怕苦不怕死"

上午 7 时 50 分，舟山沈家门墩头码头，一艘身披红装、印有"全国第一个人民公社"字样的客轮映入眼帘，我们的探访就从这艘"红船"开始。

客轮拔锚起航，船舱内开始播放的黑白纪录片，一下子就把我们拉回到那个遥远的年代：一群妇女搓草绳、建海塘，年轻男女摇橹、拉网……一幅幅画面展现的，都是蚂蚁岛人艰苦奋斗创业的场景。

"蚂蚁岛女子还要下海捕鱼？"一下船，我们就把这个疑问，抛向了来接我们的蚂蚁岛管委会副主任罗燕红。

"这不算稀奇，当年我们岛上有 10 位女老轨呢，去见见？"在罗燕红的带领下，我们来到长沙塘一幢白墙黛瓦的小楼前，78 岁的林妙珠老人正进进出出地打扫屋子。热情招呼我们进屋坐下后，老人搬来一把凳子，坐在我们面前，娓娓道来。

女老轨，是当地的方言，特指女轮机长。16 周岁从舟山水产技校毕业后，林妙珠自告奋勇下海捕鱼。那是大年初三的清晨，这位女轮机长驾驶着 3 米宽、40

匹马力的"妇女号"船，和 15 位年轻小伙子搭档出海。晕船，是林妙珠碰到的第一个难题，常常是一边吃饭一边吐，一边吐一边拉网，但她坚持住了。

油管塞住了，她直接用嘴吸，一大口柴油被吸入嘴里；机器电瓶桩头坏了，她直接用手按，电流窜上来，指尖裂开进出血来……这位不怕苦的女老轨，经历过多次心有余悸的"生死劫"。

渔民坊间有句话："捂渔人是一只脚在舱板墩，一只脚在棺材里。"1959 年，林妙珠所在的渔船遭遇大风浪。"当时浪头打过来有三四层楼那么高，我们想着肯定活不了了！"最终逃过一劫的她并没有退缩，待风浪减弱回家住了一晚后，第二天她又照常出海了。老人说起这些云淡风轻，而我们却屏住了呼吸。

"当年真是不怕苦不怕死。自己能在船上顶替一个男劳动力，觉得自豪。"这是林妙珠向我们解释她"不怕死"的原因，而这份自豪和勇气，也撑起了丁荷叶和"三八"海塘的故事。

20 世纪 70 年代，岛上 300 多名妇女用双手筑起"三八"海塘的故事感动了无数人。罗燕红带我们去见当年大兴岙村海塘建设突击队队长丁荷叶老人。

敲开老人家门，71 岁的她热情相迎。围坐在陈旧却被擦拭得一尘不染的餐桌旁，老人缓缓道来："一日潮水两涨两落，筑塘只能在落潮时进行，即便是凌晨 3 点多，也没有人迟到；冬天，脚踏在冰冷的水潭里，牙齿冻得咯咯作响，却咬紧牙关继续干活……"听着听着，我们的眼眶变得湿润，眼前这位身高不到 1.6 米的老人的身影，顿时高大起来。

从老人家里出来，经过管委会附近，眼前是一座郁郁葱葱的小山。附近的村民告诉我们，新中国成立前，蚂蚁岛的山都是"癞头山"，而今全岛森林面积扩大到 1760 亩，覆盖率达 70%。"让我们岛绿起来的，就是盛再堂老人。"他们说。

盛再堂已过世，出门迎接我们的，是他的女儿盛成芬。她递给我们一张照片，那是盛再堂荣获全国绿化劳动模范时拍的照片。"小时候对父亲印象最深刻的是，他每天天没亮就上山，天黑了才回来，衣服湿漉漉的，还沾满了泥土和松毛。"她说，为更好地植树造林，父亲还顶着压力，鼓励村民把坟墓迁移到旁边的无人岛上。

"父亲爱惜树木就像爱惜自己的子女。长大后，我接过了他的班，如今在岛上护林已 30 多年。"盛成芬对我们说，她想跟父亲一样，用自己勤劳的双手，为蚂蚁岛留下更多绿色。

寻访蚂蚁岛居民后，我们由衷地体会到，什么是"蚂蚁岛精神"。

新岛民"啃骨头"：一年内海岛环境大变样

老一辈艰苦奋斗的精神在蚂蚁岛代代相传，书写着一个又一个传奇。

进岛后，我们听到一个治理虾皮加工厂黑烟的故事，就提出想去虾皮产业园看看。搭上一辆电瓶观光车，3分钟后，我们就到了虾皮产业园。老板徐武立已在自家厂区门口等候。

"要是前几年来厂区，真怕你们会受不了！以前厂里加工虾皮烧的是煤，黑烟滚滚。一天下来，鼻子里全是黑色的。"徐武立说。

蚂蚁岛有"虾皮之乡"的美名。虾皮加工是岛上的传统产业，主打的生虾皮在国内市场占有率达80%。全岛有50多艘渔船和58家虾皮加工厂从事这一产业，经济效益可观。但由于过去一直采用燃煤加工，每年虾皮加工季，全岛竟有3个月之久笼罩在黑烟之中。

"虾皮产业要长久发展，黑烟问题非解决不可！"2017年才到蚂蚁岛管委会党工委任书记的徐军安看到了发展的瓶颈。黑烟的根源是燃煤，但用什么替代燃煤，却是一道难题。管委会干部带着加工户一起去上海、江苏等地取经，回来后在尝试煤气、电和生物质等几种办法后，经过反复比较，才确定用油代替煤。

他扳着手指，给我们算了一笔账：58家虾皮生产加工厂，一年要烧掉3000吨煤，用燃油替换，还要更换设备和生产工艺，生产成本要增加，阻力不小。

再难的骨头也要啃。党员干部挨家挨户上门做工作，动之以情，晓之以理。企业主们终于被说服了：没有好空气、好环境，人人都是受害者呀！

"上下同欲，事情就好办。"徐军安说，2017年下半年，岛上虾皮加工厂全部改造提升，黑烟也终于被"剿灭"。"当时有个客商来进货，还习惯性地带来十几只口罩，结果一只也没用上。"

没了黑烟，蚂蚁岛蓝天重现。走在干净整洁的街巷，移步即景。

蹲点蚂蚁岛，我们还有一个意外发现：很多渔区常见的渔具网具随意堆放现象，这里竟然没有。在蚂蚁大道旁，我们看到了一个十分整齐的堆网场。整个场地被均匀分成多个网格，渔网、渔具整齐摆放在网格内，并盖上了清一色的军绿色帆布罩。边上，还有一个个花箱点缀。

这看似简单的整理归类，却让徐军安用"难"来形容。他解释说，渔民们比较随性，要改变他们的习惯，确实不容易。但"敢啃骨头"的新岛民徐军安坚信："只要工作做细做到位，就不难！"

2017年10月底，管委会启动堆网场环境综合整治工程。船管站、渔业科工作人员走街串巷，全面梳理了岛上堆网场详细情况，联合社区村工作人员，一次次上门走访编组船老大、党员船老大及普通渔民，耐心倾听他们的实际摆放需求，几经修改，最终确定了"网格化管理"设计方案。让徐军安感动的是，渔民们不但严格执行，还相互监督。

在解决网具乱堆放问题后，岛上干部群众还一鼓作气，解决了废品乱堆放的老大难问题，完成了房屋外立面改造、拆除违法建筑、彻底清除卫生死角等工作。一年内，海岛环境就发生了翻天覆地的变化。

"现在清爽了，我们每次补网心情也舒畅了。"离客运码头不远的广场内，刘静飞老人正在补渔网。梭子在她手里快速地来回穿梭，背后是清澈的天空、整洁的小岛，眼前的画面仿若一幅油画。

两代人谋振兴：用红色旅游业点亮未来

好环境，不仅能让岛民心情舒畅，更能变成乡村振兴的"摇钱树"。

走在蚂蚁大道上，我们看见一幢粉红色外墙的房子，进去后发现原来是一家餐馆。屋内粉刷一新，餐桌餐具整齐摆放，厨房里，4位阿姨正忙着备餐。"我们搬来不久！"老板邹吉叶一边麻利地洗菜，一边笑着说。

去年10月之前，她们的排档还是一个简易小摊位，搭在客运码头西侧。2018年，蚂蚁岛启动小城镇环境卫生整治工程后，她们的排档被列为拆违对象。生意摊要拆，心里当然不舍得。管委会干部多次上门和大家反复沟通，还答应帮她们一起寻找新址。当年10月，将店搬迁到新址后，她们马上尝到了好环境的甜头："新店环境好，生意好过老店。今年我们准备在特色菜式研发上多下功夫，让游客尝到更地道的海岛佳肴。"

乡村要振兴，没有产业可不行。新时代蚂蚁岛人利用独家资源，将蚂蚁岛精神红色教育基地打造成全岛经济发展的新引擎。

"蚂蚁岛精神是我们的根与魂。"徐军安告诉我们，但以前蚂蚁岛红色旅游的打造存在规模偏小、景点文化和内涵提炼不够、硬件设施不全等问题。为挖掘蚂蚁岛精神，2018年年初，蚂蚁岛管委会提出半年时间打造一个"一带一线多点"

的红色教育基地。

"一带"即蚂蚁岛滨海休闲渔业体验带，"一线"即蚂蚁岛红色精神教育体验线，"多点"即东海岸船厂、虾皮加工区、山顶游步道等多个参观点，发展红色旅游产业。

走访中，我们得知，当时很多人都不看好，短时间内要打造这么多项目，他们觉得简直是天方夜谭！

为尽早确定项目方案，管委会全体工作人员加班加点，常常工作到深夜；为让百姓配合施工，党员干部挨家挨户反复做思想工作……

2018年6月13日，蚂蚁岛精神红色教育基地正式开门迎客。一批批党员干部群众前来参观学习，岛上的旅游业也迎来了春天。

随着红色旅游的火爆，岛上民宿生意愈发红火。不久前，蚂蚁岛海滨休闲驿站对旅馆进行了重新装修。而那些曾经建过"三八"海塘、搓过草绳，艰苦奋斗创业的老蚂蚁岛人，也为岛上旅游产业发展继续助力。

快离岛前，我们跟随徐军安来到红色基地的核心区块——公社广场。广场上，几位近70岁的阿婆正耐心教游客体验搓草绳、织渔网。这些老人是岛上文化团队的成员，这些文化团队作为承载蚂蚁岛文化与精神的载体，将休闲游与教育培训结合起来，综合展示"艰苦创业、敢啃骨头、勇争一流"的蚂蚁岛精神。

蚂蚁岛人"啃骨头"的脚步不会停歇。新时代的蚂蚁岛精神，也正成为推动乡村振兴战略在海岛落地实施的力量。

第四节　生产生活制度

蚂蚁岛渔业生产安全教育培训制度

为增强渔民的法制观念和安全生产意识，着力提高渔民的总体素质，确保"平安海区"创建工作顺利进行。特制定如下制度：

1. 服务站在自我服务、自我管理、自我发展的基础上，积极宣传党的各项路线、方针、政策，自觉遵守国家的法律法规，认真执行上级党委政府有关渔村、渔业及渔民的政策和相关规定。

2. 开展经常性的法律法规培训，促使广大渔民学法、懂法、守法，自觉执行国家相关的法律、法规，每年法律法规培训不少于两期，对每位参加培训的渔民发给普法合格证书。

3. 每年举行一次渔民法律、法规知识和安全生产知识竞赛，逐步提高渔民对法律、法规和安全生产重要性的认识。

4. 利用每年伏季休渔时间，组织渔民进行职务船员技术培训、渔业"四小证"和相关安全生产知识培训，着力提高渔民综合技能。

5. 定期选编法律、法规和安全生产宣传教育学习辅导材料发至各渔业船舶。通过运用宣传栏、简报等各种舆论载体，及时宣传渔场上涌现的先进典型和先进事迹，为创建"平安海区"营造良好的氛围。

九级以上大风值班制度

1. 在九级以上（含九级）大风期间要掌握本管辖区内的所有船舶动态，及时通知所有船只回港避风，确保安全。

2. 预报大风期间 24 小时要有专人值班，值班人员无故不得擅自离开岗位，并详细记录本管辖区内的渔船动态、船位、船号、数量。

3. 对辖区内未回港避风的船只要进行重点监控，随时与船员保持通信联络，及时为他们提供气象信息服务。

4. 值班员在每日 16:30 前将船只回港情况及船舶动态上报主管领导及区海洋与渔业局。

蚂蚁岛渔业生产编组生产管理制度

为进一步把渔业安全生产防范措施落到实处，最大限度地减少渔民群众生命财产损失，保障渔业生产有序健康发展，结合渔业安全生产相关规定，特制定渔业船舶编组生产管理制度。

1. 根据渔业捕捞渔船的吨位、作业类型，将 5 ～ 8 艘渔船进行编组，确定 1 名带队编组长，编组长船舶必须配置有效电台和卫星电话，其他渔船必须配置对讲机，便于互相通信联络，及时通报有关情况。

2. 船舶实行编组后，必须服从编组长的统一指挥，生产期间做到同进同出、相互呼应，如遇船舶补给不足、故障、船员生病等紧急情况，急需提早返航的，应向带队编组长汇报，便于其掌握在编船舶动态。

3.渔场生产期间一旦出现危难事故，遇险船只应及时呼叫带队编组长，由编组长做出决定，其他船舶必须服从编组长的统一调动，不得以任何理由拒绝编组长的指令。

4.编组长船舶必须每天2次定时同岸台进行通信联络，遇九级以上大风气候，卫星电话必须24小时开机，如接到岸台渔船回港通知指令，必须传达到每艘在编渔船，在编渔船执行船舶回港指令。

5.编组生产船舶出现重特大事故或船舶遇险时，必须在第一时间迅速通过各种通信手段正确定位，把海区、船位、出事简单经过向主管部门或岸台报告，并及时同周围船舶取得联系，确保救助时间。

6.协会同每个编组签订生产管理责任书，编组长同每艘在编船舶签订管理责任书，做到一级抓一级，层层抓落实。

7.根据责任书签订内容，每年考评一次，对成绩显著和在抢险救助中有突出贡献的编组长给予适当的物质奖励。

蚂蚁岛村规民约

爱国爱党爱家乡，核心价值心上记。蚂蚁岛精神要传承，志愿奉献有担当。
乱搭乱堆不可为，环境整治齐参与。护树种花美环境，垃圾分类习惯好。
敬老爱幼好传统，勤俭家风代代传。不信邪教拒传谣，赌毒不染风气正。
群防群治齐行动，遵纪守法做先锋。海上互助兄弟情，邻里和谐一家亲。
厚养薄葬好品德，移风易俗新风气。蚂蚁形象齐维护，村规民约共遵守。

参考文献

REFERENCES

专著

[1]　毕定邦，周惠民．浙江省水产志 [M]．北京：中华书局，1999.

[2]　陈默．舟山群岛的海洋民俗文化初探 [M]．北京：中国环境出版社，2017.

[3]　陈华文．丧葬史 [M]．上海：上海文艺出版社，1999.

[4]　费孝通．人的研究在中国 [M]．天津：天津人民出版社，1993.

[5]　费孝通．乡土中国 生育制度 [M]．北京：北京大学出版社，1998.

[6]　费孝通．江村经济 [M]．北京：商务印书馆，2001.

[7]　黄洁清．舟山地方文献研究 [M]．上海：上海交通大学出版社，2017.

[8]　金庭竹．舟山群岛 海岛民俗 [M]．杭州：杭州出版社，2009.

[9]　罗必良．新制度经济学 [M]．太原：山西经济出版社，2005.

[10]　李春林，刘同宇．海洋渔绳结 [M]．上海：上海交通大学出版社，2018.

[11]　李松，张士闪．节日研究（第一辑）[M]．济南：山东大学出版社，2010.

[12]　[英] 莫里斯·弗里德曼．中国东南的宗族组织 [M]．刘晓春，译．上海：上海人民出版社，2000.

[13]　毛锡林，蒋文波，《普陀县志》编辑部．舟山海域海洋生物志 [M]．杭州：浙江人民出版社，1994.

[14]　蚂蚁人民公社．蚂蚁岛民歌一百首 [M]．内部刊印，1959.

[15]　全永波等．社会治理法治化研究 基于舟山市社会基层治理的调查 [M]．北京：光明日报出版社，2016.

[16]　宋伟华，王飞，马家志．舟山渔业简史 [M]．北京：海洋出版社，2016.

[17]　沈燕红．浙东渔歌与海洋文化研究——以舟山为案例 [M]．杭州：浙江大学出版社，2017.

[18]　王建富. 舟山群岛新旧地名录 [M]. 北京: 海洋出版社，2017.

[19]　王文洪，俞强，来其等. 西方人眼中的近代舟山 [M]. 宁波: 宁波出版社，2014.

[20]　《中国海岛志》编纂委员会. 中国海岛志: 浙江卷（第二册 舟山群岛南部）[M]. 北京: 海洋出版社，2014.

[21]　忻怡，郑明. 普陀传统木船制造技艺 [M]. 杭州: 浙江摄影出版社，2012.

[22]　余光弘，杨明华. 闽南璞山人的社会与文化 [M]. 厦门: 厦门大学出版社，2010.

[23]　杨惠. 舟山婚俗文化 [M]. 北京: 中国文史出版社，2015.

[24]　杨庆堃. 中国社会中的宗教: 宗教的现代社会功能与其历史因素之研究 [M]. 范丽珠等，译. 上海: 上海人民出版社，2007.

[25]　殷文伟，季超. 舟山群岛 渔船文化 [M]. 杭州: 杭州出版社，2009.

[26]　中国共产党舟山市委员会，舟山市人民政府，舟山市史志办公室. 舟山年鉴2007[M]. 北京: 中国文史出版社，2008.

[27]　张光直. 中国文化中的饮食——人类学与历史学的透视 [M]. 郭于华，译. 南京: 江苏人民出版社，2003.

[28]　中共舟山市普陀区蚂蚁岛乡党委，舟山市普陀区蚂蚁岛乡人民政府. 解读蚂蚁岛 [M]. 2008.

[29]　中共舟山市委党史工作委员会. 中国共产党舟山历史大事记 1949.7—1998.12 [M]. 北京: 当代中国出版社，1999.

[30]　中共舟山市委组织部. 中国共产党浙江省舟山市组织史资料第 3 卷 1994.1—2002.3 [M]. 杭州: 浙江人民出版社，2009.

[31]　中共舟山县委宣传部，中共蚂蚁岛人民公社委员会. 解放前后的蚂蚁岛: 蚂蚁岛人民公社的历史 [M]. 北京: 农业出版社，1959.

[32]　张坚，邱宏方. 舟山渔民号子 [M]. 杭州: 浙江摄影出版社，2014.

[33]　张乐天. 告别理想: 人民公社制度研究 [M]. 上海: 上海人民出版社，2016.

[34]　赵盛龙，钟俊生. 舟山海域鱼类原色图鉴 [M]. 杭州: 浙江科学技术出版社，2006.

[35]　舟山市地方志编纂委员会. 舟山市志（1989—2005）[M]. 北京: 商务印书馆，2016.

[36]　舟山市普陀区政协教文卫体与文史委员会 . 普陀渔船史话（普陀文史资料第三辑）[M]. 北京: 中国文史出版社，2009.

[37]　舟山市政协文史资料委员会 . 民国报刊上的舟山 [M]. 北京: 中国文史出版社，2018.

[38]　舟山市政协文史资料委员会等 . 舟山文史资料第 3 辑 舟山海洋鱼文化 [M]. 北京: 海洋出版社，1994.

[39]　《舟山渔志》编写组 . 舟山渔志 [M]. 北京: 海洋出版社，1989.

[40]　张欣南 . 舟山统计年鉴 [M]. 北京: 中国统计出版社，2016.

论文

[1]　陈山 . 蚂蚁岛精神 [J]. 上海文学，1963(2) : 57-58.

[2]　陈暹秋 . 走出农村社区合作经济组织认识上的七大误区 [J]. 农村经营管理，2003(4) : 39-41.

[3]　葛银水 . 地尽其力人尽其才: 蚂蚁岛积极发展多种经营简述 [J]. 中国水产，1982(6) : 17-19.

[4]　金科锋，葛敏，沈波等 . 舟山市蚂蚁岛乡企业调研报告 [J]. 管理观察，2009,(19) : 133-135.

[5]　刘佳怡，华海坤 . 舟山市海岛居民海洋意识现状调查——以蚂蚁岛、登步岛为例 [J]. 农村经济与科技，2017，28(19) : 44-47.

[6]　唐洪森，张继军，黄雅玲 . 论 "大跃进" 时代的蚂蚁岛人民公社 [J]. 浙江海洋学院学报（人文科学版），2009(3) : 20-26，42.

[7]　伍鹏 . 我国海洋休闲渔业发展模式初探——以舟山蚂蚁岛省级休闲渔业示范基地为例的实证分析 [J]. 渔业经济研究，2005(6) : 20-23.

[8]　汪泉 . 蚂蚁岛乡休闲渔业发展中妇女社会角色变化调查研究 [J]. 安徽农业科学杂志，2007,35(24) : 7661-7662.

[9]　于洋 . 渔村变迁过程中妇女的自我劳动意识的形成——以舟山蚂蚁岛为例 [J]. 中国海洋社会学研究，2016(1) : 61-79.

[10]　于洋 . 渔村变迁中渔民家庭生活的变化和妇女的作用——以舟山蚂蚁岛为例 [J]. 南海学刊，2016,2(2) : 100-105.

[11]　于洋. 中日海岛民俗比较文化初探: 基于中国浙江舟山蚂蚁岛和日本山形县飞岛的田野调查 [J]. 首届海洋文化与城市发展国际研讨会论文集，2010.

[12]　于洋. 浙江舟山渔村文化变迁——以蚂蚁岛"渔嫂生活"为例 [J]. 中国渔业经济，2017,35(4)：100-105.

[13]　朱增晖，王聪萍，吴巧丽等. 蚂蚁岛农村社会发展调查报告 [J]. 管理观察，2008(10)：54-55.

后 记

　　蚂蚁岛乃一悬水小岛，距离舟山本岛航程约半小时。岛人生产生活历史的最早文字记载出现在清雍正年间。在近300年的发展历程中，通过围海造塘，岛屿面积从2平方余千米拓展至如今的3平方千米左右。20世纪50年代开始的集体化时期，蚂蚁岛人因地制宜，凭借自己双手，发扬艰苦创业精神，建立全国渔区第一个人民公社，成为全国渔区的典型，由此孕育的蚂蚁岛精神也广为流传，激励了一代代的蚂蚁岛人和全国人民。

　　改革开放以来，蚂蚁岛人逐步摸索出以虾皮捕捞和加工为主的海洋经济发展之路，蚂蚁岛家园的建设蒸蒸日上。此后，随着市场经济的发展，在蚂蚁岛人外出发展的同时，船舶制造业也被引入岛内。外来人口的激增，催生了蚂蚁岛第三产业的顺势发展。最近几年，随着浙江美丽乡村建设的推进，蚂蚁岛人以人民公社遗址为文化元素，大力弘扬蚂蚁岛精神，吸引岛外各界人士前来参观学习，发展地方红色旅游业。

　　蚂蚁岛70年的社会文化变迁，有许多值得深入探讨的议题，比如海洋生计与农耕生计的异同、海岛社会组织的变迁、海岛交往与渔业文化的特色、精神建设与记忆构建的社会意义等。因此，对蚂蚁岛进行全貌性的记录和描述，对于我们进一步理解海岛社会的生产生活，深入推进当前乡村振兴战略而言，是一项基础性的工作。

　　蚂蚁岛村的研究工作，是在课题组总负责人陈野副院长亲自主持下开展的。陈院长不仅在前期对相关备选村进行初步圈定，还在多次论证后亲自带队前往舟山，与舟山市委宣传部及其组织的相关专家座谈，并奔赴登步岛和蚂蚁岛进行实地走访与座谈，最终确定蚂蚁岛为田野调查点。在课题研究中，陈院长还就课题组成员的组成、研究主题和计划的确定等方面做了无微不至的指导，召集多次会议，给予课题组充足的时间保障和各项支持。特别是在课题组驻村调研的台风季，陈院长十分牵挂课题组人员的安全，来电来信的关爱之心令课题组倍感温暖。

　　课题组在蚂蚁岛管委会及社区村领导干部的大力支持和全体蚂蚁岛人的热情支持下，先后多次驻岛调研，查阅文献档案，对社区村的老中青干部，岛上居民和外来人员，餐饮、住宿和小卖部人员等进行访谈，与重要的报道人进行深入、多次的访谈，并进行拍摄记录。课题组还以参与观察的工作方法，在码头与补网的渔人交流，学习绳结的打法；在渔船上向船老大请教渔业作业和渔船经营方式。在清晨的轮渡上，跟随第一拨外来岛人到蚂蚁岛菜市场进行交易；利用傍晚时间，在人流较为集中的广场，向在此休闲的船厂工人、在附近营业的饭店老板了解生活的感受和对未来的期待。课题组成员尽可能去观察和体会不同年龄、职业、性别的人群的日常生活，以此体悟海岛的时间节律。蚂蚁岛村 2019 年上半年以来的红色旅游业发展迅速，课题组还为此参与到社区村工作人员的工作中，观察他们的日常工作和村民参与情况，不仅自身接受精神洗礼和思想教育，也更好地理解红色旅游对蚂蚁岛村社会发展和个体的意义。也因此，课题组成功吸引了村民的目光，这个良好的结果与蚂蚁岛"灯光围网"的作业方式有异曲同工之妙，课题组为此收获的是村民的信任和坦诚。此中情谊，令人难忘。

　　田野工作的基本目标是收集第一手资料，这需要长时间的投入，循环往复，完成"拼图"。因此，课题组不得不对目前的工作做一小结。蚂蚁岛课题组由徐伟兵负责，主要成员由浙江海洋学院的唐洪森教授、上饶师范学院的戴五宏博士，以及浙江省社科院的吴晓露、王平等副研究员组成。课题组还邀请了杭州电子科技大学和云南民族大学的学生利用寒暑假时间整理相关前期研究资料，参与田野调查。尤其是云南民族大学研究生邱阳，两次参与蚂蚁岛调研，承担纪录片的拍摄和剪辑工作。书稿的具体撰写由徐伟兵、戴五宏、唐洪森三人分工协作完成，唐教授主要负责史地篇和经济篇，戴博士主要负责文化篇和生活篇，徐伟兵主要负责此外的篇章和全书的统稿、修改。

　　对蚂蚁岛进行调查研究的过程中，课题组不仅查阅档案、访谈村民，也收获了友谊，接受了教育，并增进了对海岛社会的理解，尤其是蚂蚁岛人艰苦创业、不畏困难的集体精神深深震撼了我们，但已有成果距离课题研究成果所应具有的高水准呈现尚有很大差距。确切地说，课题组目前的研究只是为下一步工作的深入奠定了基础，对于长时段的研究本身而言，也才开始。但是我们相信，只有立足当下，大海犁田，扬帆远洋，才有鱼虾满仓的可能。再次感谢在课题研究和撰写中各方给予的支持和帮助，尤其是进行协调工作的蚂蚁岛管委会罗燕红副主任，以及文稿修改中提出建议的诸位同志。特别感谢浙大出版社赵静老师耐心、专业、细致的多番修改和润色，为该书增色许多。

受个人能力所限，恳请各位方家不吝赐教，批评指正。

丛书后记

P O S T S C R I P T

"中国村庄发展：浙江样本研究"项目研究和书稿撰写，由浙江省社会科学院组织院内外相关科研人员集体承担。此刻，面对11部厚重书稿，回顾项目组寒来暑往五春秋的研究历程，前期酝酿筹措的漫长经过、奔波于乡村大地深入调研的艰辛历程、埋首于电脑键盘奋笔疾书的种种身影，均历历在目。感怀系之，作此以记。

本项目于2016年初由浙江省社会科学院副院长、研究员陈野倡议谋划，旨在整合全院从事乡村研究的科研力量，加强顶层设计，开展重大项目研究，为本院凝练一个可持续的科研方向和学术品牌。经与院乡村研究中心主任、研究员闻海燕反复磋商，咨询省市农办，赴村实地调研等前期摸底筹备，于2016年正式动议有关村庄发展研究的事宜。

2017年2月6日，时任浙江省省长车俊在《历史大变局下的农村新集体经济文化建设调研与思考》调研报告上做批示予以肯定。2017年2月13日，时任省委常委、宣传部部长葛慧君批示要求"在本省多选一些村庄做深入研究，形成一批实践样本。如需要，省社科院一起参与"。2017年2月16日，省委宣传部常务副部长来颖杰批示："请社科院再做深入调查，进行样本总结。"省委省政府和省委宣传部的指示和要求，使我们更加明确和坚定了开展村庄发展研究的思路，加快了项目筹划的进度。

2017年6月，村庄发展研究项目被立项为浙江省社科院重大专项课题。2017年9月，被立项为浙江省第二期文化研究工程重大项目，陈野研究员为项目负责人，浙江省农办原副主任、著名乡村研究专家顾益康先生和闻海燕研究员为首席专家。期间，根据实地调研情况、省市县农办意见、省规划办和评审专家建议，项目研究方案经过十数次的调整修改，最终确立为在全省11个设区市中各选一个村作为研究个案，撰写11部专著，形成"中国村庄发展：浙江样本研究"丛书。

研究与撰写过程中，项目组发挥前期学术积淀深厚、科研人员学科背景多样、组织协调机制高效灵活、项目组成员高度团结等优势，深入乡村和各级农办、档案局、史志办、文旅局等政府部门实地调研，广泛收集谱牒档案、镇村史志、契约账册等文献资料，驻村开展上千人次的口述访谈。项目组全体成员冲寒冒暑，以认真负责、刻苦钻研、严谨踏实、精益求精的研究态度和工作精神，为课题研究尽心竭虑，无私奉献，并在研究中形成了精诚团结、友好合作、交流研讨、互帮互助的优良团队氛围。各子课题负责人认真组织、悉心筹划、精心统筹、务实开展课题研究，带领各自课题组成员通力合作，为如期完成研究和撰稿任务起到关键作用。各子课题的具体科研工作情况，可参见各部专著的后记，此处不做一一赘述。

项目负责人陈野研究员对项目高度负责、执着认真，全力投入、全程负责项目的启动、开展和推进，承担了策划项目，确立研究思路、主题、体例、理论分析框架和研究内容，设计篇目大纲等全局工作；定期组织召开内部讨论会，研讨篇目框架、研究内容、行文规范；数次邀请专家进行指导评审；多次率队赴省市县相关政府部门座谈请教，倾听学习来自乡村建设实践的真知灼见；先后深入数十村庄开展实地调研访谈；根据自查结果和专家审稿意见与每一位子课题负责人商议修改计划，对11部书稿作三次全面统稿，并做多种局部调整。

项目首席专家顾益康先生自始至终关注关心本项目研究，在百忙之中数次参加项目组研讨活动，对研究方案提出具体思路建议，认真评审数部子课题书稿，指导子课题负责人开展研究，特别是以其丰富的乡村工作经验、深厚的学术研究造诣和对本项目的深入了解，为丛书撰写了站位高远、剖析深入、具有提纲挈领作用的丛书绪论。

首席专家闻海燕研究员在项目对接农办系统、联系专家学者、选择村庄个案等方面发挥重要作用，以长期从事农村经济研究的学术积淀帮助相关子课题开展研究。在项目开展的全过程中认真、积极、负责地协助项目负责人陈野研究员开展实地调研、组内研讨、稿件审读等相关工作。尤其力挑重担，担任"绿水青山就是金山银山"科学理论发源地，在我国新时代生态文明建设中具有重大价值、重要影响力的余村发展研究子课题负责人，带领余村课题组取得丰富研究成果。

POSTSCRIPT

　　浙江省社会科学院科研部王玮老师承担了项目组内勤外联、会议记录、通知纪要、送审打印等具体编务工作，以其认真负责、细心周到、任劳任怨、不计报酬的工作态度和精神，为项目完成起到不可或缺的保障作用。

　　借此丛书书稿完成撰写、即将交付出版之际，我们衷心感谢中共浙江省委宣传部、浙江省社科联、省规划办和来颖杰、盛世豪、郭华巍、邵清、陈先春、刘东、董希望等领导对本项目研究的信任肯定及在研究过程中的悉心关怀！衷心感谢夏阿国、邵峰、杨建武、郭占恒、王景新、毛丹、赵兴泉、梁敬明、郭红东、胡豹、任强等专家学者对书稿质量的严格审阅把关和学术指教！衷心感谢张伟斌、迟全华、俞世裕、何显明、胡海良、潘捷军、毛跃、陈柳裕等院领导对本项目研究的重视、关心和指导！衷心感谢北山村、花园村、龙峰村、缪家村、蚂蚁岛村、清漾村、上园村、邵家丘村、沙滩村、棠棣村、余村村两委会和全体村民的热情参与、积极配合和无私奉献！衷心感谢相关省市县农办、宣传、文旅、社科、文化、旅游等众多政府部门对本课题研究和实地调研的大力支持和鼎力相助！衷心感谢浙江大学出版社和责编老师专业、细致、负责的编辑出版工作！

　　由于我们水平所限，书中错漏不足之处在所难免，恳望各位领导、专家、学者，各位读者予以批评指教！

2020 年 11 月 26 日